刘成群 著

元代徽州理学家群体与新安理学的传承发展

中华书局

图书在版编目(CIP)数据

元代徽州理学家群体与新安理学的传承发展/刘成群著.
—北京:中华书局,2015.11
ISBN 978-7-101-11233-7

Ⅰ.元⋯　Ⅱ.刘⋯　Ⅲ.理学–研究–徽州地区–元代
Ⅳ.B244.05

中国版本图书馆 CIP 数据核字(2015)第 217343 号

书　　名	元代徽州理学家群体与新安理学的传承发展	
著　　者	刘成群	
责任编辑	高　天	
出版发行	中华书局	
	(北京市丰台区太平桥西里 38 号　100073)	
	http://www.zhbc.com.cn	
	E-mail:zhbc@zhbc.com.cn	
印　　刷	北京天来印务有限公司	
版　　次	2015 年 11 月北京第 1 版	
	2015 年 11 月北京第 1 次印刷	
规　　格	开本/640×960 毫米　1/16	
	印张 22¾　插页 2　字数 325 千字	
印　　数	1–1500 册	
国际书号	ISBN 978-7-101-11233-7	
定　　价	68.00 元	

目　录

序　言

李治安

刘成群博士撰《元代徽州理学家群体与新安理学的传承发展》付梓在即,索序于我。我对理学无甚研究,但对理学给元人的精神世界、士大夫和地域社会等带来的深重影响颇为关注。所以,不揣浅薄,说几点体会和感想,就教于方家同好。

一般认为,理学盛行于两宋和明代,宋代周敦颐、程颢、程颐、朱熹、陆九渊等理学名家辈出,明代又有王阳明等巨擘。元朝统治时间较短,又缺乏与程朱等匹敌的理学大家,故学界多对元代理学略而不论,径称宋明理学。就思想理论建树而言,元代理学的确难望宋明之项背。然而,元代理学在古代思想史和学术史上的角色与贡献,似不能小觑。元代理学借官办儒学和后期恢复的科举,正式上升为官学;"朱陆和会"或"引陆入朱",亦为理学自宋代到明代的必要过渡;元代理学北上和向地域社会延伸、发展,进而形成了若干地域性学派。此三者,比起两宋理学有所前进,也为明代理学的高度成熟及其在朝野的主导支配做了良好的铺垫。在这个意义上,元代理学承上启下的作用,显而易见。因此,探研元代理学也是重要的,只可惜有分量的相关著作相对偏少,对元代理学上述三项建树的揭示与宣扬,存在严重缺憾,亟待一批优秀成果面世。

谈到元代理学的地域性学派,最有名的不外金华、四明、新安、江西等四群体。金华、新安、江西三派皆尊崇朱学,四明则主要是陆学的重镇。多年来,有关江南理学的研究,成果丰富的是新安学派。尤其是赵华富、周晓光等学者对郑玉、朱升、赵汸等新安理学家的一系列探讨,最为热烈和丰富。但是,对新安学派全面系统的研究,尤其是与地域社会相结合的探讨,《元代徽州理学家群体与新安理学的传承发展》是第一部,它顺应了宋元明理学研究的急需,有"雪中送炭"之功效。

综观本书各章节内容,大致有三个特点:

其一,多元视角的系统探讨。以往多数哲学史和思想史的著述,多半重在哲学义理的阐释辨析,或囿于对专人、专书的"平面"探讨。一些有识之士,则从事思想史、社会史、政治史等多视角的探研,并且取得了令人瞩目的成就。作者受他们的启发且结合元代徽州实际状况,首次从"地域社会论"、"长时段"、经学诠释和儒学南北格局对比等四个视角,展开多元视角的系统探讨。这样说来容易,做起来就比较困难。因为每增加一种视角,既需通晓这方面的知识和方法,又要对元徽州实际了然于胸。一般学者只能着手两种左右,达到三种的几乎是凤毛麟角。作者却能同时展开上述四个视角的综合探研,实属难能可贵。而且,由此增加了对新安理学探研的维度和立体性,增加了取得学术突破的几率。

其二,勤于独立思考。由于是"地域社会论"等四个视角的综合探研,作者大量搜集了相关史料文献,也大量征引和继承了国内外学者有关元代徽州理学家群体的研究成果。但是,作者没有人云亦云地重复和照搬,而是把前人成果当作基础和阶梯,继续作综合维度的独立思考,在宏观、微观两方面皆有斩获。譬如:作者所揭示的南宋中后期徽州朱子学传播的"五种面相",元代前期新安理学家部分修正朱熹经说时所把握的"度",江南儒士与北方儒士代表李孟之间的纠葛及其背后的原因,元代新安理学前期后期所发生的"从《四书》学、《易》学到《春秋》学的兴趣偏转",等等,或阐释有独到之处,或挖掘深入,见解新颖,取得若干学术突破。

其三,理学群体与地域社会综合研究的良好尝试。朱熹不仅是两宋理学的集大成者,还巧妙地总结士大夫向地方发展和同姓家庭联合体的宗族复兴等实践经验,较系统地从"家礼"、"义学"和"社仓"的层面予以理论提升和规范。又在复兴宗族、乡村教化、赈济等方面积极呼吁,率先垂范。这无疑为致力于乡村建设的士绅群体及时提供了精神支撑与理论先导。新安理学既是元代朱子学说地域性的传承体系之一,也是某一区域朱子门徒践行朱子"家礼"、"义学"的较好典型。作者从这种实际状况出发,花费了较多笔墨,做了新安理学群体与地域社会综合研究的良好尝试。例如,第二章"元代前期的新安理学家群体"的第二节为"家族及地域关系网络的营建";第六章"新安理学与元代徽州地区的宗族建构"又专设"从家族经营到宗族建构"、"由《家礼》到始祖崇拜"、"谒祖墓与修族谱——元代前期新安理学家的坚守"、"墓祠与宗祠——元代后期新安理学家与士绅的合作"等四节,予以系统阐述。据我所知,赵华富先生曾较早分别研究过元代新安理学家和元代徽州宗族问题。但是,将元代新安理学家与宗族等地域社会紧密结合的系统性研究,本书当属首次。作者力图以此揭示:理学不仅仅是一场"思想运动",同时也是一场深刻的"社会运动",而且获得了成功,具有很好的学术价值。

近十年来,随着我国经济发展水平的提高,出版学术著作已非难事。然而,平庸堆砌者不少,有心得新见或有所突破者无多。我觉得本书当属后者,称得上元代地域理学派别研究的力作。它的面世,可喜可贺,肯定会有力推动元代理学研究的繁荣和发展。

期待作者能够不断收获新的成果,取得更大的学术成就。

2015 年 5 月于天津金厦里

引　论

一、"地域社会论"视角

近年来在日本学界有关中国明清史的研究中,"地域社会论"视角越来越得到重视。森正夫、岸本美绪等"地域社会论"者都热衷在特定地域内观察"人类生存的基本场所",即经济、道德等因素构成的综合体在基层社会的具体运作①。他们希望能从"个别的微观事例"中"抽离出当时人的行为、抉择依据及社会像,以整体模式来把握,从普遍脉络中寻求理解"②,由此考察中国传统社会中地方社会与国家权力之间的关系。

随着两宋时代对江南的开发,农业商品性因素在这一地区日益凸显。尤其是南宋时期,以杭州为商品集散地的经济圈大体形成③,

---

① 譬如森正夫指出:"地域社会"即"总括性地把握广义的再生产的场所,亦即把握人类生存的基本场所的方法概念。"见[日]森正夫:《森正夫明清史论集》第一卷,东京:汲古书院,2006年版,第14页。

② [日]岸本美绪:《明清交替与江南社会——17世纪中国的秩序问题》,东京:东京大学出版会,1999年版,第7—8页。

③ 全汉昇:《南宋杭州的消费与外地商品之输入》,《中国经济史论丛》,香港:崇文书店,1972年版,第295—323页。

显示出"都市化文明"的迹象。不但如此,在江南各地区,地方精英相比北宋时代则更趋活跃①,社会诸多层面都呈现出地方主义的倾向②。入元以后,虽然经历了政权更迭,但江南各地的地方主义色彩却依然保持不变。所以说,宋元时代的江南确实具备特定地域微观考察的条件。徽州作为广义上江南的一部分,自是符合江南地区的诸多特征,从"地域社会论"视角切入应该算得上是一种较好的研究方法。

宋元时代的徽州,行政区划已经基本稳固。从地文、经济模式、人口变化、士绅群体以及宗族组织等角度讨论其地方主义倾向是完全可行的。荷兰学者宋汉理(Harriet T.Zurndorfer)的研究就极具开创性,她通过地文、税收、地方精英、士绅阶层、家族制度等诸多层面对徽州地域社会进行了总体而深入的探讨③。继之而起的学者有朱开宇、章毅等,朱开宇主要通过科举所造成的流动性、地域秩序及宗族建构等层面来讨论宋明之间的徽州地域社会④。而章毅的徽州地域社会研究则立足于理学传播、士绅群体及宗族组织三者同构这一基点⑤。上述几部著作基本上都展示出了整体性的学术视野,这对我们从经济、社会、人文等多侧面观察宋元时代的徽州不无启示。与他们一样,我们的研究也需要借鉴地域社会视角,对宋元徽州做全景且细微的扫描。我们不是为了分析徽州与其他区域有多么不同,也不是为了证明徽州

---

① Robert Hymes, *Statesmen and Gentlemen*:*The Elite of Fu-chou, Chiang-hsi, in Northern and Southern Sung*, Cambridge; New York:Cambridge University Press, 1986, pp.1-379.

② Robert M.Hartwell, *Demographic, Political, and Social Transformations of China*, 750-1550, *Harvard Journal of Asiatic Studies*, Vol. 42, No. 2. (Dec., 1982), pp.365-442.

③ Harriet T.Zurndorfer, *Change and Continuity in Chinese Local History*:*The Development of Hui-chou Prefecture 800-1800*, Leiden:E.J.Brill,1989,pp.1-272.

④ 朱开宇坦言参考了森正夫、岸本美绪等人的研究范式。见朱开宇:《科举社会、地域秩序与宗族发展——宋明间的徽州,1100—1644》,台北:台湾大学出版委员会,2004 年版,第 11—13 页。

⑤ 章毅:《理学、士绅和宗族——宋明时期徽州的文化与社会》,香港:香港中文大学出版社,2013 年版,第 5 页。

一隅拥有挑战国家主义宏观结构的范本意义[①]。我们的目的是期待考察一个个历史横断面内多种因素相生相成的作用机制，并使它们连续滚动为一个过程。

理学的发展不应只被看作是 12 至 17 世纪间的一种思想运动，从更广阔的层面来说，它应该被理解为上述时段中发生的一场大规模的社会运动。在历史上，理学曾经通过地方精英渗透进国家制度与地方社会博弈的进程当中，深刻且全方位地影响过地方社会。从这一角度来说，徽州社会的理学家群体就应被视作地域社会具体运转中的一个能动性环节，也是所谓的"人类生存的基本场所"的重要组成部分。元代特殊的政治格局，将南方士人与国家间的联系一度切断，因此，士人群体身上所彰显的地方主义色彩就愈加浓重。本研究立足宋元时代的徽州地域社会，焦点始终固定在徽州的理学家群体身上[②]。我们具体关注的是：究竟是哪些因素促使徽州地方士人的大量出现？是什么样的机制使徽州地方士人形成了群体化的特征？徽州士人群体在理学传播过程中起到了怎样的作用？元代徽州的理学家群体是在怎样的环境下进行了理学的继承与传播？他们在参与地方事务与基层建设方面扮演了怎样的角色？理学在理学家人际关系与宗族组织的营建中发挥了怎样的功效？理学的世俗化在哪些方面对社会形态产生了形塑作用？这些都是需要我们细致讨论的问题。理学家群体及理学的发展固是属于历史学的畛域，但若将其置于社会学范畴之中，实现两者的跨学科对话，则无疑有助于勾勒出更

[①]　包弼德（Perter K.Bol）认为中国古代地方上"士人社群"（literati Community）所从事的地方文化建设与全国性的士人文化之间是贯通的，而不是相互对立的。我们的研究也基本上认同这一观念。Perter K.Bol，*"The Rise and Fall of the Fu-Rong Salt-Yard Elite：Merchant Dominance in Late Qing China,"* in *Chinese Local Elites and Patterns of Dominance*, edited by Joseph W. Esherick and Mary Backus Rankin, Berkeley：University of California Press, 1990.pp.82—109.

[②]　日本"地域社会论"者所关注的问题大致集中在"乡绅及民众反乱的地域性"、"开发、移民与地域社会"、"国家与地域社会"、"宗族问题"、"聚落·社区·信仰及其他"等方面，将理学家群体及理学的发展视为叙述主角的并不多见。在中国学界，虽然朱开宇、章毅的研究重视理学家与理学的发展，但也并未将其视为叙述的主角。见常建华：《社会生活的历史学：中国社会史研究新探》，北京：北京师范大学出版社，2004 年版，第 175—187 页。

为广阔的图景①。本研究致力于展示理学化的地方精英在地域社会活动的全景图,通过这一全景图,进而能深入挖掘宋元时代理学传播的社会机制。

二、"长时段"视角

日本学界"地域社会论"这一史学范式曾得到过法国年鉴学派的启迪,譬如"地域社会论"者所涉及的"微型史学"与"秩序论"就与年鉴学派的主张颇多相合②。不仅如此,"地域社会论"全方位塑造社会生活群像以期挖掘社会深层结构的尝试更是与年鉴学派一致同归③。不过,年鉴派学者似乎更倾向于通过"长时段"来展现整体史,如布罗代尔认为,"长时段"是一种复杂却又新颖的历史时间,是一种隐藏于历史发展中的深层社会结构④。运用"长时段"这一历史时间进行研

---

① 法国年鉴派学者布罗代尔(Fernand Braudel)的史学观念即是如此,如其云:"社会学和历史学构成统一的智力探险;它们不是同一块布料的前后两面,而是布料本身,是棉纱的整个实体。"见[法]布罗代尔:《历史学和社会学》,《论历史》,刘北成、周立红译,北京:北京大学出版社,2008年版,第77页。

② 叶军:《日本"中国明清史研究"新特点:地域社会论与年鉴学派》,《社会科学》2002年第1期,第76页。

③ 森正夫与野口铁郎、滨岛敦俊等人曾编辑出版《明清时代史的基本问题》一书,在《总序》中,森正夫把此书涉及的基本问题归结为12个大方向,即"商品市场、物价·货币·商人·财政","生产技术问题——农业和手工业","长江三角洲的农村社会·都市社会","作为赋税负担团体的里甲和村",'"明代专制国家·王府·军队","清朝国家论和清代的政治·政治思想(包括明代)","民众反乱和秘密结社","身份感觉和秩序意识","四川的移民社会、珠江三角洲的村和宗族","徽州文书的世界","出版文化和学术、庶民生活和文化","西南少数民族、越南和明清中国"。这一划分在一定程度上展现了整体史的视野,与布罗代尔跨越历史学、地理学、经济学、政治学、社会学等多学科的整体模式有颇多相似之处。见[日]森正夫、野口铁郎、滨岛敦俊、岸本美绪、佐竹靖彦:《明清时代史的基本问题》,东京:汲古书院,1997年版,第10—11页。

④ 如布罗代尔认为:"对于一个历史学家来说,接受长时段就必须准备改变自己的风格、态度,必须彻底改选自己的思维,而采用崭新的思考社会事物的概念。这意味着逐渐习惯一种比较缓慢的、有时近乎停滞的时间……总之,相对于这种缓慢的、层积的历史而言,整体的历史可以重新思考,正如要从底层结构开始一样。无数的层面和无数次历史时间的剧变都能根据这些深层结构、这种半停滞的基础得到解释。所有的事物都围绕这个基础转。"见[法]布罗代尔:《历史学和社会科学:长时段》,《论历史》,第36页。

究的目的就在于揭示"潜在的、深层的、长命百岁的历史"①。宋明时代理学的发展也同样是一段长命百岁的历史,也同样具有潜在而深层的结构。因此,运用"长时段"的史学视角就比较容易寻找出某一思潮与其前后思潮间的联系,从而能进一步勾勒出数百年理学发展的脉络。

以前的理学史研究往往侧重于宋代与明代,对于元代这一颇为关键的中间环节则表现得比较漠然。这一状况虽然在近些年有所改观,出现了一批以元代理学为研究对象的论文、专著,但问题并没有得到根本解决,宋明之间理学的发展脉络没有得到很好的梳理;相应的,元代理学自身的整体图景也没有清晰地展示出来。

如果把理学发展史看作是由一个个时代横断面所构成的历史连续体的话,就应该尽可能地展示出其在"长时段"内的滚动过程。这需要我们通过资料的挖掘与参证,最大限度地还原其本来面貌。本研究自然要关注元代徽州一域内新安理学自身的传承与演化,为此,我们把元代历史划分为了前、中、后三个时段。元代前期从至元八年(1271)忽必烈将国号定为"大元"开始,迄于大德十一年(1307)元成宗去世,共计36年。元代中期从元武宗1307年即位开始,到至顺四年(1333)元顺帝即位为止,共计26年。元代后期从至顺四年(1333)元顺帝即位开始,一直到元朝灭亡为止,共计35年。关于元代新安理学,我们将其大致分为前后两期,元代前期新安理学开始于1279年南宋灭亡,一直延续至元代中期。元代后期新安理学萌生于元代中期,在元代后期达到繁盛,并一直延续至明代初期。通过对元代前期新安理学与后期新安理学的研究,我们希望能把这前后两期新安理学的特点描绘清楚,进而把近百年来新安理学运行的轨迹勾勒出来。不仅如此,我们也会把触角最大限度地上下延伸。上限接踵于南宋的朱熹时代,下限延续至明中叶心学的勃兴乃至于清代皖派考据学的萌生。在朱熹时代,可以考察新安理学产生前夜的概况;而在王阳明与戴震的时代,也可以探索元代新安理学家群体终结后推陈出新的情境。就理

---

①　[法]布罗代尔:《法兰西的特性——空间和历史》,顾良、张泽乾译,北京:商务印书馆,1994年版,第6页。

学发展而言,朱熹与王阳明之间的这个"长时段"正是一个"潜在的、深层的、长命百岁的历史"。从元代新安理学这一个案出发,以"内在的理路"(inner logic)①的观照方式向上追溯和向下推衍,是不是能够展示出一种连续性的图景?当然,我们所梳理的"内在的理路",并不是为了迎合那种"确定性"与"连续性"而做出的有预谋的提炼,也不是为理学史确立一个先验的结构,而是想通过"长时段"内某种脉络的梳理,把不同时期的理学横断面完整地滚动为一个历史进程。

三、经学诠释的视角

从北宋时代开启的理学可以理解为儒学的新发展,南宋时代的朱熹也一般被视为理学的集大成者。朱熹身后,理学开始迅速扩张,"至晚宋朱学再传、三传时,朱学实已遍及南宋各地。……在这种传播过程中,晚宋朱学实已分成各区域,并形成了各区域的特色"②。与其他区域相仿,在宋元时代,徽州一域内的理学也发展得如火如荼。徽州古称"新安",因此,徽州传播的理学可称之为"新安理学"。历史上虽有"新安理学"的提法,但这一称谓却一直没有得到精确的指认③。当代学者如周晓光、李霞等认为"新安理学"开端于南宋中后期,经元、明两代,迄于清代中叶,前后凡 600 余年。按照朝代的不同,大致可以把

---

① 余英时:《清代思想史的一个新解释》,《历史与思想》,台北:联经出版事业公司,1976 年版,第 124 页。

② 何俊:《南宋儒学建构》,上海:上海人民出版社,2004 年版,第 362—363 页。

③ "新安理学"四字最早见于明嘉靖年间韩梦鹏、谢文烨所辑录的《新安理学先觉会言》一书,此书所谓的"新安理学"系指流入徽州的王阳明、湛若水心学,《新安理学先觉会言》"除了收录有当时国内王、湛之学大家们在新讲会中的文章讲论,也收有部分王、湛的新安门人和再传弟子的文章讲论"。而万历年间,范涞所刻朱升《朱枫林集》的页扉之上也题有"新安理学名儒"六字,但范涞并没有精确地界定"新安理学"这一概念。他所谓的"新安理学",当是指徽州这一地区存在的朱子学传承体系,因为无论朱升还是范涞都固属朱子学者无疑。综上可见,"新安理学"这一指称在徽州历史上是比较含混的。分别见刘效梅:《一本极其珍贵的文献——评抄本〈新安理学先觉会言〉》,《大学图书情报学刊》2009 年第 5 期,第 84 页;周晓光:《新安理学》,合肥:安徽人民出版社,2005 年版,第 5—6 页。

新安理学分为宋、元、明、清四个阶段①。当然,这样的界定或有笼统之嫌。徽州理学家群体的确出现于南宋中后期,而壮大于元代,明初时,由于种种原因,徽州理学家群体很快式微乃至终结。自此后,徽州一域内理学的传承似乎出现了某种断裂,像样的理学家与理学著作皆不多见,这就容易给人造成一种印象:似乎"新安理学"独盛于元代。明代程瞳《新安学系录》一书侧重构建宋元徽州理学传承的谱系,而清代赵吉士曾于所著《寄园寄所寄》一书首辑"新安理学"②。他们尽皆把重彩与浓墨留给了有元一代,写到明初时便都戛然而止了,应该说,这是极有见地的。在本研究中,我们倾向于把"新安理学"界定为徽州地域社会内传承的朱子学体系③。它于南宋末年形成并旺盛于整个元代时期④。明初时,由于种种原因而逐渐式微。有关元代的新安理学,虽有朱鸿林呼吁进一步深入挖掘⑤,虽然赵华富、周晓光、史甄陶等做出

① 周晓光:《新安理学源流考》,《中国文化研究》1997年夏之卷,第29—36页;李霞:《论新安理学的形成、演变及阶段性特征》,《中国哲学史》2003年第1期,第95—102页。
② 如其云:"徽处万山中,其田土所产,育于他郡。生其间者,不得不裹粮服贾,奔走四方以谋食。而老儒宿彦,自蒙童读书,至老死未尝暂释,著述充栋,不肯一俯首就试有司。讲学书院,自紫阳、还古而外,所在多有。顾海内士大夫之与徽人接者,往往奔走四方之人居多,而深山穷谷中宿儒,不得一叩其姓氏。遂并我考亭夫子、篁墩、正希诸先生,概目之曰徽人耳,不亦诬欤? 首辑新安理学"。见赵吉士:《寄园寄所寄》卷一一,合肥:黄山书社,2008年版,第856页。
③ 日本学者市来津由彦指出:"在朱熹思想发展为'朱子学'这一显学的过程中,第一批接触者是朱熹的高徒们。他们做出了代表性的贡献:为朱熹语录的编集提供了资料,为朱熹著作文本做了基础性解说等工作。他们发挥了别人所无法替代的作用。如果他们没有学派意识,不参与任何(学术)活动,那么'朱子学'可能无法形成,或是另一番光景,或许无法发展得如此迅速与精进。在探讨'朱子学'形成方面的诸问题时,这些人的地位是很重要的。'朱子学'并非是朱熹生前从事学术活动时就形成完备了的,它是通过创立者朱熹和其门人们的活动共同促成的。"我们认同市来津由彦的观点,是以将"朱子学"定义为朱熹之学与朱熹之学传承体系的复合体。见[日]市来津由彦:《陈淳论序说——从"朱子学"形成的视角出发——》,《东洋古典学研究》第15集,2003年,第152页。
④ 元代徽州理学之盛,明人多有追忆。如吴子玉云:"新都(徽州)埒于齐鲁无不及焉,岂非以朱子振昌平遗教好礼乐之国哉! 肇是以来,讲习性理之学,承承相属,可系而缀,即元世儒术既绌焉,然新都之间学者独不废。"见吴子玉:《范工部平仲先生集序》,《大鄣山人集》卷四,《四库全书存目丛书》集部第141册,济南:齐鲁书社,1997年版,第318页。
⑤ 朱鸿林曾呼吁说,有关新安理学方面的研究做得还不够,需要进一步深入挖掘。见郑任钊:《朱鸿林:明代思想史的空间与进路》,《中国社会科学院院报》2007年5月15日,第002版。

了一定的研究①,但至今依然没有一部著作能够完整展示出元代新安理学的全方位图景以及系统解释其发展传承的理路与条件。

作为一种侧重于心灵内省的思想体系,理学中明显地包含着道德自觉和义理思辨等内容,这一特点决定了从哲学角度进行探讨乃是理学研究中的应有之义。近代以来涌现出一大批从哲学角度辨析理学的著作,这些著作致力于厘清理学的哲学范畴,并试图勾勒出各范畴之间的联系,从而能阐释理学那统一且宏大的哲学体系②。本研究并不准备侧重哲学的路径,因为我们的研究对象是元代的新安理学,元代理学在哲学构架上创见不多,即使是被称为元代南北二儒的许衡与吴澄,也很难说有多少全新的见解,更遑论徽州的新安诸儒了③。

儒学的推进是建立在经典的诠释与再诠释基础之上的。宋代理学的建构亦是如此,程朱等大儒思想体系的确立无不与儒学经典的诠释相关联④。尤其是朱熹,其自早年起就展现出了对名物辨析的偏好⑤。

---

① 分别见赵华富:《元代的新安理学家》,《学术界》1999 年第 3 期;赵华富:《元代新安学者弘扬朱子学的文化活动》,《安徽大学学报》2000 年第 6 期;周晓光:《新安理学》,第 84—114 页;史甄陶:《家学、经学和朱子学——以元代徽州学者胡一桂、胡炳文和陈栎为中心》,上海:华东师范大学出版社,2013 年版。

② 譬如陈来《朱子哲学研究》一书就采用了上述方法,该书"注重从时(历史演变)空(层次角度)的不同方面对朱子的理气论、心性论、格物致知论的主要内容进行综合考察和全面分析,以求达到对这一庞大而复杂的哲学体系的具体把握"。见陈来:《朱子哲学研究》,上海:华东师范大学出版社,2000 年版,第 9 页。

③ 譬如徐远和指出:"虽然元代后期理学家都想兼取朱陆之所长,而避其所短,却终究未能建立起一个超越朱陆二家的新的思想体系。他们至多只是指出了一个可能的心学发展方向,并在自己的理论体系中增添了某些心学因素。至于建构新的理论体系的任务,只能俟诸继元代而起的明代学者去完成。"见徐远和:《理学与元代社会》,北京:人民出版社,1992 年版,第 11 页。

④ 譬如张汝伦认为"释义学"是朱熹经学研究中"惯常的思想方式和表现思想的方式"。随着对经典的诠释,朱熹理气论、心性论以及格物致知论逐渐构建为一个完整的理论体系,这标志着理学的哲学完成。见张汝伦:《朱子的释义学》,洪汉鼎、傅永军:《中国诠释学》第 3 辑,济南:山东人民出版社,2006 年版,第 227 页。

⑤ 朱熹曾自谓:"窃好章句训诂之习",朱熹这一特点与其师李侗对洒落气象的追寻固是不同,李侗虽然曾用各种方法告诫朱熹,但始终未能纠正朱熹的章句之好。见朱熹:《答何京书(二)》,《晦庵先生朱文公文集》卷四十,《朱子全书》第 22 册,上海:上海古籍出版社,合肥:安徽教育出版社,2002 年版,第 1802 页。

朱熹对传统训诂学不甚满意①，是以将其纳入程学轨道，使之成为主敬穷理的理性主义路线上的一个必要环节②。朱熹的经典诠释成就可谓斐然，他宏大的理论体系也因而得以建立。朱熹留给后学的东西很多，在学术层面上最可效法的无疑是训诂手段。朱熹的义理架构在后学们看来无异一座难以企及的高峰，想要在这一层面取得突破实难做到，但其简约的注解却给后学们留下了发挥训诂的空间。

朱熹十分重视文本的建设，其后学也不例外。既然很难进行理论创新，如何把朱熹的思想教科书化、工具书化就成了后学们思考的重点。在朱熹弟子那里，就多有优秀的朱子学教科书问世，譬如陈淳的《北溪字义》就是最负盛名的一本。《北溪字义》使得朱熹理学范畴形成一个完整的逻辑结构③，但在某种程度上却已是偏于语言训释之末了，这一特征也就是全祖望所指出的训诂化倾向④。这种倾向普遍出现在朱熹的再传、三传那里，并一直延续到元代的学术环境当中。元代的新安理学家们十分擅长对朱熹经学著作进行集释与纂疏，训诂化倾向比较明显。其中胡方平、胡斗元、胡次焱、程逢午、汪炎昶、陈栎、程复心、胡炳文、胡一桂、郑玉、汪克宽、倪士毅、朱升、赵汸等皆是一时经学之选⑤。新安理

---

①　朱熹曾指出："汉儒一向寻求训诂，更不看圣贤意思"；又曰："汉之诸儒所以专门名家、各守师说，而不敢轻有变焉者也。但其守之太拘，而不能精思明辨以求真是，则为病耳。"分别见黎靖德编：《朱子语类》，卷一一三，北京：中华书局，1994 年版，第 2748 页；朱熹：《学校贡举私议》，《晦庵先生朱文公文集》卷六九，《朱子全书》第 23 册，第 3360 页。

②　蔡方鹿也指出："（朱熹）以理学思想为指导，将训诂注疏之学与义理之学相结合，使义理的阐发建立在较为可靠的经注材料的基础上，一定程度地克服了宋学的流弊。这是他高出同时代理学家之处。溯其源，与他一定程度地接受了汉唐训诂之学的治学方法有关。"见蔡方鹿：《朱熹经学与中国经学》，北京：人民出版社，2004 年版，第 252—253 页。

③　《北溪字义》就是用诠释的方法把朱熹的理学范畴组织起来，使之形成一个完整的逻辑结构。见张加才：《〈北溪字义〉与理学范畴体系的诠释和建构》，《厦门大学学报》2004 年第 3 期，第 115 页。

④　全祖望曰："朱徽公之学统，累传至双峰（饶鲁）、北溪（陈淳）诸子，流入训诂一派。"见全祖望：《泽山书院记》，《鲒埼亭集外编》卷一六，《全祖望集汇校集注》，上海：上海古籍出版社，2000 年版，第 1054 页。

⑤　根据何佑森统计，徽州路经学学者之多，在元代各路中都堪称佼佼。见何佑森：《元代学术之地理分布》，《儒学与思想——何佑森先生学术论文集》，台北：台湾大学出版中心，2009 年版，第 213—225 页。

学家们的经学研究数量十分可观,其中《四书》学著作如《四书发明》、《四书考异》、《四书章图纂释》、《四书通》、《四书辑释》,《易》学著作如《易学启蒙通释》、《周易本义附录纂注》、《周易发明启蒙翼传》、《周易本义通释》、《读易编》、《周易旁注》,《春秋》学著作如《春秋经传阙疑》、《春秋胡氏传附录纂疏》、《春秋集传》、《春秋师说》、《春秋金锁匙》、《春秋属辞》、《春秋左氏传补注》,这些著作在当时乃至后世都有过相当的影响。元代新安理学家们偏好经学,他们的这种偏好几乎贯穿了整个元代。因此,深入探索元代新安经学也不失为一个比较好的研究角度。

20世纪有关元代新安经学的探讨肇端于皮锡瑞、马宗霍、周予同等学者[1]。下半叶相对发展较快。在《四书》学方面,有顾永新、闫春、周春健以及日本学者佐野公治等人的研究[2];《易》学方面则有钟彩钧、李秋丽、郭振香等人的研究[3];《尚书》学方面有刘起釪、许华峰等人的研究[4];《春秋》学方面,学者们特重赵汸,如周晓光、黄开国、赵伯雄、涂茂奇、张

---

[1] 皮锡瑞刊刻于1907年的《经学历史》就推出了汪克宽、胡一桂、胡炳文、陈栎等四位新安经学家,而《经学通论》一书对赵汸《春秋》之学颇多研讨。马宗霍《中国经学史》于元代经学推出胡一桂、陈栎、胡炳文三位新安经学家。周予同在《群经概论》中也对陈栎的《尚书》学、俞皋与汪克宽的《春秋》之学有所论及。分别见皮锡瑞:《经学历史》,北京:中华书局,1959年版,第289页;皮锡瑞:《经学通论》,北京:中华书局,1954年版,第86页;马宗霍:《中国经学史》,上海:商务印书馆,1937年版,第134—135页;周予同:《群经概论》,上海:商务印书馆,1933年版,第34、81页。

[2] 分别见顾永新:《从〈四书辑释〉的编刻看〈四书〉学学术史》,《北京大学学报》2006年第2期;闫春:《〈四书大全〉的编纂与传播研究》,华东师范大学博士论文,2009年;周春健:《元代四书学研究》,上海:华东师范大学出版社,2008年版,第281—300页;佐野公治:《四书学史研究》,东京:创文社,1988年版,第236—250页。

[3] 分别见钟彩钧:《胡方平一桂父子对朱子〈易〉学的诠释》,杨晋龙主编:《元代经学国际研讨会论文集》,台北:中研院"中国文哲研究所"筹备处,2000年版,第195—237页;李秋丽:《胡一桂易学思想研究》,山东大学博士论文,2006年;李秋丽:《胡一桂易学观研究》,《周易研究》2008年第4期;郭振香:《易学史上"性情"与"情伪"的多义化诠释》,《周易研究》2006年第6期;郭振香:《论胡炳文对朱熹〈周易本义〉的推明与发挥》,《安徽大学学报》2010年第2期。

[4] 分别见刘起釪:《尚书学史》,北京:中华书局,1989年版,第286、297页;许华峰:《从陈栎〈定宇集〉论其与董鼎〈书传辑录纂注〉的关系》,《中国文哲研究通讯》第8卷,第2期,1998年;许华峰:《陈栎〈书解折衷〉与〈书蔡氏传纂疏〉对〈书集传〉的态度——驳正〈四库全书总目〉的误解》,《元代经学国际研讨会论文集》,第395—425页;许华峰:《〈四库全书总目〉对宋、元之际"〈尚书〉学"的评述》,《"中央大学"人文学报》第22期,2000年。

高评、冯晓庭以及日本学者滨久雄都对赵汸《春秋》学进行过探讨①。综上可见，有关元代新安经学的研究虽在单方面取得了一些成果，但还不够深入，尤其是缺乏一种整体性的眼光。关于元代新安经学，我们想提出的问题是：元代新安经学产生的社会机制是怎样的？或者说，元代新安理学家们从事经学研究对其地方声望的维持与关系网络的营建起到过怎样的作用？元代新安经学在发展过程中出现过哪些特点？其发展脉络是怎样的？再有，元代新安经学对后世经学发展产生过哪些影响？

四、儒学南北格局对比视角

　　半个多世纪以来，在欧美、日本学界有关中国史的研究中，区域化模式显示出了比较强的解释力②。不少学者分别从地文体系③、人口移动④、水利兴修⑤、社会精英⑥以及生态系⑦等角度阐发过区域之间的差异。

---

　　①　分别见周晓光：《论新安理学家赵汸的〈春秋〉学说》，周绍泉主编：《98 国际徽学学术讨论会论文集》，合肥：安徽大学出版社，2000 年版，第 459—475 页；黄开国：《赵汸的〈春秋〉学》，《中国哲学史》2004 年第 2 期；赵伯雄：《春秋学史》，济南：山东教育出版社，2004 年版，第586—589 页；涂茂奇：《赵汸对〈春秋三传〉所持之态度》，《东吴中文研究集刊》1998 年第 5 期；张高评：《黄泽论〈春秋〉书法——〈春秋师说〉初探》，《元代经学国际研讨会论文集》，第 579—623 页；冯晓庭：《赵汸〈春秋金锁匙〉初探》，《元代经学国际研讨会论文集》，第 625—657 页；［日］滨久雄：《赵汸的春秋学》，《都立五日市高校研究纪要》，第 13 号，1981 年。

　　②　以不同朝代作为划分时代的标准，虽然可以提纲挈领，但也存在着很多缺陷。施坚雅（G.William Skinner）就曾十分质疑这种朝代划分法，他指出："历史盛衰变化的'长波'在大区域之间经常是不同步的"，所以他主张以区域经济发展周期来取代王朝兴衰周期。见［美］施坚雅：《中华帝国晚期的城市》，叶光庭等译，北京：中华书局，2000 年版，第 3 页。

　　③　如施坚雅就把地文比喻成一个以土地为基础的社会经济体系的"自然"容器。他对中国城市进行研究的时候就是以地文作为依据分门别类的。见［美］施坚雅：《中华帝国晚期的城市》，第 10—17 页。

　　④　如何炳棣认为："人口与土地关系的历史变迁可以从各地区间人口迁移的记载加以探求。"见［美］何炳棣：《明初以降人口及其相关问题：1368—1953》，葛剑雄译，北京：三联书店，2000 年版，第 160—198 页。

　　⑤　如森田明有关水利史的研究就是以区域划分为依据的。见［日］森田明：《清代水利社会史研究》，郑梁生译，台北："国立编译馆"，1996 年版，第 7—13 页。

　　⑥　譬如森田宪司就以金元交替期的山东与宋元交替期的庆元路为例讨论了"知识人"与地方社会的关系，从中可以明显看出南北两地间的区域差别。见［日］森田宪司：《元代知识分子与地域社会》，东京：汲古书院，2004 年版，第 213—264 页。

　　⑦　波斯义信就曾宣称他是从生态系（ecosystem）的视野观察宋代江南经济的。见［日］波斯义信：《宋代江南经济史研究》，方健、何忠礼译，南京：江苏人民出版社，2001 年版，第 41 页。

当然,上述研究主要针对经济史与社会史范畴,其实在中国历史上,不仅经济、社会层面会出现区域差异,思想学术层面出现空间差异也是常态性的。因此,从区域化视角出发,将特定区域内的思想学术与其他区域进行横向比较往往会有新的发现①。因为只有在揽镜自照的同时环顾四周,才有可能发现别人的特点和自己的与众不同②。

从南宋到元代,理学的发展经历了复杂的分化、整合、再分化过程,以至于形成了为数众多的区域性承传体系。从总体上来说,江南各区域内的朱子学体系同多于异,所谓的差异只是表现在一些枝节上,似乎不太需要进行细碎的比较。但若从宏观上审视元代儒学,则不难发现元代儒学所呈现出的南北两大区域一度对峙的格局。在元初,南方重心性重内圣的儒者与北方重治术重吏事的儒者比较隔膜,而且这种隔膜还持续了相当长的一个时期。基于这一现实,我们会着力探讨儒学的南北差异给新安理学造成的影响。在元代后期,南北儒学发生涵化后,新安理学是否会因此而呈现出新的风貌?这也是我们需要回答的问题。本研究首先会考察新安理学家及其他南方理学家北上元廷时的遭遇,进而把视角扩展至整个元代的儒学格局,目标是全景扫描南北儒学的对立形态及逐渐涵化的过程。立足于元代儒学南北格局,我们要详细考察新安理学家们的政治观念、政治行为以及心态的变化。希望通过这一个案,可以展示出元代南方士人们的普遍境遇。当然,从这一角度切入徽州理学家群体与新安理学,又在一定程度上溢出了"地域社会论"的格局。毫不讳言,我们设置这一视角的初衷就是为了克服"地域社会论"常

①　譬如朱维铮认为:"把空间分布作为学术派分的畛域,始于南北朝。"见朱维铮:《中国经学史十讲》,上海:复旦大学出版社,2002年版,第140页。
②　杨念群认为:"各个地域传统学风对知识分子人格取向会有不同的模铸作用,一旦这种模铸达到潜意识的层次,就会形成一定的心理选择机制,从而制约着他们的行为模式。这种心理选择机制的相对凝固化,会对异于地域文化深层思维范式之外的外来文明采取排斥的态度,即使是在被迫吸收的情况下,各个地域也会形成不同的节奏与层次。"见杨念群:《儒学地域化的近代形态——三大知识群体互动的比较研究》,北京:三联书店,1997年版,第117页。

常面临的国家缺位的问题①。

　　立足于元代儒学南北格局,国家就会作为一个强大而清晰的背景凸显出来,这也为我们着眼于思想史与政治史互动的思路提供了可行性。以前很多哲学史、思想史的著作不是过分执着于哲学关键词的辨析,就是过分沉溺于专人、专书的探讨,打造出的只是一个平面世界,而不是政治史与思想史、学术史共同构成的立体空间。思想史研究应该拓展出更为宽广的领域,具体地说,就是重新建立思想史的历史学本位,从单一的思想世界走向广大的历史世界②。元代新安理学是一个地域性的朱子学传承体系,对其研究当然需要进行思想学术层面的剖析。但若想要更真实地把握其历史存在,则不能仅仅限于上述层面的剖析,为其建立一个广阔的历史语境是十分必要的。正如艾尔曼所言:"思想史的研究与政治史、社会史的研究一旦结合起来,中国学术史研究的内容将会是何等的丰满。"③

　　元代在中国历史上属于一个特殊的朝代,其特殊性就在于蒙元统治者综合众多族群建立了一个由游牧、农耕、绿洲商业文化组合起来

---

　　①　森正夫曾在社会秩序的形成与维系这一层面设定了四种类型的"场所领导者",即:家族、同族基轴论,地主领导型地域社会论,士大夫领导型地域社会论,国家基轴论。对于上述设定,山田贤认为,森正夫的弊端在于把国家弱化为形成与维系社会秩序的众多单位中的一种,这样的状况极容易导致"国家、社会二元论"或"家族国家观"。也容易给人造成如下误解:传统中国的国家与社会"分别形成独特的世界,一直没有互相交涉"。总之,就是造成了国家的缺位。岸本美绪也承认:"'地域社会论'的研究经常被批评欠缺国家论的陈述",为此,她辩驳说:"'地域社会论'也无意将国家视为屹立于社会之外的庞大实体,而是要思考地域社会的人究竟怎样看待地方官吏,以及为什么认为自己应该依从地方官等观点,来解释'国家权力'。"山田贤的指责是犀利的,而岸本美绪的辩解或许是无力的,因为从"地域社会论"视角来看,国家总归是作为一个相当模糊的背景而存在着的。分别见[日]山田贤:《中国明清时代"地域社会论"研究的现状与课题》,太城佑子译,《暨南史学》第2号,1999年,第47页;[日]岸本美绪:《明清交替与江南社会——17世纪中国的秩序问题》,第8页。

　　②　余英时《朱熹的历史世界——宋代士大夫政治文化的研究》一书的出版给学界提供了这种启示。见余英时:《朱熹的历史世界——宋代士大夫政治文化的研究》,北京:三联书店,2004年版。

　　③　[美]艾尔曼(Benjamin A. Elman):《经学、政治和宗族——中华帝国晚期常州今文学派研究》,赵刚译,南京:江苏人民出版社,2005年版,第7页。

的多元体制,其文化的多元性在以往中国也是不曾多见的①。所以,无论是研究元代政治、经济还是文化都必须要纳入这一大框架之下才具有说服力。我们需注意元代制度中"各从本俗"的"集团主义"倾向②,而不可草率地将其理解为蒙古人、色目人——汉人、南人的二项对立关系③。异族统治、多元文明并存的历史语境对元代儒学发展及士人的出处产生过巨大的影响,譬如草原本位意识长期笼罩统治阶层的状况就决定了元代儒学发展中的不稳定性。尽管来自南方的理学经过长期斗争上升为官学,但变数却一直并没有排除,元顺帝时期出现的"至元废科"即为明证④。在蒙元统治者重"根脚"⑤的选官制度下,元代士人入仕极难,其中尤以南方士人为最。在这样的情境下,元代的南方士人们会产生怎样的心态变化? 又会采取了怎样的应对措施? 元代后期南北儒学发生涵化后,南方士人又会面临了哪些新的情况? 当朱元璋新政权出现后,他们内心又会激起怎样的波澜? 我们将以徽州理学家群体和新安理学为例,在思想史与政治史的互动机制下,努力去探寻理学家们的心灵世界,以期展示出元代异族政权统治下儒学运作的整体图景。

思想史的研究必须关注"内在理路",但也不能忽视"外缘性条件"的巨大作用。任何一种"外缘性条件"发生作用时都会在思想史上造成一定的断裂,而这种断裂的发生往往以政治干预、社会变动为最常见,所以具体到元代徽州理学家群体及新安理学的研究,就不能放过任何一个能掀起文化浪花的政治事件。着眼于"外缘性"的政治事件,亦可弥补"地域社会论"观察之不足。

---

① 正如傅海波(Herbert Franke)指出,蒙古统治者把他们本土的萨满教与藏传佛教作为正统,同时对其他文化如中原文化及中亚文化也一并接受。Herbert Franke, *From Tribal Chieftain to Universal Emperor and God: The Legitimation of the Yüan Dynasty*, *China under Mongol Rule*, Brookfield, VT: Ashgate Publishing, 1994, pp.9—79.

② [日]森田宪司:《元代知识分子与地域社会》,第156页。

③ [日]舩田善之:《色目人与元代制度、社会——重新探讨蒙古、色目、汉人、南人划分的位置》,《元史论丛》第9辑,北京:中国广播电视出版社,2004年版,第162页。

④ 元顺帝时期,因丞相伯颜执意废除科举,遂导致至元二年(1336)和至元五年(1339)的科举停办,史称"至元废科"。见宋濂等:《元史》卷一四二《彻里帖木儿传》,北京:中华书局,1976年版,第3405页。

⑤ 权衡曾指出,元朝"取人用士,惟论根脚。其所与图大政为将为相者,皆根脚人也"。见权衡:《庚申外史》,上海:商务印书馆,1936年版,第36页。

第一章 南宋中后期徽州地域社会与理学的传承发展

第一节 徽州的行政区划沿革与地理环境

徽州位于安徽南部。秦初置歙县,属鄣郡。汉代属丹阳郡,建安十三年(208),孙吴置新都郡。西晋太康元年(280),新都郡更名为新安郡。隋初改称歙州,大业年间(605—618)复为新安郡。唐武德四年(621),又改新安郡为歙州;在唐代中后期,歙州下辖歙、黝(黟)、休宁、婺源、绩溪、祁门,六县格局已是基本固定①。北宋宣和三年(1121)改歙州为徽州,领歙、黟、休宁、婺源、绩溪、祁门六县。南宋时徽州隶属江东路,六县格局因其旧②。元至元十四年(1277)改徽州为徽州路,隶属江浙行中书省江东建康道,领歙、黟、休宁、婺源、绩溪、祁门六县,其中婺源县在元贞元年(1295)升格为属州③。明、清两代,徽

---

① 李吉甫:《元和郡县图志》卷二八,北京:中华书局,1983年版,第686页。
② 祝穆:《方舆胜览》卷一六,北京:中华书局,2003年版,第280页。
③ 刘应李原编、詹友谅改编:《大元混一方舆胜览》卷下,成都:四川大学出版社,2003年版,第527页。

州在隶属上屡有变更,或隶属中书省,或隶属南直隶,或隶属江南省、安徽布政使,但它所辖区域及府治却一直没有改变①。可以说,徽州"一府六县"的格局经唐、宋、元、明、清千余年而未曾更张。行政区划的稳定是地域文化统一格局形成的重要条件②。

图 1-1　元代徽州政区图

徽州自古就被称为形胜之地,其境内多山,峰峦叠嶂,百里绵延,主要山脉有黄山、天目山、白际山及五龙山等主系。黄山莲花峰(海拔1860 米)、清凉峰(海拔 1787 米)、牯牛降(海拔 1728 米)、大鄣山(海拔 1629.8 米)等一系列高峰便矗立于其间。除了高峰外,低山与丘陵更是寻常地貌。在高峰、低山与丘陵当中,点缀有不少断陷区,如休歙盆地、祁门盆地、黟县盆地、练江谷地等等。山高谷深的基本地貌③、

---

①　马步蟾纂修:道光《徽州府志(一)》卷一,南京:江苏古籍出版社,1998 年版,第 56—58 页。

②　周晓光曾指出:"政区与境域的相对稳定,是学术文化区形成和发展的重要基础。兴废无常的政区和归属不定的境域,通常难以形成独立的地域文化和群体趋同的文化心理,更无法出现具有同一特色的区域学术文化。"因此,他把是否出现相对稳定的政区和境域作为学术文化区形成与否的重要标志,并由此得出结论:"从宋代以后徽州政区与境域的稳定性来看,该地无疑已具备了此一条件。"见周晓光:《徽州传统学术文化地理研究》,合肥:安徽人民出版社,2006 年版,第 41 页。

③　顾炎武《天下郡国利病书》云:"徽之为郡,在山岭川谷崎岖之中。东有大鄣之固,西有浙岭之塞,南有江滩之险,北有黄山之阨。即山为城,因溪为隍,三面距江。自睦至歙,皆鸟道萦纡,两旁峭壁,仅通单车。"见顾炎武:《天下郡国利病书》,《续修四库全书》第 596 册,上海:上海古籍出版社,1995 年版,第 123 页。

"新安六邑,四面阻山"①的地理格局使得万山之间的徽州城恰"如鼠在穴"②一般,徽人也因此常常发出"山限壤隔"③的感喟。

一般来说,万山环抱的地形会形成一定的封闭性,而盆地居中的结构更会造就一定的内聚性,这样的状况对于倡导地域研究的学者来说无疑是一个绝好的范例。从微观的角度去考察徽州,无论是从经济运行状况还是就社会运作模式,都已取得不少令人欣喜的发现。在文化层面,徽州的地域效应也是非常明显的。据说居住于盆地中的民众会形成一种保守的盆地心态,"保守"一词虽具有消极意味,但保守心态对于内部凝聚力以及文化认同感的形成则十分关键。宋元以来徽州独具特色的地域文化不能说与徽州特殊的地形结构无关。

万山林立的地形结构必然导致山多田少。关于山多田少的叹嗟遍及徽州的史籍,如宋代程珌称:"其地十,为山七八,田仅一二"④;明代汪道昆也指出:"新都(徽州)故为瘠土,岩谷数倍土田。"⑤徽州不但山多田少,土地的肥力也不高。徽州土壤为山地红壤、山地黄壤及普通黄壤的结合体,呈酸性,有机质含量比较低⑥。就此,顾炎武曾指出:"徽郡保界山谷,土田依原麓,田瘠确,所产至薄。"⑦另外,徽州一域还有水旱频仍的特点,曾在徽州做过行政长官的袁甫描述云:

……本州僻处万山之间,最畏水旱。晴稍久,则农田已忧枯

---

① 丁廷楗修、赵吉士纂:康熙《徽州府志》卷二,台北:成文出版社有限公司,1975年版,第436页。

② 金声:《与徐按台(壬午)》,《金正希先生文集辑略》卷四,《四库禁毁书丛刊》集部第50册,北京:北京出版社,2000年版,第530页。

③ 赵不悔修、罗愿纂:《新安志》卷一,《宋元方志丛刊》第8册,北京:中华书局,1990年版,第7604页。

④ 程珌:《徽州平籴仓记》,《洺水集》卷七,《景印文渊阁四库全书》第1171册,台北:台湾商务印书馆,1986年版。

⑤ 汪道昆:《新都太守济南高公奏最序》,《太函集》卷七,合肥:黄山书社,2004年版,第146页。

⑥ 嘉靖《徽州府志》云:"郡之地隘斗绝在其中,厥土驿刚而不化",所谓"驿刚而不化"当是指徽州土壤坚硬同时肥力低的状况。见汪尚宁等:嘉靖《徽州府志》卷二,《北京图书馆古籍珍本丛刊》第29册,北京:书目文献出版社,1987年版,第66页。

⑦ 顾炎武:《天下郡国利病书》,第130页。

槁；雨稍多，则山水便见横流。里谚云："三日天晴来报旱，一声雷发便撑船"，言其易盈易涸之甚也。①

山多地少、田土瘠薄、灾害频发，这些自然特点都会对住民社会的经济运作、文化模式产生影响，这一点毋庸置疑。

徽州虽然田少且瘠，但山上的物产却十分丰富，杉木、杜仲、樟树、楠木、竹类等经济林木十分茂盛，漫山遍野，延及整个州郡。这些经济林木无疑成为住民重要的经济来源，在一些文契上，往往能看到他们屡屡提及山上的"杉树"或"杉苗"，显然，那是他们相当看重的财产②。当然，徽州地区更为重要的物产乃是茶叶，早在宋代以前，徽州茶叶就已经成为重要的商品了，正所谓"歙州、婺州、祁门、婺源方茶，制置精好，不杂木叶，自梁、宋、幽、并间，人皆尚之。赋税所入，商贾所赍，数千里不绝于道"③。到了宋代，徽州茶业更加兴盛，如"早春英华"、"来泉胜金"均已成为当时的名品。丰富的物产，使得以林补农或以茶补农成为可能，这势必会推动徽州商品经济的发展④。根据日本学者斯波义信的研究，在南宋时代，随着经济重心的进一步南移，徽州的松杉、茶、漆、桐油、蜡、墨、砚、纸均已成为重要物资而大量外销了⑤。可以说，明清时代徽商的蔚然发展是有源头可追溯的。

徽州虽然处于万山之间，但却有发达的水路与四域相连通，东南西北分别有徽杭水道、徽饶水道、徽池水道与徽宣水道。这些水道航运十分繁忙，如汪伟在奏疏中描写道："一从饶州鄱、浮，一从浙省杭、严，皆壤

---

① 袁甫：《知徽州奏便民五事状》，《蒙斋集》卷二，上海：商务印书馆，1936 年版，第 28 页。
② 如《至元二十八年祁门李阿林卖山赤契》、《至大元年祁门洪安贵等卖山赤契》、《延祐二年祁门汪子先卖田山赤契》、《元统三年王景期等卖山赤契》、《元统三年郑俊卿卖山赤契》等文契中都涉及了山上的"杉树"或"杉苗"，见中国社会科学院历史研究所徽州文契整理组编：《明清徽州社会经济资料丛编》第 2 辑，北京：中国社会科学出版社，1990 年版，第 7—9 页。
③ 杨晔：《膳夫经手录》，《续修四库全书》第 1115 册，第 525 页。
④ 在宋代的方志里就有徽州人运木下浙致富的记载。如罗愿《新安志》记载休宁"山出美材，岁联为桴，下浙河，往者多取富"。见赵不悔修、罗愿纂：《新安志》卷一，第 7604 页。
⑤ ［日］斯波义信：《宋代江南经济史研究》，第 386 页。

地相邻,溪流一线,小舟如叶,鱼贯尾衔,昼夜不息。"①从这个角度来看,徽州一域又是相当开放的。唐力行认为,对徽州要立足于地域社会同时做一种整体史的研究,因为新安江、阊江、青弋江能够把徽州与整个江南联系起来,通过商人、士人与外部社会保持密切的物质、信息交流,可以说,徽州社会实际上是一个既地域又整体的生活系统②。

徽州的地缘环境也有一些值得注意的特点,如斯波义信认为:

> 从唐至宋代,由于浙江、江苏平原西部地区(特别是江宁、宣城)以及江西方面的逐渐开发,从而形成了三个省域的原型。但徽州作为这三个省的接合点,其本身的发展以及和临近省区的关系,则具有作为特写而进行研究的意义。③

徽州既区域又整体的社会运作模式与得天独厚的地缘环境要求我们进行研究时既要守住徽州地域社会的本位,同时又要放眼于整个江南地区。无论是对徽州进行经济、社会研究,还是文化研究,恐怕都要如此。我们这项有关元代徽州理学家群体及新安理学的研究,也必然是要占据上述学术立场的。

第二节　南宋徽州科举社会的形成与士人群体的崛起

唐中叶以前,徽州基本上属于一个豪强遍及、叛乱频仍的化外之地,知识世界乃由擅长符箓与祭祀的道师们所掌控④。随着茶叶贸易的

---

① 张海鹏、王廷元:《明清徽商资料选编》,合肥:黄山书社,1985年版,第6页。
② 唐力行:《超越地域的疆界:有关区域和区域研究的若干思考》,《史林》2008年第6期,第168页。
③ [日]斯波义信:《宋代徽州的地域开发》,刘淼辑译:《徽州社会经济史研究译文集》,合肥:黄山书社,1987年版,第3页。
④ 章毅:《理学、士绅和宗族——宋明时期徽州的文化与社会》,第21—28页。

兴盛①与北方人口的进一步迁徙,这种态势才得到一些改观。但有唐一代,从总体上看,变化并不是太大。全新的社会面貌在徽州一域呈现,则是宋代的事情了。

唐代施行的是一个把政治、经济、文化和身份结合在一起的帝国体制。在帝国内部,门阀贵族享有政治特权,民众则被束缚在刚性的土地制度当中。在外部,帝国拥有绝对的霸权,对其他国家、部落拥有显而易见的支配、调控能力。到了宋代,却出现了许多全新的图景。首先在外部,帝国体制解体。其后果是,宋政权再无力量维系万邦来朝的威仪,政治上普遍主义的意识(大一统)已经变得模糊②。内部的变化则更是让人眼花缭乱:民众从束缚中解脱出来,对土地所有权的占有意识逐步凸显,土地买卖日益频繁,租佃制逐步流行开来③。商品经济日益发展,私有财富也日益得到尊重。总之,是"可以看到显著的资本主义倾向,呈现了与中世社会的明显差异"④。以往的门阀贵族也基本都为新兴的地主阶级所取代,作为社会与政治精英的士人们也登上了历史舞台。澄清由唐到宋的一系列变化,有助于我们对宋代尤其是南宋徽州社会进行细致考察⑤。

斯波义信认为对江南地区的移民与开发就是"唐宋变革"涌动的

---

① 譬如咸通年间(860—874)的歙州司马张途就记载过祁门一带茶业贸易的情形:"邑之编籍民五千四百余户,其疆境亦不为小。山多而田少,水清而地沃,山且植茗,高下无遗土。千里之内,业于茶者七八矣。由是给衣食、供赋役,悉恃此。祁之茗,色黄而香,贾客咸议,愈于诸方。每岁二、三月,赍银缗缯素求市,将货他郡者,摩肩接迹而至。"见张途:《祁门县新修阊门溪记》,董浩等编:《全唐文》卷八百二,北京:中华书局,1983年版,第8430—8431页。

② 有学者认为,宋人们都有可能不再把他们的政权视为唯一的核心存在了。Morris Rossabi, *China Among Equals: The Middle Kingdom and Its Neighbors, 10th-14th Centuries*, University of California Press, 1983, pp.1-17.

③ [日]宫崎市定:《宋代以后的土地所有制形态》,《宫崎市定论文选集》上卷,中国科学院历史研究所翻译组编译,北京:商务印书馆,1963年版,第174页。

④ [日]宫崎市定:《东洋的近世》,黄约瑟译,刘俊文主编:《日本学者研究中国史论著选译》第1卷,中华书局,1992年版,第168页。

⑤ 关于唐宋时代发生的一系列变化,史学界一般概括为"唐宋变革论"。这一论题的最早提出者系日本学者内藤湖南,在内藤湖南之后有相当多的学者就此论题发表过看法。这些看法虽然不尽一致,但不管认同不认同内藤湖南的论调,唐宋时代出现过历史进程飞跃的观点则已成为共识。分别见[日]内藤湖南:《概括的唐宋时代观》,黄约瑟译,刘俊文主编:《日本学者研究中国史论著选译》,第10—18页;胡如雷:《唐宋之际中国社会的巨大变革》,《史学月刊》1960年第7期,第23—30页;漆侠:《唐宋之际社会经济关系的变革及其对文化思想领域所产生的影响》,《中国经济史研究》2000年第1期,第95—108页;(转下页注)

暗流,而徽州的开发属于江南开发的山村类型。在宋代徽州开发的过程当中,人口的迁徙无疑是非常关键的因素①。因为移民不仅会带来充足的农业劳动力,而且还会把北方先进的手工业技术带到南方,从而促进了南方手工业水平的提高②。由唐代到北宋再到南宋,徽州的开发体现出豪族逐渐让位于庶民地主的趋向。伴随着宋代商品经济的发展和土地兼并的加强,本已零碎化的土地出现了整合的趋势,土地开始向一些士绅家庭集中③。同样的,私有财产也在这些士绅家庭中逐渐积累起来。

　　宋代徽州地区开发的直接后果就是人口的进一步增长④。人口的增长虽能加速开发进程,但地狭人多的矛盾也会变得越发凸显。徽州不但人多地狭,而且在宋代还似乎存在"税额最重"的特点⑤。人多地狭同时税额最重,这使得徽人不得不拓展生存空间,如从事于商业,又如投身于科举。无论是在商业层面获得巨额财富,还是通过科举获

（接上页注⑤）[美]包弼德:《唐宋转型的反思:以思想的变化为主》,刘宁译,《中国学术》第3辑,商务印书馆,2000年版,第63—87页;柳立言:《何谓"唐宋变革"?》,《中华文史论丛》2006年第1期,第125—171页。

　　①　据唐力行考证,徽州大姓绝大多数系中原衣冠所迁入,迁徽的时间集中在三个阶段:两晋之际、隋唐五代时期以及两宋之际。规模最大的迁徙当发生在隋唐五代时期,斯波义信经计算后指出:"徽州的户口数,隋至唐期间约增长六倍,唐至宋期间约增长三倍。"分别见唐力行:《徽州宗族社会》,合肥:安徽人民出版社,2005年版,第3页;[日]斯波义信:《宋代徽州的地域开发》,刘淼辑译:《徽州社会经济史研究译文集》,第8页。

　　②　吴松弟:《北方移民与南宋社会变迁》,台北:文津出版社,1993年版,第186页。

　　③　宋汉理认为:"幸存的关于记载徽州土地占有模式的文献表明,个体农户占有的土地往往是零碎的。在宋代期间,这些零碎的个体占有的土地越来越多地聚集到大家庭土地所有制之下。"见[荷兰]宋汉理:《〈新安大族志〉与中国士绅阶层的发展(800—1600年)》,《中国社会经济史研究》1982年第3期,第69页。

　　④　在宋代,歙县人口增长了三倍,婺源县人口增长了两倍,祁门县和休宁县人口各增长了一倍。见[日]斯波义信:《宋代徽州商业的发展》,刘淼辑译:《徽州社会经济史研究译文集》,第227页。

　　⑤　我们在南宋徽州籍学者程大昌、吴儆等人的文集中的确可以找到一些关于徽州税重的记载。如程大昌云:"徽,吾桑梓也,税额之重,居田收十之六也";又如吴儆云:"新安之赋,视天下为独重。"虽然也有学者认为徽州税额未必真的"独重",但在南宋时代比其他地区偏高应是事实。分别见程大昌:《徽州苗捐》,《演繁露续集》卷二,《景印文渊阁四库全书》第852册;吴儆:《送曹守序》,《竹洲集》卷一二,《景印文渊阁四库全书》第1142册。

得优免特权,都能扩大家族的势力①。恰如吴徽谓其家族曰:"其能殖生业,致高赀,为进士擢第,有闻于时者,视他姓亦独多。"②家族势力增强,就能有效地对付赋税与杂捐③。就扩大家族势力而言,经营产业的作用毋庸置疑④,而科举似乎是一条更为有效的途径。

与唐代的门阀氏族不同,宋代政府中的士大夫多来自拥有土地的庶民阶层。他们并没有唐代门阀的贵族谱系,只能通过激烈的科举竞争来达到入仕的目的。科举对唐代士人来说并非那么重要⑤,但对于宋代士人来说却十分关键。决心建立文官政治的赵宋统治者们扩大了学衔名额,增设了正式的州试,采用了糊名和誊录的办法,使科举考试成为"关系重大而潜在着爆炸性的事件",因为"个人、家庭以及往往是整个社会的命运都随考试的结果而定"⑥。

伴随着宋代徽州的开发,越来越多的家庭开始向科举方向努力,

---

① 我们在这里使用了"家族"这一概念,"家族"与我们后面要使用的"宗族"是有区别的。我们认为多个家族以祭祀共同祖先而进行的以增强凝聚力为目的的聚合活动,才是宗族的建构。以往的宋史研究者往往非常注意界定"大家族"与"宗族"的不同。如日本学者中岛乐章在牧野巽研究的基础上进一步指出:"一定范围内的同族所构成的一个广义上的累世同居的'家',与复数的狭义上的'家',通过祭祀共同的祖先而结合成的宗族,也是将其作为不同的范畴来理解的。"见[日]中岛乐章:《从累世同居到宗族形成——宋代徽州的区域开发与同族结合》,陆越译,[日]平田茂树、远藤隆俊、冈元司编:《宋代社会的空间与交流》,开封:河南大学出版社,2008 年版,第 238 页。

② 吴徽:《隐微斋记》,《竹洲集》卷一一。

③ 优免权不是明清时代才有的,在宋代就存在享有徭役免除等特权的"形势户"、"官户",他们常常利用特权"诡寄"别人的田亩,从而造成赋课、徭役不均等现实问题。见[日]梅原郁:《宋代形势与官户》,《东方学报》第 60 册,1988 年,第 399—438 页。

④ 日本学者牧野巽认为:"越是产业和文化发达的地方,却越反映出同宗族结合加强的倾向"。他指出,自宋代以来,徽州外出经商的人很多,而宗族的结合也比其他地方较坚固。见[日]牧野巽:《明代同族的社祭记录之一例——关于〈休宁茗洲吴氏家记·社会记〉》,刘淼辑译:《徽州社会经济史研究译文集》,第 125 页。

⑤ 宋代以前的科举虽然很有威信,但那只是一个进入仕途的狭窄通道而已。孙国栋的研究表明,唐代科举出身的官僚仅占官僚总数的 6%。在这 6%当中,绝大多数又是出身贵胄的。晚唐时期,寒门登科者仅占总数的 9.3%。见孙国栋:《唐宋之际社会门第之消融——唐宋之际社会转变研究之一》,《唐宋史论丛》,上海:上海古籍出版社,2010 年版,第 301、300 页。

⑥ [美]贾志扬(John W.Chaffee):《宋代科举》,台北:东大图书股份有限公司,1995 年版,第 5 页。

其中一些财力雄厚的业商家族表现得最为积极。如"以赀雄饶、歙间"①的汪藻家族在北宋年间就出了五名进士，又如祖上"治生业"②的罗汝楫家族以及"善治生，以致富"③的孙抗家族等也皆有折桂之事例。不过章毅指出："从商人到士大夫的转变在北宋并不很容易，并非一代所能完成。从接触科举的内容到熟悉考试的技巧，往往需要两代人的积累。"④虽然北宋时代徽州也出现了俞献可、汪汲等科举家族，但比起后世为数众多的科举家族来，就显得十分有限了。

宋廷南渡以后，徽州的地缘格局发生了很大变化，即由偏远一区摇身而变为辅郡⑤。徽州地处浙江与江西之间，成为临安联系江西乃至湖广的交通要道，所谓"三吴百越商旅之所必经"⑥。这样一个得天独厚的地缘优势，使南宋徽州的商业得到了飞速的发展⑦。其中木材业成为最重要的行业，无数家庭因杉木的种植、砍伐、运输、经销及加工而致富⑧。在南宋末年，"东西万货集，朝暮百贾趋"⑨的徽州在整个

①　汪藻：《左朝请大夫知全州汪君墓志铭》，《浮溪集》卷二六，《四部丛刊初编》缩印本，上海：商务印书馆，1936年版。

②　赵不悔修、罗愿纂：《新安志》卷十，第7766页。

③　王安石：《广西转运使孙君墓碑》，《临川先生文集》卷八九，北京：中华书局，1959年版，第919页。

④　章毅：《理学、士绅和宗族——宋明时期徽州的文化与社会》，第38页。

⑤　徽州在南宋时代往往被称为辅郡。见王炎：《送洪宰序》，《双溪类稿》卷二四，《景印文渊阁四库全书》第1155册。

⑥　戴表元：《婺源羊斗岭施水庵记》，《剡源戴先生文集》卷六，《四部丛刊初编》缩印本。

⑦　如斯波义信指出："南宋，祁门的茶、漆、木、纸，可以经祁门江运到江西，然后换取那儿的稻米、牛、鱼等。休宁与婺源两县的群山中非常适合栽培柳杉，因此那儿的当地人很少种田，倒愿意以栽培柳杉为生。木材总是集中在伐木场，在那儿捆扎成木筏，顺江而下，运到杭州，那里有一个中心市场，有来自其他山区的产品，如纸、蜂蜡、漆，以及燃料也都集中在那儿出售。从长江三角洲换回的是米和盐。绩溪县的枸树皮制成的桑皮纸，在质量和数量上远远超过长江下游的其他地区，几乎垄断了市场。"见[日]斯波义信：《长江下游城市化和市场的发展》，洪偶译，复旦大学中国历史地理研究所编：《历史地理研究》第2辑，上海：复旦大学出版社，1990年版，第405—406页。

⑧　方回就谈到过杉木在徽州民生中的重要性，如《沂行回溪三十里入婺源县界》一诗云："厥土最宜杉，弥岭亘岗麓。种杉二十年，儿女婚嫁足。杉杪以爨圖，杉皮以覆屋。猪圈及牛栅，无不用杉木。联娆下浙河，善价不轻鬻。"见方回：《沂行回溪三十里入婺源界》，《桐江续集》卷一五，《景印文渊阁四库全书》第1193册。

⑨　方回：《忆我二首各三十韵》，《桐江续集》卷五。

商界占有着十分重要的地位。商业的发展和财富的积累为徽州科举社会的形成奠定了物质基础。

在南宋，徽州日益融入到临安文化圈子之中，进一步接受了江浙文化的濡染，因而文风大畅，其中最明显的标志就是科举社会的形成。李唐一朝徽州仅有 5 人登科，而根据宋汉理统计，北宋徽州共计产生进士 118 名，到了南宋，数目则增长到了 432 名①。如前所述，徽州科举社会的形成与商业的发展和财富的积累密不可分。具体来说，商业的发展和财富的积累使得官方、私人兴学成为可能。南宋时代，徽州郡城的庙学、贡院以及各县的县学都得到了修建与扩展，这为科举训练提供了最基本的条件②。另外，书院的兴盛、刻书业的发达也与徽州科举社会相辅而相成③。

南宋徽州社会的科举特征十分突出，正所谓"徽士櫜楮笔起山林，出与四方英俊争进趋，往往高捷"④。在洪适（1117—1184）生活的年代，仅休宁一县"应乡书士"就"常过八百人"⑤。赵汸也曾经追忆说："休宁之学特盛，岁大比与贡至千人。"⑥陈栎的追忆则更加详尽：

---

① 与宋汉理不同，斯波义信在讨论宋代徽州的登科情况时，曾以嘉靖《徽州府志》卷十三《选举制·科第》为依据大致统计出了宋代徽州的进士数目，其中南宋共计 427 名。分别见 Harriet T.Zurndorfer, *Chang and Continuity in Chinese Local History: The Development of Hui-chou Prefecture 800-1800*, Leiden: E.J.Brill,1989.pp.37;［日］斯波义信：《宋代徽州的地域开发》，刘森辑译：《徽州社会经济史研究译文集》，第 11 页。

② 譬如徽州贡院在乾道四年（1168）得到扩建，"增买民地六百二十余丈，为屋东西八十间"；宝庆元年（1226），"新者以间计一百二十有七，旧者百楹亦再缮之"。各县的县学也都建立起来，并得到了扩建与维修，譬如休宁县学在绍兴六年（1137）为县尉陈之茂初建，"出钱为屋五十楹"；绩溪县学在绍兴二十五年（1155）也得到了大修，"增建学为一堂二位四斋舍三十余间"。分别见赵不悔修、罗愿纂：《新安志》卷一，第 7612 页；程珌：《徽州贡院记》，《洺水集》卷九；赵不悔修、罗愿纂：《新安志》卷四、五，第 7647、7668 页。

③ 周晓光根据刘秉铮、李琳琦的研究认为宋代徽州共有书院 25 所，约占其时书院的 6%强，这一比例大大超过了全国府州级政区占有书院的平均数。南宋时代，徽州刻书业也随着徽州经济、文化的繁荣出现了"空前兴盛的局面"。分别见周晓光：《徽州传统学术文化地理研究》，第 24—25 页；刘尚恒：《徽州刻书与藏书》，扬州：广陵书社，2003 年版，第 27 页。

④ 戴表元：《孝善胡先生斗元墓志铭》，《剡源戴先生文集》卷一六。

⑤ 洪适：《休宁县校官碑》，《盘洲文集》卷三三，《四部丛刊初编》缩印本。

⑥ 赵汸：《商山书院学田记》，《赵征君东山先生存稿》卷四，清康熙二十年（1681）赵吉士刻本。

闻之方陈氏人物盛时,村无二姓,合族税钱以贯计者一千三百有奇,读书者比屋,各家之老,遇风月良夜,杯酒相叙。饮罢步街上听子弟弦诵声,自村首至尾,声东西相震,以是快惬为乐事。每岁秋赋终场,可读之卷几七十……①

这样一个庞大的群体,无疑会使徽州形成一种文雅的学风②。如洪适描述休宁云:"休宁之人益以乡学为先务,蚤夜弦诵,洋洋啾啾,有洙泗之风。"③

南宋时期参加乡试的考生数量十分巨大④。在 13 世纪中叶,考生估计超过了 40 万人。所以政府把各州乡试录取比例调至 1/200 或更低⑤。也就是说,实际上只有少数人才能通过登科而入仕,这势必会在地方上遗留下一个具有相当规模的士人群体。有关这一点,徽州自然也不会例外。大量士人在地域社会凝聚,也势必会催生出地方本位意识,这也使更多的士人转向关注地方社群建设,而不再是仅用心于国家政治的层面。

异常繁荣的举业,促进了一小撮徽州士人向政治精英转化,这些政治精英致仕回到乡里又一变为士绅,他们努力在地方上扩大自己家族的影响,以维持其长盛不衰。一些失意于场屋的士人也想尽办法提升自己家族的地位,譬如采用联姻的方式。虽然在宋代还存在着多种家族类型⑥,但

① 陈栎:《杂识》,《陈定宇先生文集》卷一五,《元人文集珍本丛刊》第 4 册,台北:新文丰出版公司,1985 年版,第 449 页。
② 如朱开宇认为,徽州"文风之所以盛,一开始是因科举上得利,出了许多贡士与进士"。见朱开宇:《科举社会、地域秩序与宗族发展——宋明间的徽州,1100—1644》,第 39 页。
③ 洪适:《休宁县校官碑》,《盘洲文集》卷三三。
④ 据梁庚尧研究,台州在乾道七年(1171)建贡院后,应考者达 8 千人,吉州绍熙三年(1192)应举者已逾万人,福州淳熙元年(1174)则达到了 2 万人,比较偏远的潮州在南宋末也达到了万人以上。见梁庚尧:《南宋的贡院》,《宋代社会经济史论集》下册,台北:允晨实业股份有限公司,1997 年版,第 127—128 页。
⑤ [美]贾志扬:《宋代科举》,第 56—58 页。
⑥ 王善军就把宋代家族分为"同财共居大家庭"、"基层社会中的强宗豪族"、"专制政治中的世家"等多种类型。见王善军:《宋代宗族和宗族制度研究》,石家庄:河北教育出版社,2000 年版,第 139—212 页。

只有士人家族才可以算得上是"新时代的主角",这些士人家族的繁盛往往与科举相关①。从事于科举事业需要做长期投资,于是经营家族以保障代代都有科举人才出现就显得尤为重要。无论科举人才出现在哪一个具体家庭当中,只要能够入仕,无疑对全族都是极有好处的。这种状况使得整合家族变得十分必要,有的家族不惜动用经济手段,譬如资助同族②,甚至有建立族田、义庄的个案出现③。建立义庄、族田的目的就在于"最低限度保障了日常生活的宗族成员,在义庄内设立的义学中,以科举考试为目的专心学习儒教教养,从而对通过科举成为官僚充满期待"④。宋汉理曾对徽州进士分布情况做过统计分析,她认为南宋徽州所产生的 432 名进士往往集中于某些家族,譬如汪、程、吴等大姓,尤其是休宁会里与汉口两支程姓均有接连中第的现象出现⑤。可以想见,经营家族对科举及第所起的作用有多么重要,这两个层面应该是相辅相成、相得益彰的。

科举社会、大量士人的存在、地方本位意识的增强以及家族的经营,这些因素使得南宋徽州的地域社会特征凸显了出来,士人们在地方上越来越扮演起了重要的角色。伴随着南宋徽州的开发过程,理学也开始在

---

① 黄宽重通过对宋代四明、江西地区多个地方家族的研究发现:举业的成功是提升家族地位的最关键因素。见黄宽重:《宋代的家族与社会》,台北:东大图书股份有限公司,2006年版,第 27、67—227 页。

② 如以守同知枢密院事致仕的程卓就"恩隆族党,远近数百口,雍穆无间言。……凡乡邦利病,视之不啻犹己"。又如滕璘为淳熙八年(1181)进士,以朝奉大夫致仕。滕璘凡遇"族姻有丧,劝其早治丧葬,毋溺阴阳家说。不能举者,助其赀"。分别见傅伯成:《大宋故正议大夫守同知枢密院事致仕新安郡开国侯食邑一千三百户食实封二百户赠特进资政殿大学士程公卓行状》,程敏政:《新安文献志》卷七四,合肥:黄山书社,2004 年版,第 1823 页;程瞳:《新安学系录》卷七,合肥:黄山书社,2006 年版,第 144—145 页。

③ 汪泳,乾道五年(1169)进士,历知泰、湖、处三州,以中奉大夫致仕,封休宁县男,赠通议大夫。"泳晚居吴中,以其田之半与诸弟,且置田百亩于歙,以膳先茔,给宗族。"许文蔚为绍熙元年(1190)进士,"积平生笔耕所储,倒囊买田百亩为义庄,以赡宗族,申省立约为悠久计。"做过太府丞、浙西提举金文刚也在家乡休宁建立义庄,同时"为祭田,春秋祀事皆有式"。分别见程敏政:《新安文献志》,第 20、21 页;林希逸:《宋故朝奉大夫直龙图阁金公文刚墓志铭》,《新安文献志》卷七十,第 1714 页。

④ [日]井上彻:《再论宋代以降的宗族特点——关于仁井田升的同族"共同体"理论》,郭万平译,平田茂树、远藤隆俊、冈元司编:《宋代社会的空间与交流》,第 196 页。

⑤ Harriet T.Zurndorfer, *Change and Continuity in Chinese Local History: The Development of Hui-chou Prefecture 800-1800*, pp.37-40.

这个地域社会浓墨重彩地登上了舞台。对汉唐帝国模式的质疑与来自行政力量的长期压制，往往使理学家们的目光更愿意放置在地方政府和地方社群的层面。包弼德就指出：这一系列变化带来两种结果，而理学家在面对与回应这两种结果时，比起其他人更成功：第一，在地方上，当那些把自己的地位看成和地方官相等的家族增加后，就限制了地方官的活动空间。第二，这些地方士族把自己看成一个有能力一致行动的群体。有些理学家甚至认为，这些家族有能力从最底层改变社会①。

第三节　朱子学在徽州传播的落脚点

一、朱熹与同时代的徽州籍精英学者

朱熹之父朱松，世家徽州婺源，但因仕而落籍于闽，朱熹因而诞生于尤溪寓舍，并成长于崇安五夫里等地。虽然长期居闽，但朱熹对自己祖居之地却极为向往，他曾强调"有坟墓宗族田产在婺源"②，并向汪楚材表白说："自先世流落闽中，以故少得从故里之贤人君子游，顾其心未尝一日而忘父母之邦也。"③为了表达对祖居之地的感情，朱熹文章、书信多以"新安朱熹"署名；因徽州有紫阳山，所以又以"紫阳"为号；有关婺源的文字，则直接以"县人朱熹"、"里人朱熹"或"邑人朱熹"落款。从中可见朱熹对徽州的一往深情。

宋宁宗嘉定（1208—1224）以后，宋廷开始褒奖理学。一次次地追封，使得生前坎坷的朱熹在身后享尽了殊荣，徽州也因此获得了"文公阙里"的美誉④。这使得徽州理学士人对朱熹的崇拜带有了一种宗教式

① ［美］包弼德（Peter K.Bol）：《历史上的理学》，王昌伟译，杭州：浙江大学出版社，2010年版，第38页。
② 朱熹：《辞免江东运副奏状一》，《晦庵先生朱文公文集》卷二三，《朱子全书》第21册，第1024页。
③ 朱熹：《答汪太初》，《晦庵先生朱文公文集》卷四六，《朱子全书》第22册，第2118页。
④ 戴铣：《朱子实纪》卷九，《续修四库全书》第550册，第495页。

的热情,这种热情即便到了元代也依然热度不减,并一直延续到明清时期。但在朱熹生前,徽州学界对朱熹其人其学的认识并不是那么统一,朱熹也曾对徽州的一些学者进行过批评或指摘。如程大昌、吴儆、王炎等人虽都与朱熹有所酬答,但他们的思想学术却与朱熹颇有差别。

程大昌(1123—1195),字泰之,徽州休宁人。绍兴二十一年(1151)进士。历任浙东提点刑狱、江西转运副使、权刑部侍郎、权吏部尚书等职。著有《禹贡论》、《演繁露》、《考古编》、《易老通言》、《易原》等著作。程大昌穷经考古,在《易》学、《诗》学、地理学等方面有独到的研究。程大昌虽曰儒者,但其学博杂,尤其是蕴涵着比较浓郁的道家思想。如其《易》学就十分强调《易》、《老》的共性,程大昌认为老子"说'一'本《易》","所虚之一,是为太极,盖已深得《易》旨矣!"又云:"是理也,惟老子得之最深,故言之该,其曰:无为而无不为,不为者不专为。"①正是鉴于他体会到的《易》、《老》的共性,程大昌才为《老子》一书辩护②,继而又为《庄子》一书辩护③。在言及大舜时,程大昌以《周易·系辞》中《易》无思也,无为也,寂然不动,感而遂通天下之故"一句为依托,重新解释了大舜的"无为而治"④。另外,《去能论》、《刘项论》等文章也都明显能看出老庄思想的底色⑤。

陈栎认为程大昌因宋光宗喜《老子》而作《易老通言》以投合光宗⑥。且不管是否出于此目的,程大昌思想中的老庄成分是显而易见

---

① 程大昌:《易原》卷四,《景印文渊阁四库全书》第12册。

② 如其云:"世之溺象数而不能通诸《易》理者,率常以虚无诋之,此特习闻老氏科条常与儒忤,而不知其书本自《易》出也。"见程大昌:《易原》卷四。

③ 如其云:"周之所以自处者,清净无欲,而其所非弃者,又皆推见礼法败坏之自,而归诸'见素抱朴'之域,其折衷轻重,别有深意,虽甚放其言,亦隐通疾邪者之常,不足多责也。若夫语道之极,深见蕴奥,或时假设古人事为以发其欲言之心;肖写世间物象以达其难言之妙。凡《鲁论》、《周易》微见其端者,至周而播敷展畅,焕乎其若有状可睹,而有序可循,何可少也。"见程大昌:《庄子论》,《考古编》卷六,《考古编·续考古编》,北京:中华书局,2008年版,第94页。

④ 程大昌:《舜论》,《考古编》卷五,《考古编·续考古编》,第72页。

⑤ 如《去能论》曰:"能莫大于无能,而有能为下;名莫大于不可名,而可名为小。"而《刘项论》则曰:"惟天下之至柔为难屈,而甚刚者易挫也。柔则随,随则物或婴之而能堪;刚则抗,抗而过将摧折不自支矣。今夫水,天下之至柔,……水避碍委曲至无立也,然可激、可搏、可潴、可泄,而不能使其不为水也。"分别见程大昌:《去能论》,《新安文献志》卷二七,第584页;程大昌:《刘项论》,《新安文献志》卷二七,第580页。

⑥ 陈栎:《勤有堂随录》,长沙:商务印书馆,1939年版,第5页。

的。此欲会通儒道的思路自然不可能合于常以"辟佛老"为口号的朱熹。朱熹与程大昌虽有书信往来,但多是对其著述纰漏的驳正之辞①。两人在本体论方面见解尤其不一,颇致口舌。程大昌虽认同"太极"本体,但不承认其为虚无本体,而且还将"太极"命名为"一",朱熹不同意这种说法,因而进行了辨析驳正②。另外,两人在解释"太极"到"八卦"的序列上也存在抵牾③。以上种种,朱熹自然不会与之同调,而作为坚持己见的徽州籍学者,程大昌恐怕也很难真心认可朱熹的整体架构与理学追求。

吴儆(1125—1183),字益恭,徽州休宁人。宋高宗绍兴二十七年(1157)进士。历任修职郎、承事郎、宣教郎、承议郎、知泰州等职。著有《竹洲集》。吴儆性豪任性,少时与其兄吴俯"以文墨妙天下"④,后与张栻交游⑤,得受湖湘之学。吴儆对张栻"诚明之妙"十分悦服⑥,胡宏《知言》一书,也是由张栻传与吴儆的,吴儆委托汪伯虞刻于徽州,并希望徽州士人"以此道为终身根本之地"⑦。吴儆晚年回归休宁,对慕

---

① 譬如朱熹虽然称程大昌《禹贡论》"披图按说,如指诸掌",但这只是属于客套话,客套后就开始进行一条一条的驳正了。朱熹也曾称程大昌《易老通言》"有以见立言之指深远奥博,非先儒思虑所及矣",同样,这也属于客套话,客套后也对书中出现的一些问题提出了驳正意见。分别见朱熹:《答程泰之》,《晦庵先生朱文公文集》卷三七,《朱子全书》第21册,第1650页;朱熹:《答程泰之》,《晦庵先生朱文公文集》卷三七,第1651页。

② 朱熹曾答程大昌云:"熹恐此'道'字即易之太极,'一'乃阳数之奇,'二'乃阴数之偶,'三'乃奇偶之积。其曰'二生三'者,犹所谓二与一为三也。若直以'一'为太极,则不容复言'道生一'矣。详其文势,与列子'易变而为一'之语正同。所谓'一'者,皆形变之始耳,不得为非数之一也。"朱熹:《答程泰之》,《晦庵先生朱文公文集》卷三七,第1647页。

③ 郭振香指出:"朱熹以'太极'为阴阳变化之理,以'四象生八卦'为由太阳、少阴、少阳、太阴生乾一、兑二、离三、震四、巽五、坎六、艮七、坤八之序列,程大昌以'太极'为变易之祖,以'四象生八卦'为四气生八卦为'出震终艮'更迭之序。"见郭振香:《论程大昌的易学思想》,《中国哲学史》2008年第4期,第29—30页。

④ 陈亮:《别吴恭父知县序》,《陈亮集》卷二四,北京:中华书局,1987年版,第266页。

⑤ 吴儆虽长张栻七岁,却以"我师"称之。吴儆任邕州通判时,张栻正经略广右,是以密切交往。张栻曾夸吴儆"忠义果断,缓急可仗,未见其匹",并书"孔子之刚、曾子之勇、南方之强"三章赠与吴儆,其殷切之情可见一斑。分别见吴儆:《谢南轩举状启》,《竹洲集》卷四;程卓:《竹州先生吴公像行状》,《新安文献志》卷六九,第1683页。

⑥ 吴儆:《答吴益深书》,《竹洲集》卷九。

⑦ 吴儆:《题五峰先生〈知言〉卷末》,《竹洲集》卷一四。

名而来的学子,他"分斋肄业,如安定湖学之法教之"①。

除了服膺湖湘之学外,吴儆还与倡导功利的陈亮十分友善,并非常认同其事功之论②。他在写给张栻的信中曾称自己年少时"妄有事功之志"③。其实吴儆一生都在倡导"勿以文法拘兵法,使之得立功立事于绳墨之外"④。其《竹洲集》中所保留的文章大多数都带有功利主义的色彩,《论配隶当屯驻大军》、《论恢复大计》、《论广西帅臣兼知漕计》、《论邕州化外诸国》、《论二广官吏》、《论广西治盗贼》、《论治民理财》、《论文臣当习武事》、《论选人改官》、《富国强兵策》、《论募兵》等皆是也。

朱熹之学本不同于湖湘之学,如在"已发未发"问题上,湖湘之学主张"先察识,后涵养",朱熹则主张"主敬致知"⑤。即使是颇受朱熹影响的张栻也与朱熹有所分歧,譬如在本体论层面,张栻认为"太极"即"性",而朱熹则认为"太极"即"理"⑥。吴儆服膺湖湘之学,则恐怕难以认同朱熹之说。吴儆在性理问题上无多论述,或许他的兴趣点并不在此。吴儆曾批评过"学伊川者之弊",并试图以功利之学的观点去

① 程卓:《竹州先生吴公儆行状》,《新安文献志》卷六九,第 1687 页。

② 吴儆与陈亮甚为相知,陈亮曾描述两人的友谊时说:"回思向来大醉井亭桥上,无一时放手,固是人间乐事也。"可见两人关系之密切。陈亮还曾为吴儆不遇于时而反复太息,并写信给石天民与吕祖谦。曰:"益恭闻亦得对,当有遇合之理。此君蹉跎,日以老矣。六十以后,虽健者不能有所为,殊令人念之。"曰:"益恭亦得对,计有遇合之理。此君蹉跎,日以老矣,六十以后,虽健者不能有所为也。"见陈亮:《与吴益恭安抚》、《与石天民》、《与吕伯恭正字》,《陈亮集》卷二九、二七,第 387、395、321 页。

③ 吴儆:《上张南轩书》,《竹洲集》卷八。

④ 吴儆:《论广西治盗贼》,《竹洲集》卷二。

⑤ 陈来指出:"湖南之学主张的先察识,从良心发现入手做工夫,主要是在已发时心上用功,而在思虑未萌、事物未至时心的未发阶段'欠缺一段工夫',……缺少静中的涵养工夫。所以朱熹便对他戊子以来接受湖湘之学的'以察识端倪为初下手去,以故缺却平日涵养一段工夫'进行反省,强调加强未发时的涵养,……在理论上,朱熹由原来主心为已发转为心有已发未发,心贯乎已发未发,相应地修养方法上也一改以《艮斋铭》为宗旨的旧说,把修养方法区分为未发的持敬功夫和已发的致知功夫,从而确立了他以主敬致知为宗旨的'一生学问大旨'。"见陈来:《朱子哲学研究》,第 176 页。

⑥ 朱熹在本体论上曾一度受张栻影响,但在后来逐渐摆脱。乾道三年(1167),朱熹访张栻,即遵从张栻以"太极"论"性"的说法。直到六年后《太极解义》定稿,才奠定了"太极"为"理"、"阴阳"为"气"的宇宙论。见陈来:《朱子哲学研究》,第 76—79 页。

理解朱熹①。两人终生未曾谋面，而且在吴儆文集中，也仅有一处稍及朱熹，可见吴儆对朱熹尚属隔膜。

　　王炎（1137—1218）字晦叔，一字晦仲，徽州婺源人。宋孝宗乾道五年（1169）进士。历任秘书郎、著作郎兼考功郎、礼部员外郎、知饶州、知湖州等职，著有《读易笔记》、《尚书小传》、《礼记解》、《论语解》、《老子解》、《春秋衍义》、《禹贡辨》、《双溪类稿》等。据说王炎早年与朱熹交契深厚②，与张栻也颇有交谊③。有学者附会王炎学术来自朱熹与张栻④。其实王炎学问自成一路⑤，在某些层面还与朱熹暗含扞格⑥。后世皆传王炎与朱熹不合，但不知所出。程敏政认为宋宁宗居光宗之丧，而朱熹侍讲经筵，王炎有《与朱元晦先生论谅闇中开讲书》质疑朱熹谅闇开讲不合礼数，而朱熹并无答书，"岂即谓此邪？"⑦后

①　譬如吴儆在《答汪楚才》一信中写道："近来学伊洛者无如朱南康、吕东莱，然二公之学正不如此。……二公近来大段做实用事业，自三代圣人制田治兵以至治礼作乐，皆穷其本末可以措而行之天下。"吴儆：《答汪楚才书》，《竹洲集》卷九。
②　如四库馆臣考证曰："炎初与朱子相契，朱子集中《和炎寄弟诗》有'只今心事同千里，静对篁瓢独喟然'之句。炎亦多与朱子往还之作，其交谊颇笃。"见永瑢等：《四库全书总目》卷一百六十，北京：中华书局，1965年版，第1376页。
③　王炎深受张栻的器重，"檄于幕府，议论相得。"王炎《见张南轩》一文云："先生以为可教而教之，则幸矣。"《到城南园瞻南轩先生遗像》一诗则赞美张栻曰："六学妙经纶，未试百之一。身存天下望，身没海内惜。"分别见胡升：《王大监炎传》，《新安文献志》卷六九，第1706页；王炎：《见张南轩》、《到城南园瞻南轩先生遗像》、《双溪类稿》卷一九、四。
④　明代学者程曈《新安学系录》一书在王炎传后按称："双溪本传不载其问学所从来，故附此二书（《见张南轩》、《与朱元晦先生论谅闇中开讲书》），以见其师友渊源之实也。"见程曈：《新安学系录》卷六，第131页。
⑤　譬如其《易》学研究，就与朱熹十分不同。戴表元称："今双溪王公《笔记》，其说以书起象，以象明理，又谓杂物撰德，兴于中爻，而互体不可废。又谓麻衣非直，河图非错之类，讨论讲贯，其在文公乡闾师友间，几于鹤鸣而子和也。"见戴表元：《题双溪王晦仲〈读易笔记〉后》，《剡源戴先生文集》卷一八。
⑥　朱熹并不讳言两人的学问存在分歧，他提到过王炎曾以书信指摘其"誵讹"。后世认真研究朱熹与王炎的学者也不难发现二人之间的分歧，如戴表元就指出，朱熹为儒者宗，而王炎"亦以学行为诸儒宗，两家议论时相纠切"。分别见朱熹：《次晦叔寄南韵二首》，《晦庵先生朱文公文集》卷十，《朱子全书》，第20册，第547页；戴表元《双溪王先生尚书小传序》，《剡源戴先生文集》卷七。
⑦　程敏政：《〈与朱元晦先生论谅闇中开讲书〉批注》，《新安文献志》卷九，第283页。

来,他进一步认定,王炎就是因为此事"遂与朱子不合"①。程敏政这一看法多系推测,但王炎熟悉朱熹并不格外推尊朱熹,应是不争的事实。

程大昌、吴儆、王炎都是徽州科举社会走出的成功者,他们均位据要津,兼精英与学者于一身,在当时的徽州学界具备相当的影响。他们也都愿意在桑梓之地传播自己的学术,也分别形成了一定的传承规模②。他们在学术上各有侧重,对朱熹的理学体系均较为隔膜③。朱熹之学若想进入徽州当走其他的路径,依靠程大昌、吴儆、王炎等徽州籍学者的绍介与引荐恐怕是行不通的④。

二、朱熹的徽州籍弟子群体

据王懋竑《朱子年谱》考证,朱熹曾两次回婺源省亲展墓,第一次是在绍兴二十年(1150)春,当时朱熹只有21岁,此次联系的人员多系姻亲与父执,以及姻亲、父执所确立的人脉圈子⑤。第二次回婺源是在

---

① 程敏政:《书王双溪杨慈湖书记后》,《篁墩程先生文集》卷三七,明正德二年(1507)刻本。

② 譬如程大昌曾在休宁会里建西山书院,以淑学者。而吴儆晚年在家乡"分斋肄业",教育出方恬、汪义端等名弟子,并"其它簪佩满州县"。分别见彭泽,汪舜民等:弘治《徽州府志》卷五,天一阁藏明代方志选刊本,上海:上海书店,1982年版;程卓:《竹州先生吴公儆行状》,《新安文献志》卷六九,第1687页。

③ 李霞认为程大昌、吴儆对朱熹理学有弘传之功,并以之作为新安理学的名将,这一观点实值得商榷。见李霞:《论新安理学的形成、演变及其阶段性特征》,《中国哲学史》2003年第1期,第97页。

④ 程大昌、吴儆、王炎等人作为朱熹同时代的精英学者,在当时的徽州确有一定的影响,在后世也常常作为新安理学的代表人物而被提及。但实际上,他们并不属于朱子学者。当朱熹徽籍弟子群体、徽籍再传弟子群体崛起后,徽州地区传播的理学几乎成为清一色的朱子学,而程大昌、吴儆等人则被边缘化了。一个明显的例子是,连吴儆的侄子吴垕都已对朱熹的学说私淑且"笃好不移"了。甚至在南宋末年的徽州学界,有些人已经不把程大昌、吴儆作为正统理学家来看待,如吕午所言:"新安文风尚矣,至近世程文简公大昌棣华,二吴俯、儆,皆学博才高,文追古作,得其传者,名太学,冠南宫,项背相望,为时闻人。晦庵朱先生又以道学倡天下,户外之履常满。"可见在吕午的眼中,程大昌、吴儆已经被排除在道学传承体系之外了。见吕午:《吴益谦自牧墓志铭》,《新安文献志》卷八七,第2137页。

⑤ 朱熹第一次回婺源主要接触了祝确、程鼎、俞靖、汪次山等人。祝确系朱熹外祖父;程鼎系朱熹叔叔;俞靖与朱松友善,朱熹称其为表伯;而汪次山与朱熹家亦有复杂的联姻关系。因程鼎的关系,此次朱熹还拜访了家乡的一些儒学先辈,如董琦、李缯、洪搏等。见史甄陶:《家学、经学和朱子学——以元代徽州学者胡一桂、胡炳文和陈栎为中心》,第3—4页。

淳熙三年(1176)春二月,此时朱熹47岁,已然在学术上显示出了恢弘的气象。第二次回乡历时百余日,在这期间,朱熹通过地方官吏修葺了始祖的墓园,还修建了一座屏山书屋。此外,他还应婺源县令张汉之邀论道于县学,并把一大批理学书籍捐给了县学①。当然,朱熹更多的时间是用在了授业上,正所谓"乡人子弟,日执经请问,随其资禀,诲诱不倦"②。朱熹此次回乡展墓,对徽州理学文化的发展具有重要意义,如夏炘认为:"(徽州)历宋末、元、明,代多名儒。新安之号,比于邹鲁,皆足以衍考亭之绪、绍濂洛之传,而实则丙申再至,有以启之也。"③夏炘此论不无道理,起码就是因为此次展墓,徽州的一批学人得归朱熹门下。譬如程先、程永奇父子在"文公先生省墓婺源"时"往拜,请受教焉"。程先令程永奇侍朱熹归建安,"问难究诘,所造益邃"④。又如吴昶,"淳熙丙申,文公朱子以扫墓归婺源,先生(吴昶)幡然悟俗学之陋,率先执经馆下,获闻伊洛至论"⑤。除了程先、程永奇、吴昶之外,还有汪清卿、李季札等一干人皆因朱熹展墓而得蒙亲炙,正如汪佑追溯曰:"昔子朱子自闽归徽省墓星源,……淳熙丙申再至,则西山蔡氏从之游。其时思返故庐,迟留数月,教泽所振兴起,群从执弟子礼者三十人。"⑥施璜所编《紫阳书院志》亦云:"文公归里,乡先正受学者甚众,今论定高第弟子十二人,列于从祀。……兹十二君者,生文公之乡,亲受业于文公之门,得以配食,岂不伟哉!"⑦兹根据《紫阳书院志》卷八所载的十二弟子详情,作表如下:

①　朱熹:《徽州婺源县学藏书阁记》,《晦庵先生朱文公文集》卷七八,《朱子全书》第24册,第3734—3735页。

②　王懋竑:《朱子年谱》,上海:商务印书馆,1937年版,第61页。

③　夏炘:《述朱质疑》卷一六,清咸丰二年(1852)景紫山房刻本。

④　程曈:《新安学系录》卷八,第156页。

⑤　佚名:《友堂吴先生昶小传》,《新安文献志》卷六九,第1701页。

⑥　汪佑:《紫阳书院建迁源流记》,张佩芳修、刘大櫆纂:乾隆《歙县志》卷一七,台北:成文出版社有限公司,1975年版,第1525—1526页。

⑦　施璜编,吴瞻泰、吴瞻淇补:《紫阳书院志》卷八,赵所生、薛正兴主编:《中国历代书院志》第9册,南京:江苏教育出版社,1995年版,第540页。

表 1.1　紫阳书院祭祀朱熹时具有配享资格的十二名徽州籍门人

姓名	籍贯	科举	仕宦	著述
程　洵	婺源		信州文学、衡阳主簿、庐陵参录	《尊德性斋集》
滕　璘	婺源	淳熙八年进士	知嵊县,签书庆元府节度判官、浙东福建帅司参议官	《溪斋类稿》
祝　穆	歙县		荐为迪功郎	《事文类聚》、《方舆胜览》
程　先	休宁			
李季札	婺源			《明斋蛙见录》、《仁说》、《近思续录》、《字训续录》、《会遇集》、《家塾记闻》等
程永奇	休宁			《六经疑义》、《四书疑义》、《朱子语粹》、《格斋稿》
滕　珙	婺源	淳熙十四年进士	旌德县主簿、合肥令	《经济文衡》、《蒙斋集》
吴　昶	歙县			《易论》、《书说》、《史评》及诗文集
汪　莘	休宁		袭州助教	《柳溪诗词》
谢　琏	祁门			《语录》、《日录》
汪清卿	婺源			
许文蔚	休宁	绍熙元年进士	国子博士、太常博士、著作郎兼权兵部郎官	

在程大昌、王炎等人的眼中,朱熹确系大儒,但只属于学术上酬答的对象,与张栻、吕祖谦没有多少差别。但在朱熹徽州籍弟子那里,其情形已经发生了很大的变化,他们无一例外地将朱熹奉为精神领袖而围绕在其周围,即使是在"庆元党禁"期间,他们也不肯放弃自己的信念①。如吴昶,"'伪学'党作,弟子多更名他师,而先生志益坚,徒步走寒泉精舍,就正所学"②。程洵亦是如此,朱熹曾感激地称赞程洵说:"中外兄弟,盖亡几人。有如允夫,尤号同志"③。徽州籍弟子们对朱熹之坚毅可见一斑。

从程洵、祝穆、程永奇等人的履历来看,这些徽州籍弟子居多不是科举的受益者,即便是有进士身份的滕家兄弟、许文蔚,在政治上也都没有什么建树。这 12 人中,多有终身不仕者。像程永奇,即使是白鹿洞山长这类的职位也不愿出任。有的虽有仕宦经历,但也只是在下层官场徘徊,保持着时仕时隐的生活,蜗居故里往往是常态。"庆元党禁"对朱熹打击严重,其门人表现出对政治的疏离也不难理解。上述诸人受业于朱熹之门,又生活在朱熹祖居之地,所以他们之间也颇有交谊,常有互动④。于是,一个带有地域色彩的士人小圈子——朱熹徽州籍弟子群体就出现了。

朱熹之父朱松因贫不能返乡,以为终生憾事,"故尝以'紫阳书堂'者刻其印章,盖其意未尝一日忘归也"⑤。父亲的遗憾对朱熹触动

---

①　"庆元党禁"期间,朱熹等 59 人名列"伪学"党籍,受到很大打击,凡是与之有关的人都不允许参加科举和担任官职。因此,朱熹很多弟子"更名他师,过门不入。甚至变易衣冠,狎游市肆,以自别其非党"。见黄榦:《朱先生行状》,《勉斋先生黄文肃公文集》卷三四,《北京图书馆古籍珍本丛刊》第 90 册,第 700 页。

②　佚名:《友堂吴先生昶小传》,《新安文献志》卷六九,第 1701 页。

③　朱熹:《祭程允夫文》,《晦庵先生朱文公文集》卷八七,《朱子全书》第 24 册,第 4092 页。

④　譬如程永奇就与祝穆、滕璘、汪莘相友善,其《与孙自修祝和甫读宛陵山谷诗》一诗即是与祝穆交游的证明。程永奇卒后,滕璘有挽诗曰:"世家程伯后,人物晦翁徒。启钥'中和'说,书绅敬义图。"谓与程永奇有世家之谊。汪莘也与程永奇交厚,他曾为程永奇的"敬义堂"请铭于真德秀。分别见程永奇:《与孙自修祝和甫读宛陵山谷诗》,《新安文献志》卷五一上,第 1109 页;程瞳:《新安学系录》卷八,第 157 页;真德秀:《敬义斋铭》,《新安文献志》卷六九,第 1705 页。

⑤　朱熹:《名堂室记》,《晦庵先生朱文公文集》卷七八,《朱子全书》第 24 册,第 3730—3731 页。

很大,他不但向往祖居之地,而且也常常考虑如何才能把自己的学术传回徽州。综合朱熹两次回婺源的经历来看,其学术传播的落脚点是放在了以姻亲、友朋为基点的地方士人圈子那里,而不是经由程大昌、吴儆等徽州籍名宦的绍介与鼓吹,所以说,朱子学在徽州这个地域社会的传播一开始就极有地方主义色彩。

与程大昌、吴儆等精英们比较,地方士人群体可能是在地域社会传播学术更为理想的载体。首先,程大昌、吴儆、王炎等人都是学有所成的精英学者,朱熹的学术对他们来说乃是一种思想资源,当这种思想资源与他们的固有立场发生冲突时,他们会反思、会辨析,甚至是会防御。非常明显的证据是程大昌、吴儆、王炎都没有服膺朱熹的理论架构。而地方士人群体中的大多数人没有能力完成自己的理论架构,因此比程大昌等人明显更具有可塑性。朱熹第二次到婺源时,其思想正处于寒泉、鹅湖、三衢三会的反思时期①,所以他在婺源用侧重于涵养的"顿进新功"来塑造新收的弟子②。当程洵把书斋命名为"道问学斋"时,他却为其更名为"尊德性斋"③;朱熹对滕璘的指导也是以涵养为要④;并多次用"存心"教诲李季札⑤。……徽州弟子群体也比较容

---

① 朱熹在婺源曾给吕祖谦写信说:"道间与季通讲论,因悟向来涵养功夫全少,而讲说又多强探必取、寻流逐末之弊,推类以求,众病非一,而其源皆在此。恍然自失,似有顿进之功。若保持不懈,庶有望于将来,然非如今日诸贤所谓顿悟之机也。"所谓的"顿进之功"就是认识到了自己在"道问学"层面强调过多,在"尊德性"这一层面涵养过少,因而要加强涵养。见朱熹:《答吕伯恭(四十八)》,《晦庵先生朱文公文集》卷三三,《朱子全书》第 21 册,第 1467 页。

② 束景南:《朱子大传》,北京:商务印书馆,2003 年版,第 385 页。

③ 朱熹:《尊德性斋铭》,《晦庵先生朱文公文集》卷八五,《朱子全书》第 24 册,第 3991—3992 页。

④ 譬如朱熹对滕璘说:"横渠云:'言有教,动有法,昼有为,宵有得,息有养,瞬有存。'此语极好。君子终日乾乾,不可食息闲,亦不必终日读书,或静坐存养亦是。"见胡广等:《新刊性理大全》卷四七,嘉靖三十九年(1560)进贤堂重刊本。

⑤ 《朱子语类》载有李季札与朱熹关于"存心"的问答,如:"问存心。曰:'存心不在纸上写底,且体认自家心是何物。圣贤说得极分晓,孟子恐后人不识,又说四端,于此尤好玩索。'""再问存心。曰:'非是别将事物存心,孔子曰:"居处恭,执事敬,与人忠。"便是存心之法。如说话觉得不是,便莫说;做事觉得不是,便莫做;亦是存心之法。'"见黎靖德编:《朱子语类》卷十二,第 204、203 页。

易接受朱熹的塑造,在汪清卿①、程永奇②、许文蔚③等人那里,都能非常明显地发现他们注重涵养工夫的特点④。

其次,程大昌、吴儆、王炎等名宦虽然在徽州声望极隆,但他们在徽州生活的时间毕竟有限,在地方上的影响显然不如长期驻守的地方士人⑤。朱熹的徽州籍弟子群体对朱熹的说法采取遵信听命的态度,他们把朱熹的思想吸纳进自己的知识世界,并外化为行为规范,从而推动了朱熹之学在徽州地域社会的传播。

理学思想转化为知识世界的一个重要标志就是理学经典文本教科书化、参考书化、类书化,也就是通过经典文本的诠释推动理学的普及,这恰恰是朱熹徽州籍弟子群体的用功之处。譬如程永奇,就"以明道《定性书》、伊川《好学论》当与《太极图说》、《西铭》并行,各为之注释一卷。文公《语类》出于众手,纯驳不一,自加诠择,为《朱子语粹》

---

① 朱熹回乡省墓时曾寓居汪清卿家,扁其斋室,并作《敬斋箴》以赠,汪清卿"得此箴而恪守之,拳拳服膺,终身不敢违焉"。见施璜编,吴瞻泰、吴瞻淇补:《紫阳书院志》卷八,第545页。

② 朱熹亦曾"手书'持敬明义'之说百余言"勉励程永奇,程永奇遂以"敬义"作为居所之名,终生奉之,以至于临终时,"呼纸笔至,大书一'敬'字,曰:'守此足矣。'"见程瞳:《新安学系录》卷八,第156—157页。

③ 例如许文蔚《艮斋铭》就专门论述过:"君子有言,主于持敬,内严外庄,我乃自定。知至敬立,靡虑靡思,屼然不动,乃山之为。"见许文蔚:《艮斋铭》,《新安文献志》卷四七,第985页。

④ 当然,也有一些学生在某些层面坚持己见,比较难于进行全面塑造。譬如程洵早年身上苏学痕迹很浓,朱熹曾多方劝解,尤其是提出以"敬"作为依据判别程、苏之学。据说程洵十分受教,在通往朱子学的道路上十分用功,多年不再提及苏学。但到了晚年,程洵却整理出版了苏东坡的年谱,这让朱熹非常诧异,如其云:"程纠所编年谱,是终身看得此事不透,深可怜悯"。滕璘对佛学很是向往,朱熹曾百般劝说其放弃。虽然滕璘后来将主要精力放在了程朱那里,但还是对佛教留有余热,是以朱熹叹息说:"德粹毕竟昏弱。"分别见朱熹:《答王晋辅五》,《晦庵先生朱文公文集》卷六二,《朱子全书》第23册,第2999页;黎靖德编:《朱子语类》卷一一八,第2842页。

⑤ 譬如程大昌一生在外为官,死后都没有葬在家乡。吴儆早年在太学,后来到处为官,直到晚年才得以归乡,但很快就去世了。科举的流动性致使政治精英在地方上的影响反而不如那些没有功名而蜗居乡里的士人。朱开宇研究发现,休宁会里程大昌一族与汉口程珌一族在南宋时都以科举成功而闻名,但在元、明时期则不甚显赫或完全中断无息;而陪郭程全、山斗程安节与率口程敦临等在科举中不成功的家族却在地方上长期发挥了影响力。见朱开宇:《家族与科举:宋元明休宁程氏的发展,1100—1644》,《台湾大学文史哲学报》第58期,2003年5月,第100—115页。

十卷。'中和'之说,文公盖有遗憾,为集其语为《中和考》三卷"①。又如李季札,其《字训续录》虽已佚,但从字面上看,似与陈淳《北溪字义》一辙,有着朱子学入门教材的性质②。至于类书,则有祝穆的《古今事文类聚》,此书系效仿《艺文类聚》、《初学记》等类书体例编纂而成③,理学特征尤为突出,论述以引用二程、朱熹说法为主,如第一个词条即论"太极"。另外,在传世文献中还存有滕珙所辑《经济文衡》一书,此书前集分太极、天地、性命、理气、仁义忠恕、格物穷理等类别,基本上囊括了朱子学的重要范畴④。

理学思想外化为行为规范指的是礼制的现实性操作与民众的组织化,即通过礼制和民众组织使理学成为一种普遍的生活方式和习惯性行为(风俗)。朱熹的徽州籍弟子们多是以乡先生的身份终老乡里,他们在推进朱子礼制向世俗生活渗透的过程中发挥了很大作用,如滕璘"悉班诸亲故之贫者,一簪弗以自留。族姻有丧,劝其早治葬,毋溺阴阳家说。不能举者,助其赀。垂没,教诸子守至大以奉天道"⑤。又如程永奇"用伊川先生宗会法以合族人,举行吕氏乡约,而凡冠婚丧祭,悉用朱氏礼,乡族化之"⑥。

陈荣捷认为:"朱门人数之盛,当然与地理有关",据他统计,朱熹的门徒以闽籍最众,达164人,其次为浙江,亦有80人⑦。相比较而

---

① 程曈:《新安学系录》卷八,第156页。

② 陈淳《北溪字义》不是无依傍之书,而是从朱熹学术的关键词入手,揭示各范畴之间的逻辑层次,将深邃的思想拆解分割为一块又一块的知识,从而使之变得更有利于理解与记忆。见陈淳《北溪字义》,北京:中华书局,1983年版,第1—74页。

③ 祝穆认为:"窃谓讲学固以穷理为尚,而考古订今亦必资记问之博,使一书之未读,一物之不知,则将见群疑塞胸,无说可祛。"所以他才编纂了这样一部供人查阅资料的工具书。见祝穆:《古今事文类聚序》,《古今事文类聚》,《景印文渊阁四库全书》第925册。

④ 此书的明正德刻本与万历刻本均不称作者为何人,一直到清代乾隆年间重刻时,程恂作序才称为宋滕珙所编,但黄虞稷《千顷堂书目》则载此书为马季机(马括)所编。今人张秋娥认为:"从该书宋版中的两篇序言和马括生平等方面分析,该书编者应为马括。"在这里,我们暂时保留态度。见张秋娥:《〈类编标注文公先生经济文衡〉编者释解》,《图书情报工作》2010年第13期,第143页。

⑤ 程曈:《新安学系录》卷七,第144—145页。

⑥ 程曈:《新安学系录》卷八,第156页。

⑦ 陈荣捷:《朱子门人》,台北:台湾学生书局,1982年版,第11页。

言,朱熹的徽州籍弟子群体算不得兴旺,而且也不算杰出,以致黄震谈起朱门高弟时都没有涉及到这个群体里的任何一员①。但就是这样一个算不得兴旺的地方士人群体,却有着一定的稳定性,他们彼此交往,共同活动在徽州这个相对稳定的地域社会里,并以朱熹之学为圭臬。他们虽未能彰显出属于自己的学术特色,但却有助于朱熹清理徽州地区的学风②,从而为新安理学——徽州朱子学的流传确立了一个开端。

第四节　南宋后期徽州朱子学的传承发展

韩侂胄死后,党禁解除,宋廷开始着手恢复理学的地位,并褒奖朱熹。淳祐元年(1241),宋理宗下诏崇奖朱熹等学者,并"令学官列诸从祀"③。从此,朱子学得到了飞速发展,"至晚宋朱学再传、三传时,朱学实已遍及南宋各地"④。因为是朱熹祖居之地,徽州也得到了政府格外的尊崇。如咸淳五年(1269)婺源就得赐"文公阙里"的徽号。地方官吏也乐意促成朱子学的传播,如:郡守韩补建紫阳书院,并请理宗赐额;又如郡守魏克愚曾为紫阳书院诸生特制深衣⑤。徽州的士人们更是以朱熹为自豪,如淳祐四年(1244)中进士的许月卿就一再表白他

---

①　黄震谈及朱子门人时认为:"如闽中则潘谦之、杨志仁、林正卿、林子武、李守约、李公晦,江西则甘吉父、黄去私、张元德,江东则李敬子、胡伯量、蔡元思,浙中则叶味道、潘子善、黄子洪,皆号高弟。"并没有涉及徽州籍弟子群体中的任何一员。见黄震:《读勉斋先生文集》,《黄氏日抄》卷四十,《景印文渊阁四库全书》第708册。

②　宋廷南渡后,有四位学者来婺源避难,其中吕和问、吕广问兄弟传承程学,罗靖、罗竦兄弟则传承苏学。是以朱熹时代婺源最著名的乡先生程鼎、李缗、滕恺、俞靖都出入程学与苏学之间,甚至主张会同两者。此外,这些学者也均不排斥佛老思想。会同程、苏之学的思路在程鼎、李缗、滕恺下一代当中依然存留,如程鼎的儿子程洵就曾主张"合苏、程为一家"。对此,朱熹曾通过多封书信对其进行纠正。程鼎有子程洵,李缗有子李季札,滕恺有子滕璘、滕珙,倘若把他们引入朱子学的正轨,就等于清除了徽州地区苏学的传承。见史甄陶:《家学、经学和朱子学——以元代徽州学者胡一桂、胡炳文和陈栎为中心》,第7—14页。

③　脱脱等:《宋史》卷四二《理宗本纪》,北京:中华书局,1985年版,第821页。

④　何俊:《南宋儒学建构》,第362页。

⑤　曹泾记载说:"徽士自淳祐壬子岁,魏公静斋克愚来为守,始知服深衣,盖由特制赐紫阳生。"见曹泾:《跋深衣说》,《新安文献志》卷二四,第520页。

对朱熹的崇拜之情,并以徽州能出朱熹为无上荣耀①。总之,因为朱熹祖居之地这一层缘由,朱子学在徽州的传播有着得天独厚的便利条件②。

如前所述,南宋时代的徽州逐渐形成为科举社会,这不但造就了地方士人群体的壮大,同时也促成了徽州社会经学教育的普及。南宋的进士科在绍兴三十一年(1161)分为了诗赋、经义两科,其中经义是以"大义代替墨义",即对经典的独立见解代替了死记硬背③。这对经学教育提出了更高的要求。所以在科举社会当中,不但要有大量经学书籍的刊印发行,也必须要有众多优秀经师的启迪与指导。科举社会的特点使朱子学在徽州的传播搭上了便车。首先,地方教育的兴盛与地方士人群体的壮大,都会减少朱子学在传播过程中遇到的阻力。再者,高标准的经学教育与朱子学并不抵牾,起码世俗的科举之学和朱子学的经典追求在形式上就十分相似④。所以说,研究南宋后期朱子学在徽州社会的传播必须把握住科举社会这一重要特征。

既然科举要求经义考试发挥独立见解,那么朱熹的经学著作就会派上用场。朱熹有关《四书》《诗经》《周易》的诠释成就可谓斐然,其经学研究方法固是不同于汉唐经学,而是将传统的训诂之学纳入了

---

① 许月卿曾作《婺源朱塘晦翁祠碑》一文,其文曰:"婺源,朱文公之阙里也。……学者可以自勉矣。"并写诗赞誉曰:"可是梦中曾至此,安知身后却余香。"许月卿还有《新安》一诗,其诗对朱熹的尊崇更是跃然纸上,曰:"新安别无奇,只有千万山。……忽生朱晦庵,追千万世前。示千万世后,如日月当天。呜呼! 新安生若人,不知再生若人是何年?"见许月卿:《婺源朱塘晦翁祠碑》《赐韵朱塘三首》《新安》,《先天集》卷九、三、一,《续修四库全书》第1320册,第583、557、547页。

② 徽州为朱熹祖居之地这一层缘由对于徽州地区朱子学的传播至关重要,首先就在于确立了一种在地化的最终依据,即拥有一个神圣性的开端。有关"在地化"的研究见李卓颖:《地方性与跨地方性:从"子游传统"之论述与实践看苏州在地文化与理学之竞合》,《中研院历史语言研究所集刊》第82本第2分,2011年,第325—398页。

③ 何忠礼:《科举制度与宋代文化》,《科举与宋代社会》,北京:商务印书馆,2006年版,第74页。

④ 陈淳曾批判过当时的科举之弊,他认为:"凡今之学者,如欲有志于圣贤之学,须是屏除举业……从头逐句逐字——仔细虚心以求焉。"但关键是,陈淳所说的圣贤之学要从头逐句逐字学习经典,这起码在形式上与科举之学十分类似。见陈淳:《答陈伯澡》,《北溪大全集》卷二六,《景印文渊阁四库全书》第1168册。

程学的轨道,使之成为思想发挥与义理建构的手段。从这个角度来说,朱熹经学足可谓拥有"见解独立"了。当其时,朱熹经学虽未被宋廷科举所正式采信,但在南宋后期尊崇朱熹的大风潮下,场屋比拼中运用朱熹经说自是能占得几分先机①。

在南宋后期的徽州社会中,举业似乎已与朱子学扭在了一起②。史甄陶就指出,如许月卿(淳祐四年进士)、朱洪范(宝祐元年进士)、汪复(景定三年进士)、胡次焱(咸淳四年进士)等徽州学者都拥有了进士身份,而且多以经义中式③。其实,这个名单还可以扩展得更多一些,如程龙(咸淳七年进士)、曹泾(咸淳四年进士)等,尤其是要延及吕午④(嘉定四年进士)、方岳⑤(绍定五年进士)、程元凤⑥(绍定二年进士)三人,他们既是政治精英,同时也是由科举进身并深受朱子学影响的士大夫。如吕午虽称"晚学无师",但他和朱熹再传弟子吴自牧相友善,且对朱熹推崇备至。方岳与吕午一样,服膺朱熹之学,并与朱熹门人李季子、再传滕钰过从甚密。而程元凤的父亲程放显然是一位深

---

①　柳立言曾指出,宋代的"科举考的是程文,即遵照礼部贡院定下的文体程序所写出来的文章,平日所受的训练,一般称之为'举业'。即使有再大的学问,考卷不合程序,也终身不第;反之,只要熟读参考书(俗称黄册子),即使不知董仲舒为何代人,亦有机会中举"。其论调似乎是要竭力撇清科举与学术的关系,但实际上,有独立见解又符合程序的作品在科举中胜出的例子也是很多的。当今的高考、研究生考试也是一样,虽然符合文体程序颇为关键,但写出有学识、有见解的精彩作品,也往往会得到判卷者的青睐。见柳立言:《科举、人际关系网络与家族兴衰:以宋代明人为例》,《中国社会历史评论》第11卷,2010年,第15页。

②　日本学者近藤一成认为,参加科举考试的举子"必须具备高水平的古学知识",这使得"思想活动与应试学问和谐共存"。庆元府登第者数目之所以递增,其原因就在于地域学术和科举考试的一体化。此说法虽然略显理想化,但也不无道理。若庆元府地域学术和科举考试出现了一体化的痕迹,那么徽州社会恐怕也是如此。见[日]近藤一成:《宋代科举社会的形成——以明州庆元府为例》,《厦门大学学报》2005年6期,第15页。

③　史甄陶:《家学、经学和朱子学——以元代徽州学者胡一桂、胡炳文和陈栎为中心》,第29—30页。

④　吕午(1179—1255),歙人,历任浙东提点刑狱、监察御史。见方回:《宋故中奉大夫右文殿修撰致仕歙县开国男食邑三百户赠华文阁学士通奉大夫吕公午家传》,《新安文献志》卷七九,第1923—1933页。

⑤　方岳(1199—1262),祁门人,历任知南康军、知邵武军、吏部尚书左郎官。见洪焱祖:《方吏部岳传》,程敏政:《新安文献志》卷七九,第1933—1938页。

⑥　程元凤(1200—1269),歙人,历任权工部尚书、右丞相兼枢密使。见程述祖:《宋特进少保观文殿大学士致仕新安郡开国公食邑八千九百户食实封三千三百户赠少师谥文清程公元凤家传》,《新安文献志》卷七五,第1826—1846页。

受理学浸润的村夫子①。

　　作为深受朱子学影响的士人，吕午、方岳、程元凤本身都具有深厚的经学修养②。但他们却志不在此，他们关注的是如何将朱子学输入政治高层。受时代影响，他们承继朱熹而普遍接受了真德秀的思路③。仔细考察吕午④、方岳⑤、程元凤⑥三人的言行，则不难发现真德秀"帝

① 吕午：《程宣义放墓志铭》，《新安文献志》卷九一，第 2267 页。

② 以程元凤为例，其"以《诗》亚于乡书"，"以《诗》、《礼》二经迭讲授荣王府"；又曾"进讲《周易》终篇"；"所讲《孟子》、《礼记》、《春秋》三书，据经以析理，因事以辅治"。见程述祖：《宋特进少保观文殿大学士致仕新安郡开国公食邑八千九百户食实封三千三百户赠少师谥文清程公元凤家传》，《新安文献志》卷七五，第 1827、1830、1833 页。

③ 端平元年（1234），真德秀进《大学衍义》。《大学衍义》的大致结构是以"帝王为治之序"、"帝王为学之本"为统领，以"人君格物致知之要"、"正心诚意之要"、"修身之要"、"齐家之要"为"用力之地"。很明显可以看出，《大学衍义》对于《大学》八条目仅举其六，对于"治国"、"平天下"两条目并未涉及，此并非真氏忽略或遗漏，而是其把重点放在"正本澄源"上。他认为掌握了"体"，则自然会发挥出"用"。可见，真德秀的"帝王格心"表现出非常明显的内倾性。真德秀的内倾与朱熹一脉相承，可能是"从实际的权力关系着眼"，朱熹把更多的政治规划放在了"正君心"这一层面，但对"格物"并不忽略。真德秀比起朱熹来则更加内倾，他把重点放在了"诚心"上，而不先重"格物"。由于对"诚心"的过分强调，"无疑便把朱熹的规模缩小，构思切断"，"在学术思想史上至少帮助引起了如下的一个转移作用：认识的焦点再不是待格之物而是待诚之心"。分别见真德秀：《大学衍义序》，《大学衍义》，上海：华东师范大学出版社，2010 年版，第 1—3 页；孟淑慧：《朱熹及其门人的教化理念与实践》，台北：台湾大学出版委员会，2003 年版，第 168 页；朱鸿林：《中国近世儒学实质的思辨与习学》，北京：北京大学出版社，2005 年版，第 6 页。

④ 在方回的眼中，吕午就是颉颃于真、魏之间的人物，如其曰："嘉定以来，不及见文公而能续其脉者，西山真公德秀、鹤山魏公了翁，而公亦其人也。"吕午两在台谏，以鲠直敢谏名世。在其《论臣下当同心协议疏》、《论权纲不可下移奏状》等奏疏中，不难看到真德秀的影子。见方回：《宋故中奉大夫右文殿修撰致仕歙县开国男食邑三百户赠华文阁学士通奉大夫吕公午家传》，《新安文献志》卷七九，第 1929—1930 页。

⑤ 方岳在代范钟丞相所作的十疏里边，"正人心"、"定国本"、"别人才"、"谨王言"等数条都是仿自真德秀《大学衍义》，来自真德秀的影响可见一斑。见方岳：《代范丞相》，《秋崖集》卷一八，《景印文渊阁四库全书》第 1182 册。

⑥ 受真德秀的影响，程元凤为政亦是不厌其烦地反复申述"诚心"的必要。如"二三大臣所以格君心者，必有道矣"。"臣愿陛下持心以敬畏，处心以安静，养心以寡欲，则清明在躬，志气如神，上而迓洪天命，下而固结人心；近而示法子孙，远而垂则万世，皆陛下一心基之矣。"从绍定七年一直到宝祐四年，在这近十年的时间里，程元凤的论调是一贯的，即把主上一心作为决定世间一切事务的根本，因此主上不可不敬畏，不可不诚心。程元凤对这一点的强调甚至比真德秀还要频繁。分别见程元凤：《论救灾疏》，《新安文献志》卷五，第 191 页；程述祖：《宋特进少保观文殿大学士致仕新安郡开国公食邑八千九百户食实封三千三百户赠少师谥文清程公元凤家传》，《新安文献志》卷七五，第 1837 页。

王格心"之学对他们的影响。我们研究的重点虽不在政治层面,但南宋后期徽州研习朱子学的地方士人由科举进身,进而把自己的理念施加于政治高层,这无疑是徽州朱子学传播中一种值得注意的面相。而且,这一机制也会作用于徽州地域社会,最起码对徽州地方士人的提携和激励作用是显而易见的①。

　　徽州士人当中像吕午、方岳、程元凤等进入政治高层的毕竟是少数,即便如许月卿、胡次焱等获得过低级官吏的也不为太多,绝大多数的地方士人是困于棘闱而无法通过。虽然现在已无法统计,但可以想见,在南宋末年的徽州一域当有大量无功名的地方士人存在。一部分士人在失望之余,遂视举业为俗学,用功于性理之学,乃至闻名一方。譬如与朱熹有姻亲关系的汪晫,"不就举而归,尽弃所业,翛然不以名第介意。……既不事科举,即取六经诸子,旁及二氏之书,研精覃思,穷性尽理,求所谓自得者"②。又如曾受学于朱熹弟子许文蔚的吴自牧,"年十四,已有声场屋。稍长,俯视行辈,不肯徇流俗为时文。尝取乡荐,三上春官辄不利,益谦不以为意,退讲究问辨,益自信其所得。……执经来学,岁百余人"③。又如程元凤之父程放,"一时意气,视功名可指日取。再诣贤关辄不利,以命义自安,惟笃一经之教"④。再如鲍云龙,"次举乃领乡荐,己酉省试不利,因绝意科场,居乡教授生徒,潜心理学"⑤。这些地方士人究心性理之学是有现实意义的,首先,他们可以通过授徒来维持生计,在宋代,对于一个落第士人来说,

　　① 吕午、方岳、程元凤都曾提携过方回,所以方回有诗曰:"郎官己未老秋崖(方岳),丞相庚申老讷斋(程元凤)。己亥口螭竹坡(吕午)老,吾乡三老挂予怀。"除方回外,当时经三人知遇并提携的徽州籍士人不在少数。如许月卿、吴锡畴、滕钰、程若庸、吴元鼎、吴龙翰、汪应元、黄雷利、陈庆勉、汪仪凤、汪枢等皆是也。在南宋末年徽州朱子学士人圈子中,吕午、方岳、程元凤等三人被赋予了非同一般的意义,他们在一定程度上凝聚和巩固了徽州地方士人群体,并强化了徽州朱子学自身。见方回:《秋思七言八首》,《桐江续集》卷二六。

　　② 吕午:《康范汪处士晫墓志铭》,《新安文献志》卷八七,第2134页。

　　③ 吕午:《吴益谦自牧墓志铭》,《新安文献志》卷八七,第2137页。

　　④ 吕午:《程宣义放墓志铭》,《新安文献志》卷九一,第2267页。

　　⑤ 洪焱祖:《鲍鲁斋云龙传》,《新安文献志》卷八八,第2157页。

开馆授徒应该是最好的工作①。其次,它可以帮助士人们获得声望,甚至还会因此获得与地方官员建立联系的机会②,这对维持自身家族在地方上的影响极有帮助。地方士人与乡先生众多,则是南宋末年徽州朱子学传播的又一面相。

在徽州的乡先生当中,从事经学研究的是绝大多数。这当然与科举考试直接相关,徽州大量的应举士人造就了这种市场需求。也有一些无望功名的乡先生,其从事经学研究的目的,乃是把自己未曾实现的科举梦想寄托在下一代身上。当然,也不排除酷爱经学而深深沉溺其间的学者。他们究心经学,留下了一大批经学著述。可以说,热衷于经学研究是南宋末年徽州朱子学传播的第二种面相。根据杨家骆《宋史艺文志广编》、雒竹筠《元史艺文志辑本》等著作,我们检索出的南宋末年徽州学者的经学著作大致可见下表:

表 1.2　南宋末年徽州学者的经学著作

类型	姓名	经学著作
《四书》学	胡　升	《四书增释》
	黄智孙	《四书讲义》
	江　恺	《四书讲义》
	吴松坡	《四书集注音义》
《易》学	胡师夔	《易传史纂》
	胡方平	《易学启蒙通释》、《外易》、《易余闲记》
	王埜翁	《见易篇》、《周易分注》
	胡次焱	《余学斋易说》
	黄智孙	《易经要旨》
	方　回	《读易释疑》、《易中正考》、《易吟》

---

① Pei-yi Wu, "Education of Children in the Sung," in Wm. Theodore de Bary and John Chaffee, eds., *Neo-Confucian: the Formative Age*, Berkeley: University of California Press, 1989, p.319.

② 譬如汪暐曾得到徽守袁甫、邑宰李公的赏识,而吴自牧也受知于郡守詹阜民、郡博士李以制和李以申兄弟。分别见吕午:《康范汪处士暐墓志铭》,《新安文献志》卷八七,第2134—2135 页;吕午:《吴益谦自牧墓志铭》,《新安文献志》卷八七,第 2137 页。

续表1.2

类型	姓名	经学著作
《春秋》学	黄智孙	《春秋三传会要》
	程 龙	《春秋辨证》
《尚书》学	滕 钲	《尚书大意》
	程 龙	《尚书传释疑》
《诗》学	方 回	《鹿鸣》、《乐歌考》、《彤弓考》
	程 龙	《毛诗传释疑》
礼类	方 回	《仪礼考》
	程 龙	《礼记辨证》

　　在有关南宋后期朱子学传承的叙述中,全祖望着力强调过徽州地区朱子学的训诂化倾向,并指出了这一倾向的来源:"勉斋之传,尚有自鄱阳流入新安者,董介轩一派也。鄱阳之学,始于程蒙斋、董槃涧、王拙斋,而多卒业于董氏。然自许山屋外,渐流为训诂之学矣。"①这里的"鄱阳之学"实际上指的是德兴之学②。德兴之学发轫于董铢③、程端蒙④、王

① 黄宗羲、全祖望:《宋元学案》卷八九,北京:中华书局,1986年版,第2970页。

② 德兴在地理上"东距浙,北距新安,三省交牙,四塞为境",与徽州的婺源山水相连,两地人文环境极为相似,所谓"德邑接壤婺源,子朱子遗泽虽百代未艾也",是以两地出现学术互动自然不足为奇。张纯愚云:"吾乡自式车姜(董)介轩先生开其源,式车吴菊园先生、贡士沈毅斋先生浚其流,提干许山屋先生、考亭山长朱小翁先生、式车齐怡堂先生兄弟、太常寺簿汪溪阳先生、主簿胡余学先生数老先后相续,不但文辞古雅,而以《近思录》为《四子》之阶梯,以《四子》为《六经》之阶梯,必使人人习之。"可见,在张纯愚的眼中,德兴学界与徽州学界就是一个整体。分别见何逊东主编:《德兴县志》,北京:光明日报出版社,1990年版,第1043、1037页;张纯愚:《又答先生书》,《陈定宇先生文集》附录,第484页。

③ 董铢,字叔重,号盘涧,德兴人。董铢早年负笈朱熹之门,跟从朱熹学《易》最久,黄榦曾赞美曰:"(董铢)游于晦庵先生今四十年矣,相与始终,周旋最久且厚。"董铢著有《性理注解》,与程端蒙合撰《程董二先生学则》。见黄榦:《董县尉墓志铭》,《勉斋先生黄文肃公文集》卷三五,第713—714页。

④ 程端蒙,字正思,号蒙斋,德兴人。朱熹曾赞其"以求道修身为己任。讨论探索,功力兼人,虽其精微或未究极,而其固守力行之功,则已过人远矣"。见朱熹:《程君正思墓表》,《晦庵先生朱文公文集》卷九十,《朱子全书》第24册,第4185页。

过①德兴三先生,在朱熹学说的强大笼罩下,三先生均走上了维护、解释、普及朱熹学术的路径,于是他们的学问不可避免地出现了训诂倾向②。董铢、程端蒙的学术薪火为董梦程所继承③,董梦程之学,则传予董鼎④与沈贵珤⑤。董梦程、沈贵珤师徒对徽州理学的影响很大,全祖望所谓自鄱阳流入新安者,就是指董梦程、沈贵珤师徒的训诂之学。受教于董梦程、沈贵珤的徽州籍学者人员济济,例如胡方平⑥、程若庸⑦、

---

① 王过,字幼观,号拙斋,亦为德兴人,与程端蒙、董铢同为朱门高弟。《宋元学案》称:"德兴学宫三贤祠,槃涧第一,程次之,其一即先生也。学者称为拙斋先生,与程、董称三先生。"这里的拙斋先生即是指王过。见黄宗羲、全祖望:《宋元学案》,卷六九,第2283页。

② 其中尤以程端蒙、董铢为甚。程端蒙《性理字训》是一部推动理学向下层渗透的优秀教科书,全书共30条,对命、性、心、情、才、志、仁、义、礼、智、道、德等30个理学范畴都有精确的训释,如第一部对命、性、心、情、才、志的解释云:"天理流行,赋予万物,是之谓命;人所禀受,莫非至善,是之谓性;主于吾身,统乎性情,是之谓心;感物而动,斯性之欲,是之谓情;为性之质,刚柔强弱,善恶分焉,是之谓才;心之所之,趋向期必,皆由是焉,是之谓志。"朱熹对程端蒙此书颇为满意,曾以大《尔雅》目之。董铢《性理注解》其书虽佚,但从书名上判断,也当和程端蒙《性理字训》属于同一类型的著作。见程端蒙:《程蒙斋性理字训》,《四库全书存目丛书》子部第4册,第788—789页。

③ 董梦程,字万里,号介轩,德兴人,系董铢从子。所著有《诗经注说》、《尚书注说》及《大尔雅通释》等。董梦程初学于董铢与程端蒙,后来又就学于黄榦,所谓"梦程受朱熹之《易》于黄榦"是也。见宋濂等:《元史》卷一八九《儒学传》,第4322页。

④ 董鼎,字季亨,号深山,董梦程族弟,曾自云:"鼎生也晚,于道未闻,赖族兄介轩亲受学于勉斋、槃涧,故再传而鼎获私淑焉。"见黄宗羲、全祖望:《宋元学案》卷八九,第2972页。

⑤ 沈贵珤,字诚叔,德兴人,学者称其为毅斋先生。沈贵珤的学术特点与乃师董梦程一样,亦以训诂为主。陈栎云:"番阳程蒙斋《小学字训》,朱子目以大尔雅,然止三千字,蒙斋同邑董介轩尝为注释,沈毅斋以《程训》未备增广之。"则可知沈贵珤著有关《性理字训》的训诂之作。沈贵珤著有《正蒙疑解》一书,贝琼所谓"番阳沈毅斋先生因为《正蒙解》,以备朱子之未备"是也,除此,沈贵珤还著有《四书要义》及诸经说。分别见陈栎:《字训注解跋》,《陈定宇先生文集》卷三,第297页;贝琼:《瀔峰祠堂记》,《清江贝先生文集》卷一六,《四部丛刊初编》缩印本。

⑥ 胡方平,号玉斋,婺源人。胡方平早年曾受《易》于董介轩,继师沈贵珤。汪幼凤称:"方平研精《易》旨,沉潜反复二十余年,尝因文公《易本义》及《启蒙》注《通释》一书,又《外易》四卷,考象求卦,明数推占。又有《易余问记》。"见汪幼凤:《胡玉斋方平传》,《新安文献志》卷七十,第1724页。

⑦ 程若庸,字达原,休宁人。程若庸"从学于双峰饶先生鲁,又师事毅斋沈先生贵珤,得闻朱子之学"。所著有《性理字训讲义》、《太极图说》、《近思录注》等。洪焱祖称:"若庸累主师席,及门之士最盛。在新安号'勿斋',学者称'勿斋先生',如范奕、金洙、吴锡畴,皆其高弟。在抚州,号'徽庵',以寓不忘桑梓之意,学者称'徽庵先生'。如吴澄、程钜夫,皆其高弟。"见洪焱祖:《程山长若庸传》,《新安文献志》卷七十,第1725页。

范启①、齐鲁瞻②、吴松坡③、汪瑜④、汪宗臣⑤、许月卿⑥等人皆是也。与德兴学者们关系紧密，则是南宋末年徽州朱子学传播的第四种面相。进行徽州地域研究，不能局限于一府六县的格局，其实在文化交流层面，婺源与德兴的碰撞要远胜于其与绩溪、黟县。宋代如此，元代亦是。

　　虽然南宋末年徽州朱子学者的经学研究呈现出了训诂倾向，但并不是说这一地区的学术就完全坠入了语言训释的渊薮。其实在胡方平、胡斗元等人的著述里，也时能发现一种义理体察的倾向，这可以说是南宋末年徽州朱子学传播的第五种面相。比如胡方平《易学启蒙通释》就存在一些独立的义理见解，他曾多次强调尊阳卑阴之论："愚所以合四篇大旨，一言蔽之曰：阳尊。于斯为尤信矣"⑦，"诸卦皆乾之所君宰，圣人特以君言之，造化贵阳之大义，圣人扶阳之至意，昭昭

---

① 范启，字弥发，一字求迩，休宁人。从学于沈毅斋贵珤。"不乐仕。创风月亭，以讲学自娱。理宗征，不起，赐号'风月处士'，所著有《鸡肋漫录》《管锥杂志》《井观杂说》。"范启与吴垕、程若庸相友善，程若庸曾为范启编纂的《休宁范氏族谱》作跋，并收其子范元奕为弟子。见程敏政：《新安文献志》，第 27 页。

② 齐鲁瞻，名兴龙，陈栎记载其为"沈毅斋高第"，但未注明其籍贯，《宋元学案》则记载："齐鲁瞻，字兴龙，徽州人也。成宝祐进士。不知其官居。尝与许山屋说《易》，陈定宇称之。"分别见陈栎：《答吴仲文甥》，《陈定宇先生文集》卷十，第 388 页；黄宗羲、全祖望：《宋元学案》，卷八九，第 2974 页。

③ 吴松坡，不知其名，元代徽州学者吴程之父，吴程曾记载其父松坡府君"受学于毅斋沈先生"吴程著有《四书经传释文》一书，当承自其父著作《四书集注音义》。见吴程：《题〈四书集注音义〉》，《新安文献志》卷二四，第 527 页。

④ 汪瑜，亦学于沈贵珤，程瞳《新安学系录》云："汪梅磵名瑜，婺源大畈人，师沈毅斋，行实阙。"见程瞳：《新安学系录》卷九，第 196 页。

⑤ 汪宗臣，字公辅，号紫岩，婺源人，"幼学于梅涧先生。（梅涧）先生学于毅斋沈先生，其学问渊源实自考亭。"汪宗臣生于嘉熙己亥（1238），在其幼年时，其祖父曾辟地建"信斋"，延请梅涧先生汪瑜训导亲族子弟，汪宗臣由是得溯沈贵珤之学，其著有《世乘窥斑》一书。见汪斌：《紫岩先生汪公宗臣行状》，《新安文献志》卷八七，第 2145 页。

⑥ 许月卿，字太空，婺源人。"年十五，从介轩先生董公梦程游"，后受学于鹤山先生魏了翁，"嘉熙庚子试流寓，以《易》魁江东"。许月卿早年入赵葵幕，淳祐四年（1244）廷对赐进士及第，历濠州司户参军、临安府教授等职。宋亡，深居一室，五年不言而卒。所著有《先天集》十卷、《百官箴》六卷。见许飞：《宋山屋先生许公月卿行状》，《新安文献志》卷六六，第 1605 页。

⑦ 胡方平：《易学启蒙通释》卷下，清康熙十九年（1680）《通志堂经解》本。

矣"①。在解释邵雍的阴阳消化理论时,胡方平又提出:"乾得三十六阳,而坤得十二阳者,盖乾固以阳为主,而坤亦以阳为主也。可见天道贵阳贱阴,圣人扶阳抑阴之义,邵子得之耳。程子论复之阳长而曰:'阴亦然,圣人不言'者,正与此合'。"②

胡斗元在《易》学上也有自己独立的义理见解,如其所论:"乾专言善,性也;坤兼言善不善,性情也;乾之善世,吾无及已;坤之积善,吾庶几勉之。"③

从兼言善与不善的"坤"到专言善的"乾",正如性情到性,是一个逐渐摆脱不合理成分进而达到至善的过程,当然至善的"乾",未必十分容易达到,但逐渐积累逐渐提升的"坤",则正是芸芸众生的可为之处。

又如滕钲《尚书大意》一书达十二万言,其论述《尚书》也有自己独特的义理见解,这种见解连方岳都"未之先闻也":"若《书》之大意,则一'中'字而已。'允执撅中',《书》所以始;'咸中有庆',《书》所以终。以此一字,读此一书,迎刃解矣。"④

当然,胡方平、胡斗元等人实绩的主要方面还是体现在推动理学文本教科书化、参考书化这一层面,但他们在义理体察层面所做的努力也不可忽略。就这一点而言,我们还要重点引出许月卿,他不仅仅是宋末以风节胜的典型⑤,而且还代表着朱子学者对朱子学的深刻反思,在义理角度也有着自己独立的见解。史甄陶就指出,许月卿"从理气的观点思考'五行'与'五性'的关系,并强调'神贯乎理气'的概念,凸显出郑玄解释《中庸》首三句的贡献"⑥。

地域特点(科举社会)与超越地域的整体视角(与德兴之学的关系)是我们把握徽州朱子学传播的重点,而经学则是我们剖析朱子学

---

① 胡方平:《易学启蒙通释》卷上。

② 胡方平:《易学启蒙通释》卷上。

③ 汪幼凤:《胡云峰炳文传》,《新安文献志》卷七一,第1741页。

④ 方岳:《滕和叔尚书大意序》,《秋崖集》卷三六。

⑤ 黄宗羲曾指出:"新安之学,自山屋一变而为风节,盖朱子平日刚毅之气凛不可犯,则知斯之为嫡传也。彼以为风节者,意气之未融,而以屈曲随俗为得,真邪说之诬民者也! 先师尝言,东汉之风节,一变至道,其有见于此乎!"见黄宗羲、全祖望:《宋元学案》卷八九,第2974页。

⑥ 史甄陶:《家学、经学和朱子学——以元代徽州学者胡一桂、胡炳文和陈栎为中心》,第33页。

自身的利器。我们立足这两个层面观察到了南宋末年徽州朱子学传播的诸多面相,这虽不足以反映徽州地方士人群体及其学术的全部,但至少可以微观地描摹出其大致轮廓。我们认为,作为一个地域性的朱子学传承体系——新安理学,基本上在这一时段的徽州生成了①。我们的研究并不是要证明徽州社会在南宋末年有多么特殊,我们只是想知道,在南宋这个既开放②且又地域独立性显著加强的时代,活跃的地方精英们是通过怎样的方式承担起了朱子学传播的使命? 又是怎样促使了新安理学的生成? 这一探索将对我们后面进行的元代徽州理学家群体与新安理学的研究起到奠基的作用。

小　结

徽州"一府六县"的格局经唐、宋、元、明、清千余年而未更张,万山环抱、盆地居中的地形结构也造就了徽州的封闭性与内聚性。上述状况对于倡导地域研究的学者来说无疑是一个绝好的范例。徽州虽然处于万山之间,但却有发达的水路与四域相通,这些水路把徽州与整个江南地区联系了起来,可以说,徽州社会实际上是一个既地域又整体的生活系统。这要求我们在研究时,既要守住徽州地域社会的本位,同时又要放眼于整个江南地区。

南宋徽州地区人多地狭同时税额最重,这使得徽人不得不拓展生存空间,如从事于商业,又如投身于科举。无论是在商业层面获得巨额财富,还是通过科举获得优免特权,都能扩大家族势力。伴随着宋代徽州的开发,越来越多的家族开始向科举方向努力。

---

①　周晓光认为新安理学在南宋时期形成为"学派",并从"大族入迁与新安文化的发展"、"地方政府的文教政策"等层面讨论了这一学派形成的原因。对于新安理学是否为学派是值得商榷的,但其谓新安理学在南宋时期形成则与我们的观察大体一致。见周晓光:《南宋徽州人文环境变迁与新安理学的形成》,《江淮论坛》2003年第6期,第88—92页。

②　所谓的开放是由发达的科举制度造就的,正如黄宽重指出:"北宋、唐代,甚至中古时期占有相当比例的荫补,到南宋时代,其分量已微不足道,其它如输财补官的比例更是少之又少,可见透过较公平的竞争方式——科举制度来拔取人才,已为当时社会所普遍接纳。显示南宋相对于北宋或唐代而言,已是一个较开放的社会。"见黄宽重:《南宋两浙路社会流动的考察》,《宋史丛论》,台北:新文丰出版公司,1993年版,第100页。

宋廷南渡以后,徽州日益融入到临安文化圈子之中,进一步接受了江浙文化的濡染,因而文风大畅,其中最明显的标志就是科举社会的形成。异常繁荣的举业,促进了一小撮徽州士人向政治精英转化,这些政治精英致仕回到乡里又一变为士绅,他们努力在地方上扩大自己家族的影响,以维持其长盛不衰。一些失意于场屋的士人也想尽办法提升自己家族的地位。当然,在科举层面卓有建树最有利于家族声望的提升。不过,从事于科举事业需做长期投资,于是经营家族以保障代代都有科举人才出现就显得尤为重要。可以说,整合家族与科举及第这两个层面是相辅相成、相得益彰的。科举社会、大量士人的存在、地方本位意识的增强以及家族的经营,这些因素使得南宋徽州的地域社会特征凸显了出来。士人们在地方上越来越扮演起重要的角色,理学也开始在这个地域社会浓墨重彩地登上了舞台。

程大昌、吴儆、王炎都是徽州科举社会走出的成功者,他们兼精英与学者于一身,在当时的徽州学界具备相当的影响。他们在学术上各有侧重,但对朱熹的理学体系均较为隔膜,是以无法担当传播朱子学的重任。朱子学在徽州的传播有赖于朱熹的徽州籍弟子群体,这个群体彼此交往,共同活动在徽州这个相对稳定的地域社会里,并以朱熹之学为圭臬,从而为新安理学——徽州朱子学的发展传承确立了一个开端。

科举社会的特点使朱子学在徽州的传播搭上了便车。南宋后期徽州研习朱子学的地方士人由科举进身,进而把自己的理念施加于政治高层,这是徽州朱子学传播的一种面相。地方士人与乡先生众多,则是其又一面相。热衷于经学研究,乃是其第三种面相。与德兴学者们关系紧密,则是其第四种面相。在训诂的同时又不忽视义理体察,则是其第五种面相。

地域特点与超越地域的整体视角是我们把握徽州朱子学传播的重点,而经学则是我们剖析朱子学自身的利器。我们立足这两个层面观察到了南宋末年徽州朱子学传播的诸多面相,这虽不足以反映徽州地方士人群体及其学术的全部,但至少可以微观地描摹出其大致轮廓。我们认为,作为一个地域性的朱子学传承体系——新安理学基本上在南宋末年的徽州生成了。

第二章　元代前期的新安理学家群体

第一节　科举消失后的徽州社会

宋元鼎革是中国历史上的巨大事件,它不同于一般意义上的王朝更替,华夏文明的传统秩序在纷乱中为异族政权所击垮,这在当时引起的震动是空前的,尤其士人们更是遭受了现实与精神的双重蹂躏。元军在平宋过程中虽未掀起大规模的屠戮①,但小规模的剽掠劫杀,还是造成了比较严重的破坏②。士人们对此感触尤深,如舒岳祥悲愤地说:"四海衣冠,遭时艰虞,至于暴骨原草者多矣。"③悲惨的现实,显然中断了士人们的仕宦生涯。出于对故国的情思与对名节的顾忌,士人

---

① 元军在平宋过程中曾在沙洋、常州、静江等地屠城,但这样的屠城记录并不多,比起灭金过程中大肆屠戮的惨烈境况,平宋战争杀戮是较小的。见陈世松等:《宋元战争史》,成都:四川省社会科学院出版社,1988年版,第377页。

② 林景熙记载说:"朔骑压境,所过杀掠,数十里无人烟。"见林景熙:《舜说》,《霁山集》卷四,上海:商务印书馆,1935年版,第109页。

③ 舒岳祥:《停云诗序》,《阆风集》卷一,民国七年(1918)吴兴刘氏嘉业堂刊本。

们也多拒绝出仕①。于是在元初形成了一个规模比较大的遗民群体②。

元初徽州也存在着一批不乐仕进的遗民士人，如许月卿、孙嵩、汪炎昶、江恺等人就以"赋诗饮酒"的方式"寄其没世无涯之悲"③。而老儒黄智孙则"结茅于深山穷谷中，日与门生子弟讲明正学为事"④。老儒王埜翁则隐居"行易广"，"从学者甚夥"⑤……宋亡时仕宦他乡的徽州籍士人们，面对混乱的社会时局，也纷纷采取了回乡避世的策略，如：胡次焱就从贵池"迹归婺源，以《易》教授乡里"⑥；曹泾则弃昌化知县"奉亲还里"⑦；汪一龙也在京口、瓜州失守后"奉母航海南归"⑧；俞君选"沿檄径归，徽守三聘不就，遂终老焉"⑨。由于气节思想的影响⑩，他们回到家乡后基本上不再出仕，与当地的乡先生共同组成了一个地方士人群体，正所谓"宋亡，老儒犹数十人"⑪。

程直方、胡一桂、程逢午在宋亡时均正值壮年，虽不在老儒之列，但皆采取了遗民的处世姿态，如：程直方"自鳌转汀空以来，阅世云壑，不染指世味之鼎。司徒留无极欲尽取其书入燕，不许"⑫；如胡一桂则"不仕新君全令德，惟宗四圣著嘉言"⑬；再如程逢午"至元丙子，文轨

---

① 陈得芝曾以宋末时代情况分明的 328 名进士做出过分析：蒙古攻宋以来先后以身殉国者 71 人，占 21.56%；入元隐遁不仕者 174 人，占 53.03%；归降和仕元者 83 人，占25.3%。兹可表明，拒仕归隐者乃是主流。见陈得芝：《论宋元之际江南士人的思想和政治动向》，《南京大学学报》1997 年第 2 期，第 151—153 页。

② 关于宋遗民这一群体的界定，可参见珍妮弗·杰伊的相关研究。Jennifer W. Jay, *A Change in Dynasties: Loyalism in Thirteenth-century China*. Bellingham: Western Washington University, 1991, p.6.

③ 赵汸：《汪古逸先生行状》，《赵征君东山先生存稿》卷七。

④ 程曈：《新安学系录》卷十，第 203 页。

⑤ 方回：《王太古埜翁墓志铭》，《新安文献志》卷七一，第 1737 页。

⑥ 洪焱祖：《胡主簿次焱传》，《新安文献志》卷八七，第 2144 页。

⑦ 洪焱祖：《曹主簿泾传》，《新安文献志》卷九五上，第 2408 页。

⑧ 方回：《定斋先生汪公一龙墓铭》，《新安文献志》卷九五上，第 2410 页。

⑨ 江雷：《艮轩先生俞公君选墓志铭》，《新安文献志》卷九五上，第 2413 页。

⑩ 譬如胡次焱写道："女不践二庭，妇不再移天。"见胡次焱：《嫠答媒》，《梅岩文集》卷二，《景印文渊阁四库全书》第 1188 册。

⑪ 赵汸：《汪古逸先生行状》，《赵征君东山先生存稿》卷七。

⑫ 董时义：《前村程先生直方传》，《新安文献志》卷七十，第 1727 页。

⑬ 胡淀：《咏玩易斋二首》，胡一桂：《双湖先生文集》卷五，《续修四库全书》第 1322 册，第 575 页。

混一,杜门以《诗》《书》教子,不复有禄仕意"①。

徽州自宋代以来就非常兴盛的书院、家塾教育为遗民学者们别开了安身立命之所。遗民学者虽则气节凌云,但生存总归是人生第一要义,于是"决意仕进、退避书院讲学就成为众多宋遗民的共同选择"②。如曹泾就曾讲学于歙县石耳山的初山精舍,而汪维岳在歙县从睦建友陶书院,王埜翁在婺源武溪建行易厂,鲍寿孙建西畴书院于歙县棠樾,曹泾曾讲学其中。不少闻名后世的书院就是宋元之际建立起来的,李弘祺认为:"宋儒开创的书院精神,在注入元儒的退隐理想之后,继续充满活力,发展下去。不仅把理学家的学术和理想加以发扬光大,也替异族统治下的汉人保存了一份珍贵的遗产。"③

徽州这些遗民学者栖老于林泉之下,往来于书院讲席之间。自不觉岁月蹉跎,恍惚间已是颓然白首。当他们逐渐淡出人们视野的时候④,胡一桂、胡炳文、陈栎、程复心等新一代士人已在学术上初露峥嵘了。这些士人在青年时代虽有着入元的经历,但他们的理学成就却都是在元代取得的,所以他们才是标准的元代新安理学家。无论在生平阅历上,还是在思想意识层面,这些新安理学家与遗民学者都存在一定的差别。有关心灵创伤,时间无疑是最好的稀释剂,"时间过去得愈久,南方知识分子就愈体验到惟一能帮助和促使他们实现他们理想(包括道统的维系)的是通过元朝政府,此外别无他途"⑤。所以新一

---

① 邓文原:《故海盐州教授程君逢午墓志铭》,《新安文献志》卷七一,第1751页。

② 邓洪波:《中国书院史》,台北:台湾大学出版中心,2005年版,第260页。

③ 李弘祺:《绛帐遗风——私人讲学的传统》,林庆彰主编:《中国文化新论学术篇·浩瀚的学海》,台北:联经出版事业公司,1981年版,第386页。

④ 宋元易鼎之后,由于忠君思想与华夷观念的制约,使得当时大量的知识阶层不得不隐于林泉之下,形成一个个比较显著的遗民群体,但这些遗民群体随着元朝政权的逐步巩固就渐渐消失了,"作为一个重要政治、社会及文化现象,元初遗民的存在,前后不过二十余年"。见萧启庆:《宋元之际的遗民与贰臣》,《元朝史新论》,台北:允晨文化实业股份有限公司,1999年版,第117—118页。

⑤ 劳延煊:《元初南方知识分子——诗中所反映出的片面》,《中国史学论文选集》第4辑,台北:台湾幼狮文化事业公司,1981年版,第265—266页。

代的士人们基本上都认同了元廷政权①。

在许衡等大儒的影响下,元初的统治者们也曾对汉法保有过兴趣②。他们对儒学教育也采取过一定的保护措施③,乃至一定程度上的提倡④。这些措施不但对儒士们产生过精神上的激励作用,更重要的是,儒户制度⑤的设立为士人们提供了一定的优免权,使他们在经济上受益良多。儒户享有少许特权,譬如不在签军之例等⑥,当然,最主要的优免则是经济层面的:

第一,所有在籍儒人可以得到相当于奖学金性质的廪给。在学的生员,日行二膳,皆由学校供给,名儒耆旧而老无依靠者,也

---

① 在元代前期几位著名的新安理学家中,胡一桂的年龄最大,遗民意识最为明显。他一开始并不愿意认同元廷政权,所以在经学著作里往往引用志士谢枋得之语以表明心迹,如:"天王而没于夷狄,天地之大变,中国之大耻,万世圣贤之大恨,不特东周臣民之大仇也。""幽王没于骊山,此中国之大耻,周家万世不可忘之大仇也。"随着时间的流逝,胡一桂也开始向现实妥协,在其著作中也开始使用元朝年号并称亡宋为前朝了。相对而言,胡炳文、陈栎、程复心对元廷却没有那么明显的抵触情绪。这在后面会有详细论述。见胡一桂:《诗集传附录纂疏》卷四、六,《续修四库全书》第 57 册,第 342、366 页。

② 譬如忽必烈接受汉政权传统的建年号方式,"建元表岁",又"建国号曰'大元',盖取《易经》'乾元'之义",此皆为明证。见宋濂等《元史》卷四《世祖本纪》,第 65、138 页。

③ 早在中统二年(1261),忽必烈就曾下诏曰:"管内凡有书院,亦不得令诸人搔扰。"见《庙学典礼(外二种)》卷一,王颋点校,杭州:浙江古籍出版社,1992 年版,第 12 页。

④ 至元二十三年(1286),元廷令"每社设立学校一所,择通晓经书者为学师,于农隙时分,各令子弟入学。先读《孝经》、《小学》,次及《大学》、《论》、《孟》、经、史。至元二十八年(1291),又令曰:"令江南诸路学及各县学内,设立小学,选老成之士教之,或自愿招师,或自受家学于父兄者,亦从其便。其他先儒过化之地、名贤经行之所,与好事之家出钱粟赡学者,并立为书院。"分别见《元典章》卷二三,北京:中国书店,1990 年版,第 410 页;宋濂等:《元史》卷八一《选举志》,第 2032 页。

⑤ 元朝施行诸色户计的户口管理制度,将百姓按照民族、阶层、宗教、职业等区分为不同的户口类型。元代的诸色户计种类繁多,据说有军户、民户、匠户、酒户、粮户、站户、猎户、僧户、医户、矿户、盐户、窑户等 80 余种,而儒户为其中之一种。儒户的籍定始于窝阔台汗十年(1238)的儒试,当时规定:"儒人中选者,则复其家。"分别见宋子贞:《中书令耶律公神道碑》,苏天爵:《国朝文类》卷五七,《四部丛刊初编》缩印本;黄清连:《元代户计制度研究》,台北:台湾大学出版中心,1977 年版,第 1—2 页。

⑥ 譬如在至元四年(1267)二月,"诏遣官签平阳、太原人户为军,除军、站、僧、道、也里可温、答失蛮、儒人等户外,……签军二千人"。见宋濂等:《元史》卷九八《兵志一》,第 2513 页。

月给生料。……儒户的第二项权利是蠲免部分赋役义务。①

儒户身份可以世袭,这也就意味着优免可以一直延续。可以说,元代士人在仕进和社会尊崇程度方面虽无法与两宋及明清比肩,但在经济上所享有的特权并不输于各代②。经济上的优待有利于儒士们开展教育活动和进行学术研究,同时也使他们加深了对元廷政权的认同,如在新安理学家陈栎的《次韵儒户蠲徭》一诗中就出现了"君恩不隔万山深"③这样的句子。此诗可确认陈栎系儒户无疑,而关于胡一桂、胡炳文等是否是儒户,暂无资料印证,但根据他们的行为判断,其可能性是极高的④。

元统治者虽然曾多次发诏保护儒学以及提倡书院教育,但当时的社会大环境对于儒学的发展却并不理想。儒学连以往那种表面上的权威性与主导性都丧失掉了,"儒家思想遂由'道'转变为许多'教'的一种,而儒士不过是一个受到优崇的'身份群体'(status group)而已"⑤。再者,元廷实行民族分化政策,南人在四等人中地位最低,是以入仕最难。况且元代行省并不具备官吏的辟用权力,如许有壬所言:"十省之属,自莞库而上,皆命于朝,非若古藩镇僚佐得自辟也。得自辟,独掾尔,而复确有定式,六部宣司史外,已官复掾者又居其半"⑥,行省大员即使想在地方上提拔南方士人也不太容易,因为行省的"用人之权仅限于行省以下各级机构中的吏员、学官和没有品级的

---

① 萧启庆:《元代的儒户:儒士地位演进史上的一章》,《元代史新探》,台北:新文丰出版公司,1983 年版,第 19 页。

② 有元一代,儒士的社会地位虽视两宋去之甚远,但是也绝非似谢枋得、郑思肖等遗民所谓的"九儒十丐"那样。谢枋得《送方伯载归三山序》与郑思肖《心史》中都有"九儒十丐"的说法,但是这两位激进遗民的说法显然是比较夸张的。见谢枋得:《送方伯载归三山序》,《叠山集》卷六,《四部丛刊续编》本,上海:商务印书馆,1934 年版;郑思肖:《大义略叙》,《心史》,《北京图书馆古籍珍本丛刊》第 90 册,第 981 页。

③ 陈栎:《次韵儒户蠲徭》,《陈定宇先生文集》卷一六,第 468 页。

④ 史甄陶:《家学、经学和朱子学——以元代徽州学者胡一桂、胡炳文和陈栎为中心》,第 83 页。

⑤ 萧启庆:《宋元之际的遗民与贰臣》,《元朝史新论》,第 101 页。

⑥ 许有壬:《送蔡子华序》,《至正集》卷三二,《元人文集珍本丛刊》第 7 册,第 168 页。

流外官","书院山长因为不入流品也可以由行省辟授"①。

申万里的一项研究表明,从元世祖末年开始,元政权开始在江南落实各种文教政策,而江南士人们也开始出仕元朝。仕元的儒士大多数被任命为学官,从而形成了一个由相当一部分江南儒士构成的学官阶层。这"标志着江南儒士阶层新的社会角色的调整和定位的形成"②。学官职低禄薄,甚至都算不得什么官职③,且升迁极难④。但就是这种并不入流的教职,有时候想要获得也并非易事。在徽州就有众多儒士赋闲于乡,无缘于学官⑤。从这个角度来说,得到江浙儒学副提举的程荣秀无疑很幸运⑥;而得授紫阳书院山长与信州道一书院山长的程逢午与胡炳文也算如意;程复心颇费波折,折腾到了近六十岁的时候,才特受了一个徽州路儒学教授的荣誉称号而已⑦。陈栎与程直方的境遇则十分不佳:陈栎写信央求许师敬(约 1255—1340)、李孟(1255—1321),欲求一山长或学正,却终究未得⑧。而程直方虽有省院台宪至婺源访问寻求,但最终也没能更进一阶⑨。

由于与元廷政权的全面合作,丘龙友、汪元龙、郑安、陈宜孙、程隆、赵象元、汪元圭、方贡孙、程克柔等人因"归附"之功或因"吏事"之

---

① 张金铣:《元代地方行政制度研究》,合肥:安徽大学出版社,2001 年版,第 171—172 页。

② 申万里:《元初江南儒士的处境及社会角色的转变》,《史学月刊》2003 年第 9 期,第 50 页。

③ 陈得芝:《论宋元之际江南士人的思想和政治动向》,《南京大学学报》1997 年第 2 期,第 153 页。

④ 蒙思明通过研究指出,元代儒士"以儒人之自学校、选举以得官者,为数极寡",同时并"无司法之特别保障"。见蒙思明:《元代社会阶级制度》,上海:上海人民出版社,2006 年版,第 144 页。

⑤ 当然,从学官转成行政官的,就更属凤毛麟角了。章毅曾指出:"歙县潜口汪维祺(1240—1326)由杭州路学教授转任池州路青阳县尹,歙县洪焱祖(1262—1328)由衢州路儒学教授转任处州路遂昌县主簿,只是寥寥的例外而已。况且汪维祺在南宋已有科举功名,而洪焱祖之父洪椿则在元初已被'辟为本县丞,改授本县主簿',两人均非单纯以儒学入仕者。"见章毅:《理学、士绅和宗族——宋明时期徽州的文化与社会》,第 69 页。

⑥ 陈祖仁:《元故江浙等处儒学提举程公荣秀墓志铭》,《新安文献志》卷七一,第 1734 页。

⑦ 汪幼凤:《程教授复心传》,《新安文献志》卷七一,第 1755 页。

⑧ 分别见陈栎:《上许左丞相书》,《定宇先生文集》卷十,第 374—375 页;陈栎:《上秦国公书》,《陈定宇先生文集》卷十,第 274 页。

⑨ 董时义:《前村程先生直方传》,《新安文献志》卷七十,第 1727 页。

能而占据要津,成为了徽州的豪强式人物①。他们的出现,意味着士人阶层在徽州社会的边缘化,也"改变了南宋时代逐渐形成的科举社会的面貌"②。科举此后消失了将近四十年,这使得传统格局发生了很大改变。徽州社会自南宋以来形成的功名、仕宦、士绅结合在一起的社会模式逐渐隐去,相应地,士人们的地位一落千丈,即便是智商相当高的精英们,似乎也没有有效的途径提升他们自己了。

　　科举不行,士人们自然也不甘坐以待毙,于是许多人摇身而成为江湖谒客。谒客,即是以诗文艺术为手段,以仕途为目的,以达官权贵为对象开展干谒活动的知识阶层。游谒本是宋末流传下来的江湖之风,在元代具体的政治环境中变得更加兴盛。元世祖时代曾屡有诏令征召遗逸文学③,元仁宗延祐年间也强调让各道廉访司寻访"隐居行义、才德高迈、深明治道、不求闻达者"④。在这种情况下,一些士人越发把注意力集中到游谒这一环节上。而且一些权贵大兴养士之风,也为游谒提供了生存的土壤⑤。游谒之风在元代中期达到了高潮,越来越多的南方儒士开始北游京师,其目的十分明显,正如程子长所言:"京师,风雨之所交也,文献之所宗也,四方之所辖也。……遇则能使吾贵如瑚琏,通则能使吾明如秉烛,尊则能使吾重如九鼎,进则能使吾

---

　　①　于寿道:《进义副尉徽州路休宁县程君隆墓表》,《新安文献志》卷八五,第2083—2084页。

　　②　章毅:《理学、士绅和宗族——宋明时期徽州的文化与社会》,第69页。

　　③　忽必烈一直对"艺术人"十分感兴趣。所谓"艺术人",即通晓礼仪乐律、能诗善画之属,翰林兼国史院与集贤院的大门基本向这些人敞开。在忽必烈早期就有一些受金源"辞赋制科"文化影响的儒士充当过文学侍从,其主要任务是润色鸿业,忽必烈对此是乐于接受的。至元中后期,两院(集贤院与翰林兼国史院本为一署,至元二十二年分为两院)又容纳了一些极具文艺气质的南人,如程钜夫、赵孟頫、赵与票、陈孚、汪元量等。至元十六年(1279),忽必烈就"诏遣牙纳朮、崔彧至江南访求艺术之人"。谢枋得也曾谈到自己被"求艺术人者物色之"。分别见宋濂等:《元史》卷十《世祖本纪》,第214页;谢枋得:《上丞相刘忠斋书》,《叠山集》卷四。

　　④　宋濂等:《元史》卷八一《选举志》,第2035页。

　　⑤　丁昆健曾谈道:"在元朝时期,上自皇帝亲王,下迄各级官僚,都在其门下养有一批门客,而这些门客只要获得了其主人的赏识,即有机会成为元朝的各级官吏。于是元代的人事选拔就成为游士充斥的时代,游士之风因之大为兴盛。"见丁昆健:《从仕宦途径看元代的养士之风》,萧启庆主编:《蒙元的历史与文化:蒙元史学术研讨会论文集》,台北:学生书局,2001年版,第642页。

荣如春华。"①

徽州的地方士人北游大都的也不在少数,单是陈栎身边就颇有几人,如金赫翁、赵子用等皆是。所谓"金赫翁舟行如都,众饯之,如望李元礼、班景倩,俱有羡心"②,可见羡慕金赫翁北游的并非陈栎一人,大约已是当时人们的普遍心态了。元代中期,不但愈来愈多的年轻人北游京师,就是一些有着由宋入元经历的老学者也不再甘于寂寞,踏上了通往大都的征途,如休宁人黄一清"年逾四十,始游京师。久之,无所知名",只得回乡。后来他又一次北游大都,所谓"幡然复入京师"是也。这一次,黄一清得到了诸多名公大臣的推荐,甚至还成为了中书平章政事李孟的座上客,但最终的结果依旧是两袖萧萧地回到了家乡③。黄一清无法获得职位颇值得深究,绝不是"以养母辞归"④这样简单的理由。有关这一点,我们将在后面的章节中深入探讨。

在"中外百官偏重国姓之制"⑤的元代,南方士人是极受排斥的。尽管有些士人通过游谒的手段获得了一些职位,但在入仕"由吏者,省、台、院、中外庶司、郡县,十九有半焉"⑥的年代,终究不会太多⑦。

科举不行,游谒之路不畅,以往徽州社会那种高流动性的特点也被凝固性所取代。可以说,在元代前期,绝大多数的徽州地方士人都无法跨出一府六县,即使是有机会观览大都,但最终也是以无功而返者居多,即使一些高智商的精英分子亦是如此。在这样一种格局当中,做一个饱读诗书的乡先生可能是最可行的选择,当然也是最无奈

---

① 鲁贞:《送程子长北游序》,《桐山老农集》卷二,《景印文渊阁四库全书》第1219册。
② 陈栎:《赠黄秋江序》,《陈定宇先生文集》卷二,第277页。
③ 黄溍:《秋江黄君墓志铭》,《金华黄先生文集》卷三八,《四部丛刊初编》缩印本。
④ 陈栎:《送金赫翁赴都序》,《陈定宇先生文集》卷二,第274页。
⑤ 赵翼:《廿二史札记》卷三十,王树民校证本,北京:中华书局,1984年版,第690页。
⑥ 姚燧:《送李茂卿序》,《牧庵集》卷四,《四部丛刊初编》缩印本。
⑦ 申万里经研究指出:"关于江南儒士游京师的结果,根据本人的不完全统计,在记载明确的92人中,有75人得到各种各样的官职,占81.5%,无果而归者17人,占18.5%。这一统计数字虽然不能反映元代所有江南儒士游京师的实际结果,但至少说明元代江南儒士通过游京师,争取到了相当多的入仕机会。"但他的统计结果是值得商榷的,因为一般来说,只有成功者才会留下比较清楚的记载,而绝大多数失败者则默默无闻地消失在了无情的历史中。所以仅就有限的记载来证明元代江南儒士游京师的成果,恐怕不妥。见申万里:《元代江南儒士游京师考述》,《史学月刊》2008年第10期,第47页。

的举措。元代前期的徽州丧失了科举社会模式,却聚拢了一批本该进入高层的精英士人。流动性的放缓,使得此时的徽州比南宋时代更具有地域社会的特点。总之,元代徽州的社会特点有助于我们从微观的角度去观察地域士人尤其是理学家群体的生活、交往乃至学术活动,从而能勾勒出有关新安理学发展的总体图景。

第二节　家族及地域关系网络的营建

在元代前期的徽州,当孙嵩、许月卿、黄智孙、汪炎昶、胡次焱等遗民学者逐渐凋谢之后,胡一桂、胡炳文、陈栎、程复心等年轻一代新安理学家成为了学界的中坚。在科举不行、唯重"根脚"的选官制度下,南方士人仕进之难不言而喻。陈栎投谒公卿、黄一清北游京师,最终均以失败告终。尽管对元廷已是持认同心态,但世事如此,他们也只能是留驻在桑梓之地。我们需要关注的问题是,他们面对异族政权主导下的徽州地域社会,会走出怎样的人生轨迹?他们的学术研究对家族及地域关系网络的营建又会产生怎样的影响?现以胡一桂、胡炳文、陈栎三人为例,就上述问题展开讨论。

一、胡一桂

胡一桂(1246—约1315),字庭芳,徽州婺源梅田人。胡一桂的祖上胡昂系朱熹之父朱松的同年,交谊颇厚。因此,算是与朱熹有世交之谊,其家学传统就此奠定①。胡一桂之父胡方平早年曾受《易》于董介轩,继师沈贵珤。从学术传承上来说,属于全祖望所说的由鄱阳流入徽州的训诂一派,这样也可以和朱熹接上线索。胡方平精于《易》学,"研精《易》旨,沉潜反复二十余年,尝因文公《易本义》及《启蒙》注

---

① 胡一桂之父胡方平的传记里记载:"(胡方平)曾祖溢,绍兴初复继世科,因伯氏交于韦斋,获闻河洛之论,而朱子则世好也。"汪幼凤:《胡玉斋方平传》,《新安文献志》卷七十,第1723页。

《通释》一书，又《外易》四卷，考象求卦，明数推占，又有《易余问记》"①。胡方平所居梅田在婺源南六十里，此一支胡氏出于婺源以北六十里的清华胡氏②。与考水明经胡氏并非一源，但在元初，两支胡氏却显示出联宗的迹象。在明经胡氏胡次焱的笔下，已经开始称梅田胡氏胡方平为"宗家耆英"、"宗老"，自己则谦称"宗末"、"宗生"③。这也表明在科举丧失的社会里，一些具有家学传统的士人开始尝试寻求新的方式来维持家族在地方上的声望。

胡一桂自幼颖悟，受父亲胡方平的影响，五六岁时开始博览群书，十二三岁就能下笔为文。景定甲子岁（1264）时领乡荐，试礼部不第后退而讲学乡里。"一桂居之前有二小湖，自号'双湖居士'，远近师之，号'双湖先生'。"④胡一桂一生肆力于经学，在其家学的弘扬上，起到了青出于蓝胜于蓝的效果，并得到了新安理学家们的交口称赞⑤。胡一桂一生未仕，即使是学官也并未出任，所以他在致力于弘扬家学传统的同时，也颇重视通过联宗的形式扩展自己家族在地方上的影响力。譬如与明经胡氏的互动就非常能说明问题。胡一桂曾有考水之行，受到过胡斗元、胡次焱的热情接待。临别还曾相互赠诗，胡斗元诗曰：

> 玉叶金枝本考川，曾分一种到梅田。
> 明经道脉垂方策，玩易工夫载简编。
> 奕叶留芳光祖德，云仍继美媲前贤。
> 儒宗自是名难朽，只让紫阳一着先。

---

① 汪幼凤：《胡玉斋方平传》，《新安文献志》卷七十，第 1724 页。

② 清华胡氏始迁祖为胡学。胡学登唐懿宗咸通九年（868）进士，历官宣歙节度讨击使、散骑常侍，光启三年（887）加御史中丞，由黄墩徙居清华。梅田胡氏出于清华常侍胡氏。见戴廷明、程尚宽等：《新安名族志》前卷，合肥：黄山书社，2004 年版，第 300—302 页。

③ 胡次焱：《启蒙通释序》，《跋胡玉斋〈启蒙通释〉》，《梅岩文集》卷三、七。

④ 汪幼凤：《胡玉斋方平传》，《新安文献志》卷七十，第 1725 页。

⑤ 如陈栎赞誉曰："先生家学，《易》乃世习……玉斋为父，双湖为子。《启蒙》、《通释》，并传济美。"胡次焱曾赞誉曰："玉斋既为《通释》，双湖又为《本义附录》，非惟桥梓相映，楂梨兼美。"分别见陈栎：《祭双湖先生文》，《陈定宇先生文集》卷一四，第 441 页；胡次焱：《跋胡玉斋〈启蒙通释〉》，《梅岩文集》卷七。

偶承跋涉会宗盟,风雨连床话更清。

剪韭春园聊献酌,燃灯夜雨变穷经。

君家著述舒怀抱,侬辈荒疏鲜论评。

聚首未几今速别,梅花梦里绕离情。①

胡次焱诗云:

故址劳君二月留,谈经问业两绸缪。

祖先衍耀开昌运,父子谟谋显壮猷。

腹蕴五车遵旧绪,胸藏万卷媿前修。

吾宗自是文风盛,可并明经祖泽优。

远来书院究宗图,金玉流传誉望符。

道脉千年来考水,书香一派续梅湖。

承访故知尊祖意,欵留何有敬宗模。

殷勤未尽忙相别,频寄梅花不可无。②

三人还有联句一首,其诗云:

二兄远送意何殷(胡一桂),只为离情弗忍分(胡次焱)。

此去程途虽间隔(胡斗元),将来音问勿逡巡(胡次焱)。

闲中务起归宗念(胡斗元),忙里常怀慕祖心(胡一桂)。

惆怅谁能轻忍别(胡次焱),各逢驿使寄枝春(胡一桂)。③

从上述诗歌中可以获悉,胡一桂的考水之行乃是出于"认祖归宗"的目的。而胡斗元、胡次焱、胡淀等明经胡氏子孙也十分愿意接纳其

---

① 胡斗元:《送廷芳回梅溪二首》,《双湖先生文集》卷五,第575页。

② 胡次焱:《送廷芳回梅溪二首》,《双湖先生文集》卷五,第575页。

③ 胡斗元、胡次焱、胡一桂:《送廷芳便归联句》,《双湖先生文集》卷五,第576页。

为明经子孙①,甚至在外人看来都俨然成为了既定事实②。由于两地胡氏在经学研究层面都颇具声望,两宗联合无疑会获得共赢的局面。

胡一桂早年曾给名儒谢枋得写过信,其目的是为了求序③。可能谢枋得未及回信,因此算不得直接交往。与胡一桂有直接交往的非徽州籍儒士最著名的当属建阳大儒熊禾④。胡一桂曾三赴闽北,与熊禾建立了深厚的友谊⑤。此外,还有一些德兴地区的士人与之交游,如董鼎⑥、董真卿⑦、王希旦⑧等人。如前所述,德兴与婺源山水毗连,虽曰非徽州,但实际上可视为一体。当然,胡一桂的交游圈子还是以徽州为大本营,除了主动靠拢胡斗元、胡次焱明经胡氏外,胡一桂还以不同形式与程荣秀、李伟、金应凤、胡初翁、滕羽、陈栎以及戴炯三兄弟等徽州籍儒士保持着往来。尤其是与陈栎书信往来频繁,交谊之厚,非同一般。两人在经学探

---

① 如胡淀诗云:“桥梓沉潜玩易斋,予从隔岸建浮桥。若非祖德宗功茂,何有鸳行雁序排?考水根源出李裔,梅溪枝派出胡苗。虽然地限分南北,总属明经一脉饶。”“故址分来靡变迁,巍科济美已多贤。元丰肇庆声何赫,景定重光誉更鲜。不仕新君全令德,惟宗四圣著嘉言。父详子翼成《通释》,理学芳名奕世传。”见胡淀:《咏玩易斋二首》,《双湖先生文集》卷五,第575页。

② 吴觉诗云:“新安文献首星源,理学由来得圣传。洙泗波余留水水,天潢派演溢梅田。明经院里经文邃,玩易斋中易学研。父子显承相著述,后先赫奕颂乡贤。”“梅溪远是一山乡,挺出华宗衍庆长。兄弟同登崇宦业,祖孙接武耀宗祊。冠裳济美儒风振,桥梓峥嵘易学扬。两地书香浑翼圣,明经世泽永流芳。”见吴觉:《咏玩易斋二首》,《双湖先生文集》卷五,第575页。

③ 胡一桂:《上谢叠山先生求作翼传序书》,《双湖先生文集》卷三,第568页。

④ 熊禾(1247—1312),字去非,号勿轩,建阳人。熊禾自谓师承刘敬堂,刘敬堂即是朱门嫡传、北山四先生之一的金履祥。熊禾曾主讲洪源、鳌峰等书院,是元代福建朱子学的代表人物。李清馥在《闽中理学渊源考》一书中曾多次推崇熊禾、陈普,如“熊、陈二公为有元一代大儒”,如“闽中元代之学,二公(熊禾、陈普)为首倡之”。见李清馥:《闽中理学渊源考》卷三七,《景印文渊阁四库全书》第460册。

⑤ 熊禾曾说:“余与庭芳,斯文异姓兄弟也。”见熊禾:《送胡庭芳后序》,《熊勿轩先生文集》卷一,上海:商务印书馆,1936年版,第9页。

⑥ 董鼎为董梦程族弟,董梦程为胡方平师,因此董鼎与胡一桂极有渊源。董鼎曾有诗《送胡廷芳之武彝》称赞胡一桂曰:“考亭传《易》心勿忘,扫除异说来归疆。”见董鼎:《送胡廷芳之武彝》,《双湖先生文集》卷五,第577页。

⑦ 董真卿为董鼎之子,曾向胡一桂学《易》。如其记载说:“大德甲辰,先父深山府君命真卿从先师新安双湖先生读《易》武夷山中。”见董真卿:《周易会通原序》,《周易会通》,《景印文渊阁四库全书》第26册。

⑧ 胡一桂曾谈道:“访诸前集贤学士鄱阳初庵傅公左塾,邂逅王君希旦葵初(初庵同里人),最嗜谈《易》。”见胡一桂:《周易发明启蒙翼传》中篇,清康熙十九年(1680)《通志堂经解》本。

讨上也彼此影响,有关这一点,我们将在后面详细论述。

二、胡炳文

　　胡炳文(1253—1333),字仲虎,号云峰先生,徽州婺源考水人。胡炳文出身于经学世家——考水明经胡氏,明经胡氏始迁之祖为唐末时代的胡昌翼。胡昌翼,字宏远,据说系唐昭宗之子,因落难为婺源考水胡氏收养,因而冒为胡姓。唐庄宗时代,胡昌翼登明经科进士,遂有明经胡氏之称①。明经胡氏"以明经为始祖,三公为义祖"②,其世系颇为明晰。如胡次焱记载说:"吾鼻祖自唐末而五代而宋朝,次焱以上一十三世,而冢域历历可识。"③明经胡氏"子孙世以经学传",并以进士频仍而名闻婺源④,在南宋末年已俨然成为显赫一方的地方家族。经学研究是明经胡氏保持其地方声望的利器,即使失意于场屋,他们也会借助经学以经营地方。如有十一世孙曰胡师夔者,号易简居士,通五经,尤精于《易》,撰有《易传史纂》。胡师夔《易》学传给了朱熹从孙朱洪范,朱洪范则将其传给了胡斗元与程复心。胡斗元就是胡炳文的父亲,其人"师朱文公从孙小翁受《书》说。年十四始,从小翁闻居士所授《易》学,刻意探述"。胡斗元去世前曾对子孙有遗言曰:"我家明经胡氏子孙,汝辈力学积善,无辱我。"⑤胡炳文为明经胡氏十三世孙,对于父亲的殷勤嘱托,他铭心牢记,对于祖上经学传统,他则颇为自豪,其言曰:"吾宗独幸,繁衍如许,书香味道复深远如许。"⑥但在入元之后,科举不行,经学遂被边缘化,这对于明经胡氏无疑是非常严重的打击,胡炳文谈到这一点时曾不无悲愤地说:

---

①　胡次焱:《论姓氏》,《梅岩文集》卷五。

②　胡次焱:《论始祖》,《梅岩文集》卷五。

③　胡次焱:《明经先世省墓序一》,《梅岩文集》卷三。

④　除胡昌翼外,有进士功名的还有七世孙胡绍(绍圣元年进士)、八世孙胡伋与胡伸(并登绍圣四年进士)、八世孙胡侃(崇宁二年进士)、九世孙胡搏(绍兴二十一年进士)与胡持(隆兴元年进士)、十一世孙胡自厚(开禧元年进士)、十二世孙胡次焱(咸淳四年进士)。见戴廷明、程尚宽等:《新安名族志》前卷,第303页。

⑤　戴表元:《孝善胡先生墓志铭》,《剡源戴先生文集》卷十六。

⑥　胡炳文:《宏山庵祠堂记》,《云峰集》卷二,《元人文集珍本丛刊》第4册,第179—180页。

经非不明也,然学者沦于旧习,非绝类离伦以为高,则以希世取宠而安于卑,于是经学始若无用于天下。近年以来,科举未兴,学者但知临晋帖、诵晚唐诗,笔迹、声气稍似之,哆然以士自名,漫不知经学为何事。①

尽管世事无奈,明经胡氏在入元后依然坚持着经学本位,如十二世孙胡次焱归迹婺源后,于乡里讲授《易》学,"往来从学者常百许人"②。又如胡斗元以《易》学教授乡里,其门人弟子有俞洪等一百十五人。元贞元年(1295),胡斗元去世,还得到"太守涿鹿翟侯大书曰'孝善先生之墓'"③。可见,在有着深厚朱子学传统的徽州社会,即使科举不行,经学仍然不失为维护家族声望的有效手段。

正是家学传统所使然,胡炳文一生都以昌明经术为己任。元仁宗延祐年间,胡炳文被荐为信州道一书院山长,后因族子胡淀在婺源建明经书院而归署山长。怀着延续家学的使命感,同时也是为了发扬经学④,胡炳文全身心地投入到经学教育当中。明经书院的建立,是胡炳文学术生涯中的一件大事,须详论之。至大三年(1310),胡淀、胡澄兄弟与族父胡炳文商议,于西山之麓建明经书院。胡淀捐田三顷、胡澄捐田五十亩以为资费。书院落成于皇庆元年(1312),根据吴澄为书院所写的《明经书院记》来看,其设立的初衷是为了使"胡氏振振之孙、新安彬彬之俊秀"研习经学,而并非关乎科举者也⑤。在具体安排上,"大学则生徒不拘远近",而"专开小学以训乡族子弟"⑥,可见,建立明经书院是以延续家族为出发点的,并借以经学来维持并扩大明经胡氏的地方声望。

---

① 胡炳文:《代族子淀上草庐吴先生求记明经书院书》,《云峰集》卷一,第164页。
② 洪焱祖:《胡主簿次焱传》,《新安文献志》卷八七,第2144页。
③ 戴表元:《孝善胡先生墓志铭》,《剡源戴先生文集》卷十六。
④ 在代替胡淀写给吴澄的书信中,胡炳文非常真诚地强调了经学全体大用之功能。见胡炳文:《代族子淀上草庐吴先生求记明经书院书》,《云峰集》卷一,第164页。
⑤ 吴澄曾记载书院建成后,"逾年,贡举制下,取士务明经学",兹可证明。见吴澄:《明经书院记》,《吴文正公集》卷二二,《元人文集珍本丛刊》第3册,第372页。
⑥ 胡炳文:《与草庐吴先生书》,《云峰集》卷一,第164—165页。

明经书院建成后不久,其向官方提出的赐额申请得到了通过①。得到官方承认后,明经书院的发展蒸蒸日上,求学者一度达到千人,正所谓"一时弦诵之盛,盖甲于东南"②。借助明经书院,胡炳文积极营建着他的地方社群关系网络。如其曾作二十二启延请饱学之士前来讲学,此二十二人有:朱宏斋、赵鼎峰、赵古淡、赵植庵、郑存斋、滕山癯、吴瑞轩、戴晋翁、戴苍山、戴恕翁、方壶、潜心、方则斋、梅村、蛟塘、江古修、程道大、朱实轩、江雪矼、张西岩、王太宇、方玉泉③。这二十二人基本上都是赋闲在家的地方儒士,其中不乏学问功底深厚的学者,如赵鼎峰,即赵良钧,曾教授广德军,宋亡不仕。俞皋所著《春秋集传释义大成》,即守赵良钧之说。又如程道大,即程直方,为时硕儒,尤精邵子之学,所著有《续玄玄集》、《易启蒙》、《易传》等。胡炳文与明经书院在凝聚地方儒士方面所起的作用不可小觑,这对新安理学的发展传承具有十分积极的意义④。

此外,胡炳文还与当地知名儒士汪宗臣颇有过从,两人书信来往密切,多是切磋史学。不仅如此,两人还互遣族人子弟到对方处学习交流⑤。其他如方回、胡初翁、王仪、黄一清、陈栎等学者也常与胡炳文交游探讨。胡炳文与陈栎年齿相仿,生平经历相似,学问最为相契,是以二人切磋也最多。两人讨论的内容主要是考评学生试卷与研讨经意,互相景慕之意见于文字当中。胡炳文友人当中也有非徽州籍学者,如王希旦、王士晦、邵春叟、朱晋臣、黄元卿、程琰、董鼎等,这些人当中,德兴人与严陵人占了绝大部分。德兴、严陵与婺源山水相连,从广义上说,他们也可以算在胡炳文的乡人之列。

---

① 在《云峰集》附录里保留着一篇《明经书院赐额缘由》,其文显示,经多部门多次核实,元廷于延祐二年(1315)"准赐额明经书院"。见《明经书院赐额缘由》,《云峰集》附录,第213—214页。

② 程敏政:《婺源胡氏明经书院重修记》,《篁墩程先生文集》卷一五。

③ 胡炳文:《明经书院请开讲二十二启》,《云峰集》卷六,第198—201页。

④ 如有学者指出:"书院的兴起和理学发展曾经结下了不解之缘,有着相互推动、互为因果的血肉联系。"见李国钧主编:《中国书院史》,长沙:湖南教育出版社,1994年版,第38页。

⑤ 如胡炳文的侄孙胡宗学、胡申任教于汪宗臣家塾,汪宗臣族孙汪存负笈于胡炳文麾下。见胡炳文:《与紫岩汪先生宗臣书》,《云峰集》卷一,第166页。

除了与儒士们交往外,胡炳文也积极与地方官吏建立关系,在其文集当中就保留有赞扬婺源知州范朝列①、徽州路总管朱霁②的文章。虽然现在无法得知胡炳文与这些地方官吏的具体关系如何,但从明经书院的经营状况来看,显然是得到了地方官府的支持与扶助。明经书院在元仁宗皇庆二年(1313)申请官方赐额,这其中就多有婺源知州黄惟中的参与和谋划③。元代书院官学化的趋向,也要求私人创办者与地方政府保持融洽的关系。当然,私人创办者一般也乐意迎合官方④。明经书院的兴盛表明,胡炳文在与地方官吏的交往中是下过功夫的。在地方社群关系网络的营建中,与官府打好交道颇为关键,为了更好地发挥在地方上的影响力,必须疏通好这一环节。胡炳文的经学追求、教育事业就是在家族传统并地方社群关系网络的营建中得以实现的。

三、陈栎

陈栎(1252—1334),字寿翁,徽州休宁陈村人。陈栎祖上也曾有得中科举的士人,但不是他们这一支⑤。陈栎祖父陈庆大遭家中否,迁居乡南五城以依近族,借助妻子吴氏财力贷人并售药以活。这样一个陷入困顿的家庭,要想获得崛起的机会,必须走科举入仕的途径。陈栎的父亲陈源长自幼勤学,但却没能折桂蟾宫,只得四处假馆,以塾师过活。南宋末年的徽州虽然是一个科举社会,但不是所有人都有机会通过棘闱,相反,失意场屋者应该是绝大多数,像陈源长这样的士人可

---

① 胡炳文谓婺源民众"服公之公"、"知公之勤"、"咸钦其能"、"咸德其惠"。见胡炳文:《送知州范朝列序》,《云峰集》卷三,第186页。

② 胡炳文赞美朱霁为政三年,"政行化孚,百废具举"。见胡炳文:《跋新安后续志》,《云峰集》卷四,第188页。

③ 《明经书院赐额缘由》称:"行在尚书吏部符准中书门下省送到礼部状,准都省批送下,准徽州路婺源州知州黄惟中状申。"见《明经书院赐额缘由》,《云峰集》附录,第213页。

④ 徐梓指出:"元代书院的官学化,并不只是官方为了加强管理和控制的单方面的需要,创建书院的民间力量,也在努力迎合乃至促成这种政策的实施。在当时人的眼中,建学就立官,只有官派山长,才是一所书院体制完备的表现。"见徐梓:《元代书院研究》,北京:社会科学文献出版社,2000年版,第128页。

⑤ 陈栎从曾祖父就有名唯者,深于《春秋》,绍兴壬子冠举举,庆元丙辰擢第。又有从祖父名庆勉者,"年甫二十有二,以《诗经》贡于乡,五试春官,绍定壬辰徐公元杰榜擢丙科"。见陈栎:《通守陈公传》,《陈定宇先生文集》卷九,第358页。

谓比比皆是。科举之路走不通,陈家为了摆脱窘境,也采取了一些有效的手段。陈家家境贫寒,在经济上无法与明经胡氏相比,但却非常成功地与当地一些殷实的家庭进行了联姻①。如陈庆大所娶的渭桥吴氏,不但颇有奁珥,而且达礼知书。又如陈源长所娶的旌城汪氏,也出自书香绅族。陈栎曾回忆说,其外祖父汪公是个有学有文的人,其母舅汪定老,弱冠即攻举子业。总之,这样一种格局,对于寒门陈家来说,已经算是相当不错的氛围了。

陈栎祖母吴氏"自幼知书,《孝经》、《语》、《孟》,皆诵甚熟",成为陈栎的启蒙老师②。陈栎的父亲陈源长肆力时文,主攻《尚书》,后受妻族影响致力于《春秋》学,"熟于《春秋》三传,于《左氏》尤熟"。陈源长主要以塾师为职业,"力学不倦,以《麟经》教授,师之者众,有董生下帷之遗风"③。虽然陈栎出身于布衣寒门,但周围却吟诵之声不辍,这种家学氛围对他影响极大,他曾不无骄傲地言道:"父子自师友,实为之本也。"④汪炎昶在陈栎的行状略中也谈到"先生之学,得于家庭之讲贯为多"⑤。

陈栎深受家学影响,同时也得益于乡先生黄智孙的教育。陈栎16岁时曾跟随黄智孙学习举业,"固赖先生点化之"⑥。黄智孙,字常甫,休宁人,人称草窗先生。黄智孙虽然力主举业,但在学术上亦有相当的造诣,"所著曰《〈易经〉要旨》十卷,《〈春秋〉三传会要》三十卷尚未脱稿,《草窗集》八卷,《四书讲义》二百篇。滕公和叔《书传注》,先生

---

①　婚姻对地方士人们来说无疑会营造出重要的关系网络。黄宽重通过研究四明高氏家族指出:"四明高氏家族的发展,除了透过教育争取功名和经营产业,以取得个人身份和家族在地方上的实力之外,经由婚姻关系的建立及人际关系的经营,也是建立人际网络、确立社会地位的重要基础。其中婚姻关系与人际网络常相互交织、影响,形成盘根错节的社会关系。"见黄宽重:《家族兴衰与社会网络:以宋代的四明高氏家族为例》,宋代墓志史料的文本分析与实证运用国际学术研讨会,东吴大学,2003年,第12页。

②　陈栎曾回忆说:"栎之幼也,未尝学前,祖妣已口授之《孝经》、《语》、《孟》矣,故栎五岁已能背诵《论语》及歌行、古文,实祖妣之训也。"见陈栎:《本房先世事略》,《陈定宇先生文集》卷十五,第447页。

③　汪炎昶:《定宇先生行状》,《陈定宇先生文集》别集,第486页。

④　陈栎:《本房先世事略》,《陈定宇先生文集》卷十五,第447页。

⑤　汪炎昶:《定宇先生行状》,《陈定宇先生文集》别集,第486页。

⑥　陈栎:《本房先世事略》,《陈定宇先生文集》卷十五,第447页。

纂辑折衷之力居多"①。黄智孙之学出于星溪万菊先生滕钲。滕钲，字和叔，著有《尚书大意》。滕钲系滕璘之子②，滕家与朱熹渊源极深③。如此，陈栎就通过黄智孙、滕钲建立起了通往朱熹的学术谱系。

陈栎早年肆力时文，据说七岁通进士业，"二十二岁时始就方州试，以《书经》与待补选"，"二十三岁赴江东混试，以病不果"，"二十四岁馆于江潭而科举废，于是慷慨发愤，惟以著书立言为务"④。可以说，陈栎因为宋元易鼎科举废除而退出屋场，实属无奈之举。陈家本就不是一个显赫的家庭，科举之路断绝，对陈栎的打击可想而知。在不得已的情况下，陈栎只得重复他父亲走过的道路。陈栎一生基本以家塾教育为业，15 岁时开始坐馆于团圆山，16 岁坐馆于湖干，19 岁坐馆于乡族，24 岁作馆于江潭，25—32 岁坐馆于詹溪程氏，40 岁坐馆于毕梧山氏，52 岁坐馆于江潭叶氏，58 岁坐馆于蕲口汪恕斋氏，63—78 岁坐馆于玙溪。元代新安理学家们大都喜欢参与书院教育，但并不是每一位理学家都有机会进入到书院体制中，于是一些人只得在富户家中从事家塾教育，赖以谋生，陈栎正是这些塾师的代表。

家庭贫困，家族不得依凭，这一现实使得陈栎更愿意通过经学、诗文结交一些有影响的文化人物，以谋求他们的帮助与支持，与方回、曹泾的交往即如此。方回（1227—1305）与曹泾（1234—1315）在元初的徽州学界属于元老一级，其影响自是可想而知。在年龄上，他们属于陈栎的前辈，陈栎对他们景仰有加，按陈栎《年表》记载，陈栎 40 岁时曾和方回诗，45 岁过长林桥时曾拜谒曹泾⑤。他还曾对外甥吴仲文

① 程以忠：《黄草窗行实略》，《新安学系录》卷十，第 203 页。

② 章毅考证出星溪万菊先生滕和叔乃是滕璘之子滕钲，而不是滕珙之子滕铅。在这一问题上，《宋元学案》系误载。见章毅：《理学、士绅和宗族——宋明时期徽州的文化与社会》，第 21—28 页。

③ 恰如方岳曰："溪斋先生与其弟合淝令君同登晦翁之门，学者谓之新安两滕。和叔渐涵于二父之渊源，披剥于百家之林薮。"见方岳：《滕和叔尚书大意序》，《秋崖集》卷三六。

④ 陈嘉基：《定宇先生年表》，《北京图书馆藏珍本年谱丛刊》第 36 册，北京：北京图书馆出版社，1999 年版，第 423、424 页。

⑤ 陈嘉基：《定宇先生年表》，第 426 页。

说:"虚谷方公、余干胡公、弘斋曹公三公国士。"①陈栎对方回十分推
崇,在其文集中常常能看到与方回的唱和之作及讨论方回理学命题的
文字。他一直把自己当作方回的私淑弟子,正所谓"天壤一虚叟,见之
梦寐中。岂必真及门,私淑恩何穷!"②在《送朱君赴盐官州阴阳教授
序》一文中又说:"虚谷之学,心传文公之学。予与虚谷为莫逆交。"③
并不顾及其名声是否有狼藉处④。曹泾被陈栎尊为"巨儒"⑤,两人的
交往也颇多。曹泾不但为陈栎的学术著作作序作跋,而且还曾为陈栎
的族谱作序,这对陈栎身份的提升显然不无裨益⑥。

　　除方回、曹泾等前辈学者外,陈栎还与胡一桂、胡炳文、汪炎昶、胡
次焱、黄一清、王仪、程直方、唐元、洪焱祖、胡淀、金应凤、胡初翁等同
辈学者交契非同一般。如陈栎的《四书》学曾受到过汪炎昶《四书》学
的启发⑦。陈栎也曾与胡炳文探讨《易》学和《四书》学⑧。对于胡一
桂父子《易》学论著,陈栎也提出过应"明白为后学言之"的建
议⑨。……估计是家境贫寒的原因,比起胡炳文、胡一桂来,陈栎更明

----

　　①　陈栎:《送吴甥仲文序》,《陈定宇先生文集》卷二,第282页。
　　②　陈栎:《和方虚谷二首》,《陈定宇先生文集》卷十六,第454页。
　　③　陈栎:《送朱君赴盐官州阴阳教授序》,《陈定宇先生文集》卷二,第285页。
　　④　方回在南宋末年曾负责严州(今属浙江)政事。而当宋廷投降后,方回没有殊死抵
抗,而是采取了奉诏归附的方式。归降后,方回还做过建德路总管,但不久即罢官。方回的
行为颇为当时遗民士大夫所诟病,对其责难最深切者莫如周密,如其描绘云:"未几,北军至,
回倡言死封疆之说甚壮。及北军至,忽不知其所在,人皆以为必践初言死矣。遍寻访之不
获,乃迎降于三十里外,鞑帽毡裘,跨马而还,有自得之色。郡人无不唾之,遂得总管之命,遍
括富室金银数十万两,皆入私囊,有老吏见其无耻不才,极恶之。"见周密:《癸辛杂识》,北
京:中华书局,1988年版,第251页。
　　⑤　陈栎:《寄曹弘斋文》,《陈定宇先生文集》卷十四,第441页。
　　⑥　分别见曹泾:《四书发明序》、《深衣说跋》,《陈定宇先生文集》别集,第475页;陈
栎:《谢曹弘斋撰族谱序启》,《陈定宇先生文集》卷十一,第404页。
　　⑦　赵汸在汪炎昶的行状中写道:"时海宁有陈寿翁先生,方居家著书,常请先生所著
《四书》观之。"见赵汸:《汪古逸先生炎昶行状》,《赵征君东山先生存稿》卷七。
　　⑧　陈栎曾写信给胡炳文,就其《周易本义通释》中的"乾九二,刚健中正"与"九三爻
下"提出疑问,胡炳文回信一一作了答复。陈栎曾摘胡炳文《四书通》之说,附入自己的《四
书发明》,而陈栎的《四书发明》亦曾为胡炳文《四书通》所参考。见胡炳文:《答定宇陈先生
栎(五)》,《云峰集》卷一,第169页。
　　⑨　陈栎:《与胡双湖书》,《陈定宇先生文集》卷十,第378页。

显表现出积极向官方靠拢的倾向。陈栎不但乐于交往学官朋友①，而且还曾踊跃地写信致各级官僚。当然，这之中主要以地方官吏为主②，但也不排除公卿大臣③。这些书信虽然没有取得什么巨大成效，但还是收获了一些实绩，泰定年间的徽州路总管胡元刊行陈栎《四书发明》，也算是得到了官方的认同。

陈栎一生基本上都以家塾教育为业，其生活方式比较封闭，除了与邓文原有一面之雅④，就再也找不到与外乡名士交游的记载了，是以揭傒斯在其墓志里就曾感慨说："陈先生居万山间，与木石为伍，不出门户动数十年，故其学必待其书之行，天下乃能知之。"⑤

四、综论

综合胡一桂、胡炳文、陈栎三人的生平经历，我们可以得到如下结论：首先，元代前期新安理学家的社会角色主要以地位低下的山长、经师、塾师为主，科举不行，致使他们与政治非常疏离。他们活动的范围也相对狭窄，一生主要蜗居于徽州一域。即使外出，其足迹也多在徽州左近。他们与其他地区的士人们接触并不算广泛。所有这一切表明，元代前期徽州的理学家群体呈现出了一种非常明显的地方主义色彩。

其次，元代前期新安理学拥有南宋以来清晰的家学或本土传承体系的支撑，恰如赵汸总结说："新安之学，本乎郡先师者，父兄师友之授受。"⑥家学和本土传承体系对于乡里传统的建立十分关键。元代前期新安理学之所以在徽州发展得十分繁盛，从地方师承关系中衍生出的"地方认同"在其中起到了非常关键的作用。这种"地方认同"无疑

---

① 陈栎：《与徽学屠教授书》《贺吴竹所授本邑教谕启》《寄吕教授求移籍启》《贺汪觉翁授府判启》《杨学正启》《赵学录启》《陈定宇先生文集》卷十、卷十一，第385、402、403、405页。

② 如陈栎曾有多封书信上延祐年间的徽州路总管张楫，见陈栎：《上张郡守书》《发解谢路总管张公启》《陈定宇先生文集》卷十、十一，第376、401页。

③ 陈栎：《上许左丞相书》《上秦国公书》《陈定宇先生文集》卷十，第373、274页。

④ 陈栎：《贺邓祭酒书》《陈定宇先生文集》卷十，第376页。

⑤ 揭傒斯：《定宇陈先生栎墓志铭》《新安文献志》卷七一，第1740页。

⑥ 赵汸：《商山书院学田记》《赵征君东山先生存稿》卷四。

会促进士人社群的发展,为理学传承铺平道路①。

　　第三,从南宋时期开始,一些地方士人已开始相信,对天地之理的追求,不一定非得依靠国家的政治体系来获得,靠个人在"学"方面的努力也是可以实现的。入元后,低下的社会地位使理学家们普遍相信,自己的思想和经典具有一致性,"学"同样也可以改变政治与社会行动者们的行为②。所以他们越发沉溺在经学研究中,以传承朱子之学为神圣使命③。另一方面,地位低下的现状也会使新安理学家们变得更加现实,他们在无奈之余,更加把注意力集中到如何维持自己家族声誉和提高个人影响力的层面,这时候,经学研究无疑就成为一个非常有效的手段。元代前期的新安理学家们利用经学营建着地域社会的关系网络,甚至是把经学作为通往官方的渠道④。这不但对个人学术的发展有积极意义,同时也有助于理学家群体的凝聚,从而促进

----

　　①　陈雯怡就曾以元代婺州路文人群体为例讨论过"地方认同","地方认同""即以建构一个乡里传统来定位个人的行为模式",通过"分析此一'婺文献'之建构与使用,作为探讨元人'地方'意识的一个切入点,并探索这种定位个人的方式对元代士人社群形成的意义。"见陈雯怡:《"吾婺文献之懿"——元代一个乡里传统的建构及其意义》,《新史学》第20卷,第2期,2009年,第44—84页。

　　②　包弼德:《历史上的理学》,第139页。

　　③　如胡炳文云:"六经者,圣人明天下后世之大经,以经天下万世者也。其体全体,其用大用。六经未作,六经之理在天地化育中,在圣贤事业中;六经既作,天地万物之蕴、圣贤之心之事业又在六经中。"陈栎则写道:"朱书天地心,沂洙沿濂伊。显固日行天,奥难冰释澌。坊本纂诸家,动是醇杂醨。后生为所衔,望洋入无蹊。不用圣贤力,天大难井窥。不用朱子力,海深测以蠡。十五以励志,熟诵精思维。钻研五十年,熟考洞毫厘。不获一时用,遂欲百世垂。四书精发明,妙处茧抽丝。如举标月指,出彼黑暗迷。"分别见胡炳文:《代族子淀上草庐吴先生求记明经书院书》,《云峰集》卷一,第164页;陈栎:《自咏百七十韵》,《陈定宇先生文集》卷十六,第452页。

　　④　与地方官吏搞好关系十分必要,这道理不言自明。新安理学家大部分应该被划为了儒户,儒户虽按规定可免当科差、杂泛差役以及和雇和买,但在执行过程中却时免时不免。另外,儒户种田、经商都要收税。这些当然都会受制于地方官吏。元代官吏在具体操作中往往会压榨儒户,据说"凡遇科差,无所不至,以至礼义扫地而尽"。而元代地方官署如路府州县,日常的办公经费常存在严重不足的窘困。这种状况导致一些地方事务无法展开,如李治安指出:"路府州县经费缺乏,财赋支用权甚小,使各地水利交通及官衙公廨等兴修的费用筹措,成为十分棘手的事情。"无奈下,他们只能依赖地方精英们的支持,所以路府州县各级政府的官吏们也乐于与地方精英合作。分别见《嘉兴儒人免役碑》,阮元:《两浙金石志》卷一四,清光绪十六年(1890)浙江书局刻本;李治安:《元代政治制度研究》,北京:人民出版社,2003年版,第535页。

了新安理学的整体发展。

第三节　元代前期新安理学家之间的学术探讨

南宋末年,徽州地区已经形成了一个理学士人圈子。但时隔不久,宋元鼎革这一重大事件就发生了。宋廷权柄失坠,元师立马吴山,这在政治史上的确是非常突出的变化。然而,这一变化对徽州学界却没有造成太大的影响,因为徽州在宋元易代之际的社会板荡中虽也遭到一定程度的破坏,但并不是特别严重①。

大致用了三年的时间,徽州社会完全恢复了平静。在这之后相当长的时间里再也没有发生过大规模的动乱②。固守乡里的徽州老儒们基本上没有遭受到太大的冲击。徽州秩序稳定后,他们就过起了与世无争的遗民生活,南宋末年徽州形成的那个理学士人圈子并没有涣散,如赵汸言:"宋亡,老儒犹数十人。"③同时,宋元鼎革时频仍的战乱使原本仕宦他乡的士人也回到了家乡,与根植故土的徽州老儒们聚集在了一起,共同形成一个具有遗民身份的理学士人圈子,这对元代新安理学的发展起到了一个保育箱的作用。在元代前期的徽州学界,一批年轻的新安理学家成为学术的中坚力量,其中以胡一桂、胡炳文、陈栎最为知名。如上节所述,围绕胡一桂、胡炳文、陈栎等人已经形成了一个内部互动颇为频繁的理学家群体。现以胡一桂、胡炳文、陈栎三位新安理学家为中心,细致讨论这个理学家群体内成员之间的学术交

---

① 南宋恭帝德祐元年(1275)正月二十五日,徽州称降,元军万户孛术鲁敬本拟屠城,但是在丘龙友、汪元龙、郑安、陈宜孙、程隆、赵象元、汪元圭、方贵孙、程克柔等地方势力代表的劝导下,屠城之策终未实施。所谓"盖兵不血刃,政不逾时,乱者复业,四境安堵"是也。见于寿道:《进义副尉徽州路休宁县程君隆墓表》,《新安文献志》卷八五,第2083—2084页。

② 政权交接后,地方势力代表遂成为徽州的治理者。在他们的努力之下,徽州局势不久便稳定下来了。譬如程文记载郑安"令歙三年,民大治";而曹泾也记载陈宜孙知休宁县事,"居三年,乡邑大治"。分别见程文:《歙郑令安庙碑》,《新安文献志》卷八五,第2078页;曹泾:《从仕郎扬州路通判官弗斋先生陈公宜孙行状》,《新安文献志》卷八五,第2071页。

③ 赵汸:《汪古逸先生炎昶行状》,《赵征君东山先生存稿》卷七。

流状况。

马宗霍谈到元代前期理学发展状况时曾说：

> ……胡一桂、胡炳文、陈栎之流，咸得朱子之传，相与教授讲习。……一桂得朱氏原委之正；栎刊去诸儒之说有畔于朱氏者，于是朱子之说大明于世；炳文辨正与朱氏抵牾者，于是朱子未尽之蕴因之而发。①

他把胡一桂、胡炳文、陈栎作为元代前期新安理学的核心人物，这与我们的观察是一致的②。马宗霍同时也注意到了三位核心人物之间"相与教授讲习"这一特点。通过"相与教授讲习"，他们之间有没有发生学术上的互相影响？这是本节要重点探讨的内容。

陈栎《与张纯愚书》一文云："今老矣，犬马之齿六十有一矣"，又云："庚寅，识云峰于郡城，今二十有三年"③，可见，胡炳文与陈栎订交于元世祖至元二十七年（1290）。后来胡炳文出任信州道一书院山长，两人逐渐问讯零落。元武宗至大（1308—1311）年间，胡淀建成明经书院而胡炳文归署山长，婺源新的学术中心得以形成④。在主讲明经书院时，胡炳文越发以经学知名，社会关系网络的营造也达到了最佳状态。此一时期，胡炳文与陈栎又有了密切的交往，而且彼此更加推崇。陈栎称胡炳文为"吾友云峰胡君"⑤，并赞美曰："云峰老师与吾仲仪老友领袖后进，以为文公阙里增光。"⑥又曰："考川有明经书院，司教事者，云峰胡丈执事与为僚其必皆注意于此，而实能称乎此，多贺多贺，

---

① 马宗霍：《中国经学史》，第134—135页。
② 三位理学家在后世的徽州均有专祠祭祀，"双湖祠在婺源县东门，祀宋（元）儒胡一桂"；"云峰祠在婺源县考川，祀元儒胡炳文"；"陈定宇祠在休宁县陈村，祀元儒陈栎"。见赵宏恩等：《江南通志》卷四一，《景印文渊阁四库全书》第508册。
③ 陈栎：《与张纯愚书》，《陈定宇先生文集》卷十，第382页。
④ 至大三年（1310），胡淀与其弟胡澄捐田建明经书院，为屋105间。皇庆年间，聘胡炳文为山长训导诸生，并延请一些著名学者前来讲学。经胡炳文、胡淀叔侄十余年的努力，明经书院达到了"四方学者云集"的盛况。见彭泽、汪舜民等：弘治《徽州府志》卷五。
⑤ 陈栎：《送朱季裕北上序》，《陈定宇先生文集》卷二，第277页。
⑥ 陈栎：《答王仲仪》，《陈定宇先生文集》卷十，第381页。

健羡健羡。"①胡炳文也对陈栎钦佩有加,两人不仅常常在歙县药房体仁堂相会,而且彼此间书信往来也十分频繁。胡炳文自称得到陈栎书信之后,"留之几格,每一展玩,如坐春风中,喜可知也"②。正是由于对陈栎学识的服膺,所以胡炳文才一再写信邀请其到考川的明经书院讲学:"或者台车不屑一来,则又幸幸也。天气清和,犹未甚热,不知执事者以为如何?"③"或者台车不赐鄙斥,惠然为诸生一来,尤所愿也。"④"明经诸生见炳文作此书有望先生俯临之意,皆预为欣跃。惟先生惠然,幸甚幸甚。"⑤陈栎有没有应执教鞭已无从可考,但陈栎参与明经书院的考评试卷工作却是有证可稽的。胡炳文对陈栎的考评十分满意,他赞颂说:"今考评至公至明",又云:"所取真如秤上称过,铢两不差。"⑥

　　胡炳文与陈栎交游密切,学术上彼此受到对方的影响自在情理之中。胡炳文著《四书通》时就曾向陈栎借阅其著作《四书发明》:"求借老先生所著《四书》,就付斋心以来,尤幸尤幸。或简帙重大,权且教以《庸》、《学》亦可。缘炳文僭越为《通旨》一书,必欲得老先生者附于诸家之列,切乞勿外。"⑦胡炳文参考了陈栎的《四书发明》,并选摘了24则条目附录于自己的《四书通》中,冠以"定宇陈氏曰"的字样,如在《中庸》"言天道也"一句的下面,胡炳文就附录了陈栎的说法:

　　　　定宇陈氏曰:章内自"至诚无息"至"博厚则高明",言圣人之道;自"博厚所以载物"至"无为而成",言圣人配天地之道;自"天地之道,可一言而尽"至"货财殖焉",专言天地之道;自"维天之命"以下,言圣人之道合乎天之道。⑧

① 陈栎:《与张纯愚书》,《陈定宇先生文集》卷十,第382页。
② 胡炳文:《答定宇陈先生栎三》,《云峰集》卷一,第168页。
③ 胡炳文:《答定宇陈先生栎并辞求遗逸诏》,《云峰集》卷一,第168页。
④ 胡炳文:《答定宇陈先生栎二》,《云峰集》卷一,第168页。
⑤ 胡炳文:《答定宇陈先生栎五》,《云峰集》卷一,第170页。
⑥ 胡炳文:《答定宇陈先生栎五》,《云峰集》卷一,第170页。
⑦ 胡炳文:《答定宇陈先生栎二》,《云峰集》卷一,第168页。
⑧ 胡炳文:《中庸通》卷三,《四书通》,清康熙十九年(1680)《通志堂经解》本。

胡炳文也曾将自己所著《周易本义通释》赠予陈栎,陈栎读后提出过两条疑问,胡炳文一一作了答复:

> 承问曰:《本义》"乾九二,刚健中正"。莫是"刚健得中"误笔?作"中正"如何?炳文答曰:凡言"九五,刚健中正。六二,柔顺中正",《易》之正例也。"乾九二,刚健中正",变例也。程子曰:"中重于正,正有不中,中无不正。"《本义》盖取诸此。然又非特程子意也。爻之为九二者,凡三十有二,乾九二,其始也。未济九二,其终也。"未济"云云,非正也。夫子曰:"中以行正。"况乾六爻皆言圣人事,九二龙德正中,《本义》以"刚健中正"许之,恐非误也。
>
> 承问曰:"九三爻下"云云。炳文答曰:按《本义》云:"九阳爻,三阳位,重刚不中,居下之上,乃危地也。"此全是解"厉"之一字。盖以三之地位,言其有厉之象也。乾本是刚之纯、健之至。九三居上下乾之间,又以刚居刚,性体刚健,所以有乾乾而惕之象也。三之性体如此,而其地又如此,故有乾乾之象、有惕之象、有厉之象。《本义》于文只得撼此三句而言之,于"厉"有绝句,正自不相关也。①

得到胡炳文的一一答复后,陈栎十分欣然,写信答谢云:

> 今蒙详教,顿觉豁然。以程子"中无不正"及《未济》九二证之,了然矣。朱子曰:"九居二本非正,以中,故得正也。"此亦《易》"不可为典要"之一。知正例而不知变例,固不可也,惕厉亦是至疑,蒙批教详明,尤幸尤幸。朱子曰:"无疑处却要有疑,又要无疑。"使我之有疑得以无疑者,先觉之赐也,感刻感刻。②

胡炳文与陈栎在学术上的确做到了相互濡沫,这样的情况同时也

---

① 胡炳文:《答定宇陈先生栎五》,《云峰集》卷一,第169页。
② 陈栎:《答胡云峰书》,《陈定宇先生文集》卷十,第381页。

发生在了胡一桂与陈栎之间。陈栎对胡一桂更是拳拳服膺，称其人
"名与《易》俱"、"泰山北斗"；称其著述"海内广传"、"千古昭垂"①。
陈栎《书集传纂疏》一书正是在胡一桂的鼓励下写出的，所谓"双湖敦
勉，自成《蔡传录注》"②是也。而胡一桂对陈栎也是十分敬重的，如其
谓陈栎曰："某与先生为斯文至交，只当以兄弟之情相与。"③又曰："余
朋友交际多矣，爱不忘规，未有如斯人也。"④

　　陈栎在与胡一桂惺惺相惜的同时，也在学术上对其提出了一定的
建议甚至是规劝，如阅读了胡一桂之父胡方平的《周易启蒙通释》后，
他写信对胡一桂说："《启蒙通释》中揲蓍五四为奇、九八为耦处，初学
者或不能通……先生《通释》中意必以易晓而未之及，愚谓曷若明白为
后学言之耶？高明以为何如？"⑤对于胡一桂通俗而不十分立异的《周
易本义附录纂注》，陈栎颇为欣赏，认为"星源胡双湖《本义附录纂注》
其规模，正与我合"⑥。而当有传闻谓胡一桂《诗集传附录纂疏》欲立
巧说时，陈栎当即写信力劝其勿为：

　　　　今欲附《语录》纂诸家述己意，但存他说以互相发明，或发其
　　余意之未尽者足矣，不必过求异也。……据愚之见，左右于《易》，
　　不十分自立说，其附己见者，不过十之一二耳，今释《诗》亦须如
　　此，前辈之说灼然未尽未明；而我之说，灼然稳当明白者，则出之，
　　不然不如其已，不必过于求奇以来云云也。……愿左右勇于删
　　削，只存其稳当者，稍涉奇异、不契公论则弃去之，使正大光明为
　　无纤瑕之拱璧，与《本义附录纂注》久远并行，不亦善之善者乎？⑦

　　得到陈栎的书信后，胡一桂答复曰："予读定宇陈君所答书，缱绻

---

①　陈栎:《祭胡双湖文》,《陈定宇先生文集》卷一四,第 441 页。
②　陈栎:《送董季真入闽刊书序》,《陈定宇先生文集》卷二,第 281 页。
③　胡一桂:《胡双湖与先生书》,《陈定宇先生文集》卷十七,第 476 页。
④　胡一桂:《又与书》,《陈定宇先生文集》卷十七,第 477 页。
⑤　陈栎:《与胡双湖书》,《陈定宇先生文集》卷十,第 378 页。
⑥　陈栎:《送董季真入闽刊书序》,《陈定宇先生文集》卷二,第 281 页。
⑦　陈栎:《又答双湖书》,《陈定宇先生文集》卷十,第 379—380 页。

之情,箴规之意,匡救之心,流动笔端,使人把玩不能去手。"并表示:
"于吾定宇之赐也,即当改正,不敢讳疾忌医。"①

胡一桂与陈栎除了在经学有所探讨外,在史学方面亦有过深入交流。胡一桂著有《史纂通要》和《古今通略》等书,但此二书未及宋史,是以陈栎阅后曾写信给胡一桂说:

> 吾辈《纂要》、《通略》之作,提起伏羲为道统之祖,而又提掇"克明俊德亲九族"章以修齐为治平根本,自可以断尽三千年君德相业,以经之道,断史之治,史即经也,且可为宋三百年事张本,将述周程张朱,以俟他日续下笔,又何看史粗了眼之患哉!先生苟不下此笔,某明年当为之,大扫一片议论,以洗近年一种鄙薄道学谓与晋人清谈同科之谬论。②

陈栎撰成了"为宋三百年事张本"的《历代通略》后,曾参考胡一桂《史纂通要》而订正之,所谓"《增广通略》乃因双湖胡丈所刊《史纂通要》而再订正者"③是也。胡一桂看到陈栎新作《历代通略》后,则参考其书为自己的《史纂通要》续写了宋代部分,其中引用陈栎说法颇多。对此,陈栎颇为自豪,如其云:"乐善胡双湖,爱我志朱愚。我有广《通略》,《史纂》蒙摘奇。《宋略》摘最多,亦欠如贯珠。"④在陈栎《历代通略》与胡一桂《史纂通要》里可以检索出一些相同的段落,如:

> 宋一代家法最正,诸后最贤,传授最明。至宁宗之末,杨后、弥远之恶,济邸之冤死,理宗之矫立,而后所谓家法之正、后德之贤、传授之明,遂扫地矣!犹撑住五十年而后亡,不可非幸也。⑤

---

① 胡一桂:《又与书》,《陈定宇先生文集》卷十,第 477 页。
② 陈栎:《答胡双湖书》,《陈定宇先生文集》卷十,第 378—379 页。
③ 陈栎:《与张纯愚书》,《陈定宇先生文集》卷十,第 382 页。
④ 陈栎:《自咏百七十韵》,《陈定宇先生文集》卷一六,第 452 页。
⑤ 胡一桂:《史纂通要》,《双湖先生文集》卷十,第 625 页;陈栎:《历代通略》卷四,《景印文渊阁四库全书》第 688 册。

可见,胡一桂与陈栎在学术上互相影响乃是不争的事实。

胡一桂系婺源梅田人,从他父亲胡方平开始,此一支胡氏就在谋求与考水明经胡氏联宗。考水明经胡氏虽明知与胡方平父子并非同一世系,但还是欣然接纳,联宗的基础就建立在双方深厚的经学传统上。如考水胡次焱就曾为梅田胡方平《周易启蒙通释》一书作序,赞美之情溢于言表:

> 宗老玉斋先生于众言淆乱中,尊信《启蒙》,为之训释纂注。明白正大,具有渊源,隐然足以折近说之谬。于余盖老友也,余尝举前说质之,玉斋曰:"此所谓言近指远者,而吾注偶未及之,请书为序。"予曰:"玉斋此注,足以阐明朱子之书;次焱此说,足以翼辅玉斋之注。"①

而在《跋胡玉斋〈启蒙通释〉》一文中,胡次焱则写道:"宗家耆英,有以玉斋自号者,名方平,于予为老友。其子双湖于予为益友。"并夸奖胡方平、胡一桂父子曰:"古今嗜学著述如玉斋者,岂谓尽无其人?无双湖为之子,遂使潜德弗耀,抱恨幽宫,虽谓之不孝,可也。有是父,有是子;有是子,有是父。或旷百载,才一遇尔。"②

胡一桂曾有考水之行,受到胡斗元与胡次焱的热情接待,前面已经详论,此不重复。我们可以找出不少胡一桂与考水胡氏交往的证据,但胡一桂与胡炳文交往的记载却仅有一条,出现在陈栎的《答吴仲文甥》一文中:"胡仲虎《四书通》,庭芳委校之,且令是否之。"③除此,其他的线索就无可找寻了。元末战乱频仍,徽州文献均散佚严重,譬如胡炳文原有文集二十卷,但明弘治二年(1489)刊行时仅存十五卷(包括附录一卷),而正德二年(1507)刊本就仅存十卷(包括两卷附录)。胡一桂的《双湖先生文集》系明万历年间所刻,散佚的问题更加

---

① 胡次焱:《启蒙通释序》,《梅岩文集》卷三。
② 胡次焱:《跋胡玉斋〈启蒙通释〉》,《梅岩文集》卷七。
③ 陈栎:《答吴仲文甥》,《陈定宇先生文集》卷十,第389页。

严重,据潘继高说"存者不过什之一二"①。在二胡的文集中检索不到太多信息并不能说明两人交游寥落。从胡炳文最亲密的几人如胡斗元、胡次焱、胡淀都与胡一桂交游这一情况也可推得,胡炳文与胡一桂应该是过从甚厚的,且在学术上应该也多有砥砺。

明人余懋孳称婺源明经胡氏在元时"名儒辈出,历有七贤,俱称硕学,著书立说,为时推重。七贤之中,梅岩、双湖、云峰三先生发明颇多,更以《易》学并显"②。可以说,当时婺源的学术中心就集中到了这三个人身上,而胡一桂、胡炳文最执牛耳。

胡一桂、胡炳文、陈栎通过学术上的探讨而互动起来,逐渐形成了一些较为一致的学术理念。他们的经学研究影响着周围的理学人物如胡初翁、程复心、程直方、赵良钧、汪宗臣、赵良金、汪炎昶、江雷、江恺、王仪、黄一清、唐元、洪焱祖、胡淀、程荣秀等人,进而形成一个以胡一桂、胡炳文、陈栎为中心的新安理学家群体③。这个理学家群体牢牢根植在徽州这一特定地域社会里,他们有共同崇拜的学术宗师,即朱熹是也,有着比较清晰的家学或本土传承体系。他们之间互动频繁,逐渐形成了一些相近的学术理念。有关元代前期新安理学家相近的

---

① 潘继高:《双湖先生文集后跋》,《双湖先生文集》,第545页。
② 余懋孳:《双湖先生文集后序》,《双湖先生文集》,第539页。
③ 并不是每个地域单位都能形成新安理学那样的理学家群体,如今人高令印与陈其芳曾极论元代福建朱子学,但在福建道下辖的福州、建宁、泉州、兴化、延平、邵武、汀州、漳州等八路中,却都没有出现徽州路那样的理学家群体。李清馥在《闽中理学渊源考》一书中虽然曾多次推崇熊禾、陈普两位闽籍理学家,但熊禾、陈普却没能分别在建宁、福州二路建立起自己的学术梯队来。熊禾弟子中有姓名可考的有刘应李、林若存、刘边、李文、虞光祖、安实、江志、詹君履、陈蒙正等;陈普则有弟子丘和仲、余载、韩信同等人。这些弟子数目虽也不少,但除了韩信同外,其他均无甚成就。陈广宏在谈及元代闽中朱子学时曾评论说:"虽人数似亦不少,然缺乏上举如衍派于金华之北山四先生(何基、王柏、金履祥、许谦)那样能够张大师说而富有影响力的大家,多笃守师承,默默无闻,穷研经注,无敢改易。这样的情况,可以说一直持续到明代中期以前。"再如浙东道庆元一路,虽然"浓厚的理学传习和研究的风气,造就了众多名贤硕儒",但申万里指出,袁桷、程端礼、程端学、桂同德、郑舒芳、王厚孙、戚相祖、曹汉炎等儒士却分属于深宁、丽泽、慈湖、静清、东发等不同学派。是以无法统合为持共同治学理念的理学家群体。分别见高令印、陈其芳:《福建朱子学》,福州:福建人民出版社,1986年版,第178页;陈广宏:《王慎中与闽学传统》,《文学遗产》2009年第4期,第93页;申万里:《元代庆元路儒学考述》,《元史论丛》第8辑,南昌:江西教育出版社,2001年版,第191、192页。

学术理念，我们将在下一章展开详细论述。

小 结

元代前期的徽州丧失了科举社会模式，却聚拢了一批本可能进身高层的精英士人。流动性的放缓，使此时的徽州比南宋时代更具有地域社会的特点。通过研究胡一桂、胡炳文、陈栎三位新安理学家的生平，我们可以得出如下结论：首先，元代前期新安理学家们的社会角色主要以地位低下的山长、经师、塾师为主，科举不行，致使他们与政治非常疏离。其次，元代前期新安理学拥有南宋以来清晰的家学或本土传承体系的支撑，这对于乡里传统的建立起到了十分关键的作用。再次，入元后，低下的社会地位使理学家们普遍相信，"学"可以改变政治与社会行动者们的行为。所以他们沉溺在经学研究中，以传承朱子之学为神圣使命。另一方面，他们也把目光更加集中在如何维持自己家族声誉和提高个人影响力的层面。这时候，经学研究就成为了一个非常有效的手段。

胡一桂、胡炳文、陈栎通过学术上的探讨而互动起来，逐渐形成了一些较为一致的学术理念。他们的经学研究影响着、凝聚着周围的理学人物，使之形成一个特定地域社会里的理学家群体。

第三章　元代前期新安理学的学术特点

第一节　元代前期新安经学的关注点

在理学发展史上,朱熹《四书章句集注》一书无疑具有里程碑式的意义①。其典范性在新安理学家那里备受推崇②。在朱熹身后一直到元代前期,徽州的理学家多有采取训诂手段疏解《四书章句集注》者,其中程永奇、胡升、黄智孙、程逢午、汪炎昶、吴浩、江恺、胡一桂、陈栎、程复心、胡炳文等人皆是《四书》学英华。根据雒竹筠《元史艺文志辑

---

① 说起唐宋之间的学术转型,则不能不涉及作为学术资源的经典文本的转换,尤其是《大学》、《中庸》、《论语》、《孟子》从子到传再到经的升格过程。由唐到宋,经学界出现过一个"四书升格运动",即"经学领域中四书学兴起,直接促成汉学向宋学的转型"。朱熹"理一分殊"格局和朱子学方法论的确立,也都是依凭对《四书》的诠释而得以完成的。《四书章句集注》一书的出现,标志着儒家经典体系的重大变革。自此以后,在世人的目光中,《四书》就成为理解《六经》的阶梯了。见束景南、王晓华:《四书升格运动与宋代四书学的兴起——汉学向宋学转型的经典诠释历程》,《历史研究》2007年第5期,第76页。

② 如方回云:"(《四书章句集注》)义愈明、理愈精,学者欲舍是而求,所谓学可乎?"见方回:《题吴云龙诗集》,《新安文献志》卷二三,第517页。

本》等著作,我们检索出的元代前期徽州学者的《四书》学著作大致可见下表:

表 3.1　元代前期新安《四书》学著作

时代	姓名	著作
宋末元初	黄智孙	《四书讲义》
	江　恺	《四书讲义》
	吴松坡	《四书集注音义》
元代前期	程逢午	《中庸讲义》
	胡次焱	《四书注》
	汪炎昶	《四书集疏》
	吴　浩	《大学口义》、《大学讲义》
	胡一桂	《四书提纲》
	程复心	《四书章图纂释》
	陈　栎	《四书发明》、《四书考异》、《论语训蒙口义》、《中庸口义》、《孟子口义》
	胡炳文	《四书通》、《四书辨疑》、《大学指掌图》
	张存中	《四书通证》
	吴　程	《四书经传释文》

在整个元代的新安《四书》学著作中,数元代前期的数量最大,成就也当然最高,其中以程复心、陈栎、胡炳文等人最为杰出。程复心积 30 余年写成的《四书章图纂释》还曾得到过官方的认可①。陈栎的《四书发明》、胡炳文的《四书通》也一直为后学所激赏,如汪克宽评论云:

　　同郡定宇陈先生、云峰胡先生,睹《集成》之书行于东南,辗转

———————————

① 所谓"行省进于朝,翰林史院考订其书,率皆称赞。学士赵孟頫请置诸馆阁,阐明大典"。见汪幼凤:《程教授复心传》,《新安文献志》卷七一,第 1755 页。

承误,莫知所择,乃各撼其精纯,刊剔繁复,缺略者足以己意。陈先生著《四书发明》,胡先生著《四书通考》,皆足以磨刮向者之敝。而陈先生晚年且欲合二书而一之,而未遂也。友人倪君仲宏,实从游于陈先生,有得于讲劘授受者,盖稔且详。乃会萃二家之说,字求其训,句探其旨,鸠僝精要,考订讹舛,名曰《四书集释》。学者由是而求子朱子之意,则思过半矣。①

倪士毅合陈、胡二书为一书的《四书辑释》后来成为明永乐年间修撰的《四书大全》的祖本。《四书大全》影响中国几百年之久,陈栎、胡炳文所起的作用不容忽略。

除了《四书》外,朱熹对《易》学也多所留意,其《周易本义》、《易学启蒙》对后世朱子学者们也具有垂范意义②。受朱熹影响,《易》学方面的研究也始终是徽州学者们的共同兴趣点。在朱子身后一直到元代前期,徽州学者中擅《易》者让人目不暇接,其中绝大多数是采取训诂手段丰富朱熹《易》学者,如程永奇、吴昶、胡师夔、朱洪范、胡斗元、胡方平、许月卿、程荣秀、齐鲁瞻、王埜翁、胡次焱、黄智孙、汪深、程直方、方回、程龙、鲍云龙、俞君选、黄一清、胡一桂、胡炳文、陈栎等皆是一时《易》学之选。根据根据雒竹筠《元史艺文志辑本》等著作,我们检索出的元代前期徽州学者的《易》学著作大致可见下表:

---

① 汪克宽:《重订四书集释序》,《环谷集》卷四,《汪氏三先生集》,清康熙十八年(1679)汪懋麟、汪宗豫等辑刻本。

② 《易传》对理学理论体系的形成至关重要,因为形而上的《易传》思想对理论建构来说是极为有利的学术资源,所以宋儒们几乎无不玩《易》,以至于形成蔚为大观的《易》学研究盛况。朱熹对《易》学也颇为重视,不仅著有《周易本义》与《易学启蒙》,而且还有许多关于《易》学的言论散见于《文集》与《语录》当中。朱熹对于象数派《易》学与义理派《易》学均有所批评,在批判两家的基础上,他提出了"圣人作《易》,专为卜筮"的观点,并把注意力放在了分析卦象及爻的阴阳中正之上。朱熹对程颐《易》学专谈义理并不支持,他说:"近世言《易》者,直弃卜筮而虚谈义理。"所以周予同指出:"就哲学而言,朱熹为程颐之继承者,故治思想史者每以程、朱并称;顾就经学之《易》学言,则程、朱不无敌派之嫌。"分别见黎靖德编:《朱子语类》卷六七,第1652页;周予同:《周予同经学史论著选集》(增订本),上海:上海人民出版社,1983年版,第150页。

表 3.2　元代前期新安《易》学著作

时代	姓名	著作
宋元之际	胡方平	《易学启蒙通释》、《外易》四卷、《易余闲记》
	王埜翁	《见易篇》、《周易分注》
	胡次焱	《余学斋易说》
	黄智孙	《易经要旨》
	方　回	《读易释疑》、《易中正考》、《易吟》
元代前期	汪　深	《易占例》
	吴霞举	《易管见》、《筮易》、《太玄潜虚图说》
	程直方	《程氏启蒙翼传》、《四圣一心》、《观易堂随笔》
	程　龙	《三分易图》、《易图补》、《筮法》
	唐　元	《易传义大意》
	鲍云龙	《筮草研几》、《天原发微》
	胡一桂	《周易本义附录纂注》、《周易发明启蒙翼传》、《周易十翼》
	胡炳文	《周易本义通释》、《周易启蒙通释》、《六爻反对论》、《二体相易论》、《辑录云峰易义》
	陈　栎	《百一易略》、《易编》
	胡　淀	《发易十疑》

　　元代徽州学界的《易》学研究大体符合元承宋易的基本格局①。

---

　　① 正如梁韦弦指出："由于朱学的深刻影响,元人讲义理的易学著作往往也兼象数而言之,这是南宋以来治易学风的一种延续,体现了元代易学研究的趋势,而且其于《周易》义理之解说,总的看是继承发挥宋人的东西,即'大抵以宋儒绪论为多'。"见廖名春、康学伟、梁韦弦:《周易研究史》,长沙:湖南出版社,1991年版,第317页。

从上表可以看出,元代前期徽州学界的《易》学研究颇为繁荣,这与这一地区南宋以来就已形成的《易》学传统息息相关①。元代前期的新安理学家中,以《易》学名世且对后世产生重大影响的非"二胡"莫属。"二胡"即胡一桂与胡炳文。胡一桂的《易》学著作主要有两部,一为《周易本义附录纂注》,另一为《周易发明启蒙翼传》。其中《周易本义附录纂注》属于教科书类型的著作,专为疏解朱熹《周易本义》而作,而《周易发明启蒙翼传》则是一部倡"卜筮之说"的《易》学史或《易》学通论②。《周易发明启蒙翼传》虽然也是为了羽翼朱熹学说,但显然比《周易本义附录纂注》更具有学术深度。是以林忠军指出:"在易学史上,能够较系统地、全面地研究易学发展的是胡一桂。"③胡炳文是胡一桂之外的另一位新安《易》学大家,其《周易本义通释》一书亦专为羽翼朱熹《易》学而作,此书也是"提升和补益朱子易学思想的一部力作"④。有明一代的官方《易》学著作《周易大全》就得益于"二胡"的著作。另外,程龙、程直方、陈栎也都是元代徽州学界的《易》学翘楚,尽管他们的《易》学著作多数已经亡佚,但在当时的徽州学界却占有过

---

① 在南宋末年的徽州,理学家们普遍嗜《易》,有的人即使没有著作流传后世,但也同样功底深厚,譬如许月卿自幼通《易》,在他的周围曾形成了一个《易》学小集团,如:"齐鲁瞻,字兴龙,徽州人也。成宝祐进士。不知其官爵。尝与许山屋说《易》。"又如程荣秀"从婺源山屋许公受《周易》,许公奇之"。王埜翁嗜《易》,自为一家之说,许月卿异之,曾为其所著书作序。另外还有俞君选"时行止,辨乎《易》"。……分别见黄宗羲、全祖望:《宋元学案》卷八九,第2974页。陈祖仁:《元故江浙等处儒学提举程公荣秀墓志铭》,《新安文献志》卷七一,第1733—1734页;江雷:《艮轩先生俞公君选墓志铭》,《新安文献志》卷九五上,第2414页。

② 《周易发明启蒙翼传》分为上篇、中篇、下篇、外篇四个部分,上篇主要谈论的是儒家道统视野里的"易"之历史;中篇是在探讨"易"之历史原貌;下篇内容比较驳杂,但大致可分为"举要"、"明筮"、"辨疑"三大类别,以发明辞、变、象、占之义以及考订史传中的卜筮卦占之法。见钟彩钧:《胡方平、一桂父子对朱子〈易〉学的诠释》,《元代经学国际研讨会论文集》,第224页。

③ 林忠军:《象数易学发展史》第2卷,济南:齐鲁书社,1998年版,第482页。

④ 郭振香指出:"在诠释内容上,《通释》对《周易》一些范畴的独创性诠解,对《周易本义》诸多诠解的延伸性说明,成为朱子易学解释的有益扩充;在诠释方法上,《通释》以卦与卦之间相比照、经与经之间相参照等多重诠释视角,拓展了朱熹的解《易》理路。在思想主旨上,《通释》发挥朱熹的理本论,运用政治发展与人伦日用中的诸多现象说明《周易本义》所强调的中、正、时、慎等义,对朱子的易学思想作出了一定的理论提升。"见郭振香:《论胡炳文对朱熹〈周易本义〉的推明与发挥》,《安徽大学学报》2010年第2期,第27页。

相当的分量①。

元代前期新安理学家如胡一桂、胡炳文、陈栎等人在《四书》学、《易》学方面都做得比较出色，而有关其他经典的研究则相对要弱一些。如《诗》学，南宋时期，徽州儒士中治《诗》的本就不多，有名的《诗》学著作屈指可数②。元代前期徽州学界的情况要好一些，其中胡一桂、陈栎、程直方、胡炳文都有一些《诗》学作品问世。根据雒竹筠《元史艺文志辑本》等著作，我们检索出的元代前期徽州学者的《诗》学著作大致可见下表：

表 3.3　元代前期新安《诗》学著作

时代	姓名	著作
宋元之际	方　回	《鹿鸣》、《乐歌考》、《彤弓考》
元代前期	胡一桂	《诗集传附录纂疏》
	陈　栎	《诗经句解》、《诗大旨》、《读诗记》
	程直方	《学诗笔记》
	胡炳文	《诗集解》

徽州学界有关《书》学的研究也不太兴盛，但也却有几人知名。南宋时期有程大昌、滕珵导夫先路，入元后，程龙、程直方、胡炳文、陈栎等人比较优秀。根据根据雒竹筠《元史艺文志辑本》等著作，我们检索出的元代前期徽州学者的《书》学著作大致可见下表：

---

① 谢辉将陈栎的《易》学成就与胡一桂、胡炳文并举，如其云："陈栎、胡一桂、胡炳文均为元代朱子易学名家，他们的讨论对推进朱子易学研究的深入，也有一定意义。"见谢辉：《简论朱子易学在元代发展的基本面貌》，《周易研究》2010 年第 6 期，第 57 页。

② 南宋科举取士，习经义者本经义三道，《诗经》不是徽州儒士科目兴趣之所在，方回曾说："吾州《诗》大比，旧不与选，回先君师四明舒公璘，礼部符许拔解，自先君庆元乙卯始"；"回先君琢，师事教授四明舒先生璘，长公（吕午）六岁，同经后先擢第"。直到南宋末年方琢才第一个以《诗经》擢第，吕午是第二个。方回：《江东抚幹通直郎致仕汪公仪凤墓志铭》、《宋故中奉大夫右文殿学士通奉大夫吕公午家传》，《新安文献志》卷九五上、七九，第 2393、1923 页。

表 3.4　元代前期新安《书》学著作

时代	姓名	著作
元代前期	胡一桂	《书说》
	程直方	《蔡传辨疑》
	陈　栎	《书解折衷》、《书集传纂疏》
	胡炳文	《书集解》

另外，礼类著作与《春秋》学著作分别见表5.5和表5.6：

表 3.5　元代前期新安礼类著作

时代	姓名	著作
宋元之际	方　回	《仪礼考》
元代前期	程荣秀	《翼礼》
	胡一桂	《古周礼补正》
	鲍云龙	《大月令》
	胡炳文	《杂礼纂说》
	吴霞举	《文公葬礼考异》
	陈　栎	《礼记集义详解》、《礼记集义纲领》、《深衣说》

表 3.6　元代前期新安《春秋》学著作

时代	姓名	著作
宋末元初	黄智孙	《春秋三传会要》
	程　龙	《春秋辨疑》
元代前期	胡炳文	《春秋集解》、《春秋指掌图》
	程直方	《春秋诸传考正》、《春秋会通》
	陈　栎	《春秋三传节注》
	俞师鲁	《春秋注说》

元代前期,新安理学家们在《诗》、《书》、礼、《春秋》等层面的研究也都有一些成果,但这些成果比起他们的《四书》学、《易》学著作来就颇有些相形见绌了。通过上述诸表的对比,则可归结出元代前期新安经学的关注点乃是在《四书》学、《易》学层面。对《四书》学、《易》学的关注大抵与朱熹的学术取向有关,朱熹虽然"集正学大成",但也并不万能,如"《书》开端而未及竟",而"《三礼》虽有通解,缺而未备者尚多","《春秋》则不过发其大义而已",于"《诗》仅完",其"平生精力在《易》、《四书》"①。据说朱熹"讲《四书》之余,必及于《易》"②。朱熹的这一取向影响了他的弟子们,尤其是徽州籍弟子与德兴籍弟子。如徽州籍弟子程永奇擅《四书》,吴昶擅《易》,德兴籍弟子董铢及再传董梦程均擅《易》。如前所述,南宋末年在徽州传播的朱子学有两个源头,一为朱熹徽州籍弟子之学术,另一则为德兴学术流入徽州者。是以南宋末年徽州学界侧重《四书》学、《易》学自不难理解,前表3.2所展示出来的内容很能说明问题。侧重《四书》学、《易》学,这一特点延续到元代前期也是顺理成章的。

黄百家指出:"新安为朱子之学者不乏人,而以程蒙斋为首。蒙斋之后,山屋以节注,双湖以经术显,其后文献蒸蒸矣。"③从南宋末年起,朱子学在徽州地区的传播已呈繁荣之态势,这种态势在入元后得到了进一步的增强。元代前期新安理学家们大多数为终身未仕的乡先生,与政治的疏离,使他们的注意力更加下移至基层教育层面。为了教学之需要,编纂合适的教材就成了首要工作,新安经学中许多著作尤其是《四书》学著作即因教学所编纂。元代前期新安理学家群体规模并不算小,其经学著作数目自是十分可观。

第二节 "附录纂疏"式的解经形式

朱熹去世以前,理学经典的普及化工作就已在他弟子那里展开

---

① 熊禾:《送胡庭芳后序》,《熊勿轩先生文集》卷一,第9—10页。
② 刘泾:《跋易学启蒙通释》,胡方平:《易学启蒙通释》。
③ 黄宗羲、全祖望:《宋元学案》卷六九,第2279页。

了。如陈淳的《北溪字义》，即是从朱熹学术的关键词入手，揭示各范畴之间的逻辑层次，使之成为朱子学的入门教材。朱熹另一个弟子程端蒙著有《性理字训》，此书曾被朱熹称之为"大《尔雅》"①。蔡沈的《书集传》，乃是奉朱熹之命，合《尚书》今文、古文而注之，也是采取了"沉潜其义，参考众说"②的方法。无论是陈淳，还是程端蒙、蔡沈，他们为了对朱熹经学做延伸性说明，基本上都采用了语言训释的手段。这一倾向曾招致过全祖望的不满，他批评说："朱徽公之学统，累传至双峰、北溪诸子，流入训诂一派。"③但历来精英思想的普及化和世俗化都难免流入训诂这一层面中去，因为深邃的思想必须经过拆解，分割成为一块又一块的知识时，它才能变得更加利于记忆，才能赢得更多受众的理解。

南宋后期，朱子学受到追捧，围绕朱熹经学也出现了一系列的训诂化注本。就《四书》而言，著名的训诂化注本就有真德秀的《四书集编》、赵顺孙的《四书纂疏》、吴真子的《四书集成》。这些注本都以朱熹的《四书章句集注》为圭臬，譬如赵顺孙云："朱子《四书》注释，其意精密，其语简严，浑然犹经也。"④他的《四书纂疏》就备引朱熹之说与黄榦、辅广、陈淳等十三家的看法，以羽翼《四书章句集注》一书，实开"附录纂疏"体之先河。

胡一桂《易》学代表着元代新安《易》研究的最高成就，《周易本义附录纂注》《周易发明启蒙翼传》二书乃是其代表性著作。关于《周易本义附录纂注》的体例，四库馆臣们曾指出："是编以朱子《本义》为宗，取《文集》、《语录》之及于《易》者附之，谓之'附录'。取诸儒《易》说之合于《本义》者纂之，谓之'纂疏'。其去取别裁，惟以朱子为断。"⑤譬如在解释"上九，亢龙有悔"一句时，胡一桂即以《朱子语录》

<hr/>

① 朱熹：《答程正思》，《晦庵先生朱文公文集》卷五十，《朱子全书》第22册，第2330页。
② 蔡沈：《书经集传序》，《书经集传》，上海：上海古籍出版社，1987年版，第1页。
③ 全祖望：《泽山书院记》，《鲒埼亭集外编》卷一六，《全祖望集汇校集注》，第1054页。
④ 赵顺孙：《四书纂疏序》，《大学纂疏、中庸纂疏》，黄坤整理，上海：华东师范大学出版社，1992年版，第1页。
⑤ 永瑢等：《四库全书总目》卷三，第22页。

中贺孙所录一条附录于其后：

> 上九云：亢龙有悔。若占得此爻，必须以亢满为戒。如这般爻，最是《易》之大义。《易》之为书，大抵于盛满时致戒。盖阳气正长，必有消退之渐，自是理势如此。又云：当盛极之时，便须虑其亢。如当尧之时，须交付与舜。否则尧之后，天下事未可知。又云：康节所以见得透，看他说话多以盛满为戒。如云：只喜成微醺，不喜成酩酊。又云：康节多于消长之交看。①

“附录”之后则又有“纂疏”：

> 程子曰：九五者，位之极，中正者，得时之极，过此则亢矣。上九至于亢极，故有悔也。有过则有悔，惟圣人知进退存亡而无过，则不至于悔也。徐氏曰：尧老而舜摄，极则变，变则通，此无悔之道也。②

胡一桂不问仕进，以讲学诂经为毕生追求。其“附录纂疏”式的著作除了《周易本义附录纂注》外，还另有《诗集传附录纂疏》一书。《诗集传附录纂疏》的体例与《周易本义附录纂注》完全一致，所谓“附录”，也先是将朱熹《文集》、《语录》中涉及《诗经》的内容附在《诗集传》正文之后。如在《诗集传》中，朱熹解释“关关雎鸠，在河之洲。窈窕淑女，君子好逑”时，就陈述了他对“兴”这一概念的理解：

> 兴者，先言他物，以引起所咏之词也。……言彼关关然之雎鸠，则相与和鸣于河洲之上矣。此窈窕之淑女，则岂非君子之善匹乎。言其相与和乐而恭敬，亦若雎鸠之情挚而有别也。后凡言兴者，其文意皆放此云。③

---

① 胡一桂：《周易本义附录纂注》卷一，清康熙十九年(1680)《通志堂经解》本。
② 胡一桂：《周易本义附录纂注》卷一。
③ 朱熹：《诗集传》卷一，北京：中华书局，1958年版，第1—2页。

胡一桂恐初学者一时不能参详透彻，故又引《朱子语类》中论"兴"的两段文字附录于其下：

> 问：《诗》中说兴处多近比。曰：然。如《关雎》《麟趾》相似，皆是兴而兼比，然虽近比，其体却只是兴。且如"关关雎鸠"本是兴起，到得下面说"窈窕淑女"，此方是入题说那实事。盖兴是以一个物事贴一个物事说，上文兴而起，下文便接说实事。
>
> 此是兴诗。兴，起也，引物以起吾意。如雎鸠是挚而有别之物，荇菜是洁净和柔之物，引此起兴，犹不甚远。其他亦有全不相类，只借他物而起吾意者，虽皆是兴，与《关雎》又略不同也。①

如此，使初学者有更多材料去相互印证，从而易于理解了。胡一桂似乎对《朱子语类》中那些通俗、明白、晓畅的解释格外重视，为此，他还特意从中选摘出专门论《诗》的文字编纂为一卷《语录辑要》，放在《诗集传附录纂疏》书首的《诗传纲领》之后、《诗序辩正》之前。

按照《诗集传附录纂疏》的体例，正文乃是《诗集传》原文，其次是"附录"，再次就是"纂疏"了。"纂疏"即是取诸儒有关于《诗经》的文字，只要有价值且不与《诗集传》相悖，即可纂之于"附录"之后，以"纂疏"二字标记之。譬如有关《周南》里的《麟之趾》一篇，胡一桂就纂疏曰：

> 陆氏曰：麟，色黄，圆蹄；不群居，不侣行；不经陷阱，不罹网罗。王者至仁乃出，余见《集传》。严氏曰：公子指周南国君之子。叠山谢氏曰：麟之趾、之定、之角，美其仁，颂咏其一身之间，可贵也。一章曰趾，二章曰定，三章曰角，自下而至于上也。②

这里的陆氏、严氏、叠山谢氏分别是指陆德明、严粲、谢枋得，释文分别出自陆德明的《经典释文》、严粲的《诗缉》、谢枋得的《诗传注

---

① 胡一桂：《诗集传附录纂疏》卷一，第 314 页。
② 胡一桂：《诗集传附录纂疏》卷一，第 318 页。

疏》。胡一桂纂疏《诗集传》可以说做到了博采众长,他征引的文献材料十分丰富,所征引的学者达 46 人之多,从大、小毛公到郑玄到孔颖达,再到欧阳修、程颐、吕祖谦,一直到他的好朋友熊禾那里,只要能对朱熹《诗集传》有所帮助,他基本都能做到为我所用。揭傒斯族父揭佑民就曾夸赞胡一桂《诗集传附录纂疏》旁征博引,使人能够轻松得窥历代学者的见解与心得①。

胡炳文是另一位新安《易》学大家,著有《周易本义通释》、《周易启蒙通释》、《六爻反对论》、《二体相易论》、《辑录云峰易义》等著作。《周易本义通释》一书与胡一桂《周易本义附录纂注》一样,也是为羽翼朱熹《易》学思想而作。其体例也是集合群言对朱熹之说做延伸性的说明,正如此书《释例》中所说:"《通释》之于《本义》,依朱子《集注》例,盖集诸家之注为之也。"②胡炳文另一部重要著作《四书通》,其体例与《周易本义通释》基本一致,也同样是把朱熹的语录及其他儒者之学说纂辑在一起,以期加深对朱熹经说的理解。如针对《四书章句集注》中的"《诗·大雅·文王》之篇言周国虽旧,至于文王,能新其德以及于民而始受天命也"一句,胡炳文解释云:

> 《语录》:能使天下无一民不新其德,即此便是天命之新。饶氏曰:明命是初头,禀受底以理;言命新是末梢,膺受底以位。言要之,只是一个天下无性外之物。方氏曰:"其命维新"是自新新民之极,天命亦为之新;自新新民而至于天命亦新,此止至善之验。③

陈栎《书集传纂疏》在体例上与上述著作亦无多区别,四库馆臣曾谓《书集传纂疏》一书云:"以疏通蔡传之意,故命曰'疏';以纂辑诸家之说,故命曰'纂'"④。其书凡例又云:"今采《朱子语录》不书录者姓

---

① 正所谓"纂集大成,檃括前后,镂剔众说,学者得之如大庖餍饫。"见揭佑民:《朱子诗传纂集大成序》,《诗集传附录纂疏》,第 275—276 页。

② 胡炳文:《释例》,《周易本义通释》,清康熙十九年(1680)《通志堂经解》本。

③ 胡炳文:《大学通》,《四书通》。

④ 永瑢等:《四库全书总目》卷一二,第 96 页。

名,法《近思录》也;并在纂疏内,依赵氏《四书纂疏》例也。"①此言非虚,陈栎经学在体例上受到过赵顺孙《四书纂疏》的影响。与赵顺孙一样,陈栎《书集传纂疏》为了羽翼蔡传也引用了不少学者的观点,如关于《西伯戡黎》中的"殷之即丧,指乃功,不无戮于尔邦"一语,陈栎就在蔡沈的解释之后纂疏曰:

> 孔氏曰:商之就亡,指汝事功所致。叶氏曰:凡事积而成者,皆曰功。王氏十朋曰:指乃功与府辜功之功同,辜功犹言罪状。吕氏曰:伊反于家,亦无咎周之辞,大凡作事,党及亲姻以为德。②

关于《微子》中的"父师、少师,我其发出狂? 吾家耄逊于荒? 今尔无指告,予颠陨,若之何其"一句,陈栎又在蔡沈的解释之后纂疏曰:

> 孔氏曰:我念商亡,发疾生狂,在家耄乱,欲遁荒野,言愁闷。汝无指意告我商邦陨坠,如之何其救之? 吕氏曰:欲遁荒野,使耳目不闻见纣所为。张氏曰:此微子有去之之意。陈氏经曰:老成皆遁,留者父师少师耳。郑氏曰:"其",语助辞,齐鲁间声读如"姬"。《记》曰:何居,义与此同。③

综上,胡一桂、胡炳文、陈栎等人的《易》、《四书》、《书》学著作有一些共同的特征:目的是为了羽翼朱熹经说;著作的名称虽不尽相同,但形式基本上都是采用"附录纂疏"来纂辑群言,所以可将其归纳为一种"附录纂疏"式的著作。除了上述著作外,在元代前期新安经学中,汪炎昶的《四书集疏》、吴程的《四书经传释文》、俞师鲁的《春秋注说》等也基本上都属于这种类型的著作。

"附录纂疏"式的著作不同于艰深的考证式著作。新安理学家们

---

① 陈栎:《尚书蔡氏集传纂疏自序》,《陈定宇先生文集》卷一,第268页。
② 陈栎:《书集传纂疏》卷三,清康熙十九年(1680)《通志堂经解》本。
③ 陈栎:《书集传纂疏》卷三。

当然也具备相当的经史考证能力,如陈栎所著《中星考》①、《置闰辨》②、《深衣说》③,胡炳文所著《二十四气论》④均十分考究。但他们并不以考证为能事,而是把注意力更多地放置在了教学效果层面。是以他们的"附录纂疏"式著作提倡"易晓"、"明白为后学言之"⑤、"灼然稳当明白"而"不必过于求奇"。陈栎在与胡一桂的通信中提出:"但存他说以互相发明,或发其余意之未尽者足矣,不必过求异也。……只存其稳当者,稍涉奇异、不契公论则弃去之。"⑥在这种原则下,"附录纂疏"式著作十分明显地体现为一种中正平和的教材型著作。教材型著作为初学者所设计,其观点一般要求中正平稳,不务求新奇,其学术深度因而比较有限。新安理学家们非不能为艰涩之学,而是其山长、塾师等师儒身份决定了他们要把更多的精力用在教材的编纂上,因此才出现了那么多的"附录纂疏"式的经学著作。恰如刘祥光指出:"元代一般而言不利仕进,当地学者转而贡献其精力于童蒙教育与经典注解。"⑦作为战斗在第一线的教育工作者,为自己的教学对象编定教材乃是第一义的。可以说,"附录纂疏"式经学著作的大量出现实与入元来徽州地方儒士无由仕进有关,亦可谓之与入元来徽州一域"地方主义"的抬升有关。

朱熹哲学体系中的方法论是"格物致知"。所谓的"格物",实际包含着一个由"即物"、"穷理"、"至极"构成的三段式⑧。而所谓"格物穷理"其目的乃是通过读书学习和躬身实践去掌握道德的基本准

---

① 陈栎:《中星考》,《陈定宇先生文集》卷四,第299—301页。
② 陈栎:《置闰辨》,《陈定宇先生文集》卷四,第304—305页。
③ 陈栎:《深衣说》,《陈定宇先生文集》卷六,第324—329页。
④ 胡炳文:《二十四气论》,《云峰集》卷一,第171—172页。
⑤ 陈栎:《与胡双湖书》,《陈定宇先生文集》卷十,第378页。
⑥ 陈栎:《又答双湖书》,《陈定宇先生文集》卷十,第379—380页。
⑦ 刘祥光:《中国近世地方教育的发展——徽州文人、塾师与初级教育(1100—1800)》,《中研院近代史研究所集刊》第28期,1997年,第40页。
⑧ 譬如朱熹云:"物者形也,则物理也,形者所谓形而下者也,理者所谓形而上者也。人之生也固不能无是物矣,而不明其物之理,则无以顺性命之正而处事物之当,故必即是物以求之。知求其理矣,而不至夫物之极,则物之理有未穷,而吾之知亦未尽,故未至其极而后已,此所谓'格物而至于物则物理尽'者也。物理皆尽,则吾之知识廓然贯通,无有蔽碍,而意无不成、心无不正矣。"见朱熹:《答江德功第二》,《晦庵先生朱文公文集》卷四四,《朱子全书》第22册,第2037—2038页。

则，最终指向提升人的道德境界。所以，谓之为修养手段也未尝不可。可以说，"格物致知"是一种由外及内的过程，即通过对具体"分殊"事物的认识，积累至对终极意义的"理一"的把握，进而能涵养人的内在世界。在朱熹那里，读书博学（格物的重要内容）与穷究义理是前后相继的连贯过程①。但追求博学的风气常常会导致专事读书，而忽略了义理察识与心灵涵泳，从而流为单一的训诂之学。全祖望就曾指出："朱徽公之学统，累传至双峰、北溪诸子，流入训诂一派。"②可见，专事读书的风气偏离初衷而"流为训诂之学"也是有其发展理路的。似乎"流为训诂之学"就是朱子学本身注定要产生的流弊，在朱熹身后，大量后学普遍泛滥于经纂、训释之学，琐碎、支离，以至于"博而不能返约"。

元代前期的新安理学家们如胡一桂、胡炳文、陈栎等人，他们普遍热衷于经纂、训释，于是一部部大部头的"附录纂疏"著作争相竞出，但他们纂辑群言的特点往往遮蔽了自己的学术个性，以至于招致后世学人的不满，如清代学者李光地就认为胡云峰作为元代的"有名儒者"，其经说却"有可厌处"③。李光地所谓的"可厌处"当指胡炳文"附录纂疏"式著作所产生的琐碎与支离，这种琐碎、支离非常容易陷入"博而不能返约"的泥淖当中。一旦陷入，必然会走向一定程度的僵化、呆滞，从而失去自我更新、自我突破的机能。可以说，元代前期的新安经学在极盛的幌子下，已经出现了诸多流弊，危机已是近在咫尺了。

但时局却峰回路转，元仁宗时期科举的举行在一定程度上挽救了陷入困境的新安经学。元代官方尊崇朱子学，科举考试也基本以朱熹学术为标准，这一点从皇庆二年（1313）关于开科取士的诏令中就可以看得很清楚。于是新安经学以宗朱为主旨的经纂、训释之学恰好派上

---

①　朱熹反对脱离文字而专事体究，如其云："愚谓以悟为则，乃释氏之法，而吾儒所无有，……若由吾儒之说，则读书而原其得失，应事而察其是非，乃所以为致知格物之事，盖无适而非此理者。今乃去文字而专事体究，犹患杂事纷扰，不能专一，则是理与事为二，必事尽屏而后理可穷也。"见朱熹：《吕氏大学解辨》，《晦庵先生朱文公文集》卷七二，《朱子全书》第24册，第3494页。

②　全祖望：《泽山书院记》，《鲒埼亭集外编》卷一六，《全祖望集汇校集注》，第1054页。

③　李光地：《论孟子叙道统》，《榕村语录》卷一九，北京：中华书局，1995年版，第345页。

了用场,譬如刘君佐刊刻胡一桂《诗集传附录纂疏》的目的就是为科举计。《诗集传附录纂疏》一书在元泰定四年(1327)初刻于建安东阳的翠岩刘氏家塾,家塾主人刘君佐在此刻本上跋有题识曰:"文场取士,《诗》以朱子《集传》为主,明经也;新安胡氏编入《附录纂疏》,羽翼朱《传》也;……学《诗》之士潜心披玩,蜚英声于场屋者,当自此得之。"①至于陈栎为科举计而著《书集传纂疏》,也是可以找出一些佐证的。陈栎在《送董季真入闽刊书序》一文中对董鼎用《朱子语录》、诸家注解羽翼蔡氏《书传》的做法表示了极大的肯定,并赞扬董鼎"先知为知",三十年前即能"先知科目之兴",终于使其著作有用于世。所以他说:"书行,岂直为深山(董鼎)贺与自贺? 将与天下学者贺!"②在此序言中,陈栎还提到自己也在编纂与董鼎著作主旨、体例大致相同的《书集传纂疏》③。陈栎在延祐开科后也已认定"圣朝科举兴,行诸经、《四书》,一是以朱子为宗。《书》宗《蔡传》固亦宜然"④。综上可证,《书集传纂疏》之问世,与"科目之兴"不能说没有关联。

　　科举的举行对朱子经学来说是幸运的,但也暗含着不幸,因为科举更容易使原本具有诊断性与批判意识的思想探求演变为考察记忆力的竞赛。很多士人为了功名利禄采取了非常现实的应对方法,他们唯知死记硬背,至于性理深意则全不理会,于是整个社会的学术氛围益发偏于言语训释之末。这使得朱子经学面临着更大的挑战。如朱升云:"近世举业,往往混诵经注。既不能体味乎传注,而反断裂其经文,使之血脉不通,首尾不应。"⑤又如吴师道云:

---

　　① 刘君佐:《〈诗集传附录纂疏〉刻书识语》,《诗集传附录纂疏》,第284页。

　　② 陈栎:《送董季真入闽刊书序》,《陈定宇先生文集》卷二,第281页。

　　③ 陈栎《送董季真入闽刊书序》一文写于送董真卿入闽刊书之时,许华峰认为具体时间约在元延祐二年(1315),此时科举已开,陈栎著《书集传纂疏》显然是为科举计。但许华峰认为《书集传纂疏》乃《书解折衷》之延续,并非为了科举而改变了学术立场。陈栎《书》学是否因为科举而改变了立场我们姑且不论,但《书集传纂疏》一书的著作目的实乃为了方便科举则大抵不错。见许华峰:《论陈栎〈书解折衷〉与〈书蔡传纂疏〉对〈书集传〉的态度——驳正〈四库全书总目〉的误解》,《元代经学国际研讨会论文集》,第397页。

　　④ 陈栎:《尚书蔡氏集传纂疏自序》,《陈定宇先生文集》卷一,第268页。

　　⑤ 朱同:《朱学士升传》,《新安文献志》卷七六,第1856页。

　　尝谓今科举之制,先之以《四书》、《五经》传注主某氏、某氏,
所以明义理正学术;……二十年间,所得亦可睹矣。窃怪比年义
理之学日以晦埋,文章之体日以佹骸,士气日以衰苶懈怠,岂无
故哉!①

　　"断裂其经文"、"义理之学日以晦埋"是科举发展的必然趋势。在
元代前期的徽州学界,胡一桂、胡炳文、陈栎等人倡导的"附录纂疏"之
学虽曾一度利于科举,但最终却没能跨越"博而不能返约"的泥淖。初
涉理学者,面对浩繁的"附录"与"纂疏"往往茫然而不知如何下手,也同
样会误入"断裂其经文"的死胡同之中。如何删繁就简? 补充以义理探
求是否能纠正偏执于经纂、训释的流弊? 这是摆在新安理学家面前的一
大课题。当此时,新安理学出现一定的学术调整已是不可避免了。

第三节　关于"一以朱子为归"的治学理念

一、对朱熹经说的维护与补充

　　南宋的徽州学界已经出现了很多倡导朱子学的地方士人,入元
后,这些士人还保持着不小的规模,所谓"宋亡,老儒犹数十人,其学一
以朱子为宗,其议论风旨皆足以师表后来"②。方回、汪宗臣、江雷、胡
次焱、曹泾、胡斗元即为这些老儒的代表。这些老儒对朱熹推崇备至,
如方回云:"(《四书章句集注》)义愈明、理愈精,学者欲舍是而求,所
谓学可乎?"③元代前期新安理学家如胡炳文、胡一桂、陈栎、程复心等
也同样坚守朱子学立场,譬如胡炳文说:"我辈居文公乡,熟文公书自

---

　　①　吴师道:《答傅子建书》,《吴礼部文集》卷一,《北京图书馆古籍珍本丛刊》第93册,
第335页。
　　②　赵汸:《汪古逸先生炎昶行状》,《赵征君东山先生存稿》卷七。
　　③　方回:《题吴云龙诗集》,《新安文献志》卷二三,第517页。

是分内事。今能使舟车所至,人力所通者,皆家传而人习,斯道一大幸也。"①而程复心著书"随义立例,章为之图,以究朱子为书之旨"②。陈栎称"文公书即换凡骨之仙方也"③,又说自己"不敢一毫不祖述乎朱子"④。他们都把朱熹奉为广大悉备的宗师,甚至对其都带有了一种宗教式的崇拜。正因为他们对朱熹众口一词的推崇,遂使后人常常以朱熹尸祝之,并以"一以朱子为归"概括其治学特征⑤。在这里,我们需要解决的问题是:元代前期新安理学家们果真"一以朱子为归"么?如果答案是肯定的,那么这种"一以朱子为归"达到了怎样的程度? 我们又应该怎样去理解他们"一以朱子为归"的治学特点?

作为理学之集大成者,朱熹代表着儒学的哲学完成。其哲学框架的建立基本上是依托于经学研究的,朱熹经学诠释成就辉煌,《四书章句集注》、《诗集传》等都是具有典范意义的著作,尤其是《四书章句集注》还曾引领过经学史上划时代的变革。朱熹的杰出贡献使古老的经典重新显示出活泼泼的生命力,震撼了许多求道者的心灵。对于很多朱子后学来说,朱熹的哲学建构已经达到了义理尽明,恰如一座难以企及的高峰,要想取得突破无异于蜀道之难,但朱熹的经典注释文字却过为简约,这过为简约的注释给朱子后学们留下了一个可以发挥的空间。当朱子遗文和讲学遗言的整编工作完成之后,朱子学者们的研究兴趣开始转向了对《四书章句集注》、《诗集传》、《周易本义》等著作的集释。他们要做的工作就是羽翼朱子,即采用朱熹的其他说法与一些朱子学者的解释,使之相互发明。这种宗朱的治经方法表面上似乎是要保持朱子学的纯洁性,但实际上已经显示出了学术活力的消退。南宋后期,朱子后学们对朱熹经说的维护已呈繁盛之象,而"到了元代更加变本加厉"⑥。

胡一桂、胡炳文、陈栎等新安理学家的兴趣点与用力点也是集中

①　胡炳文:《答定宇陈先生栎并辞求遗诏》,《云峰集》卷一,第167页。
②　朱彝尊:《经义考》卷二五五,北京:中华书局,1998年版,第1284页。
③　陈栎:《陆敬仁友名字说》,《陈定宇先生文集》卷五,第310页。
④　陈栎:《上许左丞相书》,《陈定宇先生文集》卷十,第374页
⑤　赵汸:《商山书院学田记》,《赵征君东山先生存稿》卷四。
⑥　周春健:《元代新安学派的四书学》,《中国哲学史》2007年2期,第116页。

在经学层面，其手法乃是广泛采辑朱子论著、文集、语录中的说法以及其他宗朱学者的说法，相互发明，用以羽翼、延展、充实朱熹的经学著作。新安老儒汪宗臣曾谓程颢道之学"足以翼圣经而助风化"①，所谓"翼圣经"正是这一手法的目的之所在。为了普及朱熹经学，新安理学家们编撰了为数不少的"附录纂疏"式的经学著作，这些为教学而设计的著作宗朱意味十分明显，譬如胡一桂的大多数著作即是如此。徽州学界自南宋时就极为嗜《易》，其《易》学研究均是一尊朱熹。如胡一桂之父胡方平的《易学启蒙通释》就引用朱熹《文集》、《语类》中的有关论述以及朱子学者的说法来发挥朱熹未尽之意②。胡一桂《易》学承自乃父胡方平，正所谓"《易》学传家，父作而子述之"③是也。胡一桂对朱熹《易》学非常崇拜，他认为："朱夫子于《易》学传授，其亦可谓金声玉振集大成者矣"④，又云："朱夫子勃兴，探前圣之精微，破俗学之缪妄，《本义》、《启蒙》有作，而后吾《易》复明于后世。愚尝谓孔圣以来，朱夫子有功于《易》，断断乎其不可及者。"⑤因此，他研究《易》学的意图就是为了羽翼朱熹之《易》，所谓"固将以羽翼朱子之《易》，由朱子之《易》以参透夫羲、文、周、孔之《易》也"⑥。可以说，胡一桂是朱熹"卜筮说"的坚定支持者⑦。

　　胡一桂《诗集传附录纂疏》一书专为羽翼朱熹《诗集传》而作，揭佑民认为此书"纂集大成，橐括前后，锼剔众说"，非但无"戾朱子意"，

---

　　①　程瞳：《新安学系录》卷一三，第241页。

　　②　刘泾跋《易学启蒙通释》曰："尝记儿时从家庭授《易》，闻之先君子云：昔晦庵先生之讲学于云谷也，我先文简云庄兄弟与西山蔡先生父子从游最久，讲《四书》之余，必及于《易》。……旧藏云庄所抄诸经师说数巨帙，兵燹之余，其存者盖千百之什一耳。一日，约无咎詹君、退斋熊君访云谷遗迹，适值新安胡君庭芳来访，出一编见示，谓其父玉斋平生精力尽在此书。亟阅谛玩，见其论象说理，允谓明备，而其所援引，则云谷当日及门之士遗言余论多在焉。"见刘泾：《跋易学启蒙通释》，胡方平：《易学启蒙通释》。

　　③　胡次焱：《跋胡玉斋〈启蒙通释〉》，《梅岩文集》卷七。

　　④　胡一桂：《周易发明启蒙翼传》中篇。

　　⑤　胡一桂：《周易本义附录纂注》卷一五。

　　⑥　胡一桂：《周易发明启蒙翼传序》，《周易发明启蒙翼传》。

　　⑦　钟彩钧指出："一桂颇为博学，有会通古今，整理以卜筮为中心的《易》学通论或《易》学史的意图。"从这个角度来说，他的确是"步武朱子"。见钟彩钧：《胡方平、一桂父子对朱子〈易〉学的诠释》，《元代经学国际研讨会论文集》，第195—237页。

反而能使"学者得之如大庖餍饫"①。在此著作中，胡一桂细致地为朱熹《诗序辨说》做了"附录"和"纂疏"，并郑重地置于篇首，其尊崇意味可见一斑。显然，这也是一部典型的宗朱之作。

黄沛荣认为元代《易》学别有两大特色，"一为阐释朱子《易》学，一为折衷程朱异同"②。他认为除唐元《易传义大意》属于折衷程朱异同之作外，其他新安理学家们的《易》学著作尽皆属于阐释朱子《易》学一类，这一论断符合我们的观察。胡炳文是另一位新安《易》学大家，有《周易启蒙通释》、《周易本义通释》等著作。《周易本义通释》一书是为羽翼朱熹《易》学思想而作，胡炳文以为《周易本义》成书较早，有些已不符合朱熹后期的《易》学思想，所以有必要以《朱子语录》订正之。除了《朱子语录》外，胡炳文还广泛辑录各家《易》解来丰富《周易本义》，以通其未通之义。正如此书《释例》所说："《通释》之于《本义》，依朱子《集注》例，盖集诸家之注为之也。"③从根本上说，此书是根据朱子《易》学思想而折衷是非的。对于朱熹《易》本卜筮之说，胡炳文亦是拳拳服膺而谨遵之，如其所云："圣人制为卜筮以教人，是为揲蓍之法，民一出一入，咸用之以为利，则为用蓍之神。"④

胡炳文《四书通》一书也是以朱熹《四书章句集注》是宗⑤。其著作目的也是针对当时粗浅、浮泛之作对朱熹《四书》学造成的误解而试图有所纠正。正是因为"近世为图为书者益众，大抵于先儒论著及朱夫子取舍之说，有所未通而遽为臆说，以衒于世"⑥，为了让读者真正得其辞、通其意，不偏离朱熹正轨，这就需要对当时粗浅、浮泛的《四书》学著作进行清整，所以他的《四书通》"悉取《纂疏》、《集成》之戾于

① 揭佑民：《朱子诗传纂集大成序》，《诗集传附录纂疏》，第275—276页。

② 黄沛荣：《元代〈易〉学平议》，《元代经学国际研讨会论文集》，第29页。

③ 胡炳文：《释例》，《周易本义通释》。

④ 胡炳文：《周易本义通释》卷五。

⑤ 如其云："六经，天地也；四书，行天之日月也。子朱子平生精力之所萃，而尧、舜、禹、汤、文、武、周、孔、颜、曾、思、孟之心之所寄也。其书推之极天地万物之奥，而本之皆彝伦日用之懿也。合之尽于至大，而析之极于至细也。言若至近而涵至永之味，事皆至实而该至妙之理。学者非曲畅而旁通之，未易谓之知味也；非用力之久而一旦豁然贯通焉，未易谓之穷理也。"见胡炳文：《四书通序》，《云峰集》卷三，第181页。

⑥ 邓文原：《四书通序》，《四书通》。

朱夫子者删而去之,有所发挥者,则附己说于后。如谱昭穆,以正百世不迁之宗。不使小宗得后大宗者,惧其乱也"①。

胡炳文维护朱子学可谓用心良苦,甚至朱熹所写的组诗《斋居感兴》,他也要当成经典来对待②。胡炳文把《斋居感兴》与《诗经》并列③,不仅如此,他甚至还提出《斋居感兴》与《中庸》有着一致的结构④。正是把这一组诗歌提升到经典高度的意识,才使得胡炳文"刻意模仿朱熹解经的方式以解释此组诗,展现出他对朱熹著作的继承"⑤。

陈栎一生著述甚多,其中对《四书》最为用功⑥。其《四书》学著作以朱子为指归,如其云:"栎一得之愚,往往附见,或有发前人未发者,实未尝出朱子窠臼外。"⑦在《书》学方面,陈栎早年有《书解折衷》一书,此书乃是"采诸家,附己见"的"援朱砭蔡"之作⑧。可见,不同于朱

① 邓文原:《四书通序》,《四书通》。

② 明经胡氏中的胡次焱系胡炳文的前辈,他也十分看重《斋居感兴》。如胡次焱《书文公感兴诗后》一文曰:"文公诗,则布帛之文,菽粟之味,有补饥寒,生人不可一日缺者。虽然,文公自谓近而易知,愚则可谓其近如地,其远如天。学者可以易知而忽之哉?"胡次焱:《书文公感兴诗后》,《梅岩文集》卷七。

③ 如其云:"夫子读周公、尹吉甫之诗,皆赞之曰:为此诗者,其知道乎! 以其诗有关于天理民彝,有关于世变也,子朱子《感兴诗》兼之矣。明道统,斥异端,正人心,黜末学。六百三十字中,凡天地万物之理、圣贤万古之心、古今万事之变关焉。"见胡炳文:《感兴诗通序》,《云峰集》卷三,第 181 页

④ 正所谓"始言一理,中散为万事,末复合为一理,与《中庸》合"是也。见胡炳文:《感兴诗通序》,《云峰集》卷三,第 181 页

⑤ 史甄陶:《从〈感兴诗通〉论胡炳文对朱学的继承与发展》,《汉学研究》第 26 卷,第 3 期,2008 年,第 93 页。

⑥ 陈栎:《论语训蒙口义自序》,《陈定宇先生文集》卷一,第 268 页。

⑦ 陈栎:《论语训蒙口义自序》,《陈定宇先生文集》卷一,第 268—269 页。

⑧ 朱熹逝世前,曾把《尚书》的诠释任务交给弟子蔡沈,蔡沈受父师之嘱,撰《书集传》一书,书成后则被视为朱子《书》学之正传。但蔡沈《书集传》注解《尚书》的原则却与朱熹多有抵牾之处,他没有完全遵从朱熹"读《尚书》可通则通,不可通,姑置之"的遗训,很多地方力求强解,从而导致了穿凿与附会之失。蔡沈《书集传》的穿凿附会之失,使宋末元初徽州学界的《尚书》学出现了"援朱砭蔡"的倾向。如程直方《蔡传辨疑》、程龙《书传释疑》、陈栎《书解折衷》等都属于这类著作。陈栎就曾指出:"朱子说《书》,通其可通,不强通其所难通,而蔡氏于难通罕阙焉。宗师说者固多,异之者亦不少。"对蔡沈《书集传》的不满,正是陈栎研究《尚书》的初衷。见陈栎:《书解折衷自序》,《陈定宇先生文集》卷一,第 267 页。

熹者,即使是嫡传如蔡沈者,也是需要整顿和规范的①。《书解折衷》被刘起釪认定为"元代的反蔡要著"②,而陈栎晚年的《书集传纂疏》则被刘起釪列为元代"《蔡传》定于功令后拥蔡的'时义'之作"③。虽则如此,此书还是保存了不少以朱子之训纠正蔡氏之偏的条款④。

除了《四书发明》、《书集传纂疏》外,陈栎其他著作也均以朱熹经说为圭臬。陈栎认为:"朱子出焉,推究作《易》之原,以求四圣人之心于千载之上,《易》至是而本旨益著。"⑤是以其《易》学指向也表现为努力维护朱熹《易》学的纯洁性。陈栎的《易》学著作《百一易略》、《读易编》虽均已亡佚,但我们尚可在他的书信中考证出其书的特色之所在,所谓《读易编》一书祖朱《本义》"⑥是也,以朱熹为指归的意味十分明显。

朱熹《诗集传》不仅对后世影响深远,而且在当时就产生了很大的示范意义。朱熹的弟子、再传们更是把《诗集传》视为《诗》学集大成之作。陈栎对《诗集传》也格外尊信,他对朱熹辩正《诗》序之举颇为推崇,如其认为:"独朱文公《诗传》始去小序,别为一编,序说之可信者取之,其缪妄者正之,而后学者知小序之非,闻正大之旨,至矣尽

---

① 其《书解折衷》的注解义例与蔡沈存在着颇为明显的差异:"予因训子,遂掇朱子大旨及诸家之得《经》本义者,句释于下。异同之说,低一字折衷之。《语录》所载及他可采之说与夫未尽之蕴,皆列于是。惟以正大明白为主,一毫穿凿奇异悉去之。"另外,此书"不尽载《蔡传》于前耳",这种做法实则暗含着对《蔡传》权威地位的否定。分别见陈栎:《书解折衷自序》、《送董季真入闽刊书序》,《陈定宇先生文集》卷一、二,第267—268、281页。

② 刘起釪:《尚书学史》,第297页。

③ 刘起釪认为陈栎此书"完全因为国家的功令,无可奈何地对《蔡传》作了违心的拥护"。不过,许华峰通过研究指出:"由《折衷》与《纂疏》二书中,陈栎驳蔡的比例相近(皆在十分之七左右),且内容互相承袭的情况可知,《总目》所指陈栎因延祐开科而改变对蔡《传》的根本立场的说法不能成立。《纂疏》正如陈栎自己所强调的,是《折衷》的扩充,延续了《折衷》对蔡《传》的态度,陈栎并未因科举考试而改变立场。"分别见刘起釪:《尚书学史》,第286页;许华峰:《陈栎〈书解折衷〉与〈书蔡氏传纂疏〉对〈书集传〉的态度——驳正〈四库全书总目〉的误解》,《元代经学国际研讨会论文集》,第418页。

④ 如"蔡氏此条不宗师说,而略用父说。上文皆箕子敷衍之言,下一节承上一节说,岂箕子以其敷衍之言,欲民即是训是行乎?"见陈栎:《书集传纂疏》卷四上。

⑤ 陈栎:《周易本义集成序》,朱彝尊:《经义考》卷四六,第256页。

⑥ 陈栎:《杨诚斋〈易传〉大概如何》,《陈定宇先生文集》卷七,第330页。

矣!"①朱熹《诗序辨说》②出,朱子学者们即以之为不刊之论。陈栎更是敬之若神,以"至矣尽矣"来形容即是明证。其《诗经句解》、《诗大旨》当为祖述《诗集传》之作。

元代后期的新安理学家赵汸提及其前辈们时曾说:

> 其学所本,则一以郡先师子朱子为归。凡六经传注、诸子百氏之书,非经朱子论定者,父兄不以为教、子弟不以为学也。是以朱子之学虽行天下,而讲之熟、说之详、守之固,则惟新安之士为然。③

这种"一以朱子为归"的治学风格在后世遭到不少非议,如明人孙绪曾激烈地批评胡炳文为"朱晦庵家奴婢",并云:"近世胡云峰炳文于朱子《周易》、《四书注》,极口称颂,千篇一律,使人厌观。"④四库馆臣们也讨论过金华朱子学者金履祥与胡炳文的区别,他们认为在金履祥的《四书》学著作里,虽然也有"注不误而履祥反误"的情况,"亦未尽确当不移",但金履祥"旁引曲证,不苟异亦不苟同,视胡炳文辈拘墟回护、知有注而不知有经者,则相去远矣!"⑤有元以降,学者们对于元代前期新安理学家有推尊,也有批判,但大多是将其治学特点概括为"一以朱子为归"。

二、清整世儒俗学

元代前期新安理学家之所以要"一以朱子为归",按他们的说法是,当时解释朱熹经说的著作存在很多舛讹与疏漏。为了清整众说,他们只得著书以图拨乱反正。譬如胡一桂撰《周易本义附录纂注》、

---

① 陈栎:《诗经句解序》,《陈定宇先生文集》卷一,第271页。

② 朱熹早年所作的《诗集解》对《小序》还是持肯定态度的,后受郑樵影响,"知《诗序》之果不足信",于是将《大序》、《小序》并为一编,定名为《诗序辨说》,以论《小序》之非。见黎靖德编:《朱子语类》卷八十,第2076页。

③ 赵汸:《商山书院学田记》,《赵征君东山先生存稿》卷四。

④ 孙绪:《无用间谈》,《沙溪集》卷一二,《景印文渊阁四库全书》第1264册。

⑤ 永瑢等:《四库全书总目》卷三五,第298页。

《周易发明启蒙翼传》的意图就是要维护朱子学。朱熹《周易本义》一书采用不同于王弼今《易》本的古《易》本作为底本，从而提出《易》本卜筮之说，遂"破俗学之缪妄"①。这里所说的"俗学"乃是指"刘牧的图书学、林栗的互体说以及麻衣易等"②。胡一桂的时代，遵循刘牧图书学之说以及采用王弼今《易》本为底本的势头并未得到根本遏制。这使胡一桂深感不安，如其云：

> 诚以去朱子才百余年，而承学浸失其真。如《图》、《书》已厘正矣，复仍刘牧之旧者有之。《本义》已复古矣，复循王弼之乱者有之。卜筮之教炳如丹青矣，复祖尚玄旨者又有之。若是者，讵容于得已也哉！③

胡一桂著作中鞭挞最多的《易》学家就是郑玄与王弼。他认为此二人擅自改变古《易》体例，而使三圣之《易》"殽乱千有余年"。而"今世儒解《易》，又复仍王弼本而莫觉其非"④。这让胡一桂尤难接受，因此他不仅"把呈现经传相分的朱熹《周易本义》作为'易'书的标准版本"⑤，而且还要批评世儒之俗《易》，从为朱熹之说摇旗呐喊。

胡炳文著《四书通》也是针对当时遂为臆说之作对朱熹《四书》学所造成的误解，如其云：

> 独惜乎疏其下者或泛、或舛，将使学者何以决择于取舍之际也？呜呼！此余所以不得不会其同而辨其异也。会之庶不失其宗，辨之庶不惑于似也。余不敢自谓能通子朱子之意，后之通者倘恕其僭而正其所未是，则余之所深冀也。⑥

---

① 胡一桂：《周易本义附录纂注》卷一五。
② 朱伯昆：《易学哲学史》第三卷，北京：华夏出版社，1995年版，第4页。
③ 胡一桂：《周易发明启蒙翼传序》，《周易发明启蒙翼传》。
④ 胡一桂：《周易发明启蒙翼传》中篇。
⑤ 李秋丽：《胡一桂易学观研究》，《周易研究》2008年第4期，第25页。
⑥ 胡炳文：《四书通序》，《云峰集》卷三，第181页。

其中赵顺孙《四书纂疏》、吴真子《四书集成》最是需要清整的对象①。所谓"悉取《纂疏》、《集成》之戾于朱夫子者删而去之"②。除了赵顺孙、吴真子外，胡炳文还认为饶鲁之说亦有偏颇，他曾说："双峰饶氏之说于朱子大有发明，其间有不相似者辄辨，以俟后之君子择焉。"③之所以如此严谨，是因为"不明言之，恐误后学。盖亦不得已而为尔。"④《元史·儒学传》传云："余干饶鲁之学，本出于朱熹，而其为说，多与熹抵牾，炳文深正其非，作《四书通》。"⑤史甄陶经研究指出，在谈论"诚"及"知仁勇"等问题上，胡炳文驳斥了饶鲁，维护了朱熹的立场⑥。

陈栎著《四书发明》的目的与胡炳文十分吻合。如其云："《纂疏》、《集成》多有差缪"，"《纂疏》多不满人意，《集注》依样画葫芦而已，不堪视览，故不得已而有《发明》之编"⑦。不同于朱熹者，即使是嫡传如蔡沈、饶鲁者，他也不肯放过。陈栎《书解折衷》一书"驳蔡"的比例占十分之三左右，此为明证⑧。对于饶鲁改变朱熹《四书》架构的做法，陈栎也是大加鞭笞，甚至以"心疾发作"目之⑨。对于陈栎的治学特点，揭傒斯概括得比较到位：

① 如二书中引辅广言论曰："古所谓七情者，喜、怒、哀、乐、爱、恶、欲也。今程子以惧字易乐字，盖嫌喜乐二字相似而不及于惧也，其义精矣。"胡炳文辩驳说："愚按《礼记·中庸》篇以喜、怒、哀、乐四者言；《礼运》篇以喜、怒、哀、惧、爱、恶、欲七情言。程子之论正本《礼运》，初未尝以惧字易乐字也。"见胡炳文：《凡例》，《四书通》。

② 邓文原：《四书通序》，《四书通》。

③ 胡炳文：《凡例》，《四书通》。

④ 胡炳文：《凡例》，《四书通》。

⑤ 宋濂：《元史》卷一八九《儒学传》，第4322页。

⑥ 史甄陶：《家学、经学和朱子学——以元代徽州学者胡一桂、胡炳文和陈栎为中心》，第101—104页。

⑦ 陈栎：《答胡云峰书》，《陈定宇先生文集》卷十，第381—382页。

⑧ 许华峰：《陈栎〈书解折衷〉与〈书蔡氏传纂疏〉对〈书集传〉的态度——驳正〈四库全书总目〉的误解》，《元代经学国际研讨会论文集》，第395—425页。

⑨ 陈栎的外甥吴仲文曾问陈栎说："饶双峰有助于朱学，有发明极好处，亦有拘处，其大可怪"，"妄改朱子之言以非朱，殆不可晓"。陈栎云："饶氏《四书讲议》内多有好处，亦多有可非处，如朱子补《大学》'格物致知'章，渠发明其意甚精密，末一段却疵朱说，改其文，似是两人所为。吾尝疑其人有心疾，清明在躬时，说得好，其非改朱子之说，乃心疾发作时，不然何故如此纰缪，自相背驰？晚年自号饶圣人，真心恙矣。"见陈栎：《问答》，《陈定宇先生文集》卷七，第352页。

惧诸家之说乱朱子本真,乃著《四书发明》、《书传纂疏》、《礼记集义》等书余数十万言。其畔朱子者刊而去之;其微辞隐义引而伸之;其所未备补而益之。于是朱子之学焕然以明。①

三、对朱熹经说的修正

如前所述,元代前期的新安理学家一般都难以容忍世儒淆乱朱子学的行为,所以他们普遍扮演着朱子学卫道士的角色。虽然对朱熹格外推尊,但当他们遇见朱熹的错误时并不是一味回护遮掩。也就是说,新安理学家们对于朱子学"讲之熟、说之详、守之固",但却也不是盲目的追捧者。如胡一桂的《易》学研究就颇立己说,如把"分殊"转化为具体的卦象②,又如倡导崇阳抑阴之论③,甚至是打造出专门阐释卜筮之说的《易》学史④。在一些问题上,他不太认同朱熹的看法,如在"古《易》在汉代从谁开始转变"与"古《易》在宋代由谁开始恢复"两

①　揭傒斯:《定宇陈先生栎墓志铭》,《新安文献志》卷七一,第1740页。

②　这种做法加强了卜筮之说的具体指向性,如其云:"愚谓《说卦》震、坎称马,盖本诸此,曰蹄足、曰美脊,以初、中二阳名屯,坎上震下,故爻多马象。二乘初,上乘五、四应初,亦云'乘'若'三爻乘马',皆称班如而上独泣者,以时当屯难,宜班如而不可速往。然二、四皆有正应,可归上,独穷极下又无应,所以泣也。"见胡一桂:《周易本义附录纂注》卷一。

③　如其云:"至于崇阳抑阴、进君子退小人、尊卑之分、贵贱之等与夫幽明之故、死生之说、鬼神之情状,凡可因以发明性命道德之蕴,以淑身心者,纤悉毕言之。于是《易》始不徒局于象数卜筮之书,推之而至精至变至神之妙。"见胡一桂:《周易本义附录纂注》卷一五。

④　《周易发明启蒙翼传》分为上篇、中篇、下篇、外篇四个部分,上篇主要谈论的是儒家道统视野里"易"之历史;中篇是在探讨"易"之历史原貌;下篇内容比较驳杂,但大致可分为"举要"、"明筮"、"辨疑"三大类别,以发明辞、变、象、占之义以及考订史传中的卜筮卦占之法。此书使胡一桂的《易》学研究达到了一个较高的层次。李秋丽认为:"在思想创新相对不足的元代易学阵营中,胡一桂从'天地自然之易'入手,创新了'日月为易'说;从区分'十翼'中的'易'字切入,得出'十翼'的'易'字多为书名,注重对'易'书自身性质和版本的研究。"她也同时指出:"胡一桂吸取了朱熹'易本卜筮之书'的判定和经传相分思想,并把呈现经传相分的朱熹《周易本义》作为'易'书的标准版本。"可以说,胡一桂是遵循朱熹的思路继续向前拓展的。钟彩钧则认为《周易发明启蒙翼传》有"对伦理的重视"、"发展的观点"、"通达的见解"、"将象数图表化"等四个特色。分别见李秋丽:《胡一桂易学观研究》,《周易研究》2008年第4期,第25页;钟彩钧:《胡方平、一桂父子对朱子〈易〉学的诠释》,《元代经学国际研讨会论文集》,第226—235页。

个问题上就与朱熹颇唱异调①。在《诗》学研究上，胡一桂亦非百分百步武朱熹。他一方面认为朱熹未尽去《小序》，反而牵强解释以求合于《小序》②。但在一方面，他也常常"复纂用《序》说"③。这些都属于不同于朱熹的独立见解。在《诗集传附录纂疏》一书中，胡一桂所持独立见解的条目计 77 条，在 972 条"纂疏"中所占的比例在 7.92%左右④。张金吾称其"虽不敢显违朱子，而亦隐示不墨守朱子也。"⑤

---

①　史甄陶：《家学、经学和朱子学——以元代徽州学者胡一桂、胡炳文和陈栎为中心》，第 52—57 页。

②　我们可以试举一例，如关于《周南》里的《汝坟》一篇，朱熹《诗集传》注释云："鲂，鱼名，身广而薄，少力细鳞。赪，赤也。鱼劳则尾赤。鲂尾本白而今赤，则劳甚矣。王室，指纣所都也。毁，焚也。父母，指文王也。孔，甚。迩，近也。是时文王三分天下有其二，而率商之叛国以事纣，故汝坟之人，犹以文王之命供纣之役。其家人见其勤苦而劳之曰：汝之劳既如此，而王室之政方酷烈而未已。虽其酷烈而未已，然文王之德如父母，然望之甚近，亦可以忘其劳矣。此序所谓'妇人能闵其君子，犹勉之以正'者。盖曰：虽其别离之久、思念之深，而其所以相告语者，犹有尊君亲上之意。而无情爱狎昵之私，则其德泽之深，风化之美，皆可见矣。一说父母甚近，不可以懈于王事，而贻其忧，亦通。"对朱熹这一说法，胡一桂并不苟同，在此段纂疏之下他加了按语："愚按：此章说者皆就'鲂鱼赪尾'上说妇人闵其夫行役之劳；'王室如毁'以下说妇人勉其夫以正。恐不但以《小序》说《诗》，反成以《诗》说《小序》，此先生去《小序》而未尽也。窃谓诗人自说'鲂鱼赪尾'，以兴'王室如毁'一句，若曰鲂鱼则赪尾矣，王室则如毁矣，'赪'与'毁'二字相应。又曰：虽则如毁，而文王之为我父母，则甚通也，岂妇人见其夫之归而相与慰劳之辞乎？诗意不过如此，'鲂鱼赪尾'，何预行役之劳？而必欲强解以求合《序》，可乎？"见胡一桂：《诗集传附录纂疏》卷一，第 318 页。

③　胡一桂虽曾指出朱熹存在去"《小序》而未尽也"的缺欠，但受到吕祖谦《吕氏家塾读诗记》、严粲《诗缉》的影响，胡一桂《诗集传附录纂疏》在一定程度显示出了"复纂用《序》说"的取向。譬如有关《郑风》中的《有女同车》一诗，此诗本属男女相悦之歌，与史事无关，《小序》却以为此诗"刺忽也。郑人刺忽之不昏于齐"。朱熹《诗集传》破除了《小序》这种牵强的史事附会，认为"此疑亦淫奔之诗"。虽然朱熹戴有道学家的有色眼镜，大斥《郑风》多"为女惑男之语"，但这种"淫诗说"却可以破除对牵强附会的《小序》的迷信，在《诗》学史上是有其进步意义的。然而胡一桂却认为诸家如毛公、吕祖谦、严粲等在此篇中多用《小序》的说法，因此，他也"复纂用《序》说"。《郑风》中的一些诗篇如《山有扶苏》、《蘀兮》、《狡童》、《褰裳》、《风雨》、《子衿》等如《有女同车》一样，都被朱熹斥为淫诗，而胡一桂却以"诸家多用《序》说"为托辞，遮掩自己不同于朱熹的立场，闪烁其词地提出自己的见解。胡一桂《诗集传附录纂疏》中"复纂用《序》说"的篇目共计 28 篇，此数目比较可观。见刘成群：《胡一桂诗集传附录纂疏初探》，《中国文哲研究通讯》第 32 卷，第 2 期，2013 年，第 217—218 页。

④　刘成群：《胡一桂诗集传附录纂疏初探》，《中国文哲研究通讯》第 32 卷，第 2 期，2013 年，第 215 页。

⑤　刘毓庆：《历代诗经著述考》，北京：中华书局，2002 年版，第 346 页。

胡炳文也是如此,其经说表面看来对朱熹亦步亦趋,但若仔细考察,还是能发现一些与朱熹不同的说法。譬如胡炳文对朱熹《睽卦》"中女少女,志不同归,故为睽"之说就不以为然,是以质疑说:"以中女少女,志不同归为《睽》,长女中女亦不同归,而名《家人》,何也?"因此,他进一步指出,《家人》、《离》的阴爻处在二位,《巽》之阴爻在四位,女得正,所以不为睽,而《睽》卦下为《兑》,阴爻处于三,上为《离》,阴爻五,不得正故而为睽①。

胡炳文《四书通》亦维护朱熹经说,后世学者多谓此书墨守朱说,如王夫之说:"云峰之笃信,乃以成朱子之失。"②但实际上此书也存在不少纠正朱熹的地方,并非是一味墨守。譬如对朱熹"此由庸行之常,推之以极其至,见道之用广也"一句,胡炳文就纠正曰:"'庸行之常'笔误,当作'庸德之行'。盖上章言庸德,而此章言舜大德,下章言周公文武之德,皆由庸德推之以极于至也。"③

与胡一桂、胡炳文一样,陈栎也对朱熹的经说的失当之处保持着警醒。如其曾评价朱熹《易》说:"内五数,以五乘法为五十,此《本义》之说,极稳当。但当初若云大乘数则妙,云大衍数亦欠通。"④在《中庸》层面,陈栎亦有不同于朱熹者,譬如朱熹以"尊德性"为"存心",而陈栎却以"尊德性"为"力行工夫"⑤。此外,陈栎还著有《深衣说》来考究深衣制度,他对朱熹《家礼》中所载的"曲裾"、"黑缘"等条款并不愿苟同,而是经过详细考证提出了自己的观点。并给出不遵从朱熹的理由:

> 文公诸书,终身修改,后来定本,其中有与初年所著无一语同者,使《家礼》不失,公及改之,岂终于此而已乎?今必执《家礼》以为据,则曲裾之添布一幅、黑缘之略无分别、上衣之长仅与袂本

① 胡炳文:《周易本义通释》卷二。
② 王夫之:《读四书大全说》,北京:中华书局,1975年版,第204页。
③ 胡炳文:《中庸通》卷二,《四书通》。
④ 陈栎:《问大衍之数》,《陈定宇先生文集》卷七,第347页。
⑤ 倪士毅:《四书辑释·中庸》,《四库全书存目丛书》经部第155—156册,第655页。

齐,非不明载于《家礼》也,今何为不遵用之乎? 愚盖以求为真是之归者学文公,而不敢泥未定之书以学文公也,且前说之云云,皆有所因述,无一字出于臆说者,极知不逮,无所逃罪,先觉君子幸察而教之。①

　　陈栎一直强调自己愿为朱子忠臣,而不为朱子佞臣,出于维护朱子学的目的,他也会主动修正一些朱熹经说中的疏漏之处。

　　皮锡瑞认为元代经学高过明代,其中最重要的原因就是犹存古注疏②。胡一桂、胡炳文、陈栎等新安理学家往往采取以经说经或经经互证的方式来研究经学,因此对古注疏的掌握算得上比较精熟③。这使得他们有能力对朱熹经说的某些条款做出适当的修正,但其意图是维护而不是把朱子学当作标靶。因此,他们往往相当隐晦地表明自己的观点,遮遮掩掩,欲言又止。而且他们也十分注意把握一个"度"字,防止纠偏过多从而影响朱熹经说的权威性。可见,元代前期的新安理学家们普遍面临着一种尴尬的处境,他们的确具有运用古注疏或进行经经互证的能力,他们或许也可以像吴澄那样把经学研究推向深远处,但他们却普遍放弃了做那样的尝试。他们绝大部分精力都放在维护朱熹经说的层面,编纂"附录纂疏"式的教材著作,以适应于徽州这个地域社会的教学工作。尽管他们也会提出一些纠正朱熹不当之处的意见,但这却改变不了他们浓厚的宗朱色彩。"一以朱子为归"或许形容得有些绝对,但总体而言,还是能概

　　①　陈栎:《深衣说》,《陈定宇先生文集》卷六,第324—329页。
　　②　这一点从延祐开科时议定的科举条例中也可以参详到一二,如:"《诗》以朱氏为主,《尚书》以蔡氏为主,《周易》以程氏、朱氏为主,以上三经兼用古之注疏。……"皮锡瑞认为"元以宋儒之书取士,《礼记》犹存郑注",但"明并此而去之,使学者全不睹古义",以至于"谫陋为尤甚"。见皮锡瑞:《经学历史》,第289页。
　　③　譬如胡炳文针对《四书纂疏》的纰漏说:"德之为言,得也;政之为言,正也。本《记》曰:德者,得也;《语》曰:政者,正也。谓前无训释,可乎? 盖如说,喜意也,犹是以喜字训说字;学之为言,效也,学之为字,即是效字。按《说文》古敩字从文,则学字即是敩字,效、敩通。今如《纂疏》此类皆删之。"见胡炳文:《凡例》,《四书通》。

括其总体特征的①。

小　结

元代前期的新安理学家们大多数为终身未仕的乡先生,他们的注意力基本上都集中在基层的教育方面。为了教学之需要,编纂合适的教材就成了他们的首要工作。元代前期新安理学家群体规模并不算小,为教学之需要而编纂的经学著作在数量上也十分可观。通过研究胡一桂、胡炳文、陈栎等人的著作,可以概括出一些共同的特征:他们进行经学研究的目的乃是为了羽翼朱熹经说,形式方面基本上都是采用"附录纂疏"来纂辑群言,所以可将其归纳为一种"附录纂疏"式的著作。

元代前期,一些解释朱熹经说的著作存在着很多舛讹与疏漏。为了清整众说,新安理学家们纷纷著书以图拨乱反正,从而扮演起朱子学卫道士的角色。虽然对朱熹格外推尊,但他们遇见朱熹的错误时却也不是一味回护遮掩。他们有能力对朱熹经说的某些条款做出适当的修正,在修正朱熹经说时,他们十分注意把握一个"度"字,以防止纠偏过多从而影响朱熹经说的权威性。尽管他们也会提出一些纠正朱熹不当之处的意见,但这却改变不了他们浓厚的宗朱色彩。"一以朱子为归"或许形容得有些绝对,但总体而言,还是能概括其总体特征的。

---

①　元代前期新安理学家对朱子学的维护可能要比其他地区的学者强烈得多。譬如江西学者黎立武的《大学》著作就采用《大学》古本,而不用朱熹的改定本。金华的北山学派虽以朱子嫡传自居,但有时也会挑战朱熹经说,如王柏就以为朱熹所补"格致传"实为未缺,所谓"鲁斋之宗信紫阳,可谓笃矣,而于《大学》则以格致之传不亡,无待于补;于《中庸》则以《汉志》有《中庸说》二篇,当分'诚明'以下别为一篇"。胡一桂、胡炳文、陈栎等虽也会在一定程度上纠朱子之偏,但他们绝对不会做出黎立武、王柏那样的大举动。分别见黎立武:《大学发微》,民国九年(1920)涵芬楼影印《学海类编》本;黎立武:《大学本旨》,民国九年(1920)涵芬楼影印《学海类编》本;黄宗羲、全祖望:《宋元学案》卷八二,第2733页。

第四章　元代后期的新安理学家群体

第一节　科举与游谒:元代后期
徽州地方士人的两种选择

一、科举

元仁宗皇庆二年(1313),行科举诏颁布天下。延祐二年(1315),大都举行大比。科举在中断了数十年后终于复行,一时南北士人无不震动①。此次开科的象征意义虽远大于实际意义,但它却使知识分子们心目中的文化胜利感空前高涨起来②。科举复行对徽州学界影响极

---

① 关于延祐开科,学界已有很多出色的论述,譬如姚大力对其行废的历史和社会背景做过深入的研究。萧启庆则从整体层面评估了元代科举的特色、影响及其在科举史中的地位。分别见姚大力:《元朝科举制度的行废及其社会背景》,《元史及北方民族史研究集刊》第6期,1983年,第26—59页;萧启庆:《元代科举特色新论》,《中研院历史语言研究所集刊》第81本,第1分,2010年,第1—27页。

② 艾尔曼认为:"中国文人的文化胜利便是在文人之间,以及在以道学为主的科举所不断生产的经学正统中被纪念。"见[美]艾尔曼:《南宋至明初科举科目之变迁及元朝在经学历史的角色》,吕妙芬译,《元代经学国际研讨会论文集》,第106页。

大,众多士人都如旱逢甘霖一样赞美这一举措。如胡炳文颂扬曰:"天相斯文"①。此后,他主导的明经书院明显转向了应对科举考试②。陈栎还以年老之躯考取了乡试,并意欲远赴大都参加礼部试,但无奈因病阻于杭州。此事在他心头形成了很大的阴影,曾无数次感慨太息以表达遗憾之意③。陈栎的反应似乎不像揭傒斯所谓的"当赴春官,称疾固辞"④,也不似赵汸所谓的"陈公一领乡荐,归则著书授徒终其身,类非以仕为悦者"⑤,而更不似汪循所谓的"卒称病不行,坚不臣之心,泯不仕之迹"⑥。陈栎并非遁世无闷者,也不是什么"坚不臣之心",是时元政权立国已久,他已完全接受了元廷政权的现实存在,如其云:"今日之天下,乃从开辟以来未尝有之混一。"⑦

　　南宋时期,徽州已然形成一个科举型社会。入元之后,科举不行,这种状况对士人心态、行为的巨大影响实可想见,他们普遍是遽然无措,且彷徨无地。延祐开科,无疑是给徽州士人们打了一针兴奋剂。如胡炳文、陈栎等新安理学家均是为之欢欣雀跃。当胡炳文、陈栎、程复心等人逐渐凋谢之后,新一代的新安理学家如郑玉、朱升、汪克宽、唐桂芳、赵汸等人已经完全成长起来了。这些理学家具有完全的元朝背景,而且普遍表现出了对元政权的认同,他们对用事于元廷没有任何抵触情绪。所以,告别前辈们山长、经师、塾师的身份去追求金紫之途成为了他们普遍的选择。因为大多数人不能因吏而入仕,科举遂成

---

　　① 胡炳文给吴澄写信提道:"辄不自量,创书院,扁曰'明经',三年始底于成,告于有司。又三年,始从所请。延明师膳养讲肄,日以为常,远近来者如归。逾年,科举诏下,新班第一场明经题。书院是扁,若逆知天意而为之者。天相斯文,其在兹乎?"见胡炳文:《代族子淀上草庐吴先生求记明经书院书》,《云峰集》卷一,第164页。
　　② 史甄陶指出,胡炳文在元英宗至治元年(1321)所出的题单,其题目分类及内容,与当时对汉人、南人的科举考试规定一致。因此,她得出"明经书院这类型的考课,主要在帮助应对科举考试"的结论。见史甄陶:《家学、经学和朱子学——以元代徽州学者胡一桂、胡炳文和陈栎为中心》,第96页。
　　③ 如其云:"天之所畀不厚其尚何言?""独予抵杭以病而尼,是天欲隐之也。"见陈栎:《送朱季裕北上序》、《赠黄秋江》,《陈定宇先生文集》卷二,第278、277页。
　　④ 揭傒斯:《定宇陈先生栎墓志铭》,《新安文献志》卷七一,第1741页。
　　⑤ 赵汸:《送戴尚文赴句容县教谕序》,《赵征君东山先生存稿》卷二。
　　⑥ 汪循:《定宇陈先生祠堂记》,《汪仁峰先生文集》卷一三,《四库全书存目丛书》集部第47册,第354页。
　　⑦ 陈栎:《送赵子用游京师序》,《陈定宇先生文集》卷二,第275页。

为其希望之所在①。他们盼望着幸运有一天会降临到自己头上，使自己也能像南宋时代吕午、程元凤那样位极人臣，从而把满腹才华纳入到政治操作的层面上来。但从最终结果来看，科举考试并未给江南士人带来他们梦想中的效果，这在徽州地方士人身上表现得颇为明显，下面试举几例分析。

汪克宽(1304—1372)，字德辅，祁门人。汪克宽热衷科举，早年曾向胡炳文问学。胡炳文身为明经书院山长，在应对科举考试方面颇有经验。此外，汪克宽也有意交往一些科举成功人士，如吴暾等②。汪克宽不但通习朱熹经学，而且在"策"、"论"以及"古赋"方面都称老道，可见为科举考试下过很大的功夫③。他的努力也得到了一定回报："举应江浙乡试，即中前列"，但接下来就不是那么顺利了："次年春，先生至京会试，论《春秋》与主司不合，又兼对策切直，遂见黜于中书。"在上升无望的情况下，汪克宽"遂厌科举之文，慨然曰：'道不行于当时矣！'"于是回归乡里，"取圣人手笔之《春秋》，博考诸说之同异得失，以胡文定公之传为主，而研究众说，会萃成书"，书曰《春秋胡氏传附录纂疏》。书成即以之教授学生，"四方学者知先生道学之懿，从游甚众"④。由上可见，汪克宽是出于无奈而退隐为乡先生的。

朱升(1299—1370)，字允升，休宁人。朱升早年拜于徽州乡先生江敏求、金斋谕门下，后在胡炳文的明经书院学习，并在书院的考课中

---

① 元代重行政效率，倡导实用主义的吏治文化更能吸引统治者的眼球，是以有元一代，以吏进官者总是主流。有关元代的入仕途径，姚燧有一段总结很好，基本适用于整个元朝："大凡今仕惟三途，一由宿卫，一由儒，一由吏。由宿卫者，言出中禁，中书奉行，制敕而已，十之一。由儒者，则校官，及品者提举教授，出中书，未及者则正录，而下出行省宣慰，十分一之半。由吏者，省台院、中外庶司、郡县，十九有半焉。"见姚燧：《送李茂卿序》，《牧庵集》卷四。
② 汪克宽行状记载："泰定丙寅春，闻严陵吴先生朝阳以《春秋》登甲子进士第，任郡阳丞，特往访之。朝阳先生闻其言，喜曰：'子可谓知作《春秋》之心法矣。'"见吴国英：《环谷汪先生克宽行状》，《新安文献志》，卷七二，第1769页。
③ 元仁宗皇庆二年(1313)诏定汉人、南人的科举考试程序：第一场，明经经疑二问，经义一道；第二场，古赋、诏诰、章表内科一道；第三场，经史时务策一道。在汪克宽文集中可以看到众多与科举相关的策、论、古赋，如《省试策》、《省试论》、《无逸图赋》、《夫子之墙赋》、《九夏赋》、《泮宫赋》、《皇极赋》等。见汪克宽：《环谷集》卷一、三。
④ 吴国英：《环谷汪先生行状》，《新安文献志》卷七二，第1770页。

获得过"经疑"第七名的成绩①。对朱升影响最大的乡先生乃是陈栎，据说朱升"剖击问难，多所发明。栎深器之"②。朱升亦称："升事先生二十余年，谊莫厚焉。"③陈栎曾一度热衷科举，他对朱升的经学训练当有科举的成分在里面。朱升的科举之路并不算顺利，他46岁时才中乡贡进士，之后拖了4年才被授予池州路学正，又拖了2年方才赴任。3年后，则"秩满南归"。除了这短暂的池州时光，朱升生平中的绝大部分乃是蜗居桑梓，这为他成为徽州一域有名的乡先生提供了可能性。

郑玉（1298—1358），字子美，歙人。郑玉从小苦读也是为科举计，但在两应不利所产生的绝望情绪下放弃了举子业。此后其矛头常常指向科举，甚至是非常严厉的批判，如"近世科举之士，用心得失之间，得之则沾沾以喜，失之则戚戚以悲，至于皓首穷经，终不得闻道，甚者丧心失志亦有之矣"④。郑玉生平绝大部分时间都立足乡邦，有门人鲍元康等为其谋建师山书院，郑玉遂执教其中。郑玉治学精于《易》与《春秋》，四方从学者甚多，所谓"学者从先生问学，绅佩寖盛"是也。可见，郑玉非因科举而致华衮，在地方却由经学而得盛名。

此外，如汪叡在至正年间也曾经应浙江乡试，但由于不合于有司，只得回归乡曲。归乡后，汪叡潜心治学，所谓"穷日夜潜心诸经子史，靡不研究考订，融会贯通。性命道德之原，古今事物之变，至于山川岳渎、草木昆虫，凡天之所覆、地之所载者，莫不极其所以然之故，然后反诸身而自得之，体认操存，充养其端，以实践焉"⑤。很快地，他也成为了一位知名的乡先生。又如唐桂芳，他曾说自己"素有志科举之习"⑥，所以在幼年时期就拜陈栎为师，并曾得到其嘉许。不过他也并未能走通科

① 胡炳文：《答定宇陈先生栎》，《云峰集》卷一，第170页。
② 朱同：《朱学士升传》，《新安文献志》卷七六，第1854页。
③ 朱升：《勤有堂记》，《朱枫林集》卷六，合肥：黄山书社，1992年版，第100页。
④ 郑玉：《送王伯恂序》，《师山先生文集》遗文卷一，明刻本。
⑤ 程汝器：《明故承务郎左春坊左司直郎贞一汪先生叡行状》，《新安文献志》卷七二，第1772—1773页。
⑥ 唐桂芳：《赠陈生自新序》，程敏政等编：《唐氏三先生集》卷一八，《北京图书馆古籍珍本丛刊》第115册，第636页。

举这条道路,其行状云:"至弱冠贡于有司,不利。"①唐桂芳后来出任崇安县教谕等学官并非因场屋之惠,而汪叡后来在明廷出任承务郎左春坊左司直郎更是与元廷科举无关了。

萧启庆认为元代科举实行的是一种双重配额制,即区域配额与族群配额交织。他认为"族群配额制原不是为公平取士而设计,明显不利于汉族士人,而区域配额制亦未达致公平的目标"②。因此"与南宋相较,元朝南人登第困难甚多。南宋疆域仅稍大于元朝南人地区,每科平均产生进士450名,相当于元朝南人录取平均数的24.2倍。元朝南人在科场中竞争之激烈可以想见"③。萧启庆这一说法颇为中肯,徽州方志中有关科举的记录也可以指向这一结论。以弘治《徽州府志》卷六《选举·科第》为依据统计,元代徽州士人中乡试者有吴昌、陈栎、汪泽民、王仪、汪克宽、朱升等24人,而中进士者则仅有汪泽民、赵宜中、胡善、吕诚、朱克正5人④。可见,实行双重配额制的元朝科举对于徽州士人们来说无疑是一座独木小桥,只有极少数幸运者挤了过去,而绝大部分人都纷纷落水了。士人们虽抱用世之念,但最终却不得不像他们先辈那样衰老于林泉之间⑤。

二、游谒

科举这条道路难以走通,但这并不代表就无路可走了,有时候作为一个江湖谒客还真的会出现某种奇迹。所谓"游谒",即是以诗文为手段,以仕途为目的,以达官权贵为对象开展的干谒活动。游谒本是

---

① 钟启梅:《南雄路儒学正白云先生唐公桂芳行状》,《新安文献志》卷八九,第2198页。

② 萧启庆:《元朝南人进士分布与近世区域人才升沉》,《元代的族群文化与科举》,台北:联经出版事业有限公司,2008年版,第179—180页。

③ 萧启庆:《元朝南人进士分布与近世区域人才升沉》,《元代的族群文化与科举》,第180页。

④ 彭泽、汪舜民等:弘治《徽州府志》卷六。

⑤ 终元一代,徽州士人们的科举成绩并不突出,所中进士的名额在江浙行省中排在婺州路、衢州路、绍兴路、温州路、饶州路、信州路、福州路、建宁路、兴化路之后,当然更无法与江西行省的吉安路、抚州路等科举"大户"相提并论了。见萧启庆:《元朝南人进士分布与近世区域人才升沉》,《元代的族群文化与科举》,第193页。

南宋末年流传下来的江湖之风，正所谓"谒客每即诗人，诗人多兼谒客"①。这股江湖之风在元代具体环境中得以延续且愈发兴盛起来。元世祖、元成宗时代曾屡有诏令征召遗逸文学，元仁宗延祐年间也曾让各道廉访司寻访"隐居行义、才德高迈、深明治道、不求闻达者"②。在这种情况下，一些登科无望的知识分子就把注意力集中到游谒这一环节上了。一些权贵大兴养士之风，也为游谒的兴盛提供了现实土壤。元代中期，随着遗老们的凋谢与年轻一代对于元廷的认同感趋强，江南士人大倡游谒之风，据说"今游之最夥者莫如江西"③，徽州士人在游谒方面虽比不得江西之夥，但也出现了不少江湖谒客。徽州一域虽有经学传统，但入元后科举不行，致使士人对诗文热度显著增强④。更有一批士人如黄一清等付诸了实际行动——北上干谒。

不管是出于对文艺的爱好，还是出于个人的理想，元文宗于天历二年(1329)创立了奎章阁学士院，据说是把"有关文艺的设施""放在许多重要政治事务之先"⑤。虽然这个机构的地位有点尴尬，且存在的时间不足十二年，但却把虞集、柯九思、许有壬、揭傒斯、欧阳玄、宋本、苏天爵等当时最优秀的文人们笼络到了一起。这些文人的示范作用及他们对后进的奖掖、提携，极大地激发了底层士人的文艺热情。当文学艺术可以成为士人猎取官位的重要路径后，游谒之风就更夥了。在徽州，汪克宽、唐桂芳、郑玉、舒頔、赵汸等新一代徽州士人面对似通而不通的科举，越发憧憬起了游谒的神奇效力。

尤其令人振奋的是，有两位徽州士人因游谒创造了奇迹。一个是

---

① 如张宏生曾这样界定南宋的"江湖诗派"："南宋时代的江湖诗派是一个以当时江湖游士为主体的诗人群体，属于这一诗派的江湖游士，是由下层知识分子构成的一个特殊的社会阶层。它既是一种文学现象，又是一种社会现象。……江湖诗人与江湖谒客的关系，是天然不可分的。"见张宏生:《江湖诗派研究》，北京:中华书局，1995年版，第8页。

② 《元典章》卷二，第46页。

③ 袁桷:《清容居士集》，上海:商务印书馆，1936年版，第415页。

④ 胡炳文曾经指出:"近年以来，科举未兴，学者但知临晋帖、诵晚唐诗，笔迹、声气稍似之，哆然以士自名，漫不知经学为何事。"陈栎在《吴端翁诗跋》一文中也曾说:"时文盛而诗绝响，迨科举停而诗复兴。"分别见胡炳文:《代族子淀上草庐吴先生求记明经书院书》，《云峰集》卷一，第164页;陈栎:《吴端翁诗跋》，《陈定宇先生文集》卷三，第291页。

⑤ 姜一涵:《元代奎章阁及奎章人物》，台北:联经出版事业公司，1981年版，第72页。

"家学得程朱之旨,文章有《史》、《汉》之风"的程文,他"学业日进,遂挟策入京师。一时王公贵人如平章巙公,翰林虞公、欧公、揭公,皆相推许"①。在京师他还得到了参与修撰《经世大典》的机会,后来,拜为监察御史、授礼部员外郎。另一个是"以才术、文翰受知宰辅"②的郑潜,郑潜在元末时由广东帅府从事擢为监修国史掾,乃至福建行省员外郎、海北道廉访副使、泉州路总管等。当然,当时积极游谒的徽州士人并不止程文、郑潜,只是其他人始终无法挺出。如舒頔"蚤岁浪游湖海间,所作益多,求其合于体者盖寡,因其寡,而尝致极思焉"③。可见,舒頔为了游谒在诗文上曾下过不少功夫。当火候差不多的时候,他就踏上了江湖游谒之路,唐桂芳记载云:

> 初道原当海内隆平,尊先公尚无恙,左右侍养,烝烝孝谨,乃鼓箧使之远游。举茂才,升校官于金陵,治书王公继学、侍御张公梦臣、韩公伯高一见器识,要出自我门下。京口侍御秦公元之、左丞裕之,吟诗论文,买舟徘徊金焦两山间。④

> 颇寻访在乡里集贤朱公允升、翰林郑公子美、御史程公以文,答问反复,孳孳不厌。在姑孰师礼李公青山,一时父子不减三苏。参政陶公主敬、博士潘公原叔,同舍生也。在金陵中丞马公伯庸、祭酒韩公伯高,极口借誉。南院诸豸分庭抗礼,凛凛不屈。⑤

王继学即王士熙,张梦臣即张起岩,韩伯高即韩镛,秦元之即秦从龙,马伯庸即马祖常,这些人皆是北方儒者或色目儒者,他们在当时的政坛、文坛均有较大的影响,能够得到他们的推荐提携,无疑是一条终南捷径。但舒頔最终也没能成功,就像当年黄一清虽然得到了中书平章政事李孟的礼遇,最终也没能进入官僚系统一样。

---

① 汪幼凤:《程礼部文传》,《新安文献志》卷六六,第 1627 页。
② 唐文凤:《故白云处士吴公行述》,《唐氏三先生集》卷二八,第 779 页。
③ 舒頔:《贞素斋集序》,《贞素斋集》,清道光十八年(1838)刻本。
④ 唐桂芳:《贞素斋记》,《贞素斋集》附录。
⑤ 唐桂芳:《华阳贞素舒先生墓志铭》,《贞素斋集》附录卷一。

唐桂芳说自己曾"请业钱水村先生、龚子敬先生，方攻举子声律之学"①。但科举道路实难走通，所以他别无选择，只得依照家学传统侧重江湖游谒的路径。唐桂芳之父为徽州著名诗人唐元②，所以他曾不无自豪地宣称"文章为世业"③。唐桂芳兄长唐徐卿也"大肆力司马迁《史记》、班固《西汉书》、韩柳文，欲以古文自鸣"④。唐桂芳还有一位老师洪焱祖，亦是徽州著名的诗人⑤，与唐桂芳之父唐元齐名。唐元、洪焱祖在元初徽州士人中属于诗文游谒者，他们的风尚也极大影响了唐桂芳。唐桂芳曾回忆其生平曰：

> 己卯夏，郡牧邑长以茂异举。明年例阁不报，遂买舟下严濑，泛浙湍，吊虎丘，摩金山，宿留建业。御史复荐以教官，需次崇安，以故醉采石，溯扬子江，登大小两孤山，窥番阳湖，又憩武夷三山，直泊南海。凡欢欣悲戚，郁郁不平，必于诗文焉发之。⑥

与舒頔一样，唐桂芳也是先到集庆（今南京）游谒，并上书投谒诸御史。如其回忆道："某庚辰（1340）秋来南台，当时群御史中惟复礼董御史、公平李御史、弘正杨御史、德昭曹御史、光复王御史、元用潘御史最为知己。"⑦唐桂芳积极投谒还是收到了一点点效果，他先是被聘为明道书院训导、集庆路学训导，后又被推荐为建宁路崇安县教谕。付出了移山心力，却只是获得了一些低级教职，从这个角度来说，唐桂芳也不算是一个成功的江湖谒客。

---

① 唐桂芳：《白云文集自序》，《唐氏三先生集》，第394—395页。
② 唐元曾得到著名文学家方回的褒誉，如其云："唐长孺讳元，自里中来访。出诗五十四篇，始年三十六岁。其所以可人意者，格高也。何以谓之格高？近人之学许浑、姚合者，长孺扫之如秕糠，而以陶、杜、黄、陈为师者也。"见方回：《唐长孺艺圃小集序》，《桐江续集》卷三三。
③ 唐桂芳：《奉陈养吾书》，《唐氏三先生集》卷二十，第685页。
④ 唐桂芳：《先兄敏仲训导墓表》，《唐氏三先生集》卷二十，第681页。
⑤ 譬如当时浙东著名诗人戴表元就曾用"优游隽永"、"沉着停蓄"来赞赏洪焱祖。见戴表元：《洪潜甫诗序》，《剡源戴先生文集》卷九。
⑥ 唐桂芳：《题江湖寓稿序》，《唐氏三先生集》卷一八，第630页。
⑦ 唐桂芳：《上御史书》，《唐氏三先生集》卷二十，第686页。

　　比起舒顿与唐桂芳来,赵汸更具有儒宗本色,但他对诗文也多所留意,尤其是对杜诗颇有心得①。赵汸常常表达一些有关"宗唐得古"②的诗论,如"远师汉魏,近宗盛唐。视他作以为格卑,不足法也"③;如"崇古学、贵文章,凌厉汉唐,上拟三代"④;又如"古五言远宗魏晋,得其高风远韵,不杂后人一语;近体亦质厚微婉,足以达其志气所存"⑤。赵汸创作过大量诗文,取得了较高的造诣,从而汇入了元代诗坛"宗唐得古"的洪流。

　　赵汸用世之心一向强烈,如其所言:"十围之木,不登匠石之场,与比栱把同;千里之足,不入伯乐之厩,与下乘同。士之未达,何以异此?"⑥为了追求积极的自我实现,其生平也沾染上一定的谒客色彩。从早年开始,赵汸就展开了积极的投谒活动。诗文是投谒利器,赵汸结交的朋辈尽皆为当时文坛之新锐,如宋濂⑦、王祎⑧、高明⑨等。其所谒对象也都是名声显赫的要员兼文学家,如黄溍⑩、虞集⑪、苏天爵⑫

----

　　①　赵汸曾为刘辰翁《须溪批点选注杜工部诗》做过批注,又曾自选杜律并作注。见刘辰翁选注,虞集、赵汸批注:《须溪批点选注杜工部诗》,明正德四年(1509)云根书屋刻本;赵汸:《赵子常选杜律五言注》,清康熙年间(1662—1722)查弘道刻本。

　　②　邓绍基《元代文学史》指出:"在元诗发展过程中,宗唐复古(即古体宗汉魏两晋,近体宗唐)成为潮流和风气,……这是元诗的一个最显著的特点。"见邓绍基:《元代文学史》,北京:人民文学出版社,1991年版,第365页。

　　③　赵汸:《沧江书舍记》,《赵征君东山先生存稿》卷三。

　　④　赵汸:《送操公琬先生归番阳序》,《赵征君东山先生存稿》卷二。

　　⑤　赵汸:《郭子章望云集序》,《赵征君东山先生存稿》卷三。

　　⑥　赵汸:《送朱子范赴来安县主簿序》,《赵征君东山先生存稿》卷二。

　　⑦　赵汸曾给宋濂文集作序,而宋濂也曾帮忙校正赵汸的《春秋属辞》并为之作序。分别见赵汸:《潜溪后集序》,《赵征君东山先生存稿》卷三;宋濂:《春秋属辞序》,罗月霞主编:《宋濂全集》第3册,杭州:浙江古籍出版社,1999年版,第1892页。

　　⑧　赵汸曾给王祎书屋写过记。见赵汸:《华川书社记》,《赵征君东山先生存稿》卷三。

　　⑨　赵汸:《送高则诚明归永嘉序》,《赵征君东山先生存稿》卷二。

　　⑩　当时黄溍为浙江儒学提举,文名盛于江南,平时"以师道自居,不少借辞色,及颂(赵汸)所进书,大异之,待以殊礼"。见詹烜:《东山赵先生汸行状》,《新安文献志》卷七二,第1758页。

　　⑪　赵汸谒虞集,并在其家授馆一年。见詹烜:《东山赵先生汸行状》,《新安文献志》卷七二,第1759页。

　　⑫　对于主政江浙的要员如苏天爵、偰世南等人,赵汸都不惜投书倾情赞美,尤其对苏天爵推崇备至。如其云:"公以成均诸生致位宰辅,清忠粹学。"见赵汸:《送江浙参政苏公赴大都路总管序》,《赵征君东山先生存稿》卷二。

等。综其一生来看,赵汸投谒的政要大员不在少数,但最终也没能给他带来一试身手的机会。

江南士人通过游谒取得功名者毕竟是少数,这跟元统治者对待文学艺术的态度不无关系。元初时期,忽必烈对"艺术人"很感兴趣。所谓"艺术人",即通晓礼仪乐律、能诗善画之属,翰林国史院与集贤院的大门主要向这些人敞开。在忽必烈早期就有一些受金源"辞赋制科"文化影响的士人充当过文学侍从。他们的主要任务是润色鸿业,忽必烈对此是乐于接受的,但其角色不能越过文墨层面。如赵孟頫对诗文书画的精通,无疑使其成为"艺术人"的最佳人选。然而,忽必烈并不曾委其重任,在其北来后的第三年,忽必烈便让他卸下政务专门充当集贤直学士了①。

即便是被形容为"儒者以才华相夸尚,咏歌治平,以需进用"②的元文宗时代,也绝不是儒者文士们的天下。在崇尚文治的元文宗心中,儒者文士也并非是治国安邦的理想人才,如他就对虞集说过:"立奎章阁,置学士员,以祖宗明训、古昔治乱得失,日陈于前,卿等其悉所学,以辅朕志。若军国机务,自有省院台任之,非卿等责也。"③所以仅凭文翰求得禄位还是十分艰难的,就像程文、郑潜这两位北游京师并得到公卿肯定的徽州籍士人,即便是才华横溢,最终也还得从低级职务做起,正如程文最初任黄竹灵巡检,而郑潜最初任内台掾与广东帅府从事。他们虽从游谒起家,但却得在低级职位上小心翼翼从事,经过耐心的等待,一步又一步,直至熬到高层。在一个普遍重"吏"的时代,文翰所起到的作用貌似重要,但实则并不是那么显著。

---

① 赵孟頫亦有吏治之术,但似乎没十分发挥出来,《元史》本传称:"前史官杨载称孟頫之才名颇为书画所掩,知其书画者,不知其文章,知其文章者,不知其经济之学。人以为知言云。"见宋濂等:《元史》卷一七二《赵孟頫传》,第4023页。

② 苏天爵:《宋正献文集后序》,《滋溪文稿》卷六,北京:中华书局,1997年版,第80页。

③ 宋濂等:《元史》卷一八一《虞集传》,第4178页。

第二节　元代后期新安理学家的师承与家世

一、元代后期新安理学家群体的形成

为了求得进身之阶，徽州士人们开始踏上科举考试与游谒投赠的征途。他们也幻想过钟鸣鼎食的生活，但其实绩却乏善可陈：不仅在科举道路上成就不大，在游谒投赠的层面也同样颇为寂寥。比起先辈来，他们显然更能游历四方、结交名流，不过，与其先辈们相似的是，他们绝大部分也都没能走上金紫之途。无奈之下，只好回归乡里，以著书教学了却余生。这其中有一些人在教书之余究心理学，成为颇具声望的新安理学家。如汪克宽在上升无望的情况下，"遂厌科举之文"①，于是归家编纂《春秋胡氏传附录纂疏》，以之教授后学。又如朱升对科举失望后斥责道："近世举业，往往混诵经注。既不能体味乎传注，而反断裂其经文，使之血脉不通，首尾不应。"②所以他才要以"旁注"的形式重新解释经文。而郑玉则两应不利，他在绝望之下曾十分严厉地批判说："近世科举之士，用心得失之间，得之则沾沾以喜，失之则戚戚以悲，至于皓首穷经，终不得闻道，甚者丧心失志亦有之矣。"③此后，他告别了科举，把自己埋进六经之中，以追求圣道为毕生使命。

元代后期的新安理学家们共同居住在徽州万山之中，彼此来往十分密切，渐渐形成为一个群体。有关这一点，时人多有记载。如程汝器记载曰："（汪叡）取友乡里，如倪仲弘、郑子美、朱允升、赵子常、吕安贞诸先达，相与讨论。"④如唐桂芳记载曰："（舒頔）颇寻访在乡里集

① 吴国英：《环谷汪先生行状》，《新安文献志》卷七二，第1770页。
② 朱同：《朱学士升传》，《新安文献志》卷七六，第1856页。
③ 郑玉：《送王伯恂序》，《师山先生文集》遗文卷一。
④ 程汝器：《明故务承郎左春坊左司直郎贞一汪先生叡行状》，《新安文献志》卷七二，第1772页。

贤朱公允升、翰林郑公子美、御史程公以文,答问反复,孳孳不厌。"①如金符午记载曰:"汪伯会、朱风林、郑师山、赵东山诸老儒则相与(金震祖)谭礼乐、说诗书,以师表后进。"②如唐文凤记载曰:"(鲍颖)从游于张子经、胡孟成、郑彦昭诸先辈山长",并"筑'耕读堂'以延贤士大夫,而枫林朱允升、白云唐仲实、石泉周彦明,日夕过从,相与讲求诵习"③。又云:

> 乡先达子常赵公、彦昭郑公尝同受业于家塾。当是时,倡明理学溯子朱子之渊源者朱公允升、汪公德辅、倪公士毅、郑公子美及我先人三峰先生也,皆与公为斯文友。④

再如赵项记载曰:

> (汪德懋)乃辟家塾万川之上,延环谷汪先生而受业焉;既又从学东山赵先生,遍谒诸前辈,若待制师山郑公、学士凤(枫)林朱公、春坊贞一汪公、东阜陈实卿、隆阜戴尚文,俱相师友。⑤

可以说,当胡一桂、胡炳文、陈栎等老一辈逐渐凋谢后,新一代的新安理学家开始崛起,并以朱升、郑玉、赵汸为核心形成一个更大的理学家群体。据不完全统计,朱升交往过的理学家有郑玉、赵汸、唐桂芳、舒頔、汪叡、倪士毅、鲍颖、詹同等人;郑玉交往过的有朱升、赵汸、汪克宽、唐桂芳、舒頔、程文、汪叡、胡默、周原诚、鲍颖等人;赵汸交往过的有郑玉、朱升、汪克宽、唐桂芳、倪士毅、程文、汪叡、鲍颖等人。另外,姚琏、吕谅、吴讷等也属于这个新安理学家群体。

① 唐桂芳:《华阳贞素舒先生墓志铭》,《贞素斋集》附录。
② 金符午:《元忠翊校尉十字路万户府镇抚金公震祖行状》,《新安文献志》,卷九七,第2506—2507页。
③ 唐文凤:《明故耀州同知尚裴鲍公行状》,《唐氏三先生集》卷二八,第777页。
④ 唐文凤:《故处士吴伯冈行状》,《唐氏三先生集》卷二八,第781页。
⑤ 赵项:《故城县丞汪先生德懋行状》,《新安文献志》卷八九,第2208页。

二、元代后期新安理学家的师承

前后两个新安理学家群体间存在一脉相承的关系,如朱升、朱模、唐桂芳、倪士毅、金震祖就曾以陈栎为师。尤其是朱升自幼追随陈栎,据说他"剖击问难,多所发明。栎深器之"①。朱升自己亦云:"升事先生二十余年,谊莫厚焉。"②汪克宽、胡默、王俙、唐桂芳、朱升、姚琏、程可绍则曾问学于胡炳文,如汪克宽行状记载:"云峰胡先生炳文于郡庠开堂试,以激厉后进,先生屡中郡学及堂试,与庠序诸老成相颉颃矣。"③汪叡曾负笈于汪炎昶门下,而郑玉得蒙胡绿槐亲炙,如其云:"余年十八九时,从胡先生绿槐氏学。明年,先生与乡举,余以年不及格不得行。"④胡绿槐何许人也? 由于资料的缺失,现在尚无法考证,但基本可以推测胡绿槐是一位与胡炳文、陈栎出处类似的乡先生。郑玉还与王仪、唐元为忘年交。王仪、唐元与胡炳文、陈栎交往密切,他们同属于元代前期的新安理学家群体。郑玉曾为胡默文集作序,想来交契也非同一般。胡默乃胡炳文族孙,兹可推断,郑玉与胡炳文、陈栎等人也应有所交流,至少对这些前辈的治学思路并不陌生。

赵汸在少年时曾深受前辈新安理学家影响,其行状记载云:"少长,遍诣郡之师儒"⑤,他自己也曾谈道:"仆之乡先生皆善著书,所以羽翼夫程朱之教者,俱有成说,仆自幼即已受读。"⑥赵汸曾以新安理学家汪炎昶为师,如其云:"及从先生游,然后知先进之士所以不可及者。"⑦汪叡也记载说:"予年十有五学于族祖古逸先生之门,子常先受业焉,先生每称其苦学善思。"⑧除了汪炎昶,赵汸对曹泾、陈栎、胡炳文等新安理学前辈们的著述并不陌生。虽然他并不讳言前辈们的缺

---

① 朱同:《朱学士升传》,《新安文献志》卷七六,第 1854 页。
② 朱升:《勤有堂记》,《朱枫林集》卷六,第 100 页。
③ 吴国英:《环谷汪先生克宽行状》,《新安文献志》卷七二,第 1769 页。
④ 郑玉:《燕耕读堂诗序》,《师山先生文集》卷三。
⑤ 詹烜:《东山赵先生汸行状》,《新安文献志》卷七二,第 1759 页。
⑥ 赵汸:《留别范季贤序》,《赵征君东山先生存稿》卷二。
⑦ 赵汸:《汪古逸先生行状》,《赵征君东山先生存稿》卷七。
⑧ 汪叡:《赵东山先生文集序》,《赵征君东山先生存稿》。

点,但对其优胜处还是有所赞扬的。如称赞陈栎曰:"陈公一领乡荐,归则著书授徒终其身"①;称赞其从子陈实卿曰:"学传东阜旧家声。"②有资料可证明,赵汸曾深入研究过陈栎《礼记集义纲领》一书③。赵汸对胡炳文《四书通》也颇为熟稔,在指出其缺陷的同时,也有"以'挑剔精妙,警策明快'赞胡先生《通旨》,甚当。……自有《四书集注》后,唯勉斋、西山、双峰暨胡先生多所发明,皆是于《四书》中有真见者"④这样的评语。综上可见,赵汸受到过新安理学前辈的影响并非妄测。

总之,两代新安理学家群体间存在着明显的师承关系,自是也存在一定学术理念的前后沿袭。朱升、赵汸等新一代新安理学家受到过前辈们的滋养,同时对其不足也知之甚深。因此,到了元代后期,新安理学内部出现自我反省与自我调整应该是顺理成章的。朱升、赵汸等新一辈能否走出前辈们的学术困境? 这是我们尤其要关注的。关注此一问题有助于我们更加宏观、更加整体地考察元代新安理学的发展理路。

三、元代后期新安理学家的家世

元代前期的新安理学家大抵都具有家学根基,他们继承家传的经学传统,立足于乡土教育,努力维持并拓展他们在地方上的声望,他们的行为方式充分表现出地方主义的色彩。当元代前期的新安理学家淡出这个世界后,新的一代则逐渐成长起来。这新一代的新安理学家是否也带有地方主义的色彩? 如果答案是肯定的,那么他们在地方社群关系营建和地方声望维护上又会表现出怎样的特点? 他们的学术研究在其中又会充当怎样的角色? 现以朱升、郑玉、赵汸三人为例,就上述问题展开讨论。

朱升出身休宁回溪朱氏,从他为本族所写的族谱序言里可以看

---

① 赵汸:《送戴尚文赴句容县教谕序》,《赵征君东山先生存稿》卷二。
② 赵汸:《次陈先生韵》,《赵征君东山先生存稿》卷一。
③ 赵汸:《答倪仲弘先生书》,《赵征君东山先生存稿》卷三。
④ 赵汸:《答倪仲弘先生书》,《赵征君东山先生存稿》卷三。

出,这一家族并没有出现过什么特出的能人①。朱升在元末时迁居歙县石门,则更显得势单力孤了。朱升家族没有什么家学传统,但他所接受的教育却十分完整。朱升最早拜乡先生江敏求、金斋谕为师,后跟随著名的新安理学家胡炳文、陈栎学习,得到了十分专业的经学训练。此后,朱升就开始了漫长的坐馆生涯。为了授徒需要,他对儒家经典进行了普遍的训解,自创"旁注"之体。中年以后,成为徽州颇具知名度的乡先生②。

因为家族并不具备强大的实力,所以朱升非常注重营建地方社会的人脉关系。首先,他与同时代的新安理学家交流颇多,如与倪士毅③,如与赵汸④。除了与新安理学家们密切交流外,朱升还与一些财力雄厚的士绅阶层颇多往来⑤。此外,他更与徽州的一些地方官吏建立了稳固的关系⑥。他的种种行为,其目的就在于维持并扩展自己在地方的声望。在朱升的苦心经营下,不但其本人获得了较高的知名

---

① 不过按照《新安名族志》记载,回溪朱氏有"十五世曰怡,元初为建康治中;曰怡,大定间为益阳学正",这段话令人很难理解,且不说有两个同名的"怡",陈友谅"大定"年号用在这里也颇为奇怪,待考。见戴廷明、程尚宽等:《新安名族志》,第438页。

② 譬如朱升就曾因名望提升而讲学于徽州郡学紫阳祠。朱升曾回忆云:"前年读书郡城紫阳祠,始为诸生作《书旁注》,观者多喜之。"又云:"愚赴紫阳书会,与朋友商榷,为斋生定读书次序。"见朱升:《大学中庸旁注序》、《小四书序》,《朱枫林集》卷三、四,第32、51页。

③ 朱升与倪士毅有同窗之谊。他也曾谈道:"去年来池过黟,亡友倪仲弘之子……"见朱升:《论语孟子旁注序》,《朱枫林集》卷三,第33页。

④ 赵汸特别推崇朱升,他认为朱升"研精六籍,超轶百家",所以他一直向友朋推荐朱升,如其云:"吾乡有二先生焉。其一曰郑公子美,……其一曰朱公允升……"朱升与赵汸也最为相得,他十分欣赏这位小友,赵汸去世后,朱升有《祭友赵东山文》一文用以纪念。分别见赵汸:《送郑士恒隐居灵山诗序》、《赵征君东山先生存稿》卷三;朱升:《祭友赵东山文》,《朱枫林集》卷八,第129页。

⑤ 譬如朱升《永思亭记》记载:"休宁陪郭程君和卿与其从父饶州路铜冶场提领贵老,立亭祖墓之旁,题曰'永思',以飨其先。又置膳茔之田,定合族之约,俾后人世守之。求记于余。"又《跋静山遏籴歌》则云:"多田之家能平籴价以率人,而不为己私,如处士祖父之所为,是夺五家之物,以济人也。……故广处士之歌意,为跋语以劝焉。"分别见朱升:《永思亭记》、《跋静山遏籴歌》卷六、三,第101、47—48页。

⑥ 朱升《跋唐子华画赠邵思善诗卷后》云:"至正五年,吴兴唐公子华宰吾邑,余客其门,相与处甚善也。"见朱升:《跋唐子华画赠邵思善诗卷后》卷三,第48页。

度,而且他的家庭也超越了一般塾师的生活水平①。

虽然朱升对自己的老师十分尊重,但毕竟不是其家学,似乎不需要十分恪守。一个明显的例证是,至正三年(1343),朱升与赵汸前往九江,就学于著名的学者黄泽②。学成归来后,始作《书旁注》,自创"旁注"之体,删繁就简,超越了乃师们庞大繁复的"附录纂疏"式著作。

郑玉的祖上殷富③,但却不是积学之家。其祖父郑安系宋元易鼎时借势而崛起的新贵,在元初曾任权知歙县事。据说郑安"令歙三年,民大治"④。因为郑安这层关系,其子郑千龄也算得有"根脚"之人。郑千龄幼年时就随郑安入京师,"出入诸公贵人,一时翕然称许,……交荐之于朝,署公秩八品"⑤。郑千龄由各地巡检迁淳安县尉,又迁祁门县尉,是一个典型的下级吏员。但其行状又显示他曾受到过理学的影响,如其幼年读《吕东莱春秋》,从乡先生鲍云龙学等皆可为证。为官后建弦歌书院、立朱子之祠、表钱融堂之墓等行为也颇能说明问题。

郑玉曾跟随其父仕宦各地,在淳安,他度过了自己的少年时代。淳安的学术环境对他影响很大,尤其是让他接触了很多具有陆学倾向的学者,关于这一点,他曾经回忆说:

> 余往年尝留淳安,见其间深山长谷,多先生长者,因就学焉而有所得。则余之学也,亦淳安之学耳。今因执事而详陈之。仆于朝阳,则师之矣。大之、君实,则友之者也。盖学问本朝阳,而文

① 夏玉润就认为:"朱升的家境尚可,从至正十七年(1357年)他在家乡能盖起一座被朱元璋题名的'梅花初月'楼,便是证明。"见夏玉润:《一个真实的朱升》,《紫禁城》2011年第11期,第47页。

② 其传记记载曰:"至正癸未,闻资中黄楚望讲道溢浦,偕赵汸子常往从游。明年春归,讲学郡城紫阳祠,始作《书旁注》。"见朱同:《朱学士升传》,《新安文献志》卷七六,第1854页。

③ 郑玉其先有郑球者,"以赀雄乡里,号'双桥郑家'"。见程文:《贞白先生郑公千龄行状》,《新安文献志》卷八六,第2097页。

④ 程文:《歙郑令君安庙碑》,《新安文献志》卷八五,第2078页。

⑤ 程文:《贞白先生郑公千龄行状》,《新安文献志》卷八六,第2098页。

字与大之相表里,君实又往来谈论赞襄之力惟多。①

"朝阳"即吴暾,"大之"即夏溥,考《宋元学案·慈湖学案》可知,吴暾与夏溥乃是杨简学生钱时的弟子,而杨简则是陆九渊最有成就的弟子。陆学因钱时在淳安一带影响很大,所谓"淳安之士皆明陆氏之学"②。郑玉与他们师友相尚,可见其早年实具陆学根基。郑玉在青年时期回到徽州,"从胡先生绿槐氏学"③,胡绿槐是一位朱子学者,并以科举为务。郑玉一度跟随胡绿槐从事科举之学,因而益发偏重朱子学④。正如全祖望所谓:"石塘由朱入陆,师山由陆入朱。"⑤郑玉由陆入朱,从而为"和会朱陆"思想的形成奠定了基础⑥。

郑家世代吏风,在地方上具备相当的影响。他不但与地方官吏保持着良好的关系⑦,而且还把他的影响扩展至异族文人朋友圈中⑧。郑玉依靠经学研究成为徽州学界的翘楚,一大批优秀的新安理学家如汪克宽⑨、赵汸⑩、唐桂芳⑪为其所吸引,因而自觉围绕。他的名气越来越大,后被地方大员所知,荐之于朝,朝廷遣使者赐以酒帛,郑玉

---

① 郑玉:《答童一清书》,《师山先生文集》遗文卷三。

② 郑玉:《洪本一先生墓志铭》,《师山先生文集》卷七。

③ 郑玉:《燕耕读堂诗序》,《师山先生文集》卷三。

④ 正如他所说:"余既侍亲归新安,益读朱子之书,求朱子之道,若有所得者。"见郑玉:《洪本一先生墓志铭》,《师山先生文集》卷三。

⑤ 黄宗羲、全祖望:《宋元学案》卷九三,第3097页。

⑥ 韩志远指出,郑玉的思想几经变化,可分为少年、青年、中年、晚年四个时期。我们在这里先以传统的说法"和会朱陆"来概括郑玉思想的特点,后面再具体分析。见韩志远:《元代著名学者郑玉考》,《文史》第45辑,北京:中华书局,1998年版,第134—136页。

⑦ 分别见郑玉:《徽泰万户府达鲁花赤珊竹公遗爱碑铭》、《徽州路达鲁花赤合剌不花公去思碑》、《休宁县达鲁花赤也先脱因公去思碑》,《师山先生文集》卷六。

⑧ 如党项人余阙就与郑玉十分友善。见余阙:《与国子助教程以文书》,《青阳先生文集》卷五,《四部丛刊续编》本。

⑨ 郑玉与汪克宽是十分亲密的朋友,郑玉的行状便为汪氏所写,行文中一派真情流露:"克宽备随与先生相知惟深,比年往来师山,剧谈要道,不翅异性兄弟。"见汪克宽:《师山先生郑公行状》,《环谷集》卷八。

⑩ 赵汸生于元仁宗延祐六年(1319),少郑玉21岁。赵汸对于郑玉非常尊敬,并称自己曾"游师山郑先生之门。"从赵汸写给郑玉的几封书信中,可以看出两人始终保持着一种亦师亦友的关系。见赵汸:《孝则居士程君可绍墓表》,《赵征君东山先生存稿》卷七。

⑪ 郑玉:《送唐仲实赴乡试序》,《师山先生文集》卷三。

的声誉由是达到了最高值,在一定程度上超越了徽州的地域范围①。

章毅曾指出:"从地方社会的角度来说,赵汸与郑玉一样,身后实际上有着一个世家的网络,而这些世家的出现则与元政权颇有关联。"②此言非虚,赵汸的家世与郑玉类似,其祖父赵象元也是宋元易鼎时代崛起的新贵。赵象元先是任休宁县丞,后迁婺源州丞,朝京后授仁和县令,未至而卒。赵家家境殷实,赵汸曾追忆说:"当其盛时,赀产擅一乡,家学以儒名,在朝为命士。"③所谓"家学以儒名",不过是对祖惠的美化而已,赵象元、赵克明父子并没有什么家学可传,赵汸的学问根底乃是得自新安理学家汪炎昶。赵汸虽然尊重乃师,但毕竟不是家学,似乎不需要十分恪守。一个明显的例证是,至正三年(1343),赵汸与朱升前往九江,就学于著名的学者黄泽。黄泽的学说对赵汸影响巨大,成为其学术的重要支点。除黄泽之外,赵汸还转益多师,考詹烜所撰《东山赵先生汸行状》,可以发现赵汸曾问学于夏溥、虞集、黄潘等诸多学者,这也使得赵汸学术视元代前期新安理学家差异更加明显。

赵汸十分着力拓展活动空间,其活动范围覆盖了整个江南,不仅与临川学者、金华学者们建立了联系,还与苏天爵等北方学者交谊匪浅。在元代后期的新安理学家当中,赵汸的活动能量最大,这与他们家雄厚的财力是紧密挂钩的。当然,赵汸更为用心的是在徽州一域营建自己的关系网络,如多与有名望的士绅交往。除此之外,赵汸还特别注重与新安理学家们进行学术探讨,与郑玉、朱升、汪克宽、倪士毅等当地的经学名流都相处甚厚④。

郑玉与赵汸都出身于与元政权颇有关联的世家,而朱升则出身于

① 元顺帝至正十三年(1353),江浙行省平章三旦八荐郑玉,次年,朝廷遣使者赐以酒帛,欲授以翰林待制、奉议大夫之职,郑玉以老病辞而未就。见郑玉:《谢赐酒笺》,《师山先生文集》卷一。

② 章毅:《元明易代之际儒士的政治选择:赵汸、朱升、唐桂芳之比较》,《中国文化研究所学报》第51期,2010年,第57页。

③ 赵汸:《东山寓舍安神主祝文》,《赵征君东山先生存稿》卷五。

④ 吴兆丰:《元儒赵汸的游学、思想特色及其治学历程》,《中国文化研究所学报》第51期,2010年,第31—32页。

一个名不见经传的普通家庭。不管是世家，还是普通家庭，他们基本上都没有悠久的家学传承。在这一点上，他们的确有别于胡一桂、胡炳文等上一代新安理学家。值得注意的还有一点，就是胡一桂、胡炳文、陈栎等元代前期新安理学家都没有杰出的后裔可以踵武其学，这使得他们的家学传统渐趋式微。元代后期的新安理学家虽与前辈们存在学术上的承继关系，但这毕竟不似家学那么稳固。朱升、郑玉与赵汸在元代后期依然作为乡贤圣立足于徽州地域社会，但由于家学传统的缺失，他们身上出现学术变化也就在所难免了。

第三节　"以道自任"的精神气质

道统思想虽然很早就出现了①，但真正使其成为一种理论体系，宋儒们的贡献无疑是最大的。像朱熹②、陆九渊③、叶适④等学者都有各自的表述。尽管这些表述差异明显，但有一点却是一致的，即都承认

---

①　陈寅恪曾论及韩愈在文化史上的特殊贡献，其中有一条即"建立道统，证明传授之渊源"。见陈寅恪：《论韩愈》，《金明馆丛稿初编》，北京：三联书店，2001年版，第319页。

②　朱熹很早也很频繁地使用了"道统"一词，如"盖自上古圣神继天立极，而道统之传有自来矣"。乾道九年（1173），朱熹编撰完成的《伊洛渊源录》更是把对道统的追溯推向了高潮。朱熹确立道统当然是"起自新儒学发展之哲学性内在需要"，同时也是为了确立自己道统嫡传的身份，从而为弘道思想——"外王"的捧出做好铺垫。分别见朱熹：《中庸章句序》，《晦庵先生朱文公文集》卷七六，《朱子全书》第24册，第3673页；陈荣捷：《朱熹集新儒学之大成》，万先法译，《朱学论集》，台北：学生书局，1982年版，第17页。

③　当然，朱子学只是有宋理学之一家言，其建构的道统体系自然也遭到过其他学派的质疑。如陆九渊就不太认同北宋诸子的地位，直接以继承孟子自居，所谓"以不传之学为己任，以舍我其谁自居"。见黄宗羲、全祖望：《宋元学案》卷五七，第1877页。

④　叶适以为程朱一系"不悟《十翼》非孔子作，则道之本统尚晦"，所以他也对朱熹道统论持否定态度，而把自己作为接续孟子的正统。何俊认为："宋儒虽然都接着孟子来建构自己的思想，但由于方向不同，依据的经典也不相同。从王安石到叶适，重在开物成务，依据的经典是《礼》。"分别见叶适：《习学记言序目》卷四九，北京：中华书局，1977年版，第740页；何俊：《叶适论道学与道统》，《中山大学学报》2009年第1期，第127页。

儒学有道统存在。在宋儒们共同努力与大力鼓吹之下,道统论遂成为南宋学界的普遍认识①。

建构道统的目的往往指向"大道在我",以虚构的历史谱系实现对真理的独占②。因此,道统论的倡导者基本上都带有一种明显的"以道自任"意识。不仅朱熹如此,陆九渊与叶适亦然。从某种意义上说,宋代理学既是一种"义理"之学、"内圣"之学,同样也是一种"以道自任"之学。

在中国传统政治与传统文化的发展过程中,除了"道统"之外,还有"政统"与"学统"的衍生③。所谓"政统",可以理解为世俗权力的代表者为证明其统治的合法性所构建起的历史谱系,道统与政统"有一种相济相维、互渗互补的密切关系"④。在宋代,道统与政统之间展现出了一种微妙的关系,一方面,理学家所代表的道统希望扭转皇权偏离于"道"的局面而努力修正之;另一方面,道统也竭力要摆脱政统的束缚,而执意于"学"的完整性。南宋时期,地方士人普遍从事于"学",并把"学"看作是个人修身及理想社会实现的渠道,因而,道统与学统益发靠近。

到了元代,政治对道统(这里主要指南方理学家所尊崇的道统)的束缚虽不复存在,但也使道统与政治隔绝开来。南方士人在政治层面无法上升,遂把更多的精力放在"学"的层面,仿佛专注于"学",就能把他们的个人理想和社会理想全部囊括。即便是吴澄那样能为皇帝

---

① 见蔡方鹿《中华道统思想发展史》一书的第五章《道统论的正式提出与确立》。蔡方鹿:《中华道统思想发展史》,成都:四川人民出版社,2003 年版,第 244—393 页。

② 葛兆光认为道统——"这个经由韩愈明确表述出来的,从孔子、子思、孟子、扬雄等等贯穿下来的正统思想脉络"有两方面意义:"一方面在于确立合法性(validity)思想的历史";"另一方面在于确立合理性(rationality)思想的历史渊源"。这两个意义都指向了虚构的历史谱系对于真理的独占。葛兆光:《道统、系谱与历史——关于中国思想史脉络的来源与确立》,《文史哲》2006 年第 3 期,第 49 页。

③ 牟宗三:《略论道统、学统、政统》,《生命的学问》,台北:三民书局,1970 年版,第 60—71 页。

④ 阎步克:《儒·师·教——中国早期知识分子与"政统""道统"关系的来源》,《战略与管理》1994 年第 2 期,第 117 页。

讲经的大儒,在政治层面的建树也无甚可言,其对道统的追求①,恐怕还是依靠其"学"来成就②。

吴澄虽然不为元廷所重,但在诸多南方士人眼中,已是足够值得艳羡的对象了。入元以来,科举不行,南方士人地位愈见卑下,散为商、医、卜筮、风水先生者往往有之。当然,大多数人还是以教书为生计③,如新安理学家们就是以山长、经师、塾师等低微的身份生活在徽州的万山之间。他们仕进无由,在自觉碌碌无为、于世无补的情况下,对"学"的追求就成为他们全部的心灵寄托。譬如胡炳文认为《四书》是"子朱子平生精力之所萃"④,又认为:"圣贤之心之事业又在六经中"⑤,所以他积极地参与创办书院,并肆力于"经义解析"。陈栎因为认识到"朱书天地心",所以从15岁起就开始励志熟诵,一直钻研了五十年,其目的"不获一时用,遂欲百世垂"⑥。胡一桂有诗云:"名登甲子天恩渥,道晦咸淳宋祚亡。太白明经加羽翼,武夷论学破荒唐",可见,他对世界的关注已由国家政治层面而转至"学"的层面,而"家《易》相传朔

---

① 宋度宗咸淳三年(1267),19岁的吴澄作《道统图并叙》,以道统自居。其言曰:"以绍朱子之统而自任者,果有其人乎?"表现出非常明显的"以道自任"气质。见虞集:《故翰林学士资善大夫知制诰同修国史临川先生吴公行状》,《道园学古录》卷四四,《四部丛刊初编》缩印本。

② 入元后,吴澄亦有用世之心,至元二十三年(1286),他给程钜夫写信云:"忠贤得路,自古所难。畏天命,悲人穷,君子大公至正之心也。事业不必出于己,名声不必归于己,竭吾诚,输吾所学,有能用之,天下被其福,则君子之志愿得矣。"所以,他积极地谋求用事于元廷的机会,但却多次失利,落寞地离开大都。泰定帝泰定元年(1324),朝廷开经筵,吴澄作为讲官达到他仕宦生涯的最高峰。但这对一个蒙古皇帝会造成怎样的效果实在很难说。吴澄在元代的儒宗地位,恐怕还得是得益于《易纂言》《易纂言外翼》《书纂言》《仪礼逸经》《礼记纂言》《春秋纂言》等一系列经学著作。见吴澄:《与程侍御书》,《吴文正公集》卷七,第169页。

③ 申万里曾谈及:"元代民间养士之风的盛行,使江南许多隐士找到栖身之地,隐居教书成为大多隐士谋生的手段。"见申万里:《元代江南隐士考述》,《元史论丛》第10辑,北京:中国广播电视出版社,2005年版,第305页。

④ 如其云:"《四书》,行天之日月也。子朱子平生精力之所萃,而尧、舜、禹、汤、文、武、周、孔、颜、曾、思、孟之心之所寄也。其书推之极天地万物之奥,而本之皆彝伦日用之懿也。"见胡炳文:《四书通序》,《云峰集》卷三,第181页。

⑤ 胡炳文:《代族子淀上草庐吴先生求记明经书院书》,《云峰集》卷一,第164页。

⑥ 陈栎:《自咏百七十韵》,《陈定宇先生文集》卷十六,第452页。

紫阳"一句,明显将其家学连结到朱熹,从而建立起神圣的学统①。所以他一生以高度的使命感纂疏朱熹经说②,目的就是为了传朱子之道③。

元代前期的新安理学普遍枯坐于讲席之上,身份的卑微使他们无法高昂。虽然他们很少宣称承继大道,但还是十分认定他们所从事的"析经义"工作有接续学统以传承朱子之道的意义。从这个角度来说,他们也是"以道自任"者,或者说是比较低调的"以道自任"者。

元代前期新安理学家埋首于《四书》、《周易》等经典的"附录纂疏"当中,这些经典遂与他们生命发生了同构,转化为一种在艰难时世中自我提升与自我拯救的灵剂。显然,他们颇为内敛,缺乏高昂的浩然气质与弘道豪情。但到了元代后期,朱升、唐桂芳、汪克宽、郑玉、赵汸等新一代新安理学家却普遍高调起来,如朱升讲学"以推圣神之教之本,以发圣贤之言之意"④,而唐桂芳则谓其所学为"道"⑤,又自诩曰:"伊予槐塘濒,绕屋树蒿荻。安得共讲明,大道在瓦甓。"⑥汪克宽著《春秋胡氏传附录纂疏》之意乃是为了传道,所谓"遂厌科举之文,慨然曰:'道不行于当时矣!'"⑦郑玉以为《春秋》可以"著圣人之大用,体天地之道"⑧,又声称:"外《六经》之文而求道,非吾所谓道。"⑨赵汸对道统的反应则更为强烈,他一直都在宣扬着"传道有宗,适道有途"的理念。如其所言:"《孟子》之书,于篇末历叙群圣相传之统,而

<hr />

① 胡一桂:《举场二首》,《双湖先生文集》卷四,第 572 页。

② 熊禾认为:"考亭夫子,集正学大成,平生精力在《易》、《四书》,《诗》仅完,《书》开端而未及竟,虽然付之门人九峰蔡氏,犹未大畅厥旨。《三礼》虽有通释,缺而未备者尚多。……若《春秋》则不过发其大义而已。岂无所俟于来学乎? 当吾世不完,则亦愧负师训多矣。"这是熊禾的意见,同样也能代表胡一桂的看法。所以他们约定要完成"文公与门人三世未了之书"。见熊禾:《送胡庭芳后序》,《熊勿轩先生文集》卷一,第 10 页。

③ 恰如熊禾对胡一桂所说:"文公殁且百年,门人传经,寖益失真。余以为文公之学不行,文公之道不传也。"见熊禾:《送胡庭芳序》,《熊勿轩先生文集》卷一,第 8 页。

④ 朱升:《东偏平义斋书书》,《朱枫林集》卷七,第 121 页。

⑤ 如他对陈栎后人陈自新说:"道在天地间,人有彼我而道无彼我,曩先生教我者,道也。"见唐桂芳:《赠陈生自新序》,《唐氏三先生集》卷一八,第 636 页。

⑥ 唐桂芳:《答友》,《唐氏三先生集》卷一四,第 587 页。

⑦ 吴国英:《环谷汪先生行状》,《新安文献志》卷七二,第 1770 页。

⑧ 汪克宽:《师山先生郑公行状》,《环谷集》卷八。

⑨ 郑玉:《余力稿序》,《师山先生文集》。

终之曰:'然而无有乎尔,则亦无有乎尔。'先儒所谓'明其传之有在,而又以俟后圣于无穷'者也。至于近代而以兴起斯文为己任者,盖有其人矣,何可以不知其传之所在乎!"①赵汸对于这个"群圣相传之统"极为重视,他从孔子、颜回、曾子开始讲起,一直讲到二程、张载与朱熹,最后以魏了翁、真德秀两人作结,并指出:"夫传道有宗,适道有途,而立言垂训,则又成己成物之余事也。然则即其传而求其统之所由续,本其身而论其德之所以成,此格物致知之先务也,有志于学者,愿相与讲明之。"②既以南宋魏了翁、真德秀作结,又寄希望于当世学者,则赵汸实大有"以道自任"之意味。如果把目光聚焦到儒家那个具有超越性与永恒性的大道上,那么无论是华是夷,是旧朝还是新朝,则都不需要太过计较了。在赵汸的心中,孔子、子路、冉有、子贡、樊迟等圣贤未必是因遇而仕,为延续儒家大中之道而出仕更为瑰伟绝特③。因此,即使不遇于时,为了传承群圣相传之统依然可以出仕。所以赵汸积极求仕,并以最有经世传道意味的《春秋》为研究对象,其著作"义精例密,咸有据依,多发前贤之所未发"④。大有得圣意于千载之上的气魄。

依据上述材料可看出,有元两代新安理学家之间的确发生了一种气质上的递进,即由从元代前期新安理学的低调承续朱子递进到了后期高昂的"以道自任"。之所以发生这样的递进,主要有以下两个方面的原因:

首先,随着元廷政权立国渐久,士人们的遗民意识消退殆尽,而民族融合程度日益加深,甚至出现了文化、风俗为异风所涵化的景况⑤。

---

① 赵汸:《私试策问》,《赵征君东山先生存稿》卷二。
② 赵汸:《私试策问》,《赵征君东山先生存稿》卷二。
③ 赵汸:《素隐斋记》,《赵征君东山先生存稿》卷三。
④ 宋濂:《春秋属辞序》,《宋濂全集》第3册,第1893页。
⑤ 如宋濂指出:"元有天下已久,宋之遗俗变且尽矣。"方孝孺认为:"元百年之间,四海之内,起居饮食,声音器用皆化而同之。"刘夏则曰:"近世以来,七八十年,华夷同风,天下无复有内外之辨。"分别见宋濂:《汪先生墓铭》,《宋濂全集》第3册,第1526页;方孝孺:《后正统论》,《逊志斋集》卷二,宁波:宁波出版社,2007年版,第58页;刘夏:《赟杨参政书》,《刘尚宾文续集》卷三,《续修四库全书》第1326册,第133页。

这种态势使汉族士人们逐渐认同了"元承宋统"的合法性①。承认了异族政统，一切仿佛都拥有了合理性的价值。儒家的书院教育一直维系着，并被纳入到官学的轨道②。有士人赞颂曰："皇元之兴将百年，子孙长治、外夷向化者，大抵学校维持之力耳。"③科举之路最终也接续上了，这一措施使士人尤其雀跃，所谓"国朝设科目以网罗天下之士，可谓盛典矣!"④华夏道统与元廷政统之间的遥远距离在一定程度上被拉近了，这种状况为理学家高调弘道意识的再度出现奠定了现实基础。特别是郑玉、赵汸、唐桂芳等与元政权颇有瓜葛的世家子弟则更是有理由振而奋发了。

其次，元代后期新安理学出现高调的"以道自任"意识也不排除外缘因素的影响，尤其是来自学术大环境中几个倡导道统论的理学大家的启发。朱升、郑玉、赵汸等人对以绍朱子之统自任的吴澄就非常景仰，所以受其感召而对其模仿自不出奇。郑玉、赵汸都是著名的"和会朱陆"者，陆学因素的引入，使得他们孟子式的浩然气质视以往弥烈，这在一定程度上加深了他们绍圣人之统的自信。此外，九江黄泽曾以《思古吟》十首极言圣人德容之盛，并屡梦孔子授其六经，亦是一个孟子式的"以道自任"者⑤。这种精神气质势必对其弟子朱升、赵汸造成直接影响，使朱升、赵汸的浩然气概要远远超过上一代新安理学家。

从本质上来讲，"以道自任"可以说是一种自我正义感鼓舞下的高昂的精神状态，这种高昂的精神状态无疑会激发主体去改造客观世界。对于理学家而言，这种精神就是弘道意识。具有"以道自任"气质

---

① 如刘敏中所谓："皇元抚有方夏，凡所设施，一本是道。"又如宋禧所谓："皇元一统之盛，亘古所未有。"分别见刘敏中：《殷阳县文庙加封圣号记》，《中庵先生刘文简公文集》卷一，《北京图书馆古籍珍本丛刊》第 92 册，第 270 页；宋禧：《代刘同知送危检讨还京师序》，《庸庵集》卷一二，《景印四库全书》第 1222 册。

② 徐梓认为："元朝政府对创建书院报批手续的严格控制，层层审核；把书院完全纳入统一的学制体系，从行政管理(委派山长)和经济基础(拨置学田)两方面入手，强化对书院的管理和控制；现职官员以一级政府的身份，参与书院创建；这三个方面，是元代书院官学化的最典型体现。"见徐梓：《元代书院研究》，第 126 页。

③ 杨维桢：《海盐州重修学宫记》，《东维子文集》卷一二，《四部丛刊初编》缩印本。

④ 戴良：《赠叶生诗序》，《九灵山房集》卷一三，《四部丛刊初编》缩印本。

⑤ 宋濂等：《元史》卷一八九《儒学传》，第 4323 页。

的新安理学家发展出扶道救世、整饬世间秩序的意识自是不难理解。
当然，对于无权无势的理学家来说，这种意识也只能是寄托在著述里。
与胡一桂、胡炳文、陈栎等前辈注重《四书》、《周易》不同，汪克宽、郑
玉、赵汸等新一代新安理学家普遍对《春秋》发生了兴趣，并卓然成家。
发生这种兴趣偏转是有其缘由的：作为百无一用的柔弱书生，要想扶
道救世、整饬外部世界的秩序，大概也只有效法孔子以《春秋》作为拨
乱反正之法了①。汪克宽、郑玉、赵汸等学者的《春秋》学著作都无一
例外地持有上述观念。如汪克宽著有《春秋胡氏传附录纂疏》，他认为
《春秋》系圣人之经，其中蕴涵着圣人的大中至正之道，对后世具有神
圣的垂范意义。所谓"圣人作《春秋》，正欲示万世不易之法"②。"一
事之笔削、一言之增损、一字之同异，无非圣心精微之攸寓，而酌乎义
理之至当。"③汪克宽认为善治《春秋》者"可求圣笔之真"，意气风发之
际，儒家大道似乎就落到了自己的头上④。与汪克宽相似，郑玉的《春
秋》观念也是承袭程、朱一路，郑玉宣称他研究的《春秋》乃系圣学，其
功用无穷，如其所言："《春秋》损益四代之制，为百王不刊之典，所以
著圣人之大用，体天地之道而无遗，具帝王之法而有征，其功足以遏人
欲于横流，存天理于既灭。"⑤与汪克宽一样，他著《春秋经传阙疑》无
疑也带有着一种"以道自任"的气质。

　　《春秋》在后来发挥出了"大一统"、"大居正"、"正名分"、"尊王
攘夷"、"张三世"等学说，这些学说在经世方面自是他经无可比拟。
在郑玉的眼里，《春秋》的确负载着许多功能，譬如"诛乱臣，讨贼子"、

----

　　①　对于孔子《春秋》寄寓的拨乱反正之法，胡承诺曾有过解释，如其曰："孔子乐尧舜
之道而欲措诸实事，因当代史书著其是非，举周公之制而申叙之，使三百四十年之纪载一遵
周公之法，文有害于教者改而正之，事有畔于义者贬而责之、诛而绝之。"见胡承诺：《读书
说》卷一，上海：商务印书馆，1936年版，第14页。
　　②　汪克宽：《通鉴纲目凡例考异序》，《环谷集》卷四。
　　③　汪克宽：《春秋纂疏序》，《环谷集》卷四。
　　④　汪克宽对《春秋》的认识还是来自程、朱的"百王不易之法"论、"万世不易之法"论。
见程颢、程颐：《河南程氏遗书》卷二二上，《二程集》，北京：中华书局，1981年版，第283页；
黎靖德编：《朱子语类》卷八三，第2135页。
　　⑤　汪克宽：《师山先生郑公行状》，《环谷集》卷八。

"尊王而贱霸,尊内而攘外",这些都是为了维系纲常伦理而设定的①。所以他说:"夫子集群圣之大成,《春秋》见夫子之大用,盖体天地之道而无遗,具帝王之法而有征。"②《春秋》的"大用",就是用具体事例来表达儒家的立场,如果没有《春秋》,那么《易》、《诗》、《书》这些言理的典籍只不过都是空泛的大道理而已。郑玉把《春秋》提升到绝对的高度③,最后竟是以生命实践了《春秋》理念④。

郑玉的论调对徽州的另一位《春秋》学者赵汸影响不小。赵汸与郑玉往来频繁,而且他也一直把郑玉当成长辈学者来尊崇。两人的观念也有极为相似的一面,如赵汸在《春秋集传序》一文中云:"乃即鲁史成文,断自隐公,加之笔削,列霸者功过,以明尊天王、内中国之意于天下;贬诸侯、讨大夫、诛其乱臣贼子,以正人心、示王法,盖天之所命也。……故曰圣人经世之书也。"⑤可见,赵汸著述旨在发挥《春秋》经世治国的功用,是以其一生的心血都倾注在了《春秋》当中。他以"属辞比事"之法发明圣人义例,此义例的最终指向无外乎扶道救世和整饬世间的秩序。譬如其《春秋金锁匙》一书中就明显包含着"正名分"、尊崇周王室、"抑制诸侯霸主"、"痛恶大夫专政"等诸多"对'《春秋》大义'的标举"⑥。

从"以道自任"发展到"扶道救世"是顺理成章的。具有"以道自任"气质的元代后期新安理学家效法孔子著《春秋》,由此展现出了高昂的弘道情怀,同时也以此巩固并加强了他们"以道自任"的自信。这

---

① 郑玉在《春秋》学研究上受胡安国"尊君父,讨乱贼,辟邪说,正人心"思想影响很大,他与胡安国一样,也把《春秋》看成是法律之"断例",可以用来"处大事,决大疑"。郑玉《春秋经传阙疑》一书自始至终都围绕着理学所关注的天理、人欲及纲常、人伦等问题展开阐释,他甚至都把《春秋》提升成了一部可以经世治国的煌煌法典。见胡安国:《春秋传序》,《胡氏春秋传》,杭州:浙江古籍出版社,2010年版,第2页。

② 郑玉:《春秋经传阙疑序》,《师山先生文集》卷三。

③ 如其云:"是以明之者,尧、舜、汤、武之治可复;昧之者,桀、纣、幽、厉之祸立至。有天下国家而不知《春秋》之道,其亦何以为天下国家也哉!"见郑玉:《春秋经传阙疑序》,《师山先生文集》卷三。

④ 《与族孙忠》一书则曰:"我之死也,所以为天下立节义,为万世明纲常。"见郑玉:《与族孙忠》,《师山先生文集》遗文卷三。

⑤ 赵汸:《春秋集传序》,《赵征君东山先生存稿》卷三。

⑥ 冯晓庭:《赵汸〈春秋金锁匙〉初探》,《元代经学国际研讨会论文集》,第630—646页。

也正是他们普遍对《春秋》发生兴趣的重要原因,从而在元代新安经学史上造成了从《四书》学、《易》学到《春秋》学的兴趣偏转。从低调的"附录纂疏"之学到高昂"扶道救世"情怀,徽州地域社会之中的元代后期新安理学家又展示出了超越地方主义意识的一面。

小　结

为了求得进身之阶,元代后期的徽州士人普遍踏上了科举考试与游谒投赠的征途。但他们的实绩却乏善可陈:不仅在科举上成就不大,在游谒投赠的层面也颇为寂寥。无奈之下,他们只好回归乡里,以教学著书了却余生。于是在元代前期新安理学家群体逐渐淡出后,徽州一域又渐渐以朱升、郑玉、赵汸为核心形成一个更大的新安理学家群体。两代新安理学家之间存在着师承关系,也存在着一定的学术理念的前后沿袭。朱升、赵汸等新一代新安理学家受到前辈们的影响,同时对其不足也知之甚深。因此,到了元代后期,新安理学内部出现自我反省与自我调整应该是顺理成章的。

郑玉与赵汸都出身于与元政权颇有关联的世家,而朱升则出身于一个名不见经传的普通家庭。不管是世家,还是普通家庭,他们基本上都没有悠久的家学传承。在这一点上,他们的确有别于胡一桂、胡炳文等上一代新安理学家。值得注意的还有一点,就是胡一桂、胡炳文、陈栎等元代前期新安理学家都没有杰出的后裔可以踵武其学,这使得他们的家学传统渐趋式微。元代后期的新安理学家虽与前辈们存在学术上的承继关系,但这毕竟不似家学那么稳固。朱升、郑玉与赵汸在元代后期依然作为乡贤圣立足于徽州地域社会,但由于家学传统的缺失,他们身上出现学术变化也就在所难免了。

元代前期新安理学家普遍枯坐于讲席之上,虽然他们很少宣称承继大道,但还是十分认定他们所从事的"析经义"工作有接续学统以传承朱子之道的意义。到了元代后期,朱升、郑玉、赵汸、唐桂芳、汪克宽等新一代新安理学家却普遍高调地"以道自任"起来。从"以道自任"发展到"扶道救世"是顺理成章的。具有"以道自任"气质的元代后期新安理学家效法孔子著《春秋》,由此展现出了高昂的弘道情怀,同时也以此巩固并加强了他们"以道自任"的自信。这也正是他们普遍对《春秋》发生兴趣的重要原因,从而在元代新安经学史上造成了从《四书》学、《易》学到《春秋》学的兴趣偏转。从低调的"附录纂疏"之学到高昂"扶道救世"情怀,徽州地域社会之中的元代后期新安理学家又展示出了超越地方主义意识的一面。

第五章　元代后期新安理学的学术特点

第一节　从《四书》学、《易》学
到《春秋》学的兴趣偏转

元代前期新安理学家如胡一桂、胡炳文、陈栎等人在《四书》、《易》学文献清整上都非常用力，也均取得了一定的实绩。元代后期新安理学家如朱升、倪士毅、张存中、赵汸等人虽也有《四书》学、《易》学著作问世，但显然不能与元代前期新安理学家的相关成就比肩。根据雒竹筠《元史艺文志辑本》等著作，我们检索出的元代后期徽州学者的《四书》学、《易》学著作大致可见下表：

表 5.1　元代后期新安《四书》学、《易》学著作

时代	姓名	著作
元代后期	朱　升	《大学旁注》、《中庸旁注》、《论语旁注》、《孟子旁注》
	倪士毅	《四书辑释》
	汪九成	《四书类编》

时代	姓名	著作
元代后期	郑 玉	《周易大传附注》、《程朱易契》、《周易纂注》
	朱 升	《周易旁注》
	汪克宽	《周易程朱传义音考》
	赵 汸	《周易文诠》、《序卦图说》、《周易正训童子便》
	程 瑃	《易学启蒙类编》
	吴梦炎	《补周易集义》
	汪有训	《周易句解》

在《诗》、《书》、礼学层面,元代后期新安理学家们的成绩可谓单薄。根据雒竹筠《元史艺文志辑本》等著作,我们检索出的元代后期徽州学者的《诗》学、《书》学、礼学著作大致可见下表:

表 5.2　元代后期新安《诗》学、《书》学、礼学著作

时代	姓名	著作
元代后期	汪克宽	《诗集传音义会通》
	倪士毅	《尚书作义要诀》
	汪克宽	《经礼补逸》

元代后期新安理学家们的经学成就主要体现在《春秋》学层面。根据雒竹筠《元史艺文志辑本》等著作,我们检索出的元代后期徽州学者的《春秋》学著作大致可见下表:

表 5.3　元代新安《春秋》学著作

时代	姓名	著作
元代后期	俞 皋	《春秋集传释义大成》、《春秋释义集传》
	郑 玉	《春秋经传阙疑》
	汪克宽	《春秋胡氏传附录纂疏》、《春秋诸传提要》、《左传分纪》、《春秋作义要诀》

续表5.3

时代	姓名	著作
元代后期	赵汸	《春秋师说》、《春秋集传》、《春秋金锁匙》、《春秋属辞》、《春秋左氏传补注》
	金居敬	《春秋五论》
	周原诚	《春秋王正月辨》
	倪尚谊	《春秋集传》(未成)

在元代前期,陈栎、胡炳文、程直方、程龙、俞师鲁等学者虽也撰有一些《春秋》学著作,但是这些著作基本上都已佚失,无法再窥其规模。元代前期新安理学家虽能在《四书》学、《易》学研究上留下许多有影响的著作,但在《春秋》学层面却名不甚著。相对而言,他们的《春秋》学研究并不深厚,尽管也曾有些著述,但可能因为不够精良而逐渐湮灭了。元代后期,新安理学家们的《春秋》学研究逐渐繁荣起来了,涌现出一大批优秀的《春秋》学者,如俞皋、汪克宽、郑玉、赵汸等皆是也,而赵汸更是卓然大家,其名头在《春秋》学史上十分显赫。在这几位新安理学家的带动下,徽州学界对《春秋》的探讨蔚然一时,如任原、任序、汪德懋等皆是也①。入明后,徽州学界对《春秋》的偏好不但不见衰减,而且还延续了相当长的一个时段②。可以说,从元代前期新安理

---

① 任原、任序曾参与汪克宽《春秋胡氏传附录纂疏》的编纂,而汪德懋得蒙赵汸、汪克宽亲炙后,"其究麟经尤深"。见凌迪知:《万姓统谱》卷六五,成都:巴蜀书社,1995年版,第984页。赵玚:《故城县丞汪先生德懋行状》,《新安文献志》卷八九,第2208页。

② 其中洪渊"以《春秋》初领洪武丙子荐";永乐年间任翰林检谈的陈寿"著有《春秋发微》";叶蓁"中永乐丁酉南京乡试,刊《春秋经》为文魁";杨宁"十八即以《春秋》魁永乐丁酉京闱乡试",后以《春秋》授于方贵文;庄观"永乐辛卯,以《春秋》应乡贡";程富"永乐甲午,以《春秋》中乡试";吴宁"以《春秋》领永乐庚子荐",其子吴绅"以《春秋》领丙子应天府乡荐",吴纹"以《春秋》领辛卯应天府乡荐",其孙吴瀚"以《春秋》领丁酉应天府乡荐";卒于成化年间的程泰其《春秋》修养得益于家传,如其家乘所载:"长史公以《春秋》名祁门,用元(程泰)受经所得最深。"分别见戴廷明、程尚宽等:《新安名族志》,第502、351、417页;彭时:《资德大夫南京刑部尚书杨公宁墓碑铭》、张楷:《中宪大夫陕西按察司副使庄公观行状》、苏景亮:《通议大夫都察院右都御史程公富行状》、商辂:《嘉议大夫兵部右侍郎吴公宁墓志铭》、《通奉大夫河南左布政使程公泰墓碑铭》,《新安文献志》卷七六、九五下、八三、八三、八六,第1864、2436、2017、2023、2025、2116页。

学到后期新安理学,学术兴趣点已然发生了转变,即从对《四书》学、《易》学的关注逐渐转向了对《春秋》学的关注。

元代徽州《春秋》学家中以汪克宽、郑玉、赵汸三人最为特出,影响也最为深远。汪克宽的《春秋胡氏传附录纂疏》采取的是元代前期新安理学家所惯用的"附录纂疏"体例,学术创新虽不算多,但却起到了纂辑群言的作用①。因此明代官修《春秋大全》几乎全部袭蹈此书,正所谓"《春秋大全》则全袭元人汪克宽《胡传纂疏》"②是也。与汪克宽相比,郑玉、赵汸的《春秋》学则展现出了比较独特的内容,尤其是赵汸的《春秋》之学,谓之独领数百年风骚亦不为过誉。

郑玉覃思《六经》,尤邃于《春秋》。郑玉对于《春秋》的偏爱可能最初是受到其父的影响③。后又得益于淳安学者吴暾④。郑玉著有《春秋经传阙疑》一书,他认为此一书"盖其平生精力所注也",所以"至被执就死之时,惟惓惓以此书为念"⑤。郑玉著《春秋经传阙疑》的一个重要原因乃是出于对学界逞臆说经的不满⑥。他认为:

> 圣人之经,辞简义奥,固非浅见臆说所能窥测。重以岁月滋久,残阙惟多,又岂悬空想象所能补缀?与其强通其所不可通,以取讥于当世,孰若阙其所当阙,以俟知于后人。⑦

---

① 见汪克宽:《春秋胡氏传附录纂疏》,元至正八年(1348)刘叔简日新堂刻本。

② 顾炎武撰、黄汝成集释:《日知录集释》卷一八,上海:上海古籍出版社,2006年版,第1042页。

③ 郑玉之父郑千龄七岁闻人讲《吕东莱春秋》,退即能衍其说。在断狱过程中,也常举《春秋》义以决断。见程文:《贞白先生郑公千龄行状》,《新安文献志》卷八六,第2098页。

④ 郑玉认为自己"学问本朝阳","朝阳"即吴暾是也。吴暾以《春秋》之学著称,曾"以《春秋》登甲子进士第"。分别见郑玉:《答童一清书》,《师山先生文集》遗文卷三;吴国英:《环谷汪先生行状》,《新安文献志》卷七二,第1769页。

⑤ 永瑢等:《四库全书总目》卷二八,第227页。

⑥ 自宋代以来《春秋》学界就存在一种逞臆说经的倾向。受到唐代啖助、赵匡、陆质等《春秋》学者"舍传求经"范式的影响,宋代学者孙复、崔子方、胡安国等人都表现出了以己意裁断的取向。他们的《春秋》学研究往往热衷于自己的判断,对于三传则不尽信,而且在很多地方常常力作强解,朱熹就曾指出:"胡《春秋传》有牵强处。"逞臆说经虽能打破传统注疏,别开生面,但同时也导致穿凿附会流弊的出现。见黎靖德编:《朱子语类》卷八三,第2155页。

⑦ 郑玉:《春秋经传阙疑序》,《师山先生文集》卷三。

与其强通不如阙其所当阙,是以《春秋经传阙疑》一书采取了"阙疑"的义例:"其或经有脱误,无从质证,则宁阙之,以俟知者,而不敢强为训解。传有不同,无所考据,则宁两存之,而不敢妄为去取。"①正是因为不力作强解,后世学者评论郑玉《春秋经传阙疑》时常常谓之"公且平"。此外,《春秋经传阙疑》还表现出了两个特色,其一是批判"三传"而综合"三传"的思路。自唐代啖助、赵匡、陆质等人开启"舍传求经"的解经思路以来,怀疑《春秋》"三传"逐渐发展成为一种普遍的风潮②。宋元时代的《春秋》学者大多数都对"三传"持有怀疑,在这一点上,郑玉也不例外,他认为:"《春秋》之不明,'三传'蔽之也"③,具体理由如下:

　　余观《左传》所载皆鲁史,旧文明白可信。及丘明稍加檃括,附以议论,然后事迹泯灭,是非乖谬,《春秋》之旨始有不可得而考者矣。及《公羊》、《穀梁》定为义例之说,但有不合,则曰:"此圣人之微意也",一切舍事实而求之空言,使圣人笔削之妙,下同刻吏弄法之文,而仲尼之志亦复不可见矣。④

郑玉虽然对"三传"颇多腹诽,但他却不主张尽废"三传"。他认为"三传"毕竟是《春秋》经文的重要补充,因此还是存在一定价值的。对于啖助、赵匡、陆质等人的某些说法,郑玉也常常予以纠正。譬如关于"蔡桓侯之葬惟书本爵"一例,郑玉先是引用了啖助的说法,然后批语云:"啖氏之说不知何所本。"⑤郑玉并不采纳没有来历而仅仅是出于胸臆的说法,他所服膺的乃是程子"以经证传之误,以传补经之阙"

---

①　郑玉:《春秋经传阙疑序》,《师山先生文集》卷三。
②　葛焕礼指出:"中唐啖助、赵匡和陆淳的《春秋》学不仅是《春秋》学风尚转变的重要标志,而且实'开宋学之风',这已是学界定论。"见葛焕礼:《论啖助、赵匡和陆淳〈春秋〉学的学术转型意义》,《文史哲》2005年第5期,第40页。
③　郑玉:《读欧阳公赵盾许止弑君论》,《师山先生文集》卷二。
④　郑玉:《读欧阳公赵盾许止弑君论》,《师山先生文集》卷二。
⑤　郑玉:《春秋经传阙疑》卷五,清乾隆五十年(1711)郑肇新刻本。

的看法,因而认为:"读《春秋》者以是法求之,其不合者寡矣。"①在上述观念的支配下,郑玉《春秋》学采取了以经统摄并综合"三传"的原则,即如他所言:"叙事则专于《左氏》,而附以《公》、《穀》合于经者则取之;立论则先于《公》、《穀》,而参以历代诸儒之说合于理者则取之。""经有残阙,则考诸传以补其遗;传有讹舛,则稽诸经以证其谬。"②

《春秋经传阙疑》还有一个特点即是对伦理纲常格外强调。郑玉认为"纲常乃国家之大本"③,"五常为人伦之重",而"三纲又为五常之重"④。如果"纲常不明",则"人类几灭"。所以他在《春秋经传阙疑》一书中一直着重阐释大理、人欲、纲常、人伦等范畴,一次次地强调着胡安国"示王法,正人伦,存天理"的论题⑤。譬如关于僖公二十八年春发生的"晋侯侵曹,晋侯伐卫",郑玉就评论道:"愚谓纯乎天理之公,而绝无人欲之私者,王者之道也;假乎天理之公,而杂以人欲之私者,霸者之事也。"⑥

在郑玉的眼里,《春秋》负载着许多功能,譬如"诛乱臣,讨贼子"、"尊王而贱霸,尊内而攘外",这些都是为了维系纲常伦理而设定的。郑玉此种论调不同于"详于事"的《左氏》,也不同于专求微言大义的《公》、《穀》,而是在胡安国《春秋传》的基础上更进一步,把《春秋》打造成为一种可以用来经世治国的煌煌法典,用郑玉自己的话来说就是:"使经之大旨粲然复明于世,昭百王之大法,开万世之太平,然后足以尽斯经之用。"⑦

赵伯雄谈及元代的《春秋》学时曾说:"元人的《春秋》学著作,大多以胡传为宗主,……能够完全不为胡传所拘,沿着朱子的思路对《春

---

① 郑玉:《读欧阳公赵盾许止弑君论》,《师山先生文集》卷二。
② 郑玉:《春秋经传阙疑序》,《师山先生文集》卷三。
③ 郑玉:《为丞相乞立文天祥庙表》,《师山先生文集》遗文卷三。
④ 郑玉:《与鲍仲安书》,《师山先生文集》遗文卷三。
⑤ 郑玉:《春秋经传阙疑》卷三。
⑥ 郑玉:《春秋经传阙疑》卷一七。
⑦ 郑玉:《春秋经传阙疑序》,《师山先生文集》卷三。

秋》经传进行探讨的,有吴澄、程端学、黄泽及赵汸等人。"①元代新安理学家中于《春秋》最有创见的乃是赵汸,其著作现存有《春秋师说》、《春秋集传》、《春秋属辞》、《春秋左氏传补注》、《春秋金锁匙》等五书。赵汸《春秋》学特色可以归结为三个要点:首先,赵汸《春秋》研究遵循着乃师黄泽确立的路数,虽然兼取"三传",但却事据《左传》以求"鲁史书法"。因此,赵汸于历代《春秋》学者中尤重杜预。除了杜预之外,他还颇重南宋学者陈傅良,如其云:"至永嘉陈君举始用二家之说,参之《左氏》,以其所不书实其所书,以其所书推其所不书,为得学《春秋》之要,在三传后卓然名家。"②赵汸著《春秋左传补注》即是以陈傅良治《春秋》之法来弥补杜预《左传集解》之不足,即"用陈之长以补杜之短,用《公》、《穀》之是以救《左传》之非,则两者兼得,笔削义例,触类贯通,传注得失,辨释悉当"③。真正做到整合"三传"并使之统摄于《春秋经》下,这也是赵汸业师黄泽一直倡导但却未曾做到的学术主张。

赵汸虽对陈傅良有服膺之意,不过微词也并不在少。明眼人可以看出,赵汸以《左传》参之《公》、《穀》的立场与陈傅良以《公》、《穀》参之《左传》固不相同。黄泽首倡"鲁史书法"、"圣人书法"之论,赵汸承袭之,此论自是比陈傅良高明不少,不过,黄泽并没有在此论基础上更进一步归结出圣人的笔削之义来,这也就给赵汸留下了一定的学术空间。

赵汸《春秋》学的第二个要点即是在黄泽"以义为例"观念的基础之上提出了"属辞比事"之法,其主旨是连缀《春秋》中的用辞,排比其记事,以期归纳出圣人的笔削之义。在《春秋属辞》一书中,赵汸通过连缀文辞、排比史事,总结出"存策书之大体"、"假笔削以行权"、"变文以示义"、"辩名实之际"、"谨华夷之变"、"特笔以正名"、"因日月以明类"、"辞从主人"等八种义例,其中"存策书之大体"位列第一。"策书"系指鲁史《春秋》,即孔子笔削《春秋》时所运用的原始材料。若想

① 赵伯雄:《春秋学史》,第571—572页。
② 赵汸:《春秋集传序》,《赵征君东山先生存稿》卷三。
③ 永瑢等:《四库全书总目》卷二八,第228页。

知道《春秋》究竟寓意何在？最有效的办法毋宁是洞悉其制作过程。若想洞悉其制作过程，对原材料的甄别无疑又是一个最为可行的途径。赵汸之所以要甄别原材料，就是要用其与成品相对照，从而得出圣人的笔削之义。"存策书之大体"乃是赵汸"属辞比事"之论的核心内容，他也于此用功最勤，今人黄开国评论说：

> 《春秋属辞》中赵汸所列存策书之大体的条目达 131 条之多。而赵汸用来解说这 131 条策书大体的事件，有的记叙多达百余次，有的仅有一次记载，多寡不同，相去悬殊。但是，赵汸却几乎将《春秋》所有的史事记叙，全部用到了他的存策书之大体的论说中。①

赵汸"八义"中的其他几项如"假笔削以行权"、"因日月以明类"、"辞从主人"也大抵如"存策书之大体"一样，表面上看来类似纯形式主义的文本分析。赵汸就是要在这种文本分析中探求孔子的笔削之义。赵汸"八义"在后世深为《春秋》学者所倚重，如朱彝尊引陈子龙语曰："子常于《春秋》，发明师说，本经会传，度越汉宋诸儒，当为本朝儒林第一。"②庄存与则称自己的《春秋正辞》深取赵汸："存与读赵先生汸《春秋属辞》而善之，辄不自量，为櫽括其条，正列其义，更名曰《正辞》，备遗忘也。"③孔广森亦赞扬说："将使学者属辞比事以求之，其等衰势分甚严，善恶浅深奇变极乱，皆以日月见之，如示诸掌。善哉！自唐迄今，知此者惟汸一人哉！"④皮锡瑞也曾经表彰云："赵氏分别策书笔削，语多近是。"⑤

赵汸《春秋》学的第三个特点即是深取孟子。孟子以扶道救世为己任，他把自己辟杨、墨的行为与大禹治理洪水、周公兼夷狄驱猛兽、

---

① 黄开国：《赵汸的〈春秋〉学》，《中国哲学史》2004 年第 2 期，第 88 页。

② 朱彝尊：《经义考》卷一九八，第 1017 页。

③ 庄存与：《春秋正辞叙目》，《春秋正辞》，《续修四库全书》第 141 册，第 2 页。

④ 孔广森：《春秋公羊经传通义叙》，《春秋公羊经传通义》卷一二，《续修四库全书》第 129 册，第 182—183 页。

⑤ 皮锡瑞：《经学通论》，第 86 页。

孔子作《春秋》相等列，其上承三圣的意味十分明显。孟子把孔子作《春秋》的意图阐释为："世衰道微，邪说暴行有作，臣弑其君者有之，子弑其父者有之。孔子惧，作《春秋》，《春秋》，天子之事也。是故孔子曰：'知我者其惟《春秋》乎！罪我者其惟《春秋》乎！'"孟子此段论述，包含着"尊王"、"正名"以及"拨乱反正"等几方面的内容。赵汸对孟子的论调非常认同，如其所论：

> 《春秋》之作，所以明王道者也。大而礼乐刑政，圣人盖律之以文武成康之盛；小而纪纲法度，圣人亦律之以文武成康之盛也。盖甚欲王道之复行于天下也。①

> 《春秋》以荀偃序郑伯之下者，不以征伐之权予大夫，故推而属之郑也。《春秋》之为书，所以正名而定分者也。②

> 《春秋》，假鲁以扶持世道之变者也。以伯主而主诸侯，前乎齐桓，未之闻也，而肇于幽之盟。以荆蛮而与是盟，前乎楚，未始有是也，而始于齐之役。以诸侯大夫而上盟王臣，前乎晋文，未之闻也，而创自翟泉之歃。使鲁而不与，则犹足以为世变中流之砥柱；使鲁而与，则世变盖有靡然纪极之忧。此《春秋》所以于是三盟没公不纪，使鲁之为不与是盟者也。③

以上几条引文俱是赵汸发掘出来的《春秋》大义。赵汸《春秋》学从《左传》中探索鲁史书法，从鲁史书法中探索《春秋》大义。其近师黄泽，远取陈傅良乃至杜预，而最远处则一直可以追溯到孟子。孟子发掘《春秋》大义的诠释方法与其"以道自任"的气质一并传承给了赵汸，这使赵汸在一定程度上接近了孟子的精神高度。当然，也正是因为接近了孟子的精神高度，赵汸的《春秋》学研究才可能拥有如此浩然

---

① 赵汸：《春秋金锁匙》，清嘉庆十一年（1806）琴川张氏照旷阁刻本。
② 赵汸：《春秋金锁匙》。
③ 赵汸：《春秋金锁匙》。

的自信。

综合"三传"又超越"三传",这是赵汸的过人之处。跳出"三传"而直逼孟子,其立意自是更为高远,实可谓冠绝一时。对此,赵汸自己也颇为自负,如其云:

> 使非孟氏之微言尚在,则亦安能追求圣人之意于千数百年之上也哉!汸自蚤岁获闻资中黄楚望先生论五经旨要,于《春秋》以求书法为先,谓有鲁史书法,有圣人书法,而妙在学者自思而得之乃为善也。于是退而思之者十有余岁,卒有得于孟氏之言。①

综上,元代前期新安理学家《四书》学、《易》学研究成绩突出,而《春秋》学研究却似乎不够精良;元代后期新安理学家《四书》学、《易》学研究相对平淡,而《春秋》学研究却名家辈出。可以说,在有元两代新安理学家那里,其经学研究明显存在着一个从《四书》学、《易》学到《春秋》学的兴趣偏转。

第二节　关于求"真是"与求"实理"

元代前期新安理学家们在经学研究上常常会表现出矛盾的一面。他们也宣称过追求"真是"而不盲从朱熹,他们在具体的探讨中也会纠正朱熹的一些错误,但这些却不是他们经学研究的主流。元代前期新安理学家们以朱熹为桑梓骄傲,他们治经的总体指向是要"羽翼朱子",所以他们普遍采取了"附录纂疏"式的解经方法,做出了一部部风格中正平和的教材型著作。虽然他们并非一味回护朱熹,但"附录纂疏"式的博采众取使其治经取向益发偏于言语训释之末。当此时,科举俗学也泛滥成灾,其"断裂经文"的缺陷与"附录纂疏"之学纠结

---

① 赵汸:《春秋集传序》,《赵征君东山先生存稿》卷三。

在一起,使新安经学陷入到"博而不能返约"的泥淖之中。

在胡一桂、胡炳文、陈栎之后,以朱升、郑玉、赵汸、汪克宽为代表的元代后期新安理学家逐渐成长起来。他们其中一些人依然延续着前辈们"附录纂疏"式的治经方法,如汪克宽所著《春秋胡氏传附录纂疏》、俞皋所著《春秋集传释义大成》皆是也①。但也有一些人开始寻求新的治经方法,以期挽救日趋黯淡的新安经学,其中以朱升、郑玉、赵汸等人最称代表。朱升、郑玉、赵汸依旧是蜗居徽州的乡先生,但他们见多识广,曾走出徽州遍寻名师,从而在一定程度上超越了地方主义意识。这使得他们能够借助外来的学术资源实现对传统的突破。朱升、郑玉、赵汸等人的治经方法虽各具特色,但有一点则是颇为相似的,即在解经形式上摆脱了前辈们一直奉行的"附录纂疏"之学,表现出了一种不回护、不苟且的尚实特征。

郑玉著有《春秋经传阙疑》一书,徐尊生曾评论说:"先生所以著述之意甚公且平,如此只'阙疑'二字,所见已自过人。世儒说《春秋》其病皆在乎不能'阙疑',而欲凿空杜撰,是以说愈巧,而圣人之心愈不可见也。"②与其强通则不如阙其所当阙,是以郑玉采取了"阙疑"的义例:"其或经有脱误,无从质证,则宁阙之,以俟知者,而不敢强为训解。传有不同,无所考据,则宁两存之,而不敢妄为去取。"③

在《春秋经传阙疑》一书中,常常可以看到"阙疑"的条目出现,譬如:"愚按:春王正月,或曰夏正,或曰周正,或曰以夏时冠周正。考之于经,终无定说。姑阙之,以竢知者。"又如:"愚按:刘氏之说与传文虽异,于经为合,然无所据。又会盟于邘之文,他无此例,不敢以为决然,姑著其疑,以俟知者。"④郑玉解经"无所考据"便"不敢妄为去取",唯实的意味已经相当明显了。但真正把唯实特征向前推进并使其上升一个层次的则是朱升与赵汸,朱升高高举起"求真是"的大旗⑤,赵汸

①　见汪克宽:《春秋胡氏传附录纂疏》,元至正八年(1348)刘叔简日新堂刻本;俞皋:《春秋集传释义大成》,清康熙十九年(1680)《通志堂经解》本。
②　徐尊生:《与郑子美先生论〈春秋阙疑〉书》,《师山先生文集》遗文附录。
③　郑玉:《春秋经传阙疑序》,《师山先生文集》卷三。
④　郑玉:《春秋经传阙疑》卷一、一六。
⑤　朱升:《论语孟子旁注序》,《朱枫林集》卷三,第33页。

也顺着这一路径进行探索,提倡"一切以实理求之,反而验之于己"①,终成为有元一代最有成就的《春秋》学大家。

"求真是"这一治学理念源出于朱熹,如朱熹曾云:"方将相与反复其说,以求真是之归"②;又云:"不得聚首尽情极论,以求真是之归。"③朱熹精于考证,但"求真是"并不仅限于考证,朱熹曾谓汉儒"不能精思明辨以求真是"④,则可知其所谓"求真是"并非止于考证求实。观其一生所治之学,可知朱熹的"求真是"乃是一种以考证求实为手段进行覃思推校,最终靠拢真理的方法。这一方法贯穿了朱熹学术的终始。朱熹后学具备此种素养的究竟不多,是以铺天盖地的训诂之作在一定程度上蒙蔽了"求真是"的双眼,元代前期的徽州学界即是如此。为了解决这一问题,朱升、赵汸重新强调了"求真是"、"求实理"的理念,并使之逐渐成为了元代后期徽州学界新的解经取向⑤。

至正三年(1343),朱升与赵汸曾前往九江就学于著名学者黄泽。投师黄泽门下对二人的学术产生了非常深远的影响⑥。黄泽治学"以近代理明义精之学,用汉博物考古之功"⑦,"于名物度数,考核精审,而义理一宗程、朱"⑧,《宋元学案》以为"近代覃思之学,推为第一"⑨。

---

① 詹烜:《东山赵先生汸行状》,《新安文献志》卷七二,第1763页。

② 朱熹:《吕氏家塾读诗记后序》,《晦庵先生朱文公文集》卷七六,《朱子全书》第24册,第3655页。

③ 朱熹:《答胡季随》,《晦庵先生朱文公文集》卷五三,《朱子全书》第22册,第2516页。

④ 朱熹:《学校贡举私议》,《晦庵先生朱文公文集》卷六九,《朱子全书》第23册,第3360页。

⑤ 周晓光也曾指出:"郑(玉)、朱(升)的'本领'和'真知'之见,与赵汸的'实理'主张,辞异而意同。由此,形成了元明之交及明初新安理学中,反对元代先儒盲目迷信、循途守辙的思潮。"可惜的是,周晓光对此问题的阐释一掠而过,未曾详细探究。见周晓光:《论元末明初新安理学家赵汸》,《孔子研究》2000年第2期,第79页。

⑥ 黄泽(1260—1346),字楚望,资州内江人,随兄宦居九江,大德年间,曾先后任江州景星书院、洪州东湖书院山长,后于家闭门授徒以为生计。黄泽传学颇为审慎,宁可其学不传于世,也不肯滥传,是以诸弟子中知名者仅有朱升、赵汸等几人。黄泽之学对朱升、赵汸二人影响巨大,甚至可以说,弄不清楚黄泽之学的特点,就很难把握住朱升、赵汸学术的来龙去脉与其特色所在。见宋濂等:《元史》卷一八九《儒学传》,第4322—4323页。

⑦ 赵汸:《黄楚望先生行状》,《赵征君东山先生存稿》卷七。

⑧ 宋濂等:《元史》卷一八九《儒学传》,第4323页。

⑨ 黄宗羲、全祖望:《宋元学案》卷九二,第3064页。

朱升与赵汸可能是出于对徽州泛滥的"附录纂疏"之学的不满,才远道九江问学于黄泽的。朱升游学九江一年有余,回到徽州之后讲学于紫阳祠,自创"旁注"之体。赵汸曾两次游学黄泽之门,黄泽口授致思《周易》、《春秋》的要点,对其影响更是非同小可。

黄泽以为六经尤其是《春秋》之所以难明,实是诸儒乱说所致。说法愈多愈杂,就愈会蒙蔽圣人的本真,所以若要想求之"真得",则须得别用一种"旁通"的工夫:

> 说经欲全通甚难,如《易》、《春秋》,须要全通诸家传注,最好者只是籍作梯阶,更于传注之上,别用一种工夫,虚心以求,勿忘勿助,以俟理熟到得确然不可移易处,则固滞始化,方是真得。然后可以旁及余经,不然则固滞未化,不可旁通也。①

黄泽的"旁通"工夫即是在融会诸家传注的基础上,以自我独特的判断直通圣人本真,从而获得"真得"。以此标准来衡量,自是没有多少人能够达到,是以朱升对当时学界的实际状况深为忧虑:

> 读经与解离,不能以意相附,其弊也,断裂经文,使之血脉不通,首尾不应,欲求其知味乐学不可得也。②
> 然后学者往往循途守辙,不复致思。其已明者,既不求其真知;而未明者,遂谓卒不可知,岂前贤所深望于后人者哉?③

朱升早年跟随擅长"附录纂疏"的乡先生陈栎治经学。"附录纂疏"纂辑众说的本意是使人开阔眼界,从而能凭自己的判断于众说有所取舍。但实际上后学们往往以不深入思考者居多,唯知死记硬背,以至坠入纷纭聚讼当中而不知所取舍。甚至混诵经注,造成经文割裂,致使圣人本真埋没而大义不明。朱升中年时期远道九江就学于黄

---

① 赵汸:《春秋师说》卷下,清康熙十九年(1680)通志堂经解本。
② 朱升:《大学中庸旁注序》,《朱枫林集》卷三,第32页。
③ 朱同:《朱学士升传》,《新安文献志》卷七六,第1855页。

泽,实则已显示出他对"附录纂疏"的不满了。在九江,黄泽融会众说的"旁通"之论对他触动很大,所以他针对学界现实状况,"慨然思所以救之":

> 于是考六书之源,究制作之始,以得名言之义;味词助之旨,以畅指趣之归。而圣贤之心,见于方册者,始可得而见。然后傍参之以传注之文,究极乎濂洛之说,熟玩乎其所已明,而深究乎其所未明。……于是始作诸经旁注。①

"旁注"体自是不同于"附录纂疏",朱升在《易经旁注前图序》一文中对这一方法有过略论:"愚自中年以经书教子,每于本文之旁,着字以明其意义,其有不相连属者,则益之以两字之间。苟有不明不尽者,又益之于本行之外。学者讲本文而览旁注,不见其意之不足也。"②这种注经方法其实是一种简洁的注法,一处只有一解,从而改变了"附录纂疏"多解而无解的弊端。譬如注解《易经·乾卦》中的"上九,亢龙有悔"一句时,朱升只在右边两列附以简略的注解③:

表 5.4 朱升《周易旁注》注解例一

上九	最上之第六画 著得九数刚变为柔 其象为	▬▬▬ ▬▬▬ ▬▬▬
亢龙	居高亢之龙 其占为	上画为天际之极,龙之登杳冥而不能为雨者
有悔	事过之追悔	悔其过高也,凡曰悔者,宜从变,变卦为悔

又如注解《易经·蒙卦》中的"上九,击蒙,不利为寇,利御寇"④

---

① 朱同:《朱学士升传》,《新安文献志》卷七六,第1855—1856页。
② 朱升:《易经旁注前图序》,《朱枫林集》卷三,第34页。
③ 朱升:《周易旁注》上经,《续修四库全书》第4册,第347页。
④ 朱升:《周易旁注》上经,第358页。

一句：

表 5.5　朱升《周易旁注》注解例二

上九	象为	䷃
击蒙	攻击人之蒙昧者 占为	二刚皆治蒙者。九二,刚而得中,包之而治以宽;上九,刚极不中,击之而治以猛,所击之蒙,三也。
不		
利	宜	
为寇	为寇之人	三皆上从二,坎,体不正为寇者也
利	宜	
御寇	止寇之人	艮,止也,上艮主爻

此种注解方式比起胡一桂《周易本义附录纂注》或胡炳文《周易本义通释》中纷纭的诸儒之说,不知道要简约多少倍! 变繁为简,这也正是朱升注经的目的,如其所言:"愚于诸经书往往与之旁注,使学者但读本文而览其旁注,一过则了然,无繁复之劳也。"①朱升认为此旁注之学不但简洁,还十分具有系统性,所谓"盖以逐字顺附经文,实而不泛,离之则字各有训,贯之则篇章浑全"②。"既为读经者作旁注,纲目有统,离合成章。"③依据此旁注之体例,朱升注解了《四书》、《易经》、《尚书》以及"三礼"等诸多经典。

朱升治经博观约取,于诸家说法均有涉猎,如其云:

　　《中庸》经朱子训释后,说者亦多。其间最有超卓之见者,饶氏也;有融会之妙者,思正李先生也;精于文义、切于体认者,楼山

---

① 朱升:《小四书序》,《朱枫林集》卷四,第 51 页。
② 朱升:《大学中庸旁注序》,《朱枫林集》卷三,第 32—33 页。
③ 朱升:《书传补正序》,《朱枫林集》卷三,第 34 页。

袁氏述吴氏之说也。今兹旁注,既各取其长矣……①

朱升虽然博览诸家传注,但并不间引他人成说,所谓"其意义取诸先儒经解而已,辞语则有不可纯用原文者"②。他把各家传注"籍作梯阶",融而会之,力求旁通后而断以己意,这正是其师黄泽所说的"别用一种工夫",朱升旁注之学的理论支撑乃是出自乃师黄泽的"旁通"之论无疑。

黄泽"旁通"之论的指归乃是求其"真得",所以他非常强调"致思"的作用,如其弟子赵汸记录其云:

> 凡说《周易》、《春秋》,既看传注了,须要换却精神心术方可。若有所得,自然触机而悟,其机栝亦初不离经传中,但人自不见尔。……故凡读书为最难,世人只是通其训诂文义,于妙处实无所契。泽于《周易》、《春秋》是苦思之功,思虑既极,而鬼神通之,非妄言也。③

黄泽之学在当时被称作复古之学,正所谓"黄先生力排众说,创为复古之论"④。黄泽的复古之论实际上是想把汉学的考据功夫融入到宋学的义理当中去,以得圣人之旨意。所谓"先生乃欲以近代理明义精之学,用汉博物考古之功,加以精思,没身而止"⑤是也。张高评认为黄泽这种"'向上推校'的'致思之道'即是格物致知",如其评价说:

> 其心路历程或思维方式,举凡学问思辨、积累贯通、推原所以、考察本末、比量计较、推究详尽,乃至于考究前后、异同、详略,

---

① 朱升:《跋中庸旁注后》,《朱枫林集》卷三,第45页。
② 朱升:《大学中庸旁注序》,《朱枫林集》卷三,第32页。
③ 赵汸:《春秋师说》卷下。
④ 金居敬:《书春秋附录后》,《新安文献志》卷二五,第538页。
⑤ 赵汸:《黄楚望先生行状》,《赵征君东山先生存稿》卷七。

触机妙悟,以见圣人笔削之旨。①

黄泽义理不偏于程、朱,但于名物度数考核精审,并不唯程、朱之注是从。如黄泽注《易》,一则欲揭文王、周公之本意,二则欲明《易》象。其治《易》深思推校,表现出了一种综合义理与考据学的倾向。黄泽自认为能发明圣人之绝学,遂以千古一人自负。汉儒之饾饤、宋儒之逞臆,一概鄙之。如其《易学滥觞》云:

> 泽自早岁读而病焉,磨励积思凡数十年,年五十始默有所悟,若神明阴有以启之者。又积思十年,大抵十通五六,然构思既深,立例亦异,自其三圣精微旷代绝学,患其亏,□□不敢易言。……世传黄河自昆仑来,伏流地中数千里,然后有浑灏之势。今将发明旷绝之学而更隐其义,盖事大体重,难以直遂,不得不致慎焉。②

朱升不但继承了乃师黄泽的"旁通"之论,同时也继承了黄泽的"致思之道"。如其云:"至于意义,间亦有不得已而不可以苟同者,则又有望于平心明眼、实用功力之君子,相与印可之,商榷之也。"③"平心明眼、实用功力之君子"实乃覃思之人,"相与印可之、商榷之"亦是向上推校的致思之道,亦即《论语孟子旁注序》一文中所说的"考训诂以求旨趣"是也,"再三玩索体认"是也:

> 是书之体,融合先儒经解,以顺附于经文,可离可合,有纲有纪,使读者止就经文,考训诂以求旨趣而已。其先儒之说顺附经文,而或有不类、不妥者,择必再三玩索体认,以求真是之归。④

---

① 张高评:《黄泽论〈春秋〉书法——〈春秋师说〉初探》,《元代经学国际研讨会论文集》,第622页。
② 黄泽:《易学滥觞》,《景印文渊阁四库全书》第24册。
③ 朱升:《大学中庸旁注序》,《朱枫林集》卷三,第33页。
④ 朱升:《论语孟子旁注序》,《朱枫林集》卷三,第33页。

　　与朱升不同,赵汸的学术成就主要体现在《春秋》研究上。黄泽治《春秋》主张"学《春秋》只当以'三传'为主"①,在"三传"之中又特重可以"考据事实"的《左传》。如其云:"学《春秋》以考据《左传》国史事实为主,然后可求书法。能考据事实而不得书法者,亦尚有之;未尝有不考据事实而能得书法者也。"②"考据事实"乃是寻求"史法",而终极目的是为了寻求圣人的笔削之义。赵汸的《春秋》研究当然遵循着乃师确立的路数,即事据《左传》而兼取"三传",以《左传》为立足点,同时主张"用《公》、《穀》之是以救《左传》之非,则两者兼得,笔削义例,触类贯通,传注得失,辨释悉当"③。真正做到整合"三传"并统摄于《春秋经》,这种操作是比较符合黄泽"全通诸家传注"的治经指向的。

　　黄泽综合义理与考据学的"致思之道"在赵汸那里表现得更为明显。在黄泽"以义为例"观念的基础之上,赵汸提出了"属辞比事"之法,其主旨是连缀《春秋》中的用辞,排比其记事,从而能归纳出圣人的"笔削之义"。在《春秋属辞》一书中,赵汸通过连缀文辞、排比史事,"离析部居,分别义例,立为八体,以布列之"④,总结出"存策书之大体"、"假笔削以行权"、"因日月以明类"、"辞从主人"等八种义例。赵汸就是在这种类似纯形式主义的文本分析中探求孔子的"笔削之义"。清儒孔广森非常认同赵汸的思路,如其云:

　　　　孔子之修《春秋》也,至于上下内外之无别、天道人事之反常、史之所书,或文同事异、事同文异者,则皆假日月以明其变、决其疑。……将使学者属辞比事以求之,其等衰势分甚严,善恶浅深奇变极乱,皆以日月见之,如示诸掌。善哉! 自唐迄今,知此者惟汸一人哉!⑤

---

① 赵汸:《春秋师说》卷下。
② 赵汸:《春秋师说》卷下。
③ 永瑢等:《四库全书总目》卷二八,第228页。
④ 宋濂:《春秋属辞序》,《宋濂全集》第3册,第1892页。
⑤ 孔广森:《春秋公羊经传通义叙》,《春秋公羊经传通义》卷一二,第182—183页。

赵汸治经受乃师黄泽所馈良多,在师传的基础上,他又进一步覃思推校,所谓"凡所得于师之指及文字奥义有未通者,必用向上工夫以求之,于是造诣精深,而一旦豁然矣"①是也。赵汸的这种"向上工夫"与胡一桂、胡炳文、陈栎等上一代新安理学家的路数颇有不同,詹烜就曾敏锐地发现赵汸与前辈们的差异:

> 新安自朱子后,儒学之盛,四方称之为"东南邹鲁"。然其末流,或以辨析文义,纂辑群言,即为朱子之学。先生独超然有见于圣贤之授受,不徒在于推究文义之间。故其读书,一切以实理求之,反而验之于己,非有以信其必然不已。②

赵汸对前辈们纂辑群言的做法不以为然,他认为这种做法无异于叠床架屋,徒生枝蔓而已!以至于让人产生"未知所以为学"③和"辨释其文义之外,无以致力焉"④的困惑,所以他要"一切以实理求之",因为只有求得实理,才能为"反而验之于己"铺平道路。

不管是赵汸还是朱升,他们都不盲目唯朱熹之注是从,而唯"真是"是从。在朱升"求真是"、赵汸"以实理求之"的治经方法当中,既有非常严格、规范的旁通工夫,又有向上推校的致思之道,他们的学术路径与胡一桂、胡炳文、陈栎们的"附录纂疏"已是颇有不同了。所以说,"求真是"与"求实理"理念的出现,乃是元代后期新安理学家对前辈经学的一种调整,他们要通过方法的反省,真正把握住朱子学的要领所在。景海峰认为元代儒家诠释学表现出了两个特点:"一方面,经典系统被彻底地经院化和严重格式化了,诠释空间极度萎缩;另一方面,经典诠释逐渐由文本训诂走向意义理解,由书写式

---

① 詹烜:《东山赵先生汸行状》,《新安文献志》卷七二,第 1762 页。

② 詹烜:《东山赵先生汸行状》,《新安文献志》卷七二,第 1763 页。

③ 赵汸曾谈及:"仆之乡先生皆善著书,所以羽翼夫程朱之教者,具有成说。仆自幼即已受读,然未知所以为学也。"见赵汸:《留别范季贤序》,《赵征君东山先生存稿》卷二。

④ 虞集:《东山精舍记》,李修生主编:《全元文》第 27 册,南京:凤凰出版社,2004 年版,第 53 页。

转向了体证式。"①这一评价比较适用于有元两代新安理学家之间的学术流变。

第三节　关于"和会朱陆"的转向

胡一桂、胡炳文、陈栎、程复心等元代前期新安理学家以羽翼朱子为指导方针,以"附录纂疏"为解经手段,创作出了很多大部头的经学著作,以之为教材之用。他们纂辑群言的做法据说是为了让初学者更好地理解朱熹深意,但事实却往往适得其反。因为他们那种于文义上更添文义的做法只能使其经学变得更加庞杂、琐碎、支离,读者会因此困死在文义之中,而对朱熹本意的理解则会愈加朦胧,所谓的"自得之妙"几乎无从谈起②。

偏于言语训释之末的新安理学虽然在一定程度上因科举崇朱而得以延续,但这种延续从长远角度来看则无异于饮鸩止渴。当科举被许多崇尚真知的士人厌倦的时候,新安理学如再不谋求变革,则只能是死路一条了。于是朱升、郑玉、赵汸等一部分元代后期新安理学家开始寻求化解"博而不能返约"的方法,他们普遍重视主观体验,在一定程度上引入了以"简约"而著称的陆九渊之学,以陆氏"发明本心"的思路来纠正偏执于训诂的朱子学流弊,因此,"和会朱陆"思潮的出现是符合新安理学发展的内在理路的。

与吴澄曾数度通信的元代前期新安理学家胡炳文在有关哲学命题的谈论中,常常强调一个"心"字。如"一心之中,一天存焉"③;如

①　景海峰:《中国哲学的现代诠释》,北京:人民出版社,2004年版,第35页。
②　对于元代前期新安理学家纂辑群言的"附录纂疏"之作,赵汸就颇不以为然。他认为前辈们"为初学者"设计教材的初衷本就不对,因为"朱子著书,或详或略,必有深意存焉。非是不为初学作计",若受学的人不知体认,通了文义也无益于身心。见赵汸:《答倪仲弘先生书》,《赵征君东山先生存稿》卷三。
③　胡炳文:《一心铭》,《云峰集》卷七,第204页。

"吾之此心,与天同体"①。这些论调起码看起来多少都有些陆学的意味②。在徽州学者中,第一个公开举起"和会朱陆"大旗的乃是滕璘③。滕璘字仲复,婺源人,生于宋末,入元后不仕,与许月卿、汪炎昶、江恺并为"郡中名士"④。其人虽首倡"和会朱陆",但在当时影响不是很大。真正使"和会朱陆"思潮在徽州渐呈燎原之势的乃是朱升、郑玉、赵汸等一部分元代后期新安理学家。

朱升早年曾拜新安理学家陈栎为师,但他后来可能对徽州"附录纂疏"之学感到了不满,所以才踏上了寻找医治训诂流弊妙药的征途,最终他走向了吴澄模式——以"尊德性"统领"道问学"。朱升对于吴澄的学术思想比较熟稔,他曾读过吴澄的一些著作⑤。在任职于池州路儒学之初,"则举吴文正公澄鼠牛之喻,会出入整斋厨,去宿弊。晨兴讲授,以身示法"⑥,据说一时大江南北学者云集。

对"道问学"、"尊德性"关系的关注,正是吴澄以来"和会朱陆"思想的一个传统思路。吴澄主张应把"尊德性"与"道问学"相互融通,所谓"问学不本于德性,则其蔽偏于言语训释之末,果如陆子静所言矣。今学者当以尊德性为本,庶几得之"⑦。在此基础上,朱升提出:

《中庸》曰:"尊德性而道问学。"盖致知力行二者,皆道问学

①　胡炳文:《自强斋铭》,《云峰集》卷七,第204页。
②　胡炳文是一个比较复杂的理学家,在经学领域里,他对朱子学坚决固守,所谓"庋于朱夫子者删而去之"。但在一些形而上的讨论中却又显示出了"和会朱陆"的苗头。这一苗头的出现跟他曾在信州道一书院工作有关。道一书院为程绍开所筑,程绍开就倡导"和会朱陆"。所谓"草庐又师程氏绍开,程氏尝筑道一书院,思和会两家"。估计胡炳文在道一书院也倡导过"和会朱陆",难怪胡初翁在《贺胡云峰先生归教星源启》一文中赞颂道:"溯周程有继往圣之功,念朱陆而成一家之懿。"分别见黄宗羲、全祖望:《宋元学案》卷九二,第3036页;胡初翁:《贺胡云峰先生归教星源启》,《云峰集》卷九,第219页。
③　黄溍在《祁门李君与廉墓志铭》一文中记载云:"又闻滕先生会陆之学,而得其同。时君年已四十,率朋从往就讲习焉。"见黄溍:《祁门李君与廉墓志铭》,《新安文献志》卷八九,第2183页。
④　郑忠:《处士鲍公椿行状》,《新安文献志》卷八八,第2162页。
⑤　王旭光:《〈朱升事迹编年〉补遗》,《文献》1998年第3期,第254页。
⑥　朱同:《朱学士升传》,《新安文献志》卷七六,第1854页。
⑦　虞集:《故翰林学士资善大夫知制诰同修国史临川先生吴公行状》,《道园学古录》卷四四。

之事。动而道问学,静而尊德性,二者功夫如寒、暑、昼、夜之更迭而无间。尊德性即《大学》之正心也。《大学》诚意,是省察克治于将应物之际,正心是操,存涵养于未应物之时,与既应物之后。然而八目于致知之后,即继以诚意而正心,但列于其后者,盖《大学》为入德者言,使之先于动处用功,禁其动之妄,然后可以全其静之真也。此圣贤之心法,为传学之本也……①

朱升认为"道问学"与"尊德性"的关系恰如寒、暑、昼、夜之更迭,一动一静,缺一而不可,但其重点则是放在了"尊德性"这一层面上。他认为"尊德性"就是《大学》里的"正心","尊德性"即以心为统领,贯注在"格物致知"的全过程里。而且"道问学"或"格物致知"也都是以"尊德性"为最终指归的。

吴澄"以尊德性为本"的思路曾被指责为陆学,虞集对此则颇不以为然,他认为持此议者"莫知朱、陆之为何如也"②。今人钱穆认为吴澄"以尊德性为本"之论乃是为了泯门户与矫时弊而已:"草庐之言,以在教人自立,而何朱陆门户之足竞乎?"③朱升《跋大学旁注后》一文,亦是针对新安理学陷入训诂泥淖的时弊而作,这与吴澄当年的心情大抵相似。朱升认为当时"圣学明而实晦",究其原因大致有三,除了词华浮靡与科举利禄外,还有一点即是:"学者往往循途守辙,不复致思,其已明者既不求其真知,而未明者遂谓卒不可知"④,可见循途守辙,株守于章句训诂之末也是导致"义理之学日以晦埋"的重要原因。生于徽州长于徽州的朱升目睹了前辈学者们的流弊,其学术即发生了一定的偏转:"为学,即以列圣传心为主,践履致用为工。上穷道体,幽探元化"⑤,"此其周而不滞,动而不括之,实人之所以为人,万物

① 朱升:《跋大学旁注后》,《朱枫林集》卷三,第44页。
② 虞集:《故翰林学士资善大夫知制诰同修国史临川先生吴公行状》,《道园学古录》卷四四。
③ 钱穆:《吴草庐学述》,《中国学术思想史论丛(六)》,台北:东大图书有限公司,1976年版,第71页。
④ 朱同:《朱学士升传》,《新安文献志》卷七六,第1855页。
⑤ 朱同:《朱学士升传》,《新安文献志》卷七六,第1855页。

皆具于我,生意流通,无有间隔,以通乎造化之位有育者也。"①可见,朱升虽然没有明确提出"和会朱陆"的理念,但是已经相当看重主体的统摄作用了。倪士毅(1303—1348)与朱升同为陈栎弟子,他在阐释"尊德性"与"道问学"关系时与朱升的思路基本一致:"尊德性者,存心之事,静时工夫也;道问学兼致知力行而言,动时工夫也;致广大而尽精微,存心而致知也;极高明而道中庸,存心而力行也。"②与朱升一样,倪士毅也极为注重"尊德性"这一层面,注重心灵主体的统摄作用。"存心而致知"与"存心而力行",即是以"尊德性"统摄"道问学"。

郑玉与朱升在徽州学界向来齐名,赵汸曾对郑士恒谈及:"吾乡有二先生焉"③,这两位先生一个指的是朱升,另一个指的就是郑玉。郑玉是有元一代著名的倡导"和会朱陆"观念的理学家,正所谓"继草庐而和会朱、陆之学者,郑师山也"④。郑玉"和会朱陆"思想的产生当与他少年时代的经历有关,他从小在淳安就接触过不少具有陆学倾向的理学家,如吴曒、夏溥等。淳安陆学对郑玉的影响是不可低估的,甚至郑玉曾理直气壮地表示:"余之学也,亦淳安之学耳。"⑤在淳安,郑玉得到了最初的学术训练,这并没有问题。有的学者甚至认为他到后来也"没有离开陆学的本心论"⑥,其依据可能是郑玉文集中时不时迸现的灵光闪耀式的主体冲动。如《肯肯堂记》一文曰:"天地,一万物也;万物,一我也;……参赞化育,垂世立教,皆吾分内事也,……所谓天地万物皆吾一体,以之参赞化育可也,以之垂世立教可也"⑦,《周易大传附注》一文又曰:"心者,《易》之太极也"⑧,人以群分,郑玉对"眼空四海,胸吞云梦,以天地为篷篠,古今为瞬息"⑨的吴睿(1298—1355)也

① 朱升:《东倚平义塾讲书》,《朱枫林集》卷七,第121页。
② 赵汸:《答倪仲弘先生书》,《赵征君东山先生存稿》卷三。
③ 赵汸:《送郑士恒隐居灵山诗序》,《赵征君东山先生存稿》卷三。
④ 黄宗羲、全祖望:《宋元学案》卷九四,第3125页。
⑤ 郑玉:《答童一清书》,《师山先生文集》遗文卷三。
⑥ 侯外庐等:《宋明理学史》(上),北京:人民出版社,1984年版,第756页。
⑦ 郑玉:《肯肯堂记》,《师山先生文集》卷四。
⑧ 郑玉:《周易大传附注序》,《师山先生文集》卷三。
⑨ 郑玉:《云涛轩记》,《师山先生文集》卷四。

十分赞赏。郑玉这种灵光闪耀式的主体冲动的确有点类似陆九渊"万物森然于方寸之间,满心而发,充塞宇宙,无非此理"①的心体模式。

郑玉早年实具陆学根基,青年时代回到徽州之后,则从学于胡绿槐先生。胡绿槐是一位朱子学者,郑玉因而由陆入朱②,正如他所说:"余既侍亲归新安,益读朱子之书,求朱子之道,若有所得者。"③《宋元学案》谓:"师山由陆入朱"④,几成定论⑤。

青年时代的郑玉经过徽州朱子学者的系统培训,其朱子学成分已经明显多于陆学。所以多年后他再与早年好友、宗陆学者洪颐会于钱塘时,学术观点已经多有不合了。郑玉既宗朱子学,对于当时徽州学界的朱子学流弊,自是不会漠视,所以明确地提出了"和会朱陆"的思想。与朱升不同是,郑玉抛置了"尊德性"与"道问学"这一层面的探讨,他所倡导的"和会朱陆"重在分析朱陆之同,即所谓求圣之心同:

> 以予观之,陆子之质高明,故好简易;朱子之质笃实,故好邃密。盖各因其质之所近而为学,故所入之涂有不同尔。及其至也,三纲五常,仁义道德,岂有不同者哉? 况同是尧、舜,同非桀、纣,同尊周、孔,同排释、老,同以天理为公,同以人欲为私,大本达

---

① 陆九渊:《语录上》,《陆九渊集》卷三四,北京:中华书局,1980 年版,第 423 页。
② 韩志远认为郑玉青年时代由陆入朱系当时科举考试尊朱所导致,郑玉要参加科举,则必然要攻读朱学。见韩志远:《元代著名学者郑玉考》,《文史》第 45 辑,第 135 页。
③ 郑玉:《洪本一先生墓志铭》,《师山先生文集》卷七。
④ 黄宗羲、全祖望:《宋元学案》卷九三,第 3097 页。
⑤ 不过也有学者持反对意见,如袁中翠指出:"照郑玉所言:'余年十数岁时,蒙昧未有知识,于前言往行无所择,独闻人诵朱子之言,则疑其出于吾口也,闻人言朱子之道,则疑其发于吾心也。'他对朱学的兴趣便是自行体会、自己体贴得来的。汪克宽为郑玉所作的行状也记:'才十岁,闻人诵朱子之言则喜其契于吾心也,闻人论朱子之道则喜其切于吾身也,于是日诵《四书》,玩味朱子之说而绅绎之,沉潜反复,久而融会贯通得其旨趣。'与前段郑玉自述合起来看,两段文字都说明郑玉少时对朱子学的偏好多了一点。以上郑玉的自述虽成于五十二岁,不过因为是他自己说的,可信度自然就比他人的叙述要高。因此,郑玉接触朱学的年纪早于二十岁,这也是几乎可以确信的事。根据以上论证,我认为郑玉二十一岁以前的学术思想是兼取朱、陆之学。"见袁中翠:《元代郑玉思想研究》,台湾政治大学中文系硕士论文,2007 年,第 102 页。

道,无有不同者乎。①

当时的学术界,宗朱者指责宗陆者为怪诞之行,而宗陆者则指责宗朱者为支离之说。郑玉认为两者皆不可取,他十分反对不求朱陆之同而唯求其异的倾向,如其云:"近时学者,未知本领所在,先立异同,宗朱子则肆毁象山,赏陆氏则非议朱子,此等皆是学术风俗之坏,殊非好气象也。"郑玉认为无论是朱子学还是陆学都会有流弊出现,朱子学的流弊"如俗儒之寻行数墨,至于颓惰委靡,而无以收其力行之效"。而陆学的流弊"如释子之谈空说妙,至于卤莽灭裂,而不能尽夫致知之功"②。当然,流弊的出现并非是朱陆两位宗师立言垂教的过错。

郑玉虽然认为陆学简易光明,其说"施于政事,卓然可观,而无颓堕不振之习",但因为"其教尽是略下功夫,而无先后之序,而其所见又不免有知者过之之失",所以"以之自修虽有余,而学之者恐有画虎不成之弊"③。正是这一原因,使得郑玉认识到入学的最初落脚点还是应该放在朱子学那里。当然,"学者自当学朱子之学,然亦不必谤象山也"④。可见,郑玉目的是在立足于朱子学的前提下,用陆学来纠正朱子学之弊⑤。这一观点对当时徽州学界的现实来说,实是大有

① 郑玉:《送葛子熙之武昌学录序》,《师山先生文集》卷三。
② 郑玉:《送葛子熙之武昌学录序》,《师山先生文集》卷三。
③ 郑玉:《与汪真卿书》,《师山先生文集》遗文卷三。
④ 郑玉:《与汪真卿书》,《师山先生文集》遗文卷三。
⑤ 关于郑玉的思想,有学者认为其"偏于陆",如唐宇元之说即如此。但大多数学者都认为其朱子学成分要更多一些,而且其生平绝大部分时间以及最终是持朱子学立场的。刘桂林认为郑玉治学的主轴是"道问学"式的。金春峰认为郑玉"是在朱学基础上给陆学以正当地位"。而徐远和的看法更为决断:"郑玉自年青时起,治学即以朱熹理学为主,并且始终坚持朱熹理学的观点。……毋庸置疑,郑玉在学术思想上是宗朱的。"韩志远认为不能笼统地概括郑玉的思想,郑玉一生中思想几经变化,所以需要具体分析。他通过详细考证把郑玉的思想历程划分为陆学、朱子学、和会朱陆、朱子学四个阶段。郑玉的思想划分成这四个阶段是否合宜,我们不做深究。因为我们的重点是放在"和会朱陆"这里。当然,韩志远也承认在四个阶段中,"和会朱陆"乃是其思想的最高峰。分别见唐宇元:《元代的朱陆合流与元代的理学》,《文史哲》1982年第3期,第5页;刘桂林:《郑玉教育思想新探》,《孔孟月刊》,第31卷,第9期,1993年,第37—38页;金春峰:《朱熹至元儒对〈大学〉的解释及所谓"朱陆合流"问题》,《元代经学国际研讨会论文集》,第793页;徐远和:《理学与元代社会》,第194页;韩志远:《元代著名学者郑玉考》,《文史》第45辑,第125—137页。

深意。

郑玉强调朱陆之间具有殊途同归的性质,他反对将朱陆对立起来,而是将"同"的一面放大了。郑玉这一观念在当时影响不小,起码赵汸的治学思路就受到过这种观念的启发。赵汸生于元仁宗延祐六年(1319),少郑玉 21 岁。赵汸对于郑玉非常尊敬,并称自己曾"游师山郑先生之门"①。从赵汸写给郑玉的几封书信中,可以看出两人始终保持着一种亦师亦友的关系。赵汸对朱升也特别尊敬,他认为朱升"研精六籍,超轶百家",两人还曾一起远道九江就学于黄泽门下。除黄泽之外,赵汸还转益多师,考詹烜所撰《东山赵先生汸行状》,可以发现赵汸曾问学于夏溥、虞集、黄溍等诸多学者。无论是郑玉,还是夏溥、虞集,他们都带有着一定的陆学因素,甚至有的人本身就是宗陆学者。问学的经历对赵汸的影响很大,如听完夏溥讲论后,赵汸"自是稍知反其卤莽灭裂者,以致力乎究竟谨审之道焉"②。赵汸曾在虞集家坐馆一年,对于虞集兼取陆学的治学思路,赵汸自然也了然于心。除了问学于几位带有陆学因素的师长外,赵汸还与一些年轻的陆学学者有过直接交往,譬如来自陆九渊家乡的葛元哲就是一位陆学学者,他曾对赵汸说:"人心与宇宙同体,而梏于私者,不足以知其大也;与造化同运,而溺于流者,不足以知其精也。今夫清明在躬,于穆无间,岂有一毫之蔽隔哉?"③赵汸认为葛元哲"可谓识此心之妙者矣",他在葛元哲立论的基础之上进一步申论说"能立已,则扩充变化之机在我矣,尚何化物之足虑哉?"可见,是时在赵汸身上已经积累有明显的陆学因素了。赵汸的陆学取向产生得并不算晚,据说他在幼年时就已经听说过大江之西吴澄的名号了。27 岁时,他在写给虞集的书信中就明确阐发了有关于"心"的思想:"汸又尝闻其说于父兄矣,吾之至尊至贵,而举天下之物不足以加之者,此心是也;吾之至亲至切,而举天下之事不足以先之者,求放心之谓也。"④

---

① 赵汸:《孝则居士程君可绍墓表》,《赵征君东山先生存稿》卷七。
② 赵汸:《留别范季贤序》,《赵征君东山先生存稿》卷二。
③ 赵汸:《别葛廷哲序》,《赵征君东山先生存稿》卷二。
④ 赵汸:《上虞学士书》,《赵征君东山先生存稿》卷三。

虞集乃吴澄嫡传,受乃师影响,他也是力主朱子学并兼取陆学①。这一融会朱陆的观念后来被他贯彻在江西宪司私试策问的题目之中。那是在至正五年(1345),虞集以"朱陆二氏入德之门"为题来考试诸生。赵汸"识其意"②,乃作《对问江右六君子策》。在此篇文章中,赵汸认为,如若谓朱陆之间有异,则是"入德之门固不能无异矣!"③也就是说,朱陆早年的学术切入点是存在差异的。除了"入德之门固不能无异"外,赵汸还提出了其他几个方面的不同。但无论是朱熹,还是陆九渊,其求圣之意本无不同,只是在求圣的具体路径上有所不同而已。所以世人应寻求朱陆之同,而不应将朱陆分割对立。这种论调与郑玉"是学者自当学朱子之学,然亦不必谤象山也"的看法颇为一致,即所谓朱陆殊途而同归是也。

赵汸在朱陆殊途同归的基础上,又进一步提出朱陆"早异晚同"的观点。赵汸承认朱陆之间原本存在着一些差异,例如关于"无极而太极"的看法就"不能相一";而"鹅湖之论,终不以合而罢";并且"简易支离之说、邃密深沉之言,终有未合"④。但当两人到了学术晚年的时候,则最终弥合了他们之间的分歧,在一定程度上走上了"相合":

> 子朱子之答项平甫也,其言曰:"自子思以来,教人之法,惟以尊德性、道问学为用力之要。陆子静所说,专是尊德性事,而熹平日所论,却是道问学上多了。今当反身用力,去短集长,庶不堕于一偏也。"观乎此言,则朱子进德之序可见矣。陆先生之祭吕伯恭也,其言曰:"追惟曩昔粗心浮气,徒致参辰,岂足酬议?"观乎斯言,则先生克己之勇可知矣。夫以二先生之言至于如是,岂鹅湖

①　虞集认为朱熹在生前已经认识到了自己在"尊德性"方面的不足,同时举出朱熹致叶公谨与胡季随的书信予以证明,并云:"盖其(朱熹)平日问辨讲明之说极详,至此而切己反求之功愈切,是以于此稍却其文字之支离,深忧夫词说之泛滥,一旦用力,而其效之至速如此,故乐为朋友言之也。"虞集还认为朱熹晚年悔悟自己平时"泛滥正坐文字太多",所以开始"反身以求",似有向陆学靠拢的意味。从虞集的议论中很明显可以看出其立足朱子学而兼取陆学的倾向。见虞集:《跋朱先生答陆先生书》,《道园学古录》卷四十。

②　金居敬:《题跋》,《春秋师说》。

③　赵汸:《对问江右六君子策》,《赵征君东山先生存稿》卷二。

④　赵汸:《对问江右六君子策》,《赵征君东山先生存稿》卷二。

之论至是而各有合邪？使其合并于暮岁，则其微言精义必有
契焉。①

赵汸认为朱熹晚年已经综合颜、曾、思、孟，并达到了"德盛仁熟所
谓去短集长"的程度，以至于家传人诵，成为显学。相对而言，世人对
于陆学的看法则充满了偏见与误解，正所谓"独陆氏之学则知之者
鲜"。赵汸指出："先生非不致知也，其所以致知者，异乎人之致知。非
不集义也，其所以集义者，异乎人之集义。"②赵汸认为陆九渊之学本
出于孟子"求放心"之论：其存心崇德之说乃是高明之说，当然不可仅
以简易而论之。

基于上述认识，赵汸提出了自己的方法论，即陆九渊如孟子一样
过于才高，学之恐无可依据，所以一般人恐怕还要依赖颜子的学术路
径。朱子与颜子一样，学风笃实，能使所学之人有所依据。从这个角
度来说，赵汸与郑玉的认识也具有一致性。作为新安理学家，他们无
不带有朱子学者的底色。但元代新安理学界的"积弊"如此之重，仅凭
"朝翻暮闭，口诵手抄"，"则是终身无由知至，毕世不能意诚"③。若要
致知，若要成德，那么必须要"反而求之"④，"以极夫反己致曲之
功"⑤。如此说来，以发明本心为旨归的陆学也就非常值得借鉴了。

虞集对赵汸《对问江右六君子策》一文非常满意（虞集关于朱熹
在晚年已认识到自己在"尊德性"方面不足的看法，可能启发了赵汸
《对问江右六君子策》一文，而赵汸在策论中倡导朱陆岁暮相合也当有
迎合虞集之意。不过以赵汸的种种表现来看，"和会朱陆"固是其一贯
立场），于是他赞誉说："子常生朱子之乡，而得陆氏之说，于二家之所
以成己教人，反复究竟明白，盖素用力斯事者，非缀辑傅会之比也。"⑥

赵汸朱陆"早异晚同"的论调直接启发了明代徽州理学家程敏政。

---

① 赵汸：《对问江右六君子策》，《赵征君东山先生存稿》卷二。
② 赵汸：《对问江右六君子策》，《赵征君东山先生存稿》卷二。
③ 赵汸：《答倪仲弘先生书》，《赵征君东山先生存稿》卷三。
④ 赵汸：《范叔豹字说》，《赵征君东山先生存稿》卷五。
⑤ 赵汸：《共学斋记》，《赵征君东山先生存稿》卷三。
⑥ 詹烜：《东山赵先生汸行状》，《新安文献志》卷七二，第1760页。

程氏于明弘治二年(1489)编《道一编》,"编后附以虞氏、郑氏、赵氏之说。"在这部著作中,程敏政大张旗鼓地提出了"朱、陆二氏之学,始异而终同"①的观念,其来自赵汸的影响可见一斑。

朱升、郑玉、赵汸等新一代的新安理学家和胡一桂、胡炳文、陈栎等老一辈新安理学家有了一定的不同。他们对前辈们的"附录纂疏"之学意见颇多,普遍认为过于庞杂的辨理析义非但不是朱子之学,而且于文义之外更生文义的做法也只能使学者越发不得要领。所以他们的学术思想均汲取了陆学的成分,出现了所谓"和会朱陆"的观念,这种"和会朱陆"在本质上就是一种"引陆入朱"。元代后期的新安理学家在解决朱子学流弊这一问题上,除了援引陆学似乎尚无他法。也就是说,两代新安理学家之间存在着一种带有调整性质的转向,也正是由于这种转向的出现,才使得偏于言语训释之末的新安理学在一定程度上摆脱了困境。同时,这种转向也为明清时代的"朱陆异同"之争埋下了伏笔。

小　结

元代前期新安理学家在《四书》学、《易》学方面的研究成绩比较突出,而元代后期新安理学家在《春秋》学研究方面则名家辈出。可以说,有元两代新安理学家,其经学研究存在着一个从《四书》学、《易》学到《春秋》学的兴趣偏转。元代徽州《春秋》学家中以汪克宽、郑玉、赵汸三人最为特出,其中赵汸尤其卓然大家,其名头在《春秋》学史上十分显赫。

在胡一桂、胡炳文、陈栎之后,朱升、郑玉、赵汸等一部分元代后期新安理学家开始寻求新的治经方法,他们都不盲目唯朱熹之注是从,而唯"真是"是从。在朱升"求真是"、赵汸"以实理求之"的治经方法当中,既有非常严格、规范的旁通功夫,又有向上推校的致思之道,他们的学术路径与胡一桂、胡炳文、陈栎们的"附录纂疏"已是颇有不同

① 程敏政:《道一编序》,《篁墩程先生文集》卷二八。

了。所以说,"求真是"与"求实理"理念的出现,乃是元代后期新安理学家对前辈经学的一种调整,他们要通过方法的反省,真正把握住朱子学的要领所在。

朱升、郑玉、赵汸等新一代的新安理学家和胡一桂、胡炳文、陈栎等老一辈新安理学家有了一定的不同。他们对前辈们的"附录纂疏"之学意见颇多,他们普遍认为过于庞杂的辨理析义非但不是朱子之学,而且于文义之外更生文义的做法也只能使学者越发不得要领。所以他们的学术思想均汲取了陆学的成分,出现了所谓"和会朱陆"的观念,这种"和会朱陆"在本质上就是一种"引陆入朱"。元代后期的新安理学家在解决朱子学流弊这一问题上,除了援引陆学似乎尚无他法。也就是说,两代新安理学家之间存在着一种带有调整性质的转向,也正是由于这种转向的出现,才使得偏于言语训释之末的新安理学在一定程度上摆脱了困境。同时,这种转向也为明清时代的"朱陆异同"之争埋下了伏笔。

第六章　新安理学与元代
徽州地区的宗族建构

第一节　从家族经营到宗族建构

一、南宋徽州：家族的整合

徽州一域山多地狭、贫瘠少田。人口的增加，无疑会与地狭少田的矛盾更加凸显。徽州不但地狭人多，而且在宋代还似乎存在"税额最重"的特点。这些不利条件使徽人不得不拓展生存道路，如从事于商业，又如投身于科举。无论是在商业层面获得财力，还是通过科举获得优免特权，都能扩大家族力量。家族势力增强，就能有效地对付赋税与杂捐①。当然，就扩大家族势力而言，科举似乎是更有效的途径。南宋徽州社会的科举特征十分突出，异常繁荣的举业，促进了一

①　宋汉理指出家族的连结是对付税捐的好方式。Harriet T. Zurndorfer, *Change and Continuity in Chinese Local History：The Development of Hui-chou Prefecture 800-1800*, Leiden：E. J. Brill, 1989 , pp.1-272.

些士人向官僚阶层的转化,而这些官僚由于各种原因回到乡里又一变为士绅。他们努力在地方上扩大自己家族的影响,以维持其长盛不衰。一些失意于场屋的士人也想尽办法提升自己家族的地位。虽然在宋代还存在着多种家族类型,但只有士人家族才可以算得上是"新时代的主角",这些士人家族的繁盛往往与科举最为相关。当然,从事于科举事业需要做长期投资,于是经营家族以保障代代都有科举人才出现就显得尤为重要。无论科举人才出现在哪一个具体家庭中,只要能够入仕,无疑对全族都是极有好处的。这种状况使得整合家族变得十分必要,有的家族为了进行整合甚至不惜动用经济手段,譬如资助同族,甚至有建立义庄、族田的个案出现。宋汉理曾对徽州进士分布情况做过统计分析,她认为南宋徽州所产生的432名进士往往集中于某些家族,譬如汪、程、吴等大姓,尤其是休宁会里与汉口两支程姓均有接连中第的现象①。可以想见经营家族对科举及第所起的积极作用,这两个层面应该是相辅相成、相得益彰的。

有的学者认为,南宋时代徽州的家族还处于一种"繁衍裂变"②的状态。如吴儆描述休宁吴氏云:"吴氏在休宁,族最蕃。然大宗之法久废,其散而居境内者,为十余族。族之小者,犹数十家,大者至数百家。"③宋代徽州虽有不少人物从事于家族的整合,但多个家族之间的统宗整合却不多见。也就是说,这一时期的宗族建构意味尚不明显④。这一事实的背后有着深刻的时代背景与社会原因。

五代以前,中国的确存在作为高层政治现象的豪族体制。但豪族的

---

① Harriet T. Zurndorfer, *Change and Continuity in Chinese Local History: The Development of Hui-chou Prefecture 800-1800*, pp. 37-40.

② 赵华富:《徽州宗族社会研究》,合肥:安徽大学出版社,2004年版,第45页。

③ 吴儆:《隐微斋记》,《竹洲集》卷一一。

④ 当然,也有人出于某些现实的目的举行过会合多个同姓家族的活动。这些活动未必是出于纯粹的"敬宗收族"目的。譬如以端明殿学士致仕的程珌,他在绍定三年(1230)回归至故里休宁汉口。闲居乡里期间,他不仅经营自己家族,而且还曾号召休宁会里、陪郭与歙县槐塘的程氏一起捐钱买地为新安程氏共祖立庙,并乞庙额于朝廷。由于程珌的政治地位,程氏共祖庙成功跻身于国家正式的祠庙。应该说,程珌这一举动其现实性多于理想的成分。见程珌:《世忠庙碑》,程有高等修:《新安程氏世忠原录琼公支谱》卷一,清康熙年间(1662—1722)刻本。

存在，却不影响"编户齐民"体制在基层社会中的主导地位。以严密控制而著称的"吏民"社会恐怕才是中国自古以来的传统①。到了宋代，社会各个层面都发生了深刻的变革，尤其是科举制度一改唐代录取率极低的状况，成为士人们进入官场的主要通道。贾志扬认为宋代科举的扩展使"一个拥有土地的优秀分子阶层"得以产生，要想了解这个阶层，就必须考虑到"家族组织，婚姻关系，职业的多样"等多种因素②。也就是说，宋代的基层社会中因科举而衍生出了一个士绅阶层。士绅不同于五代以前的豪族，又不同于普通的富民与平民，他们掌握着一定的优免特权，拥有一定的势力，在严苛的"吏民"社会中起到了某种特殊的作用。

隋唐时代开启而壮大于两宋时代的科举制本身就是建筑在否定察举、士庶、门阀之制的基础之上的，因此士绅阶层也是打破身份界限统一参加"智力测验"的结果。他们从属于国家机器，秦晖就认为："他们在外任官时完全是食君禄理君事的'国家雇员'，在家乡也由政府（而不是由社区或宗族）的优免政策保障经济利益与政治权势，其'权威资源'完全是自上而下的，其主要角色也只能是'国家经纪'而决非'保护型经纪'。"③宋代士绅阶层具有一定的地方主义色彩，但并未对里甲基层组织形成挑战。他们十分现实，他们没有能力也从未想过与国家体制对抗，在亲缘关系相近的家族当中扶助几个科举接班人往往是他们经营家族的目的。而且，宋代士绅的优免特权应该说还是有所节制的④，不像明清时代那样"滥免"⑤，倘荫庇能力有限，那么耗费更多的财力、物力进行理想意义上的联宗共治恐怕不是理性的选择。

----

① 秦晖认为："上至秦汉之际，下迄唐宋之间，今天所见的存世'生活史料'涉及的几百个村庄全是非宗族化的乡村。"见秦晖：《传统中华帝国的乡村基层控制：汉唐间的乡村组织》，《传统十论——本土社会的制度、文化及其变革》，上海：复旦大学出版，2004年版，第38页。

② 贾志扬：《宋代科举》，第279页。

③ 秦晖：《"大共同体本位"与传统中国社会——兼论中国走向公民社会之路》，《传统十论——本土社会的制度、文化及其变革》，第104页。

④ 朱家源与王曾瑜分析了宋代官户的优免项目后指出，宋代政府明文规定优免官户的条款其实是有限的，同时限制与禁约不少。官户们往往是借助非法手段来隐田逃税，从而把赋税与徭役转嫁出去。见朱家源、王曾瑜：《宋朝的官户》，邓广铭、程应镠主编：《宋史研究论文集》，上海：上海古籍出版社，1982年版，第17页。

⑤ 张显清：《论明代官绅优免冒滥之弊》，《中国经济史研究》1992年第4期，第100—110页。

二、元代徽州"联宗"模式出现的历史语境

南宋恭帝德祐元年(1275)正月二十五日,徽州称降,元军万户孛术鲁敬本拟屠城,但是在丘龙友、汪元龙、汪元圭、郑安、陈宜孙、程隆、赵象元、方贡孙、程克柔等地方势力代表的劝导下,孛术鲁敬放弃了预定的屠城之策。所谓"盖兵不血刃,政不逾时,乱者复业,四境安堵"是也。政权交接后,上述地方势力代表遂成为了元代徽州的第一批执政者:

> 遂承制以(丘)龙友权知徽州事,前绍兴司户,婺源人汪元龙佐之;歙人郑安权知歙县事,前常州教授休宁人陈宜孙知休宁县事,君(程隆)及赵象元佐之;元龙弟元圭权知婺源县事;祁门人方贡孙权知祁门县事,程克柔佐之。①

在他们的努力下,徽州局势不久便稳定了下来。譬如程文记载郑安"令歙三年,民大治"②;而曹泾也记载陈宜孙知休宁县事,"居三年,乡邑大治"③。大致用了三年时间,徽州社会恢复了以往的平静,在这之后相当长的时间里再也没有发生过大规模的动乱。丘龙友、汪元龙等人因为把持了徽州的行政权,也就成为这一地区借势而崛起的新贵。

这些新贵们在宋元易鼎之际扩大了自身的势力,甚至一些胥吏也成为了既得利益者。譬如在定制税粮征收政策时,握有新朝权力的官吏们个个都赚得盆满钵满。在徽州称降的混乱中,由于原作为"科拨税粮"依据的版籍出现了散亡的情况,路总管府只得"照依各县时估不等,纽折税粮数目,申奉省降科则,遂为定制"。可以想见,这其中少不了暗箱操作,更有"乡胥人等科粮之际,乘间徇私,窜易飞走,颇为民

---

① 干文传:《进义副尉徽州路休宁县程君隆墓表》,《新安文献志》卷八五,第2083—2084页。
② 程文:《歙郑令君安庙碑》,《新安文献志》卷八五,第2078页。
③ 曹泾:《从仕郎扬州路通州判官弗斋先生陈公宜孙行状》,《新安文献志》卷八五,第2071页。

害"①见于记载。没能在这次时代变革中颖脱而出的旧宋士绅或多或少地都会付出一定的代价。

　　入元后科举不行,这对南方基层社会的影响是巨大的。"在南宋,士是为数更多而家世却不太显赫的地方精英家族,这些家族输送了官僚和科举考试的应试者。"②科举不行,断送了基层士人们的上升途径,这显然对地方精英家族的延续与发展十分不利。在徽州,除了少数新贵在入元后比较得势外,大多数世代依赖科举的家族其处境却不甚理想。在这种情况下,重建血缘凝聚力,乃至联宗共治以保障士绅在土地、赋税以及商业层面占据优势就变得十分必要。也就是说,南宋以来徽州以家族巩固为特征的制度设计,在入元后因新形势而逐渐转变为宗族建构。当然,这一特点不止表现在徽州一域,可以说,整个江南都出现了这样的趋向。冯尔康等人认为,关于宗族重建的种种设想,"如果说宋人主要是进行理论探讨的话,那么,元人则更多地付诸实践,宋元时期的宗族社会形态,基本成形于元代"③。这一情形的出现,是有其深刻的历史语境作为支撑的。

第二节　由《家礼》到始祖崇拜

　　科大卫(David Faure)指出:"人类学注意仪式,与儒家提倡礼教在一定程度上表现出相同的倾向。"④只有礼制才能把理学发展与宗族建构这两种不在同一层面的内容连结起来,所以他一直倡导以礼制的视角去观察中国宗族的建构过程,并把理学的功能充分纳入到这一过程当中去。因此,我们不妨尝试从儒家礼制下移的角度去观察元代宗族的建构过程。

　　①　彭泽、汪舜民等:弘治《徽州府志》卷三。
　　②　[美]包弼德:《斯文:唐宋思想的转型》,刘宁译,南京:江苏人民出版社,2001年版,第4页。
　　③　冯尔康等:《中国宗族史》,上海:上海人民出版社,2009年版,第164页。
　　④　科大卫:《国家与礼仪——宋至清中叶珠江三角洲地方社会的国家认同》,《中山大学学报》1999年第5期,第65页。

朱熹的理论体系宏大、精密、复杂,对一般民众来说,要想把握住其精髓无疑是非常困难的。所以如何化"理"为"礼",推动礼制下移,把形而上的义理研讨转变为一种习惯的养成①,就成为了朱熹晚年最为关注的命题②。正如科大卫所指出的:"理学以为源于天理的人情,与当时的社会现实是格格不入的。基于这个理由,他们期望通过讲学授徒,编制启蒙课本和礼仪手册来推广儒家礼仪,改变时俗。"③朱熹的《家礼》就是在这个意义上着手编撰的。

《家礼》是否为朱熹所编撰,虽然存在着争议④,但在大多数理学士人的心目中,其著作权固是属于朱熹,具有十分神圣的范本地位。《家礼》并不是简单的复古之作,而是"究观古今之籍,因其大体之不可变者而少加损益"⑤而成,体现出了明显的灵活性。《家礼》简易、明了,易于民众接受与操作,既与宋代士大夫政治大体协调,又体现了一定的庶民意味,使得"士庶通礼在形式与内容两方面臻于完善"⑥。《家礼》规定家祠中祭祀的对象止于高、曾、祖、祢四代,可见朱熹关注的重点乃是小宗的祠堂制度。而其修撰意图为:"庶几古人所以修身齐家之道、谨终追远之心犹可以复见,而于国家所以崇化导民之意,亦

---

① 朱熹对于理学原则如何下达尤为关注,牟坚就曾谈道:"朱子对他之前宋代理学各家之说的辨析、取舍之细微处是最不能轻易滑过去的,对'以理易礼'说的批评则是关键所在,理不是愈来愈高,而是愈来愈实,学问的愈精处就是愈切实可循处。'以理易礼'说一方面是只讲理而不讲礼,但更复杂的一方面是以为有理就自然能合于礼,从理到礼之间发生了一个跳跃或滑转,取消了对礼的下学的过程,而这一下学的过程正是儒学、理学的工夫所在,即只有在礼的下学中,在事事的应对中,儒家的社会、政治秩序才有保证。"见牟坚:《朱子对"克己复礼"的诠释与辨析——论朱子对"以理易礼"说的批评》,《中国哲学史》2009年第1期,第20页。

② 陈荣捷曾指出:"朱子晚年尤重修订礼经。文集书札记与门人修理抄写甚详。逝世之前一日,仍致书门人托写礼书与收拾底本。吾人于语类与文集,可见其关于礼之讨论,实比太极理气为多。"见陈荣捷:《朱子之宗教实践》,《朱学论集》,第190页。

③ 科大卫、刘志伟:《宗族与地方社会的国家认同——明清华南地区宗族发展的意识形态基础》,《历史研究》2000年第3期,第5页。

④ 《家礼》所体现出的礼学思想与朱熹编撰的《仪礼经传通解》中的"家礼"不太一致,是以导致历史上聚讼纷纭。见陈来:《朱子〈家礼〉真伪考议》,《北京大学学报》1989年第3期,第115—122页。

⑤ 朱熹:《家礼序》,《家礼》,《朱子全书》第7册,第873页。

⑥ 杨志刚:《中国礼仪制度研究》,上海:华东师范大学出版社,2001年版,第206页。

或有小补云。"①又可见朱熹十分强调乡村基层组织建设与国家礼法的一致性,其目的乃是"保证国家意识形态及政治伦理纲常对乡村社会的控制"②。徽州社会受朱熹礼法理想的影响很大③。尤其是《家礼》的普及过程极易指向士绅家族整合的层面④。在南宋徽州,一向不太重视昭穆伦序而重视科举强人秩序的士绅们往往把小宗(家族)的巩固作为第一要义,而很少把精力花费在理想主义的联宗共治这一层面上。之所以出现这一状况,除了现实的原因外,朱熹的《家礼》也起到了推波助澜的作用。

朱熹学说非常注重现实性,与张载那种高调的理想主义颇有异调⑤。但在宗族问题上,朱熹与张载等原教旨儒者虽有区别,却也表现出了一定的相似性。张载讲究的是"明谱系世族与立宗子法"⑥的原则,这

---

① 朱熹:《家礼序》,《家礼》,《朱子全书》第7册,第873页。
② 李禹阶:《朱熹的家族礼仪论与乡村控制思想》,《重庆师范大学学报》2004年第4期,第71页。
③ 如朱熹弟子程永奇"凡冠婚丧祭,悉用朱氏礼"。如曾受学于何基的江事天"居母夫人洪氏丧,哀毁过制;丧父,一遵遗令,以文公《家礼》从事"。再如吴孟阳"居丧不御酒肉,不用浮屠。而睦族亲亲,事贵尊贤,敬老慈幼,恤贫逮贱,在礼在度,在仁而同,于善而劝,于不能而矜","家祭必谨,讳日必哀",不但如此,他还对朱熹的礼学著作做了整理与发挥,著有《文公丧礼考异》一书:"其为说本之《仪礼》、《礼记》,若注疏而以文公《家礼》与尝言及之者折衷之,稍以己见佐其决。其书视《家礼》为详,如论一溢米数,旁参细核,近五百言,其不苟往往类是。"与吴孟阳一样谨于朱子礼法的程荣秀也有礼学著作传世,如其墓志记载:"以朱氏礼出文公,既没之后,中多未定之论,复取文公言行之有涉于礼者,为《翼礼》以传。"分别见程瞳:《新安学系录》卷八、十三,第156、244页;曹泾:《庐州梁昌尉事天先生江公洞身墓志铭》、曹泾:《文公丧礼考异序》、陈祖仁:《元故江浙等处儒学提举程公荣秀墓志铭》,《新安文献志》卷九五上、七一,第2398、444—445、1734页。
④ 朱开宇就指出,在南宋时期的徽州,"程朱理学开始在这个朱子桑梓之邦的文化兴盛之地受到重视与发布,而家族组织也逐渐在家族内获得重视与推展"。陈瑞也曾指出:"在徽州境内,当地宗族以朱熹《家礼》为中心进行以礼治族的制度设计与实践活动在宋元时期已有所开展。"分别见朱开宇:《家族与科举:宋元明休宁程氏的发展,1100—1644》,《台湾大学文史哲学报》第58期,2003年,第100页;陈瑞:《朱熹〈家礼〉与明清徽州宗族以礼治族的实践》,《史学月刊》2007年第3期,第87页。
⑤ 张载很多学说往往从儒家原典出发,充满着理想主义的色彩。譬如在土地制度层面,他就认为:"井田而不封建,犹能养而不能教;封建而不井田,犹能教而不能养。"朱熹虽然也颂扬作为"圣王之制"的井田制度,但他却清醒地认识到恢复井田制度缺乏实践环节。见张载:《性理拾遗》,《张载集》,北京:中华书局,1978年版,第375页;黎靖德编:《朱子语类》卷一百八,第2680页。
⑥ 张载:《性理拾遗》,《张载集》,第258页。

是一种以血亲为基础建立起来的昭穆伦序制度。朱熹的宗族观虽然更加重视小宗，虽然所设想的执行者是有信心导民化俗的地方官与士人，虽然与"国家礼制、地方社会、家庭结构的变动调适"①相关，但却也暗含着一定的大宗色彩②。也就是说，朱熹《家礼》蕴含的宗法思想与北宋范仲淹、张载、程颐、苏轼等人所主张的宗法复活论具有一脉相承性③。只不过在《家礼》中，大宗思想被处于显性状态的小宗论所压制而不甚清晰而已。所以深受朱熹礼法影响的徽州士人并不难在《家礼》中读出大宗思想，也并不难实现由现实性的小宗思想向理想性的大宗思想过渡，当然，这种过渡需要一个独特的历史契机。

在南宋时代，地方精英家族与科举、官僚体制相联系，为了经营家族而独重小宗之说。但入元后，南人地位低下，科举的停止又使得知识分子丧失了上升的途径，为了生存的需要，他们不得不另谋生路，其中教书成为一般士人的首选。有元一代，徽州的书院教育发展得蓬蓬勃勃，除了南宋时期保留下来的多所书院外，新增的书院也非常可观。徽州的儒士们无由仕进，是以创办书院、投身教育成为他们用以安身立命的追求。这些投身教育的儒士又进一步凝聚成为一个新安理学家群体。新安理学家群体以毕生心血埋首经学，并以固守朱子之学的纯洁性为其神圣使命，情愿或是不情愿地以山长、经师、塾师的身份坚守着自己的立场。同时，他们也积极地推动着儒家原则向日常生活落

①　周鑫：《〈朱子家礼〉研究回顾与展》，《中国社会历史评论》第12卷，2011年，第436页。

②　日本学者牧野巽认为司马光的《书仪》代表着累世同财共居的"大家族"主义，而朱熹的《家礼》却显示出了一种"宗法主义"。见[日]牧野巽：《司马氏书仪大家族主义与文公家礼宗法主义》，《近世中国宗族研究》，《牧野巽著作集》第三卷，东京：御茶水书房，1980年版，第1—289页。

③　日本学者吾妻重二曾指出："祭三世乃是宋代的一般状况。然而，程颐以及朱熹则认为士人应当常祭高祖以下四世，将祭祖范围扩大了。"不仅如此，朱熹与程颐一样，主张在家庙内祭祀始祖和先祖。虽然朱熹在晚年时思想发生了一定变化，对于始祖和先祖，"只是在墓祭举行祭祀，这是朱熹晚年的想法"，但其一直持有祭祀始祖及先祖的信念却是可以肯定的。冯尔康等人也认为："朱熹的方案重点在于小宗祠堂之制，但又不局限于此，为大宗族人祭祖和收族提供方案。随着小宗的发展及向大宗的过渡，他的方案展示了宗族的发展前途。还需要指出的是，朱熹的方案特别是祭祀始祖和收族的设想是受到程颐的影响的。"分别见[日]吾妻重二：《朱熹〈家礼〉实证研究》，吴震等译，上海：华东师范大学出版社，2012年版，第145、147、148页；冯尔康等：《中国宗族史》，第168页。

实,把形而上的义理研讨转变为一种习惯的养成,从而达到化"理"为"礼"的目的。

元代前期新安理学家坚持不懈地推动儒家礼制下移也与佛教势力在徽州的强劲影响存在一定关系。江南一带在宋代之时,就早已是"佛老之宫,神怪之祠,布满宇内"①了,且民间结社念佛之风也长盛不衰②。"由念佛、坐禅所结成的社团很容易参与组织葬丧公祭、节日欢庆、庙会集市乃至各种佛事和社会活动。"③徽州在临安文化圈内,时俗也尽为佛氏所染。到了元代,这种状况并无太大的变化④,佛、道二家斋醮仍是徽州丧葬礼制之主流。因此,陈栎、汪宗臣等元代前期新安理学家对儒家礼制的坚持与推动就显得十分重要⑤。

当然,在那个特殊时代,理学家介入生活世界的尝试也有着不同以往的心情,何淑宜就曾指出:"在元代仕宦不易的政治环境下,在家族中实行儒家式的生活仪节成为某些元代士人自我身份认定的一种方式。"⑥徽州的万山之间无疑是冷落的,山长、经师、塾师的身份无疑是低微的。新安理学家们仕进无由,即使有化"理"为"礼"可为,似乎也无法完全安

---

① 许月卿:《婺源朱塘晦翁祠碑》,《先天集》卷九,第583页。

② 吴自牧就曾描绘过南宋时期佛教社会活动的盛大场面:"每月遇庚申或八日,诸寺庵舍集善信人诵经设斋或建西归会。宝俶塔寺每岁春季,建受生寄库大斋会。七月十五,建盂兰盆会。二月十五日,长明寺及诸教院建涅槃会。四月八日,西湖放生池建放生会,顷者此会所集数万人。"见吴自牧:《梦粱录》卷一九,济南:山东友谊出版社,2001年版,第275页。

③ 严耀中:《江南佛教史》,上海:上海人民出版社,2000年版,第319—320页。

④ 江润身曾不无义愤地谈论道:"吾州佛寺,半是黄巢时所建。吾邑四月八日饭僧大会,其重施者,多出于椎埋之徒,兹岂非佛氏实长其恶乎?"方回也记载说:"岁四月八日,四方民诣五显神,为佛会,天下商贾辏集。"分别见曹泾:《庐州梁县尉事天先生江公润身墓志铭》、方回:《饶州路治中汪公元圭墓志铭》,《新安文献志》,卷九五上、八五,第2399、2076页。

⑤ 陈栎亦曾训诫其子孙曰:"孝也者,其作佛事之谓与? 流俗之所谓不孝也,乃我之所谓孝也;流俗之所谓孝也,乃我之所谓不孝也。儿辈听之,不守家法,非吾子孙。吾岂惟望尔之不敢变哉? 将世世望子孙无变也。"而另一个新安理学家汪宗臣遗言曰:"吾没之后,治丧则称家有无,切不可过礼,不可作道佛二家斋醮,亦莫为阴阳拘忌,汝等切不可违命。"分别见陈栎:《本房先世略》,《陈定宇先生文集》卷一五,第448页;汪斌:《紫岩先生汪公宗臣行状》,《新安文献志》卷八七,第2146页。

⑥ 何淑宜:《士人与儒礼:元明时期祖先祭礼之研究》,台湾师范大学博士论文,2007年。http://www.his.ntnu.edu.tw/inform/student_paper.php? Sn=116。

抚他们孤独、无奈的内心。在孤独与无奈中,他们也愈发意识到理想境界的可贵,由是也愈发趋于保守而脱离于现实,进而停留在有关于上古的构想当中。所以在胡一桂、胡炳文、陈栎等新安理学家所留下的文献中,一种崇古的意识展露无遗。如胡一桂就希望恢复到以“道德”为本位的封建之治,而否定以权力为本位的郡县之制①。又如胡炳文认为恢复“社”这种古礼十分必要,所谓“非惟复社制之古,且复人心之古”②。再如陈栎著有《深衣说》来考证深衣制度,他对朱熹“曲裾”、“黑缘”等条款不愿苟同,而是经过详细考证提出了更得古意的观点③。陈栎一直强调自家虽三世皆贫,但却能“更酌古礼行之”④。在元代徽州,“行古礼”的并不止陈栎一家,范启、吴龙翰等理学家族皆是如此。这种崇尚古礼的意识势必会浸染到家族建构层面,乃至激发理学家理想性的大宗思想,进而与北宋诸儒的宗法复活论合拍。

陈栎对祭礼尤其重视,正如其所论:“礼有五经,莫重于祭。祭者,礼之寓;思者,礼之本。”对祭礼的高度重视在陈栎那里进一步延伸至先祖和始祖,他对始祖十分看重,如其云:

> 天下岂有无父之人哉? 又岂有无祖之父哉? 人生于父,父生于祖,祖生于远祖,故曰:人本乎祖。自大父以上至始祖,皆祖也。吾身之于父若祖,虽有远近之分,一气流传,百世一身耳。祖父之体魄阴为野土,祖父流传之气实在吾身,乃至斩丘木以宫其身,或薪之货之以利其身,而视祖父之丘墓旷土为朽骨,为与吾身相秦越,斯人也,不学无识故耳! 豺獭之不若,杀触松之鹿之兽之不若,非人矣!⑤

① 胡一桂《封建郡县论》一文中说:“圣人理天下,以万物各得其所为极至。封建也者,帝王所以顺天理、承人心、公天下之大端大本也;郡县也者,霸世暴君之所以纵人欲、悖天道、私一身之大孽大贼也。……封建者,政之有根者也。故上下辩、民志定、教化行、风俗美,理之易治、乱之难亡、扶之易兴、亡之难灭。郡县反是。”见胡一桂:《封建郡县论》,《双湖先生文集》卷二,第562—563页。
② 胡炳文:《游汀社坛记》,《云峰集》卷二,第174页。
③ 陈栎:《深衣说》,《陈定宇先生文集》卷六,第324—329页。
④ 陈栎:《本房先世事略》,《陈定宇先生文集》卷一五,第448页。
⑤ 陈栎:《跋张普心哭墓诗文》,《陈定宇先生文集》卷三,第292页。

陈栎"一气流传，百世一身"的说法大致是来自程颐"始祖如水之源木之本"①的理念。陈栎对程颐有关始祖的说法进行过探讨②，自然也容易受到程颐尊崇始祖主张的影响。

婺源考水明经胡氏更是明显体现出了对始祖的尊崇。譬如胡次焱就认为："至于祖宗，乃吾身之所自出，吾受其肢体之遗，吾借其衣冠之荫。有堂构者，承其堂构；有箕裘者，习其箕裘。其待子孙，尝欲福之而未始祸之也。"③胡次焱有文章专门论及始祖，他论证考水明经胡氏当"以明经为始祖，三公为义祖"④。不仅如此，胡次焱还颇为细致地考证过明经胡氏始祖的身世由来⑤。胡次焱对明经胡氏世系颇为自豪，如其记载说："吾鼻祖自唐末而五代而宋朝，次焱以上一十三世，而冢域历历可识。"祖墓之所以会"块然独存"，胡次焱认为是"祖德延长"之故⑥。胡炳文是明经胡氏另一位修为深厚的新安理学家。他的宗族意识也非常强烈，当他看到婺源考水明经胡氏的一支——铜川胡氏的子子孙孙每岁寒食都罗拜于祖墓之下时，宗族自豪感则油然而生：

> 吾宗独幸，繁衍如许，书香味道复深远如许。上而明经公，近而铜川府君，不有以敷遗我后人得至是哉？是故谱有初，心亦有初，继自今子子孙孙，皆能不失祖宗初心。⑦

与陈栎、胡炳文友善的唐元亦是元代前期的新安理学家，他对始祖的尊崇意识与陈栎、胡炳文等人无异，如其所云：

① 程颐：《伊川先生语四》，《河南程氏遗书》卷一八，《二程集》第1册，第242页。
② 陈栎曾提及："程伊川文集中尝论此，只当就始祖数起为第一世，次为二世祖，以次而下。"见陈栎：《问高祖之父当如何称》，《陈定宇先生文集》卷七，第335页。
③ 胡次焱：《明经先世省墓序二》，《梅岩文集》卷三。
④ 胡次焱：《论始祖》，《梅岩文集》卷五。
⑤ 胡次焱：《论姓氏》，《梅岩文集》卷五。
⑥ 胡次焱：《明经先世省墓序一》，《梅岩文集》卷三。
⑦ 胡炳文：《宏山庵祠堂记》，《云峰集》卷二，第179—180页。

> 天地有初乎？曰函三为一是已。生民有初乎？曰气化而孩是已。由气化而形禅，前乎千万世，其孰知为吾祖耶？后乎千万世，其孰知为吾子吾孙耶？然其初一本而已。知其一本，则知吾所自出，推之为吾同出，可不敬欤！①

在陈栎、胡次焱、胡炳文、唐元等元代前期新安理学家那里，始祖崇拜已经酝酿得非常充分。在南宋徽州那个流动性极大的科举社会中，接受理学影响的精英士人并不一味地固守乡里，外出仕宦乃是他们更大的目标。一些赋闲在家的士绅阶层为了现实目的更愿意顾及家族（小宗方面）的整合，而不太愿意付出精力与财力进行宗族（大宗方面）的建构。到了元代，徽州的地方精英尤其是新安理学家在仕进层面断绝了希望。由于理想主义的驱使，同时也出于现实目的，他们在精神层面靠近了程颐"始祖如水之源木之本"的理念，并开始了联宗共治的实际探索。

第三节　谒祖墓与修族谱
——元代前期新安理学家的坚守

程颐不但提出了"始祖如水之源木之本"的理念，而且认为士大夫可以祭祀始祖和先祖，具体是在冬至祭始祖、立春祭先祖。程颐这一理念取消了祭礼上的贵贱之别，实是一种大胆的主张。但朱熹却以其僭而去之，他把始祖、先祖"请"出了祠堂，主张以墓祭的形式执行此礼。尽管如此，墓祭始祖、先祖依然是始祖崇拜的表现，这对于宗族建构也会起到精神凝聚的作用。元代前期的新安理学家们认同程颐的理念、朱熹的主张，并把这种理念、主张与具体实践结合了起来。由于新安理学家们的参与，墓祭习俗越发披上了儒家礼制的外衣，这样也

---

① 唐元:《李氏族谱序》,《唐氏三先生集》卷九,第542页。

就越来越与宗族建构衔接起来了①。

明经胡氏本有祭拜祖墓的习俗，所谓"七世祖直下岁展墓之礼"是也。当理学家参与后，墓祭这一习俗就有了别样的意义。著名理学家胡斗元每就"茔垅亲躬拜扫，老不避劳"②。而胡次焱先后写下了《明经先世省墓序一》、《明经先世省墓序二》以及《省墓后序》等多篇文章，为提升墓祭提供了理论依据。胡次焱认为："盖墓者，祖宗体魄所藏、灵魂所居"，所以"省墓之行，展孝敬也"。当然，子孙展墓，也是祖宗的期待，所谓"省墓之礼，非特子孙之所当行，而亦祖宗之所深望也"③。在胡次焱生活的时代，墓祭习俗虽视古代已大为从简，但仍然会出现"岁首乐去者三之一，勉强不容不去者半之。养安不去，吝费不去，奔香逐臭而不去者，间亦有之"的现状。即使是明经胡氏，亦有所不免。对于这一现实，胡次焱不免激愤地说："吾为先世之子孙，而不能时省先墓，何以责吾之子孙它日能时省吾之墓哉！"而对于明经胡氏举行的岁首展祖墓的活动，胡次焱自是十分支持，他不但积极参与，而且给出了"以时展省"的五个理由：一、人之所以别于物者，为其知有祖也；二、明经胡氏鼻祖自唐末至宋已有十三世，祖墓块然独存，实是祖德延长之故；三、明经子孙聚族而居，宅兆多不出半舍；四、可以使子孙习于闻见而教之孝；五、可以使尊卑少长有序，而无贫富智愚之分④。总之，墓祭的目的就是为了追远睦族。当胡氏子孙罗拜鼻祖之墓时，就会激发起他们的宗族意识，正所谓：

① 墓祭与宗族意识之间的关系学界已有所探讨，如伊佩霞（Patricia Buckley Ebrey）就曾论述过宋代出现的清明扫墓习俗对宗族意识形成的巨大意义。她认为清明墓祭会使族人在特定日期、特定场所聚集在一起，由此便会产生十分强烈的宗族意识。宋三平也指出："在宋代封建家族用来团结族人、维系家族制度存在的精神因素中，墓祭是值得重视的。""墓祭是宋代封建家族收族的主要手段。"分别见 Patricia Buckley Ebrey, *The Early Stages in the Development of Descent Group Organization*, *Kinship Organization in Late Imperial China 1000–1940*, Berkeley: University of California Press, 1984. p.9；宋三平：《试论宋代墓祭》，《江西社会科学》1989 年第 6 期，第 104 页。
② 戴表元：《孝善胡先生墓志铭》，《剡源戴先生文集》卷十六。
③ 胡次焱：《明经先世省墓序二》，《梅岩文集》卷三。
④ 胡次焱：《明经先世省墓序一》，《梅岩文集》卷三。

其罗拜某墓也，必惕然曰："某与某贫富虽殊，皆根斯墓而枝分耳。"则其尊而贫者，胡可以不敬？其群拜某墓也，必惕然曰："某与某智愚虽异，皆源斯墓而派别耳。"则其卑而愚者，胡可以不恤？今之视如路人者，其初一人之身。老泉所谓"忠厚之心，可以油然而生"者，此也。①

况乎人知尊祖，然后知敬宗。惟同拜某墓也，则知某为叔，某为侄，皆与某同出某墓者也。又同拜某墓也，则知某为兄，某为弟，又与某同出某墓者也。然则拜扫，无非骨肉亲也，非泛然同族比也。尊卑之分，悠然不渝，纵有少嫌，风休冰释，岂忍下晋上、卑犯尊，相欺相凌，相戕相贼，相窥相弄也哉！吾故谓省墓者，孝敬之天所由寓，而亦名分所赖以纲维者也。②

与胡次焱同为元代前期新安理学家的唐元，也有偕族拜谒祖墓的行为，如其《三月一日偕族侄儿辈拜高眉尖祖墓有作》诗云：

> 路入青松径，微风拂鬓华。
> 孙雏欣得笋，老子愧簪花。
> 碓响知村近，牛归觉日斜。
> 相邀宗子舍，有意泛流霞。
>
> 寻芳何恨晚，聚族喜相招。
> 隔坞犹闻笑，深林忽见樵。
> 松楸关远念，山木寄长谣。
> 笙鹤来何处，因风得细飘。③

在元代前期的徽州，与胡次焱、唐元一样引领墓祭并维护先墓的

---

① 胡次焱：《明经先世省墓序一》，《梅岩文集》卷三。
② 胡次焱：《明经先世省墓序二》，《梅岩文集》卷三。
③ 唐元：《三月一日偕族侄儿辈拜高眉尖祖墓有作》，《唐氏三先生集》卷五，第490页。

理学士人不在少数,如唐如介"平生俭以足用,创置附郭土田,经营屋舍,修治坟茔,培植竹树。岁率宗族上邱墓以追远焉"①。而许汻则在"岁立春,率五世以下子孙敬祭,以始迁之祖配,仍割田以奉祀事"②。汪庭桂有"族子文冒犯先墓,出之,终身不得与宗族齿"③……

　　新安理学家及理学士人们不但引领了墓祭,而且在创建墓祠这一行动中所起的作用也同样不可忽视。宋元时代的徽州,一般家庭祭祀祖先或在专门修建的功德寺中进行,或建立坟庵托僧道守护,或捐田产入寺观请僧道代为奉祀,这一时期还没有普遍出现明清时代遍及徽州的近代类型的宗祠。不过有学者指出,元代祠堂建制的一个重要特点乃是"由杰出祖先个人的纪念性专祠转化为宗祠"④,即由祭祀神祖及名贤功德祖的专祠转向关涉祖先崇拜及礼仪的宗祠⑤。唐宋时期,徽州最著名的地方神,一为越国公汪华⑥,另一为忠壮公程灵洗⑦。汪华的乌聊山忠烈庙与程灵洗的篁墩世忠庙不啻为汪、程二姓的荣耀,因此,他们在徽州建有多处行祠祭祀此二神。对于汪、程二姓来说,这样的国家专祠及其行祠无疑带有祖庙的性质,但这样的祠堂不为汪、程二姓所独占,其宗族意味并不是很浓。明代徽州宗祠的兴起与地方神行祠发展而成的墓祠有关。常建华认为:"徽州宗祠祭祀始祖发达,确与汪华、程灵洗的地域神崇拜有关系。"⑧林济也

---

① 唐元:《唐处士墓志铭》,《唐氏三先生集》卷一二,第 572 页。

② 揭傒斯:《许处士汻墓志铭》,《新安文献志》卷八八,第 2177 页。

③ 王球:《存耕处士汪公庭桂墓志铭》,《新安文献志》卷九二上,第 2279 页。

④ 常建华:《宗族志》,上海:上海人民出版社,1998 年版,第 93—94 页

⑤ 关于"专祠",郑振满认为其来源于先人故居,即祖厝。几经演变,发展为"专祠"。"专祠"特点在于"奉祀五代以上远祖"。在宋元时代,徽州的专祠大约有行祠、寺庵祠、墓祠几种不同形式。见郑振满:《明清福建家族组织与社会变迁》,长沙:湖南教育出版社,1992 年版,第 157—158 页。

⑥ 汪华为隋末地方割据势力,唐封越国公。汪华死后,"神灵益显",形成地方神崇拜。宋代政府赐庙额"忠显"、"忠烈"。所以徽州的忠烈庙可以视为具有地方神崇拜的国家专祠。见汪舜民:《重修休宁县忠显庙记》,《静轩文集》卷一,《续修四库全书》第 1331 册,第 96 页。

⑦ 程灵洗为南朝时人,曾力拒侯景叛军,被封为重安县公。死后十分灵验,据说"水旱疾疠祷之立应",形成地方神崇拜。宋代政府赐庙额"世忠"。所以徽州的世忠庙也可以视为具有地方神崇拜的国家专祠。见章毅:《宋明时代徽州的程灵洗崇拜》,《安徽史学》2009 年第 4 期,第 109—115 页。

⑧ 常建华:《明代徽州宗祠的特点》,《南开学报》2003 年第 5 期,第 103 页。

指出:"(专祠)大多数与地方神祇崇拜有渊源关系,经过宋元时期的发展转变而成为宗族祭祖场所。"①有关徽州民间专祠向宗祠的转变,元代无疑是最为重要的历史时刻。在这一过程当中,新安理学家们起到了非常关键的作用,出现了众多的积极参与者,譬如著名的新安理学家陈栎。

陈栎有非常浓厚的始祖崇拜意识,这种崇拜意识在他那里进一步升华为约其族人修葺鬲山始祖之墓,其目的乃是为了"觇吾宗世世常兴"②。陈栎描述其始祖鬲山府君葬后,"一方之民神之,乃创庙墓傍,尸而祝之,凡水旱必祷焉。东作不祀之府君,不敢典;西城不祀府君,不敢食。……永为树艺之田祖"③。田祖即社神,可见这个墓庙具有地方神崇拜的专祠性质。陈栎率族人修葺始祖之墓,其中明显地包含着由地方神崇拜向祖先崇拜转变的信息。在元代前期,不但有陈栎这样参与变专祠为墓祠的新安理学家,而且也出现了不少直接创建墓祠的理学士人。如李与廉因"祖墓世远多芜废,率族人访求而表树之,割己田若干亩,立祠于十世祖墓,而刻其谱系陷置壁间"④。宗族意识就在这些礼仪号召者的主导之下益发强烈起来了。

修撰族谱是新安理学家们引领宗族建构的另一重要形式。族谱的修撰可以视之为祖墓祭祀活动的升格,如朱熹在淳熙丙申(1176)回婺源展墓后就修订了《婺源茶院朱氏世谱》⑤。既然唐代世家大族体制已然崩溃,大宗之法因而废除,旧谱也随之湮灭,那么重新修撰族谱就拥有了合理性。作为不世出的大宗师,朱熹的行为当然极有示范意义。

由于有欧阳修、苏洵等名贤的倡导,宋代时私撰族谱的行为开始流行⑥。到了元代,则更有了进一步的发展,这在徽州表现尤为明显。在元代

---

① 林济:《"专祠"与宗祠——明中期前后徽州宗祠的发展》,《中国社会历史评论》第10卷,2009年,第34页。

② 陈栎:《约族人葺鬲山祖墓疏》,《陈定宇先生文集》卷一一,第406页。

③ 陈栎:《陈氏谱略·始祖鬲山府君》,《陈定宇先生文集》卷一五,第445页。

④ 黄溍:《祁门李君与廉墓志铭》,《新安文献志》卷八九,第2182页。

⑤ 朱熹:《婺源茶院朱氏世谱序》,《婺源茶院朱氏世谱》,《朱子全书》第26册,第39—60页。

⑥ 宋代开始修撰的新谱,带有私家撰述的性质。如钱大昕云:"五季谱牒散亡,而宗谱遂为私家撰述。"见钱大昕:《棠樾鲍氏宣忠堂支谱序》,《潜研堂文集》卷二六,上海:上海古籍出版社,1989年版,第452页。

前期,徽州一域宗族整合的效果并不明显。理学士人程梦文在大德四年(1300)修撰的《率口程氏族谱后序》中就曾言及:"新屯诸处族派已远,岁时皆不相见,几于不相识。"①另一位理学士人汪士良也认为汪姓"子孙蕃衍,居富昨、藏干等处,彼此多不相识"②。谱牒的赓续,也进行得不如人意。譬如新安理学家唐元就曾借深谷老人之口道出了一个事实:"族谱之不讲久矣!"③这一事实自然也促使新安理学家及理学士人更加致力于谱牒的整理与修撰,因为在思想上,他们往往把修撰族谱看作是医世化俗的重要手段④。

新安理学家陈栎曾续编自己家族的世谱,因为他认识到了族谱有"惇九族厚彝伦之义"之功用,所以"因续编族谱而略述祖考遗事,以示儿辈,使知予家数世儒学之相继,庶几其能善继云"⑤。对像他一样,能以理学家之责任感推行礼制下移及致力于族谱世系者,陈栎总也不吝言辞倾情赞美,因而写有《汪溪金氏谱序》、《跋五城黄氏族谱》、《徐氏族谱跋》等一系列文章为之鼓吹。由于对世系的关注,"族"或"名族"便成为了陈栎笔下频繁出现的词语,甚至他还完成了一部记载徽州所有大族的郡谱《新安大族志》⑥。

在元代前期的徽州,像陈栎一样执着于修撰族谱的理学家及理学

---

① 程梦文:《率口程氏族谱后序》,程景珍纂修:《休宁率口程氏续编本宗谱》,明隆庆四年(1570)刻本。

② 汪士良:《藏溪汪氏本支世系图序》,汪尚琳纂修:《新安汪氏重修八公谱》,明嘉靖十四年(1535)刻本。

③ 唐元:《李氏族谱序》,《唐氏三先生集》卷九,第542页。

④ 常建华:《元代族谱研究》,邢永川:《中国家族谱纵横谈》,南宁:广西教育出版社,1993年版,第240—261页。

⑤ 陈栎:《本房先世事略》,《陈定宇先生文集》卷一五,第448页。

⑥ 宋汉理在评价《新安大族志》时说:"陈栎没有写贵族或专门论述中进士者,他尽可能多地记载徽州居民的家族关系,而不从其社会地位着眼。……陈栎所做的是恢复了在一定时间内已经中断了的郡谱形式,把它用在撰写其家乡的世系,而不管士庶之区别。"《新安大族志》发现于日本的东洋文库之中,有一些学者对这个刊本有所怀疑,待考。分别见宋汉理:《〈新安大族志〉与中国士绅阶层的发展(800—1600年)》,叶显恩译,《中国社会经济史研究》1982年第3期,第56页;郑力民的《〈新安大族志〉考辩——兼谈〈实录新安世家〉》,《安徽史学》1993年第3期,第24—29页。

士人颇有一些。如吴浩在元初修撰有《商山吴氏重修族谱》，目的是“俾子孙知出之有自而已”①。程龙则“会宗谱，远而河南、江西、湖、湘，近而休、歙、饶、信、开化、金华，博采文籍，考索备至，名《龙陂程氏世谱》”②。汪士良在大德元年(1297)“搜索旧谱，昭穆载于一秩，庶同此祖者，皆登此秩”③。李与廉“立祠于十世祖墓，而刻其谱系陷置壁间”④。汪松寿修撰《汪氏渊源录》也指向“立宗所以为制也，敦族所以立功也”⑤这一层面。此外，金清甫曾修撰《汪溪金氏族谱》⑥，黄求心则修撰有《五城黄氏族谱》⑦……

在元代前期的徽州，无论是引领墓祭并维护先墓的胡次焱、唐元、唐如介、许汻、汪庭桂、李与廉、陈栎，还是努力赓续族谱以求收族的程梦文、汪士良、深谷老人、陈栎、吴浩、程龙、李与廉、汪松寿、金清甫、黄求心，他们不是新安理学家，就是深受理学影响的士人，他们在宗族整合层面都起了不小的作用。他们抱有的理念系“不亢身，焉亢宗？”⑧即强调个体生命在群体共同提升过程中的引领作用。

元代前期徽州一域宗族整合的效果并不明显。因此，新安理学家或理学士人们对整合宗族的探索就显得尤为重要。因为在“化俗”与“收族”这两个层面，他们的象征意义与示范作用十分关键。他们的努力虽在当时未必能看出显著的效果，但却一直在“蚕食”着佛、道及民间信仰的领地，同时也影响着士绅富户。到了元代中后期，新安理学家所推动的宗族建构其效果逐渐呈现出来。由祭祀祖墓所生发出的宗族意识已相当明显，甚至在一些宗族那里还形成了关于祖茔的禁约或规约。如休宁范氏在延祐六年(1319)订立的《祖

---

① 吴浩：《商山吴氏重修族谱》，明崇祯十六年(1643)刻本。

② 程伯机：《元中顺大夫同知徽州路总管府事致仕赠中宪大夫上骑都尉追封新安郡伯程公龙家传》，《新安文献志》卷九五上，第2406页。

③ 汪士良：《藏溪汪氏本支世系图序》，汪尚琳纂修：《新安汪氏重修八公谱》。

④ 黄溍：《祁门李君与廉墓志铭》，《新安文献志》卷八九，第2182页。

⑤ 汪松寿：《汪氏渊源录》，明正德十三年(1518)重修刻本。

⑥ 陈栎：《汪溪金氏族谱序》，《陈定宇先生文集》卷二，第275页。

⑦ 陈栎：《跋五城黄氏族谱》，《全元文》第18册，第125页。

⑧ 陈栎：《谢曹弘斋撰族谱序启》，《陈定宇先生文集》卷一一，第404页。

茔合同禁约》、休宁陪郭程氏在至正七年(1347)订立的《赡茔规约》就非常明显地体现出宗族内部制度设计的特点。这些有关祖茔的禁约或规约对族人已经具有了比较强的组织和控制功能①，其引领者亦是新安理学家或理学化的士绅②。同时,元代中后期徽州地区的修谱活动也取得了很大的成效。正如元人汪松寿指出:"大朝(元朝)御宇,混合华夷;姓氏之繁,于斯为盛;谱牒之事,盍大兴焉。"③两宋时期徽州谱牒世不多见,其体例主要以欧、苏"一图一传"之法为准则。到了元代,则有了全新的发展,主要表现在"世系增多"和"内容增加"两个方面。其宗旨乃是"奠世系,序昭穆,尊祖,敬宗,收族——主要目的是收族"④。

　　元代前期的新安理学家及理学士人们,他们无论是在推动朱子礼制下移方面,还是在促进徽州宗族建构方面,都做出了可贵的探索。他们的坚守即便在当时并没有取得多么显著的效果,但其对后世的意义却是不可忽略。

────────

　　①　如休宁范氏延祐六年《祖茔合同禁约》云:"今众议规划各项事务,连立合同,并系直下子孙情愿。议立遵约,各守理法,尊祖敬宗,期无违犯,日后并无番悔。今连押合同文字,各行收执,永远为子孙孙照用者。"休宁陪郭程氏至正七年《赡茔规约》则曰:"切惟吾家世以清白相承,春秋祭祀,族有赡茔,礼合去奢从俭,以保悠远,无忘祖宗墓所。每岁拜扫,支糯以造酒,粜籼以备肴馔,请族众致祭,然后行山标挂,饮福受胙,此常例也。今当首之家崇尚浮华,过礼办备,饮必沉醉,恐惹事端,不无有妨下年拜扫之期。今后议定各处祭扫酒礼,或三行,或五行,不过七行,肴不过五品,以为定例。违者议罚,庶几革去奢华,可为悠久之计。"见陈瑞:《元代徽州宗族祖茔规约二则释读》,《史学史研究》2009年第1期,第121、123页。

　　②　陈瑞认为上述两则规约"皆由宗族内部乡绅等宗族头面人物领头发起制订,旨在规范、整顿族内坟茔祭祖及祖茔产业的保护,是宗族内部一项较为重要的制度设计,对元代徽州宗族的发展及其组织化起到了积极作用。""如休宁陪郭程氏至正七年《赡茔规约》的制订者程文贵,曾任饶州路铜冶场提领;程岘,'从学赵可斋先生及叔祖提举孟敷,读书史,务究知旨趣,为文亦纯雅,不事雕饰。尝一上秋试,弗利,遂弃去不复学'。皆为乡绅的身份。"两人皆为乡绅身份不假,需要注意的是,程岘亦具备理学家或理学士人的身份。见陈瑞:《元代徽州宗族祖茔规约二则释读》,第123页。

　　③　汪松寿:《汪氏渊源录》。

　　④　赵华富:《宋元时期徽州族谱研究》,《元史论丛》第7辑,南昌:江西教育出版社,1999年版,第81—83页。

第四节 墓祠与宗祠
——元代后期新安理学家与士绅的合作

一、由墓祠到宗祠:新安理学家与理学化士绅们的贡献

元代后期的新安理学家对礼学研究同样热衷,如王偁就"于朱子《仪礼经传通释》,分类精究,考论端绪"①。汪克宽也认识到"朱子尝考定四礼,谓三礼体大,未易绪正,晚年惓惓是书,未就而殁,遂为万世缺典",于是他"考于《仪礼》、《周官》、大小《戴记》、《易》、《诗》、《书》、《春秋传》、《孝经》、《家语》及汉儒纪录凡有合于礼者,各著其目列为五礼之篇,名曰《经礼补逸》"②。郑玉则认识到朱子礼制对于化俗的重要性:"夫乡饮酒者,所以教民敬让,使之由乎孝弟者也"③,所以他"于《礼经》则屡欲与友人汪某参互考订,因朱子师友《仪礼通解》,厘析经传,因《卫氏集义》删定注说,以成一家之言"④。

郑玉对自己家世非常自豪,如其云:"予家来居西溪之上,今十二世。至以姓名其村,谱牒历历可考,坟墓无所遗失。"⑤郑玉一生谨遵礼法,他自称:"每过先茔,必下车伏谒。自十世祖而下悉立石,大书深刻以表其墓。"正是因为对礼法的尊崇,使郑玉产生了整合宗族的意愿。他不仅谨守墓祭,而且还主导过一次续修族谱活动,《郑氏石谱序》一文中记载曰:

> 玉也不肖无状,重以群从单微,不足以承先烈。且见世之宗族服属既尽,尊卑遂紊,贫富不等,利害相凌,不知其初为一人之身也。乃取高池府君而下,至族之曾孙,凡十五世,辑为此图,刻

---

① 汪幼凤:《王伯武先生传》,《新安文献志》卷七一,第1757页。
② 汪克宽:《经礼补逸序》,《环谷集》卷四。
③ 郑玉:《荆山乡饮酒序》,《师山先生文集》遗文卷一。
④ 汪克宽:《师山先生郑公行状》,《环谷集》卷八。
⑤ 郑玉:《方氏族谱序》,《师山先生文集》遗文卷一。

之先大父墓碑之阴,使我子孙苟知溯流寻源、尊祖睦族之义者,庶
几有所考焉。呜呼! 能以高池府君之心为心,则一人之身而已,
岂有百数十人之殊哉? 岂有紊乱欺凌之患哉? 后之人尚勉旃。①

与郑玉齐名的新安理学家朱升、程文也均对续族谱一事极为热
衷。朱升认为"谱之不可以缓也"②,于是撰写了《苦竹朱氏族谱序》、
《石门陈氏族谱序》、《重修本宗族谱序》等多篇谱序以提倡之。程文
也认为续族谱一事意义重大,所谓"谱也者,所以示一本也"③。在郑
玉、朱升、唐桂芳、程文、赵汸等元代后期新安理学家周围也有一些深
受理学影响的士人,他们或修祖茔,或续族谱,一步步地夯实着宗族建
构的根基,并使之逐渐固定下来。如歙县人方宏中即"笃学励行,与郑
师山友善,著有家谱五卷"④。婺源人汪德馨"读书好古,隐居不仕,尝
同宗人礼部尚书泽民纂修族谱"⑤。休宁人程天经在至正年间开始补
缀旧谱之缺:"上至清之父珍,下接大昌五世祖,自始至终,绵绵翼翼。"⑥
程可绍与林隐公"编辑世谱、勘订经传,惟日不足"⑦。而程岘则"会宗
人歙西教授傅岩、闵川宣使檠斋及会里孝隐翁天经、汉口处士可大,参考
订定,为《程氏世谱》三十卷,又约为《程谱要要》二十篇。其末论治家之
道,本奢俭以为兴衰,由妇言而生和竞,谆谆恳切,读者倾竦"⑧。
上述诸人属于受理学影响较深的士绅阶层。与陈栎、朱升等塾师身
份的理学家相比,这些士绅们的经济实力是比较雄厚的。章毅认为:

　　在元代后期的徽州,理学已经不局限在儒者的讲习之中,而
进一步开始产生社会化的影响,……元初崛起的新豪强的子弟,

①　郑玉:《郑氏石谱序》,《师山先生文集》遗文卷一。
②　朱升:《重修本宗族谱序》,《朱枫林集》卷四,第53页。
③　汪师泰:《程礼部文传》,《新安文献志》卷六六,第1627页。
④　戴廷明、程尚宽等:《新安名族志》前卷,第120页。
⑤　彭泽、汪舜民等:弘治《徽州府志》卷九。
⑥　程明远:《休宁会里程氏续谱序》,程敏政编纂:《新安程氏统宗世谱》,明成化十八
年(1482)刻本。
⑦　赵汸:《孝则居士程君可绍墓表》,《赵征君东山先生存稿》卷七。
⑧　管瑾:《见山居士程君岘墓志铭》,《新安文献志》卷八八,第2179—2180页。

在元代后期已经逐渐接受了理学，他们不仅在理学义理方面有新的造诣，而且有使之社会化的能力与意愿。①

在元代后期的徽州，元初新贵的子弟们大都接受了理学，从豪强世家逐渐转变为士绅阶层，如汪镐②、鲍元康③皆可为例。不仅如此，一些富商在一定程度上也表现出了理学化的倾向，他们在经营产业的同时，也注重了儒家礼制的执行与宗族的整合。元代徽州有大量商人存在④，这些人在乡间往往一变为士绅，成为推动朱子礼制下移与宗族整合的又一支生力军⑤。从郑渊郑以文兄弟⑥、蒋宗元⑦、张桂⑧等人生平来看，这些士绅富户所参与的宗族建构大体上已由官僚宗族制过

---

① 章毅：《理学社会化与元代徽州宗族观念的兴起》，《中国社会历史评论》第 9 卷，2008 年，第 115 页。

② 汪镐曾为恢复朱熹故居而奔忙。在知州干文传的支持下，"故址以复"，后又由汪镐出资建文公庙，并"捐田三十亩，以供祀事"。汪镐又称汪景周，为"前令尹之孙"，即元初知婺源事汪元圭之孙，为元初新贵子弟无疑。分别见王祎：《重建文公家庙记》，戴铣：《朱子实纪》卷一一，第 482 页；江恺：《婺源州新建韦斋先生专祠口碑》，《新安文献志》卷四五，第 959 页。

③ 鲍元康曾为解决朱熹祖坟祭田而奔走。如郑玉记载："朱文公旧有祭田百亩，为族人之无藉者所盗卖。朝廷既立文公之庙于婺源，讼之有司数年不得决，官民交相诟病。景曾尝语仲安曰：'他日稍有赢余，当以其价予民，而归其田于庙。'至是，仲安追思景曾之语，鬻其材木之山，得钱为中统钞者一万五千余贯，而文公之祭田始复。"鲍元康为鲍寿孙之孙，鲍寿孙在元初"历杭州许村盐场管勾，徽、宝庆二州教授"，亦为入元后崛起的新贵。分别见郑玉：《鲍仲安元康墓表》，《师山先生文集》卷八；洪焱祖：《新安续志·鲍寿孙条》，《新安文献志》卷六六，第 1611 页。

④ 到了元代前期，徽州地区商业依然繁荣，一时还出现了"天下商贾辏集"的场面。元代徽州商人经营的商品主要还是徽州丰富的物产，如杉、漆、蜡、茶以及各色的纸。与南宋时相比，元代徽州科举社会模式消失，于是更多的人为生计把精力放在了"殖生业，臻高赀"这一层面。见方回：《饶州路治中汪公元圭墓志铭》，《新安文献志》卷八五，第 2076 页。

⑤ 日本学者佐野学认为中国传统社会中的士绅不仅包括地方名家和有官职、功名者，大地主、大商人、高利贷者亦是其构成部分。见［日］佐野学：《清朝社会史》第 2 部第 2 辑，东京：文求堂，1947 年版，第 2—3 页。

⑥ 郑渊、郑以文兄弟系富商，郑渊曾"游京师，纵万金以结客"。郑家兄弟逢"年饥，减谷价三之一以赈贫乏，乡党宗族称其厚德无间言，而产业视旧日益加"。见王祎：《郑府君墓铭》，《王忠文公集》卷二二，上海：商务印书馆，1936 年版，第 522 页。

⑦ 蒋宗元："与诸昆弟族人同财，无纤毫私，以是益见信重。……其从子孙，行受约束，严惮莫敢自纵，治货殖，率以宗元为师。岁时燕集，宗元必至，坐上坐，长幼更起，奉觞跪拜为寿，尽欢极醉乃罢。"见程文：《蒋市监宗元传》，《新安文献志》卷八八，第 2174—2175 页。

⑧ 张桂"好读书鼓琴，善生产力作，……事重亲以孝闻"。见揭傒斯：《张隐君桂墓志铭》，《新安文献志》卷八八，第 2172 页。

渡到了富人宗族类型①。

当然,士绅们整合宗族不仅仅是出于儒家理想,现实目的也需要考虑进去。在没有科举功名和仕宦出路的情况下要维持家族的利益,联宗共治——打造更为强大的小共同体则不失为良策。元代后期徽州的士绅们凭借经济实力积极参与了大宗的统构,他们不但修撰族谱,引领墓祭,而且还积极参与墓祠的创建。如休宁陪郭人程岘于至正八年(1348)就创制了作为墓祠的永思亭:

> (程岘)竭力经营十余年,家道载兴。凡田之被敚与先墓之见侵者,悉追复之。乃置祭田,合族人建亭始祖墓下,题曰"永思",具条约、定仪则,为久计。朱允升先生实记其成。②

婺源回岭的汪高则花大力气创制了作为墓祠的永思堂:

> 永思堂者,婺源回岭汪氏祀先之堂也。其规为创制,皆出士章母俞夫人。堂既成,凡旧尝供墓之山泽田池,其岁租悉入焉。先世忌日,率子若孙行祭礼于中,复入田二百亩收其利。每当岁清明节,大会族人致祭,祭讫分遣拜扫诸茔之在他远者,以二百亩之利给其费。通计有余,则延师以训族子弟,使皆知学。选能干者司簿书,稽较出入,无妄用焉。同族人割己田附堂中,至忌日以祀其私亲者咸听。堂建于里之古溪,士章祖茔在焉。③

又如祁门孚溪的李见山:

> 徽李氏之居祁门者号孚溪,特盛。有先祠焉,合其族而祀

---

① 冯尔康指出,宋元间的宗族制度属于官僚宗族制,而明清时代则属于民众宗族制。我们认为,在元代后期的徽州,出身富人阶层且又受到理学影响的士绅已成为宗族建设的生力军,民众意味已是大大增强。见冯尔康:《中国宗族史》,第219、287页。
② 管瑾:《见山居士程君岘墓志铭》,《新安文献志》卷八八,第2179—2180页。
③ 李祁:《汪氏永思堂记》,《云阳集》卷七,《景印文渊阁四库全书》第1219册。

之。……逮元至正庚申,裔孙曰见山,始倡建祠于府君墓左,奉祀事而配以社。规条戒约所以世守者,既备且严,盖于今百三十年,祠亦中毁而再新矣。①

再如婺源凤亭的汪明初、汪元伟、汪梓:

> 近年以来,省墓之礼既废,坟墓之失随之矣。凤岭之墓或创为宫室,或开为道路,或犯以犁锄,五患几于备矣。侵陵之祸,至有不忍言者,汇之父母方谋于家,图为兴复。族兄梓闻之曰:"是亦吾之志也。"乃合辞以告于族之长。族长首助以钱,力赞其事,然后遍告族之人。闻者以喜,侵者以愧。于是宫室以彻,道路以塞,犁锄不敢犯,而侵疆尽复矣。又惧久而复有斯祸,围以垣墉,周五十丈,负土封之,累石砌之,创屋四楹,以为拜扫之所,族人让德又建重门焉。先生幸赐之言,使刻墓上,俾吾万世子孙嗣而葺之,无或废坠,岂惟宗祊之幸,实风教之幸也。②

元代末年,理学家及理学化的士绅创制墓祠已是蔚然一时,这一时期也出现了一些更加类似于近世宗祠的祠堂。虽然我们尚不清楚黟县人黄真元所建祠堂是否属于宗祠③,但婺源人程可绍所建孝则堂则一定不属于墓祠,因为其祠于"居之左起屋立龛",而"奉先世神主",也应该不止四世。若此孝则堂于居之左起屋立龛,而且奉祀始祖的话,那么就肯定属于近世宗祠的类型了。当然,在元末所有的祠堂中,最能详细显示出近世宗祠特征的乃是婺源人汪同、汪叡兄弟所创立的知本堂:

---

① 程敏政:《祁门孚溪李氏先祠石桥记》,《篁墩程先生文集》卷一七。
② 郑玉:《凤亭里汪氏墓亭记》,《师山先生文集》卷五。
③ 元末黟县人黄真元"念祖宗先泽不忍没,效范公法买田六百三十余亩,立庄建祠,祀其先人。自始祖而下,冢木蓊郁,祭膰膗芗,族众百余口,日食岁帛、婚嫁丧祭,给支有等。延致硕师训其子弟,规式凡目,具有条理。"见马步蟾纂修:道光《徽州府志》(三)卷一二之五,第73页。

（汪同）即星源大畈田中创重屋，为楹间者五，其上通三间以为室，奉始得姓之祖神主中居，及初渡江者，及始来居大畈者，而昭穆序列左右者十有余世。又为庙于屋南，像其祖之有封爵在祀典者，配以其子孙之有功德者四人。重屋之下有堂，有斋舍，延师其中，聚族人子弟而教之。庙有庑有门，时享月荐，买田以给凡费者若干亩，合而名曰"知本堂"。以族人之属尊而年长者主祀事焉，别为专祠于大畈西浯村先人故居曰"永思堂"，祀高祖而下四世。其田与祭则继高祖者主之焉。盖知本者以明大宗之事，而永思则小宗之遗意也。①

这则材料十分重要，因为它明确指向了元末时代大宗祠堂的出现。在汪同的主导下，大畈西浯村的"永思堂"创建起来。这个祠堂祀高祖以下四世，明小宗之法，符合朱子《家礼》中的祠堂体制。而知本堂则奉"始得姓之祖"、"初渡江祖"、"始迁祖"乃至十余世，并于左右昭穆序列，显然是明大宗之事，与明清时代的徽州宗祠已如一辙。

孝则堂、知本堂等祠堂的创建与新安理学在徽州的发展渊源甚深。譬如孝则堂主人程可绍就可视为理学家，程可绍的伯父则是著名的新安理学家程复心。程可绍幼年时从学于程复心，成年后则游于著名新安理学家胡炳文之门。程可绍"精通易学"②，并"刻《朱子孝经刊误》以励后学"③。不但如此，程可绍还与元代后期的新安理学家汪叡、赵汸、王伯武等人广为交游。因此，孝则堂的创建在一定程度上可视为新安理学向基层社会渗透的产物。

婺源大畈知本堂的创建者是汪同，但其中的宗法理念可能来自于汪同的兄长汪叡，章毅就曾指出：

知本堂的主人是汪同，但从上面的事迹可以看到，汪同关注的始终是国而不是家，他所要实践的理想是忠而不是孝，而汪同

---

① 赵汸:《知本堂记》,《赵征君东山先生存稿》卷四。
② 丁廷楗修、赵吉士纂:康熙《徽州府志》卷十五,第42页。
③ 赵汸:《孝则居士程君可绍墓表》,《赵征君东山先生存稿》卷七。

的兄长汪叡倒有长达数十年的乡居经营。如果说知本堂的建立体现了一种宗法的理想，"使亲亲之道复明"，"因四时之享，以寓合族之义"，使"先王之教"由此以行，那么这更像是儒者汪叡的目标。①

汪叡早岁以新安理学家汪炎昶为师，如其云："予年十有五学于族祖古逸先生之门。"②成年后，他也成为一名新安理学家。他特别勤奋，据说"穷日夜潜心诸经子史，靡不研究考订，融会贯通"③。汪叡交往的也都是新安理学家，如其行状记载，汪叡"取友于乡里，如倪仲弘、郑子美、朱允升、赵子常、吕安贞诸先达，相与讨论"④。

作为元代后期的新安理学家，汪叡具有十分强烈的统宗意识。他曾经重新修撰过汪氏的家乘，并指出："家乘之作，原本始，考宗序，别亲疏，征行是"，可以对基层社会秩序起到一定的塑造作用，以期达到理学"合万殊而归一"的理想境界：

> 地虽远也，世虽异也，子孙十百千万之众，其初皆本于一人之身也。由一人而子孙十百千万之众，岂不能以十百千万之子孙而返于一人之身乎？……所谓合万殊而归一本者，不在于此乎？⑤

包弼德认为宋元时代地方的理学家群体一直致力于推行一套包括礼制下移、社群建设等内容在内的整体方案，"相对于由国家推行的制度，这套方案是地方士人的自发性事业"⑥。从南宋一直到元代，徽州地区的新安理学家们在进行经学研究的同时，也把相当一部分精力

① 章毅：《元明之际徽州地方信仰的宗族转向：以婺源大畈知本堂为例》，《中国文化研究所学报》第47期，2007年，第69页。

② 汪叡：《赵东山先生文集序》，《赵征君东山先生存稿》。

③ 程汝器：《明故承务郎左春坊左司直郎贞一汪先生叡行状》，《新安文献志》卷七二，第1772页。

④ 程汝器：《明故承务郎左春坊左司直郎贞一汪先生叡行状》，《新安文献志》卷七二，第1772页。

⑤ 汪叡：《重修汪氏家乘序》，汪奎等：《重修汪氏家乘》，北京：线装书局，2002年版。

⑥ ［美］包弼德：《历史上的理学》，第223页。

放在了礼制下移、社群建设等方面。因科举社会消失,社会流动性放缓,新安理学家们聚集在乡邦一域,他们刊刻书籍、创办书院,开始全面推进理学的世俗化。郑玉、朱升、赵汸、汪叡等人以身示范,使朱子礼制益发走进了民众的生活世界。不但如此,他们还把徽州的宗族建构推向了高潮,使之在元末时代达到了蒸蒸态势。

程岘、黄真元、李见山、汪高、汪明初等有可观财力且又接受理学思想的士绅们,他们选择了站在郑玉、朱升、赵汸等新安理学家周围。他们以其优越的物质条件成为推动礼制下移、宗族建构的新生力量。在新安理学家以及理学化士绅们的共同推动下,徽州社会地方神类型的专祠开始向墓祠乃至最终向宗祠转化。这使得元末某些祀先的祠堂明显带有了大宗的特点,即在一定程度上具有了明清宗祠的色彩①。可以说,宋代那种面向官僚制的家族建设逐渐为士绅富户参与的宗族建构所替代。由于新安学家与理学化士绅们的努力,元代后期徽州的宗族建构明显体现出了庶民化的特征。

二、“壬辰战乱”对徽州宗族建构的打击

在元代中后期,新安理学世俗化的效果已经显现。然而,正在这一切稳步向前的时候,一场战乱——至正壬辰蕲黄兵灾突然来临,这场战乱对徽州社会造成了空前的破坏。如唐桂芳所感慨道:“壬辰之变,天下承平将八十余祀矣! 一旦蕲黄盗作,劫人财帛,刘人子女,焚人室庐,君子甚惧,小人靡然从之。”②而赵汸的感慨则更加悲愤:“自壬辰以来,星源兵乱无虚岁,民死亡者十七八,尚未知所届。”③由于死亡与逃亡等原因,徽州所辖区域内出现了民户锐减的情形。这与战乱

① 我们认为,在徽州一域,地方神专祠向宗祠的转化主要是从元代后期开始的。不过韩国学者朴元熇研究发现,歙县的真应庙在北宋初已经被柳山方氏转化为统宗祠了,他认为这“很典型地反映出自北宋以来所开展的宗族制的新形态之一”。不过我们觉得,这个“新的事例”应该属于特例。见朴元熇:《明清时代徽州真应庙之统宗祠转化与宗族组织(提要)——以歙县柳山方氏为中心》,赵毅、林凤萍主编:《第七届明史国际学术讨论会论文集》,长春,1999年7月,第373页。
② 唐桂芳:《吕氏嘉贞传》,《唐氏三先生集》卷二十,第688页。
③ 赵汸:《送总制王公移镇新安诗序》,《赵征君东山先生存稿》卷三。

前那个商业繁荣、文教发达、人们安居乐业的徽州有了天壤之别。正如舒頔感慨云：

> 予过龙山之阳，岸帻临风而叹曰："昔之彬彬衣冠故老，今无一人焉；昔之渠渠华屋甲第，今皆荆棘焉；昔之朗朗弦诵，声振林木，今何寥闃焉！"感慨畴昔，恍然一梦。①

"壬辰战乱"对新安理学造成的打击颇为严重，郑玉、朱升、舒頔、赵汸等理学家多采取匿入深山的方式以求保全自我。但他们的书院、书籍却因无暇顾及而惨遭荼毒，或荡为废墟，或片纸无存。赵汸曾悲愤地描述说："荐经祸乱，自井邑田野，以至于远山深谷民居之处，莫不荡为丘墟。学者逃难骇散，未安其生，又奚暇治诗书礼乐之事哉？"②除了对新安理学的破坏之外，"壬辰战乱"还对徽州蒸蒸日上的宗族建构运动打击巨大。舒頔每论及此，总也掩饰不住胸中的愤懑之气：

> 至正壬辰，天下大乱，诗书之泽荡然，几无遗类矣！呜呼！岂谓吾内姓尚存斯谱耶？得见诸老于谱系间，斯幸矣！衣冠之族，礼仪之风，后之子孙苟能振起继其先世，斯可矣。③

> 壬辰世变，旧谱不存，而所抄亦为丙丁所夺，尚能记忆大略。④

> 壬辰兵戈骚扰，谱之存者有几？予每思至此太息不已。⑤

> 至正壬辰，大纲不振，兵戈四起。弃我室庐，遁于岩谷，诗书之泽几废，先世谱系逸遗靡存，兹欲重修则失其本末，不能悉记。⑥

---

① 舒頔：《胡氏族谱序》，《贞素斋集》卷二。
② 赵汸：《商山书院学田记》，《赵征君东山先生存稿》卷四。
③ 舒頔：《胡氏族谱序》，《贞素斋集》卷二。
④ 舒頔：《戴氏族谱序》，《贞素斋集》卷二。
⑤ 舒頔：《章氏族谱序》，《贞素斋集》卷二。
⑥ 舒頔：《北门张氏族谱序》，《贞素斋集》卷二。

不过,"壬辰"战乱过后,政局稍稳,就又有多人出来倡敬宗收族之义了。如舒顿内弟之侄高爔、外家戴氏十五世孙戴元达、表侄章子明、友朋张德成手均是手执家谱一通,请舒顿作序。尤其是张德成的家谱明确注明为张德成所自编:"姑自九世祖始由所知者辑而为谱。"不但重新修撰族谱,还有一些实力尚存的大姓开始谋划重建祠堂。譬如婺源大畈汪氏的感恩院在"壬辰战乱"中毁于战火,子孙们遂谋划重新立祠。在明初时期,这一愿望终于得以实现:"里社之东偏买地鼎新祠宇,岁时率族人祭奠其中。"①

虽然遭受了"壬辰战乱"的毁灭性打击,元代徽州社会宗族建构的成果一时荡然无存。但是联宗共治的观念却是顽强地保留了下来。"家族作为一个以亲属关系为基础的礼仪单位,如何成为一个地方社会建立的基石。"②这一命题继续为元末时代的新安理学家们所关注。到了明代,由于徽州社会稳定,经济繁荣,礼制下移与宗族建构的观念由一星火种而渐趋燎原之势,终于在嘉靖"大礼议"之后蔚为大观,形成为明清时代徽州的独特风景:

> 新安各姓,聚族而居,绝无一杂姓揽入者,其风最为近古。出入齿让,姓各有宗祠统之,岁时伏腊,一姓村中千丁皆集,祭用朱文公《家礼》,彬彬合度。父老尝谓新安有数种风俗,胜于他邑:千年之冢,不动一抔;千丁之族,未常散处;千载谱系,丝毫不紊。③

小 结

南宋时代,在徽州的科举社会模式当中,人们普遍看重家族的巩固与整合。入元后,科举不行,基层士人们的上升希望破灭。在这种情况下,重建血缘凝聚力,以联宗共治的形式保障在土地、赋税及商业层面占据优势地位就变得十分必要。

---

① 汪士芳纂修:《汪氏重修统宗谱》卷四一,明崇祯八年(1635)刻本。
② [美]包弼德:《历史上的理学》,第207页。
③ 赵吉士:《寄园寄所寄》卷一一,第873页。

　　南宋徽州社会受朱熹礼法的影响很大，一向不太重视昭穆伦序而重视科举强人秩序的士绅们往往把小宗（家族）的巩固视作第一要义。朱熹的宗族观虽然更重视小宗，但却也包含着一定的大宗色彩，并不难实现小宗思想向大宗思想过渡。元代徽州社会流动性的放缓与新安理学家的普遍蜗居，为上述过渡提供了历史契机。

　　元代前期的新安理学家们认同始祖崇拜理念，并在引领墓祭、创建墓祠、促进民间专祠向宗祠转变的过程中起到了关键的作用。另外，修撰族谱是新安理学家们引领宗族建构的另一重要形式。从南宋一直到元代，徽州地区的新安理学家们在进行经学研究的同时，也把相当一部分精力放在了礼制下移、宗族建构的层面。有可观财力且又接受了理学思想影响的士绅们站在了新安理学家的周围，他们以其优越的物质条件成为推动礼制下移、宗族建构的新生力量。在新安理学家及理学化士绅的共同推动下，宋代那种面向官僚制的家族建设在元代逐渐为士绅富户参与的宗族建构所替代，庶民化特征日益凸显。

第七章　元代儒学的南北格局

第一节　江南儒士与李孟之间的纠葛

一、徽州儒士与李孟

不仅是元世祖时代,元成宗、元仁宗时代也屡有诏令征召遗逸文学[1]。时代大环境虽注重"根脚"且轻儒重吏,但元政权却一直没有弃绝有关人才的察举。在察举人才层面,各地儒学机构及肃政廉访司所起的作用最大[2]。日本学者宫纪子就曾以新安理学家程复心《四书章

---

[1]　元世祖至元十三年二月,有诏求"前代圣贤之后、高尚僧、道、儒、医、卜筮,通晓天文历数并山林隐逸名士"。至元二十八年三月,诏选用荐举"廉干人员";元成宗大德九年六月,诏"御史台、翰林国史院、集贤院、六部,于五品以上诸色人内,各举廉能识治体者三人已上,行省、行台、宣慰司、肃政廉访司各举五人,务要皆得实材"。元仁宗延祐七年十一月也强调让各道廉访司寻访"隐居行义、才德高迈、深明治道、不求闻达者"。见《元典章》卷二,第46页。

[2]　各地儒学机构负责荐举人才不难理解,而"廉访司作为朝廷的耳目之司,也担负替国家访求举荐贤能的任务"。见李治安:《元代政治制度研究》,第323页。

图纂释》一书的出版作为案例,着力描绘过儒学提举司、肃政廉访司在保举人才方面所起到的作用。宫纪子针对元代保举实况所做的探讨,对新安理学的研究颇具启发意义。

宫纪子的研究是围绕程敏政《程氏贻范集》中的几篇文书(《江浙行省缴申程复心四书章图咨文》、《集贤院保举程复心咨文》、《礼部呈中书省》、《中书省礼房呈》)展开的。这几篇文书展现了一个江南儒士被保举的全过程,非常具有典范价值。首先,在江浙行省上呈中书省的咨文中可以明显地看出,有关徽州路婺源州儒人程复心的保举,是经过了耆宿儒人赵与虎、杭州路儒学、江浙等处儒学提举司一系与松江府知事邵从仕一系的推荐①。松江府知事邵从仕在赞扬程复心的同时,指出:"前建德路总管方虚谷及前浙东海右道廉访副使臧鲁山先生,俱有序跋,深加赞赏。"方回(虚谷)为时名儒,歙县人,与程复心同属徽州路籍,是应深知其人。方回晚年居杭州,故能为其播扬名声。臧梦解(鲁山)亦为时名儒,在至元间曾被伯颜奏授为同知徽州路总管府事,故能知程复心之学。臧梦解后升任浙西廉访使,在任期间曾上章奏免儒役,以及举行浙西助役法②。大德六年(1302),臧梦解又迁浙东肃政廉访副使,故亦能为程复心鼓吹造势。松江府所上举状,大抵与浙东肃政廉访司相关,臧梦解应该起到了不小的作用。

至大末年(1311),江浙行省举状送至中书省。皇庆元年(1312),又被送至翰林国史院考校,结论是"精详,深造其奥"。于是集贤学士

---

① 前一系认为:"切见徽州路婺源州儒人程复心,生同朱子之乡,夙佩先儒之训。尝取《大学》、《中庸》章句及《论语孟子集注》,分章析义,各布为图。又于《纂疏》、《语录》诸书,辨证同异,增损详略,著《纂释》二十余卷。发明修齐治平要旨,彪分胪列,粲然可观,诚有补于后学,似此著书之功,良可嘉尚。"后一系则云:"切见徽州路老儒程复心,年将六衮,学贯《四书》,乐道安贫,久擅老成之誉,修身谨行,端为茂异之才。本儒生居朱文公故里,曾将文公《四书》,分章为图,开析言意,本末终始,精粗毕备,粲然可观。又取《纂疏》、《语录》等书,参订异同,增损详略,编注《纂释》二十余卷。凡用工二三十年,始成全书。其间如'《大学》言心而不言性,《中庸》言性而不言心,《论语》专言仁,《孟子》兼言心'等语,皆发明濂洛诸儒未尽之蕴,诚有功于后学。"见《江浙行省缴申程复心四书章图咨文》,[日]宫纪子:《程复心〈四书章图〉出版始末考——大元国家统治下的江南文人保举》,《内陆亚洲语言研究》第16号,2001年,第74—75页。

② 宋濂等:《元史》卷一七七《臧梦解传》,第4130页。

赵孟頫建议将程复心"置诸馆阁"①，但这一建议却没有得到中书省的认可。皇庆二年(1313)正月，中书省秉承都堂之钧旨判送礼部②。至七月，将此建议"连送吏部，依上施行"③。折腾了几年后，才特授给年近六旬的程复心一个徽州路儒学教授的荣誉称号。汪幼凤为程复心所作的传记中亦记载了此事：

> 元至大戊申，浙江儒学提举司言于行省，皇庆癸丑，行省进于朝，翰林史院考订其书，率皆称赞。学士赵孟頫请置诸馆阁，阐明大典，而平章李道复难之，乃议于江南诸路教授中擢用。复心年将六十，以亲老固辞，特授徽州路儒学教授致仕，给半俸终其身。④

据此传记，发布都堂钧旨的应是当时的中书平章政事李孟。因为李孟的阻挠，江浙行省的举荐行动黯然收场。程复心回到家乡后，为乡人作《都邑志》，以甘为铺路石子的精神支持"有为都邑之游者"⑤。从中可见，回乡固是无奈之举。

与程复心一样，休宁人黄一清亦有用世之心。据黄溍所撰《秋江黄君墓志铭》记载，黄一清开始北游京师时，已经年逾四十。他在大都待了一段时间，却无所知名，只得两袖萧萧地回到了故乡。后来在母亲的鼓励下，他又一次鼓足勇气来到了大都。黄一清口作吴语，于是大家都取笑他。但由于其深于《易》、通阴阳家言，所以得到了诸多名公大臣的推荐。其中赵孟頫尤其不遗余力，正所谓"内翰赵文敏公既

---

① 赵孟頫咨文曰："切见徽州路婺源州朱文公故里有老儒程复心，隐居不仕，惟务著书，复取《大学》《中庸》而图之。发先儒言意外之意，彪分胪列，粲然可观。又所授其从游汪若虹等撰著《四书纂释》二十余卷，开明后学，诚非小补。若蒙置诸馆阁，俾居撰述之末，必能罄其所长，阐明大典。"见《集贤学士赵孟頫咨》，[日]宫纪子：《程复心〈四书章图〉出版始末考——大元国家统治下的江南文人保举》，《内陆亚洲语言研究》第16号，第95—96页。
② 见《礼部呈中书省》，[日]宫纪子：《程复心〈四书章图〉出版始末考——大元国家统治下的江南文人保举》，《内陆亚洲语言研究》第16号，第85页。
③ 见《中书省礼房呈》，[日]宫纪子：《程复心〈四书章图〉出版始末考——大元国家统治下的江南文人保举》，《内陆亚洲语言研究》第16号，第89页。
④ 汪幼凤：《程教授复心传》，《新安文献志》卷七一，第1755页。
⑤ 杨载：《四书章图纂释序》，《全元文》第25册，第569页。

写以为图,且谓不宜使清时有遗才,力荐之当路诸公"①。

不同于程复心的遭遇,此次中书平章政事李孟不仅没有作梗,而且还把黄一清延为了座上客,黄一清墓志铭记载云:

> 君(黄一清)古貌长身,须髯如戟,宽衣高冠,容止简率,又作吴语,左右多目笑之。公(李孟)望见大惊异,即下执其手,延之上座。时公门下皆名人显士,而君以布衣居其间,恒与公亢礼,坐客莫出其右,隐然名动京师。君以秋江自号,而李公自号秋谷,遗君诗有"君钓秋江月,我耕秋谷云。逃名君笑我,伴食我惭君"之句,朝野传诵满口。②

黄一清虽作为李孟的座上客,与之唱和,但这并未给他带来多少的实际收益。李孟仅仅想用其为杭州教授,这可能让黄一清颇觉失望,所以其墓志铭记载他"竟辞归"。《新元史》黄一清本传也采取了这一说法,曰:"一清与平章政事李孟友善,欲用为杭州教授,一清固辞。"③不过,在明人所著的《新安名族志》中则载有李孟强授黄一清杭州教授以归的说法④。

综合各种材料分析,可以明显地看出,黄一清不是没有用世之心,其两入大都就是为实现自己的雄心壮志。他曾十分接近过权力中枢,并与当权人物唱和流连,但当权人物并没有给予他想要的内容。

黄一清与陈栎相当友善,据陈栎说,黄一清家距离他的五城旧居仅有一舍之遥,因此,两人可能是总角之交。延祐二年(1315)冬,黄一清归自京师,到陈栎寓馆拜访他。对于黄一清近年来"受知于当路"的经历,陈栎颇为艳羡。如其云:"秦国公以当世大臣,乃肯下友一士,图

---

① 黄溍:《秋江黄君墓志铭》,《金华黄先生文集》卷三八。
② 黄溍:《秋江黄君墓志铭》,《金华黄先生文集》卷三八。
③ 柯劭忞:《新元史》卷二百四十《黄一清传》,上海:开明书店,1935年版,第457页。
④ 《新安名族志》云:"尝至京师,平章李秋谷孟欲官之,固辞,强授杭州教授以归,不复仕。"见戴廷明、程尚宽等:《新安名族志》前卷,第170页。

其《秋谷耕云》与《秋江钓月》四诗,且序之,以'云月平分'为约,以访之渺莽之际为期。此盛德事,古今寡二。"①陈栎也曾主动向元廷靠拢,延祐开科,陈栎不但应选,而且得中乡试②。之后他还意欲远赴大都参加礼部试,但无奈因病阻于杭州,此事在他心头形成了很大阴影。他曾多次感慨太息,如"天之所畀不厚,其尚何言?"③面对从京师归来的黄一清,他又一次抱怨说:"若予者,以六十之年方名荐书,南人举子六十余人,多得观光用宾,独予抵杭以病而尼,是天欲隐之也。"④

对于因病无法参加会试,陈栎颇不甘心,于是他索性以书信投谒公卿大臣,以期得到推荐。陈栎投谒书信共存有两封,分别写给李孟和许师敬⑤。陈栎给李孟的信写在延祐二年八月间,委托黄一清为其通情。所谓"黄清夫相门之客,栎之良友也,托其贡书,似非无因"。陈栎首先提到黄一清,乃是试图借黄一清拉近与李孟的距离。在信的开头,陈栎对李孟极尽恭维之能事:

> 姬公没,百世无善治;亚圣往,千载无真儒。无善治,圣贤之道不行;无真儒,圣贤之道不明。汉唐以来,往往坐此。恭惟国公大贤间世,遭时得君,可谓继亚圣之真儒,致姬公之善治。⑥

恭维完李孟后,陈栎开始陈述自己的坎坷遭遇:

> 栎也幸际斯时,忝与士类。前岁应江浙乡试,偶在选中,结友买舟,期应会试。亦既至古杭,行有日矣,倏尔遘疾,众行独留,疗

①　陈栎:《赠黄秋江序》,《陈定宇先生文集》卷二,第277页。
②　"延祐元年甲寅,先生六十三岁,在珰溪馆。是年,颁行科举。先生赴浙江乡试,以《书经》登陈润祖榜第十六名。"见陈嘉基:《定宇先生年表》,第429页。
③　陈栎:《送朱季裕北上序》,《陈定宇先生文集》卷二,第278页。
④　陈栎:《赠黄秋江序》,《陈定宇先生文集》卷二,第277页。
⑤　许师敬(约1255—1340)为许衡第四子,历任吏部尚书、中书省参知政事等职,许师敬也是科举的倡导者。陈栎赞颂其曰:"圣主继兴,缉熙圣学,开文明之运,为科举之行,赞皇猷,定科条,壹是以朱子之学,风励海宇,以经明行修责望多士,先生之功居多。"陈栎:《上许左丞相书》,《陈定宇先生文集》卷十,第373页。
⑥　陈栎:《上秦国公书》,《陈定宇先生文集》卷十,第374页。

经逾年，甫得痊愈，试期已迫，度难奔趋，然亦不敢擅自归也。告状杭州路录事司，勘会移关，始克还家。①

最后是带有试探性地提出自己的要求：

> 倘蒙钧慈，钦遵已降圣旨，照年六十以上例，除枥一泮水近阙，使得及此已老未衰之年，以平生所闻于朱文公者，与诸生讲明而躬行之，作养成材，以待选举，或使道略明于乡郡，则未没之年皆感戴之日也。谨托清夫为声悃悃，惟国公垂怜焉。②

陈枥此信写得酸楚可怜，但却没能打动李孟。李孟是时为中书平章政事，受命知贡举，进阶为正一品的金紫光禄大夫，勋上柱国。如此地位，满足陈枥的些小要求，自是易如反掌。可惜的是，对于陈枥此次乞求，他并未理会。

二、吴澄与李孟

元至大元年（1308），江西大儒吴澄被元廷任命为国子监丞，次年六月就位。吴澄对这一职位是充满信心的，是以"日讲于公，夕讲于次，寒暑不懈"③。至大四年（1311），吴澄由国子监丞升为国子司业，于是开始积极推行他的国子学改革方案——教法四条：一曰经学，二曰行实，三曰文艺，四曰治事。这一方案甫一提出即遭到了同僚的反对。揭傒斯记载此教法四条"未及施行，为同列所嫉，一夕竟去"④。危素的描述要更为详细一些："同列欲改课为试，行大学积分法，公谓教之以争，非良法也。论议不合，遂有去志。"⑤总之，是吴澄的改革主

---

① 陈枥：《上秦国公书》，《陈定宇先生文集》卷十，第374页。
② 陈枥：《上秦国公书》，《陈定宇先生文集》卷十，第375页。
③ 揭傒斯：《吴澄神道碑》，《揭傒斯全集》辑遗，上海：上海古籍出版社，1985年版，第456页。
④ 揭傒斯：《吴澄神道碑》，《揭傒斯全集》辑遗，第456页。
⑤ 危素：《临川吴文正公年谱》，《北京图书馆藏珍本年谱丛刊》36册，第342页。

张导致了他的离职。

升斋积分法为国子司业齐履谦于延祐元年（1314）所创①。其时，吴澄早已去职。且吴澄与齐履谦并无私怨，其去职与齐履谦积分法无关，危素的描述有误②。至大四年的国子祭酒系刘赓，刘赓字熙载，洺水人。刘赓对吴澄非常钦佩，曾对诸生曰："司业大儒，吾犹有所质问，师不易得，时不可失，诸生勉之。"③吴澄对刘赓也一直心存感激，谓刘赓"视予犹弟也"④，所以，吴澄去职也并非顶头上司倾轧。那么，是什么原因导致了吴澄的去职呢？有关这一问题，我们还得去研究此事件当事人的说法。吴澄弟子虞集"至大二年，再除国子助教。四年，授将仕郎、国子博士"⑤。恰是此事件的亲历者，当然最具有发言权了。虞集对这一事件有过比较详细的记载：

> 先生虽归，祭酒刘公以端重正大临其上，监丞齐君严条约，以身先之。故仆得以致其力焉。未几，二公有他除，近臣以先生荐于上。而议者曰："吴幼清，陆氏之学也，非朱子之学也，不合于许氏之学，不得为国子师，是将率天下而为陆子静矣。"遂罢其事。呜呼！陆子岂易言哉？彼又安知朱、陆异同之所以然，直妄言以欺世拒人耳！是时，仆亦孤立不可留。未数月，移

---

① 《元史·选举志》记载元仁宗延祐二年，"用集贤学士赵孟頫、礼部尚书元明善等所议国子学贡试之法更定之"。此贡试之法分为三条：一曰升斋等第；二曰私试规矩；三曰黜罚科条。其中第一条"升斋等第"系齐履谦所定制，如齐履谦墓志铭记载："明年（延祐元年），复拜国子司业。有制，国子岁贡六人。蒙古二，官从六品；色目二，官正七品；汉人二，官从七品；第以入学名籍为差次。公曰：'不变其法，士何由进学，国何以得材。'乃酌旧制，立升斋积分等法。"分别见宋濂等：《元史》卷八一《选举志》，第2030页；苏天爵：《元故太史院使赠翰林学士齐文懿公神道碑铭》，《滋溪文稿》卷九，第130页。

② 相反，吴澄一直对齐履谦推崇有加，晚年不但为其所著《周易本说》、《春秋诸国统纪》作序，而且还特别赞赏这位"尝与为寮友"的齐履谦为"君子人也"。见吴澄：《周易本说序》，《吴文正公集》卷一二，第236页。

③ 虞集：《故翰林学士资善大夫知制诰同修国史临川先生吴公行状》，《道园学古录》卷四四。

④ 吴澄：《题人瑞堂记后》，《吴文正公集》卷三十，第511页。

⑤ 赵汸：《邵庵先生虞公行状》，《赵征君东山先生存稿》卷六。

病自免去。①

从虞集"仆亦孤立不可留"的感叹来看,他自己也受到了"议者"的冲击。那么"议者"到底为谁呢?虞集并未言明,要想揭开谜底,则只能寄希望于认真考证了。

至大四年时,刘赓虽为国子祭酒,但并非实权拥有者。按《元史·仁宗本纪》记载,元仁宗在至大四年初即位后,一年以内曾四次宣谕国子监,其中两次提及李孟。一次是在二月,"命中书平章李孟领国子监学,谕之曰:'学校人材所自出,卿等宜数诣国学课诸生,勉其德业。'"②一次是在十二月,"命李孟整饬国子监"③。李孟尝为元武宗、元仁宗之师,其行状记载曰:"徽仁裕圣皇后求名儒职辅导,公首当其选。大德元年,武宗抚军北边,仁宗特留宫中,公日陈善言正道,从容启沃,多所裨益。"④也就是说,在元仁宗即位前,李孟就已经成为仁宗潜邸时期的智囊集团——"怀孟集团"⑤的灵魂人物了。仁宗即位后,以李孟为中书平章政事,对其更为倚重,李孟也为仁宗朝君权的强化以及"延祐儒治"的推出付出了巨大的努力。王建军认为李孟强化君权采取了三个步骤,即:整顿国子监、整治官吏及恢复科举制度。其中在至大四年国子监的整顿中,李孟推行了自己的改革方案:

> 在这次整顿中,李孟确立了国子学的试贡法,规定"蒙古授官六品,色目正七品,汉人从七品。试蒙古生之法宜从宽,色目生宜

① 虞集:《送李扩序》,《道园学古录》卷五。
② 宋濂等:《元史》卷二四《仁宗本纪》,第538页。
③ 宋濂等:《元史》卷二四《仁宗本纪》,第548页。
④ 黄溍:《元故翰林学士承旨中书平章政事赠旧学同德翊戴辅治功臣太保仪同三司上柱国追封魏国公谥文忠李公行状》,《金华黄先生文集》卷三。
⑤ 元仁宗爱育黎拔力八达在潜邸时期的侍臣可考者有李孟、陈颢、王结、杨朵儿只、曲枢、伯帖木儿、野讷、阿礼海牙、马札儿台、王约、王毅、姚燧、薛居敬等人,因爱育黎拔力八达曾出居怀州,所以可称其潜邸侍臣们为"怀孟集团"。"怀孟集团"由两部分人组成,一部分为蒙古、色目人,一部分为来自腹里之地的汉人儒士。见傅光森:《元朝中叶中央权力结构与政治生态》,台湾中兴大学历史系博士论文,2008年,第133—135页。

稍加密,汉人生则全科场之制"。这一原则的确立使国子监的教学与选官制度沟通,不仅有利于国子监教学走上规范化轨道,而且在全社会树立了"学而优则仕"的选官准则。①

元仁宗、李孟推进"延祐儒治"是以至大四年的国子监改革为起点的,其试贡法是将教学与选官制度沟通,即是为恢复科举做试点工作,很明显属于政治部署的范畴。而在此时,吴澄和盘托出的改革方案——教法四条,"在继承许衡的小学之学的基础上,进一步要求学生在经学、文艺、治事方面予以深造"②。乃是对许衡国子学纯书院化办学思想的深化③。这种坚持教学与科举脱钩的纯书院化办学思想势必会干扰李孟的政治部署,所以李孟将吴澄排除出局也在情理之中④。当然,李孟作为中书平章政事,自不会亲自出头排挤吴澄,应该是操纵"议者"迫使其离开,"议者"们遂以学术不同为由向吴澄发难,导致了吴澄的离职。南方儒士邓文原后来亦以国子司业的身份进入国子监,而且也提出了自己的改革方案,其下场自然与吴澄无异:

①　王建军:《走近李孟》,《元史及民族史研究集刊》第 14 辑,海口:南方出版社,2001年版,第 36 页。

②　王建军:《元代国子监研究》,暨南大学历史系博士论文,2002 年,第 132 页。

③　许衡主持国子学时坚持书院化的办学模式,反对教学与科举挂钩。他认为:"科目之法愈严密,而士之进于此者愈巧,以至编摩字样,期于必中。上之人不以人材待天下之士,下之人应此者,亦岂仁人君子之用心也哉。"吴澄对许衡的书院化模式十分认同,也同样认为"科举利诱之习蛊惑士心",不过,相比许衡的小学践履,吴澄更认同"学于国学者,学义理也"。分见许衡:《语录上》,《鲁斋遗书》卷一,《北京图书馆古籍珍本丛刊》第 91 册,第 295 页;吴澄:《岳麓书院重修记》、《赠王士温序》,《吴文正公集》卷二十、卷一七,第 370、327 页。

④　有关于吴澄的研究著作对于此公案均似未曾深究。分别见方旭东:《吴澄评传》,南京:南京大学出版社,2005 年版;王素美:《吴澄的理学思想与文学》,北京:人民出版社,2005年版;袁冀:《元吴草庐评述》,台北:文史哲出版社,1978 年版;[日]福田殖:《吴澄小论》,连清吉译,《中国文哲研究通讯》第 8 卷,第 2 期,1998 年,第 30—31 页;David Gedalecia, "Wu Ch'eng's Approach to Internal Sel-cultivation and External Knowledge Seeking", in *Yüan Thought: Chinese Thought and Religion Under the Mongols*, New York: Columbia University Press, 1982, pp.279-323.

邓文原善之以司业召至,会科诏行,善之请改学法。其言曰:"今皇上责成成均至切也,而因循度日,不惟疲庸者无所劝,而英俊者摧败,无以见成效。"议不合,亦投劾去。故是纷然言吴先生不可,邓司业去而投劾为矫激。而仆之谤尤甚。悲哉![1]

不久以后的皇庆二年(1313)发生的一件事更是耐人寻味,即"集贤以祭酒召公(吴澄),中书不可"[2]。当时中书省的掌权人物乃李孟无疑。危素记载曰:"集贤院知公之教人不倦,同至都堂,请以国子祭酒召公还朝。平章李公孟曰:'吴司业高年而归,今即召还,是苦之也。'遂不复召。"[3]吴澄仕途又一次为李孟所阻,自是十分不满。这种不满在多年后依旧难消,以至于给出李孟"过于苛刻的评价",尤其是"讥其言不由衷,政绩不著,贪恋权位,晚节未善"[4]:

> 平章政事李公以公辅之尊而友处士之贱,赠之以诗章,重之以序引,可谓忘势谦己者矣。然君子之言皆写其心之实,表里无二致也。公之诗云:"逃名君笑我,伴食我惭伊",善哉言乎。盖亦一时姑为是言而已,非实以人之笑、己之惭而惧者也。使公果能惕然于人之笑,慊然于己之惭,则其相业宜不止如后来所观。序所谓"终当借五湖舟,访予于空明渺瀰之际",晚节而践斯言也,岂不高出一世也哉? 噫![5]

综上可推断,真正导致至大四年吴澄离开国子监的推手应是李孟

---

① 虞集:《送李扩序》,《道园学古录》卷五。
② 揭傒斯:《吴澄神道碑》,《揭傒斯全集》辑遗,第 456 页。
③ 危素:《临川吴文正公年谱》,第 343—344 页。
④ 陈得芝:《耶律楚材、刘秉忠、李孟合论——蒙元时代制度转变关头的三位政治家》,《元史论丛》第 9 辑,第 16 页。
⑤ 吴澄:《跋李平章赠黄处士序诗后》,《吴文正公集》卷三二,第 538 页。

及其领导的北方儒士集团①。

第二节　李孟与北方的治术之儒

　　吴澄、虞集去职后，主控国子监的基本上都属于李孟集团了。如与李孟一同制定科举之法的许师敬在皇庆二年六月就以参知政事的身份纲领国子学了②。而曾担任怀孟河渠副使的保定人尚野则在延祐元年以集贤侍讲学士的身份兼国子祭酒③。此二人与前面提到的大名人齐履谦、洺水人刘赓都属于北方儒士。对于北方儒士，李孟是比较放心的；对于南方儒士，李孟的态度则比较复杂，一般不愿意重用其人，哪怕是自己的座上客黄一清，也仅是与其诗酒相娱而已。对于没有交情的新安理学家程复心，则十分决绝地"难之"。乐安人夏友兰，在爱育黎拔力八达潜邸时期曾奉命跟随李孟，"出入禁闼必从"④，可

---

　　①　虞集在任国子博士期间曾有"得岁贡士，以次授官"之议，与李孟试贡法同调，因而李孟"闻而是之"。以此看来，虞集有关国子监的主张不同于乃师吴澄，而接近李孟。在李孟与吴澄关于国子监改革的冲突中，由于虞集与吴澄的私人关系，自然不免受到冲击，因而遭到了免职。不过，在延祐元年，李孟给予他"太常博士"的职位，应该算是补偿了。虞集对李孟的补偿应该感到满意，同时又对其倡导的儒治抱有希望，所以逐渐走近了李孟。虞集曾称赞李孟"以旧学为之相，大纲细目，疏治条理，不紊不遗"，并与李孟多有唱和，如《和李秋谷平章小车诗》、《题李道复所作艾全真乃父墓志铭》等皆是也。所以在多年之后，虞集回忆起那段往事时，当也不好再抱怨李孟什么了。虞集行状的作者为赵汸，赵汸属于晚辈，至大四年还未出生，所以他撰写行状时只是依凭虞集的一面之辞。虞集不愿指责李孟，赵汸自然难于知晓。而欧阳玄为虞集所撰神道碑采用了行状的说法。这就使我们读行状和神道碑时有一种感觉：吴澄和虞集在国子监中遭到了"议者"或"好为异同者"的阻扰，仿佛仅仅是学术的原因导致了吴澄的去位，而与政治无关，实则却大不然。后人对此公案莫衷一是，虞集的难言之隐应该负很大责任。分别见赵汸：《邵庵先生虞公行状》，《赵征君东山先生存稿》卷六；欧阳玄：《元故奎章阁侍书学士翰林侍讲学士通奉大夫虞雍公神道碑》，《圭斋文集》卷九，《四部丛刊初编》缩印本；虞集：《知还斋记》、《道园学古录》卷七；虞集：《和李秋谷平章小车诗》、《题李道复所作艾全真乃父墓铭》，《道园遗稿》卷三，《北京图书馆古籍珍本丛刊》第94册，第32、33页。

　　②　宋濂等：《元史》卷二四《仁宗本纪》，第556页。
　　③　宋濂等：《元史》卷一六四《尚野传》，第3861页。
　　④　吴澄：《元将仕佐郎赣州路同知会昌州事夏侯墓志铭》，《吴文正公集》卷三七，第610页。

见是共同打拼过的同志,但李孟秉政后却仅奏授其同知会昌州事,令其南归而已。南方儒士陈栎与揭傒斯均曾投书李孟以自荐,但陈栎之书如泥牛入海;而揭傒斯虽曰受知于李孟,但也并没有得到什么特殊的提拔。从其履历可略见一斑:延祐元年,揭傒斯由布衣入翰林国史院为编修官;三年,升应奉翰林文字同知制诰仍兼编修;四年,迁国子助教;五年则谒告南归了①。

李孟以奖掖后进见称,《元史》本传云:"士无贵贱,苟贤矣,不进拔不已。游其门者,后皆知名。"②但综观其一生,却很少见其提携南方士人。在至大四年关于国子监改革的论争中,李孟表现出有意压制吴澄的倾向。当然,这其中政治的原因非常突出,但从更广的角度来说,这种"压制"可理解为北方儒士有意在倾轧南方儒士③。

与吴澄、程复心等重视内圣的南方儒士不同,以李孟为代表的北方儒士们对治术的追求一向不遗余力,在政治旋涡中也表现出了高超的时局驾驭能力。李孟从小就深受家庭的影响,其祖父李昌祚,在金朝时曾任金潞州税务同监,降蒙古后,为潞州招抚使。其父李唐曾被兴元行省夹谷龙古带辟为掾,后任夔府路总管府经历。其人谙治术,并"于国朝语尤习"④。李孟早年时曾与商挺、王博文、魏初等崇尚治术的名公巨卿交往,从那时起,他就"每考论古今治乱盛衰之故,慨然有志于当世"⑤。在成、武授受之际,李孟发挥了政治才干,尤其是力促爱育黎拔力八达母子回京,并化装为医者与右丞相哈剌哈孙交接。两件事均表现出李孟超过常人的胆识,非一般腐儒可比。在武、仁交接之时,爱育黎拔力八达罢尚书省,处置脱虎脱、三宝奴,并绕过"忽里勒台"(蒙语 quriltai,即选举蒙古大汗及商讨军政的贵族会议)直接即

---

① 黄溍:《翰林侍讲学士中奉大夫知制诰同修国史同知经筵事追封豫章郡公谥文安揭公神道碑》,《金华黄先生文集》卷二六。

② 宋濂等:《元史》卷一七五《李孟传》,第4090页。

③ 孙克宽就持此论,但他并没有就这次国子监论争展开详细的考证。见孙克宽:《元代汉文化之活动》,台北:台湾中华书局,1968年版,第194页。

④ 刘敏中:《敕赐推忠保德佐运功臣太傅开府仪同三司上柱国韩国公谥忠献李公神道碑铭》,《中庵先生刘文简公文集》卷六,第315页。

⑤ 黄溍:《元故翰林学士承旨中书平章政事赠旧学同德翊戴辅治功臣太保仪同三司上柱国追封魏国公谥文忠李公行状》,《金华黄先生文集》卷二三。

位,这里面也有李孟的积极筹划。时人姚燧称赞李孟曰:"两扶青天之红日"①,而张养浩也颇为肯定其"两定内难"②之功。

仁宗立,李孟为中书平章政事,其人进入政治中枢后,则更加练达务实,在仁宗的支持下,他"力以国事为己任",为加强君权进行了极有魄力的改革,如夺滥冒名爵者、核滥费、汰冗员、罢僧道官等等③。其为政理念并非迂阔的义理玄思,而是融入了极易操作的法家治术:"孟言:'人君之柄,在赏与刑,赏一善而天下劝,罚一恶而天下惩,柄乃不失。所施失当,不足劝惩,何以为治!'"④

在李孟的主导下,"延祐儒治"的效果逐渐显现出来。可以说"延祐儒治"的设计与推行,李孟是主要动力。"延祐儒治"将朱子学提升为了官学,在另一方面,李孟也"几乎以一人之力,协助爱育黎拔力八达完成了强化君权的基本工作"⑤。李孟加强君权的后备保障乃是科举的有效施行,至大四年李孟推出的国子监贡试法可视为"延祐开科"的先声,所以有任何阻挠其整顿国子监的行为都势必要祛除。尤其是吴澄等南方儒士提出的改革方案,在李孟这位治术之儒的眼中,固是迂腐无用之论。

在元初,北方儒士与南方儒士就存在着矛盾冲突⑥。一直到元代中期,这种矛盾并没有得到很好的化解。李孟打压吴澄、程复心等南方儒士就发生在这一大背景当中。说到这里,就需要讨论一下元代的儒学格局了。所谓"儒学格局",指的是儒学行为个体与行为群体在整个社会共生、共变的关系,以及在这种关系中生成的相对固定的形态

① 姚燧:《考赠韩国忠献公制》,《牧庵集》卷二。
② 张养浩:《李平章还山亭记》,《张养浩集》卷一四,长春:吉林文史出版社,2008年版,第123页。
③ 如许有壬赞美李孟曰:"名爵扫地而削其尤,锡予空帑而复其旧,大官恃不钩检而核其滥,宿卫依凭城社而汰其冗,贵近世臣莫敢议。及乃挺身任之,灼知将来之危而不恤也。国家用儒者为政,至元而后炳炳有立者,先生一人而已。"见许有壬:《秋谷文集序》,《至正集》卷三五,第182页。
④ 宋濂等:《元史》一七五《李孟传》,第4087—4088页。
⑤ 傅光森:《元朝中叶中央权力结构与政治生态》,第167页。
⑥ 姚从吾:《忽必烈平宋以后的南人问题》,陈捷先、札奇斯钦编:《姚从吾先生全集》第7卷,台北:正中书局,1981年版,第1—86页。

与竞争淘汰的模式。元代儒学格局的特点可以概括为前期南北两种地域性儒学的对峙状态及后期慢慢解冻乃至于涵化的过程。要探讨元代前期南北儒学对峙格局形成的原因，则需要进一步上溯到南宋与金国的对峙时期。靖康之后，中国南北分裂，两地思想学术的发展也出现了不小的差异。金朝流行的依然是传统的经学、辞章及治术之学①。而南宋理学则在新学、洛学的升沉消长中艰难地成长着，最终出现了迅速扩张的态势②。理学在南宋的成功，大抵与南宋地域经济的高度发展相关。地域经济的高度发展，私有财产的进一步积累，使得地方士人与地方主义都发展得重彩浓墨，因而在地方上，偏重内圣的学术也能得到很好的落实。在金国区域内，地域经济与地方主义几乎无从谈起，儒士们的命运必须跟国家主义挂钩才能有出路，所以金代儒士们多着眼于传统主义的治术，有发展为技术型官僚的诉求③。这种特征一直延续到了元代时期。

蒙元统治者们十分注重网罗人才，他们认为："得着贤能，不要使远离自己；得着贤能，用宝贝换取（他们的）喜悦。"④但他们关于贤能的标准却与儒士们有所不同，有无实际的治术才是蒙古帝王们关心的

---

① 傅海波认为：金代文化的主要特色就在于固守传统，渴望安定的感情在知识精英中普遍扩散，使得他们愿意放弃南宋而滋生出了"北方认同"。不但如此，金代士人也以真正的中国传统（唐和北宋）的维护者自居，因而高高举起了延续中原文化的薪火。魏崇武认为："金初儒士的主要任务不是反对汉唐经学，也不是辟佛老，而是在帮助女真统治者实现国家封建化的过程中树立并巩固儒学的地位。因而，面对急于学习汉文化以改变质而不文的落后面貌的女真统治者，儒士们端出的是最现成最权威的汉唐经学，而不是尚待发展、完善的北宋新儒学。"分别见[德]傅海波等：《剑桥中国辽西夏金元史》，史卫民等译，北京：中国社会科学出版社，1998年版，第371页；魏崇武：《金代理学发展初探》，《历史研究》2000年第3期，第32页。
② 陈植锷：《北宋文化史述论》，北京：中国社会科学出版社，1992年版，第183页。
③ 杨念群把中国古代的知识分子划分为两种形态，一为"王者之儒"，一为"教化之儒"。两汉以来熟悉"政治巫术"与"政治神话"的儒士们属于"王者之儒"，他们"运思的重点聚焦于政治轴心，儒学话语的发展也带有强烈的政治功利目的"。由两汉到两宋，中国古代知识分子阶层出现了一个从"王者之儒"到"教化之儒"的转变过程。所谓的"教化之儒"即是在基层社会复兴并高扬心性的那一类型。我们认为，金代士人们更多显现出了杨念群所谓的"王者之儒"的特征。见杨念群：《儒学地域化的近代形态——三大知识群体互动的比较研究》，第35—64页。
④ 札奇斯钦：《蒙古黄金史译注》，台北：联经出版事业公司，1979年版，第48—49页。

重点。像阿合马、卢世荣、桑哥乃至耶律楚材、刘秉忠、王文统皆是因有实际的治术才干才被重用的,仅凭高玄义理似乎不足以触动蒙古帝王们的心怀,忽必烈甚至都有过"金以儒亡"①的看法。王明荪曾指出:"名士大儒恐怕未必是蒙古帝王心中理想的政治人才,连汉臣孟攀麟也有这种看法。"②在这种观念的影响下,蒙元统治者延揽人才实行"选辟"、"举荐"等多种选法,对科举则弃而不顾,以至于在入仕构成中,宿卫占了10%,儒进占5%,而吏进则占了85%③。这一比例无疑体现出了一种实用主义的精神。

因袭金代传统且受到蒙元统治者人才观影响的元初士人们多体现出崇尚"治术"的倾向④。忽必烈金莲川潜邸儒士集团即为明证。萧启庆指出,忽必烈潜邸幕僚可考的大约有60余人,其中汉人儒士占绝大多数。这些儒士依据学术、言论、进用途径及相互关系又可分为三个集团:一、邢台集团,主要人物有刘秉忠、张文谦、李德辉、刘肃、李简、王恂等;二、正统儒学集团,主要人物有姚枢、杨惟中、窦默、许衡等;三、以汉地世侯为中心的金源遗士集团,主要人物有张德辉、宋子贞、商挺、王鹗、贾居贞、徐世隆等⑤。这三个集团虽有所区别,但也有很多的共同点:他们都属于北方儒士,均崇尚经世致用之学。像宋子贞、贾居贞等儒士就明显以吏事为进身之本,他们对钱谷转输、刑赏伐阅十分熟稔,这种熟稔进一步升格为了治术谋略。在这种大风向的影响下,即使是醇正如许衡者,身上也无法避免经世的味道。许衡曾提出过比较务实的"治生"思想,而不愿过度沉溺在义理心性之中⑥。如其本传记载曰:"(许衡)寻居苏门,与枢及窦默相讲习。凡经传、子

①　宋濂等:《元史》卷一六三《张德辉传》,第3823页。
②　王明荪:《元代的士人与政治》,台北:台湾学生书局,1992年版,第142页。
③　王明荪:《元代的士人与政治》,第85页。
④　如孙克宽指出:"元代的北方之儒,其学术精神,亦有其独特之点,那就是富于救世与用世的精神,所学也多注意经世实用之学,人伦间则重视礼经的典范,出用于朝廷,则以天文律历或者典章制度有所表现。"见孙克宽:《元代汉文化之活动》,第210—211页。
⑤　萧启庆:《忽必烈"潜邸旧侣"考》,《元代史新探》,第263—301页。
⑥　许衡云:"治生者,农工商贾而已。士子多以务农为生,商贾虽为逐末,亦有可为者。果处之不失义理,或以姑济一时,亦无不可。"见许衡:《鲁斋遗书》卷十三,第443页。

史、礼乐、名物、星历、兵刑、食货、水利之类,无所不讲,而慨然以道为己任。"①

王恽曾指出:"国朝自中统元年来,鸿儒硕德,济之为用者多矣。如张、赵、姚、商、杨、许、三王之伦,盖尝忝处朝端,谋王体而断国论矣。固虽文武圣神广运于上,至于弼谐赞翼,俾之休明贞一,诸人无不效焉。"②王恽所言并非虚美,在忽必烈争夺天下的过程中,其麾下儒士都有过出色的表现。他们曾帮忽必烈治理过邢州、河南、京兆、怀孟等地,并营建了后来作为上都的开平城,这些地区在后来成为了忽必烈争夺帝位的根据地③。不仅如此,汉人儒士们在跟随忽必烈所进行的历次战役中也均大显身手,如在大理、鄂州之役以及与阿里不哥争夺汗位的战争中,董文用、商挺、杨惟中、郝经、姚枢、赵良弼、张文谦、赵璧等人都有非凡的表现,显示出高超的治术与权谋。尤其是对军务的襄赞,更是可圈可点④。在汉人儒士的鼎力辅助下,忽必烈战胜了阿里不哥取得了汗位,并有恃无恐地挑战了蒙古传统的"忽里勒台"体制⑤。

在洞悉蒙元史实的基础上,王恽推出了自己的看法:"士之贵贱,特系夫国之重轻,用与不用之间耳。"⑥有没有实际的治术便常常被理解成"用"与"不用"的先决条件。当然,并不是每一个人在国家军政层面都有大试身手的机会,于是精于吏事就往往被理解为实际的治术,通晓案牍甚至被一些人视为叱咤职场的基本素养,正所谓"儒术审权精吏事,仕途横槊张吾军"⑦,如此"儒吏并重"的模式遂成为了很多

① 宋濂等:《元史》卷一五八《许衡传》,第3717页。
② 王恽:《儒用篇》,《秋涧先生大全文集》卷四六,《四部丛刊初编》缩印本。
③ 赵琦:《金元之际的儒士与汉文化》,北京:人民出版社,2004年版,第160—164页。
④ 淮建利:《元初北方儒士历史价值新论——从儒士在元初征战中的作用谈起》,《江汉论坛》2006年第2期,第99—103页。
⑤ 关于忽必烈挑战"忽里勒台"和阿里不哥交战的经过,详见[美]莫里斯·罗沙比(Morris Rossabi):《忽必烈和他的世界帝国》,赵清治译,重庆:重庆出版集团,2008年版,第50—60页。
⑥ 王恽:《儒用篇》,《秋涧先生大全文集》卷四六。
⑦ 胡祗遹:《送子卿都事之官单州》,《胡祗遹集》卷六,长春:吉林文史出版社,2008年版,第143页。

北方儒士的共同追求①。

南宋时期，由于朱、张、吕、陆等诸大儒及其弟子们的努力，到了理宗后期，理学发展已出现了掩有全宇的态势。而且地方上也出现了大量从事教育及慈善事业的理学士人，这使得理学发展的声势更加浩大。南宋理学虽然讲求"内圣"、"外王"的连贯过程，但在地方理学士人那里，政治上的操作恐怕无从入手，进一步内倾化则势所必然。当然，不管是理学士大夫还是地方理学士人，"其讲求修身为人之道，则同一鹄的"②。也就是说，南宋区域内的理学主体上属于一种注重心性的"内圣"之学③。入元之后，"儒家思想遂由'道'转变为许多'教'的一种"④，元廷的民族分化政策以及崇尚"根脚"的选官制度，使得南方士人丧失了以往的优先意味。地位低下而求仕无门，南方士人们多与政治绝缘，功名事业之心为乡先生等低微的身份所消解。处于底层的他们在自觉碌碌无为、于世无补的情况下，愈发沉溺于"内圣"的心性之学中。可见，国家政权虽然一统，经济层面可以很快交流互动，但区域间的文化整合却不是一蹴而就的。起码在元代前期，南方士人与北方士人的差别依然呈凝固化⑤。

---

① 许凡认为："元朝由吏入官制度的建立，几乎取代了科举取士之制，于是，元代的儒士不得不改弦更张，通过各种管道，进入吏职。所谓儒与吏为'两途'，在元朝已合为一途。"刘元珠则认为在成宗以后，"由儒入吏"已被士人所普遍认可了。即便是延祐开科以后，这种"由儒入吏"的模式依然十分盛行。分别见许凡：《元代吏制研究》，北京：劳动人事出版社，1987年版，第72页；刘元珠：《蒙古儒吏关系：延祐开科与抑吏》，《庆祝王钟翰先生八十寿辰学术讨论会论文集》，沈阳：辽宁大学出版社，1993年版，第438—440页。

② 柳诒徵：《中国文化史》（中），台北：正中书局，1949年版，第210页。

③ 宋代儒学有着外部秩序重建的整体追求，这种外部秩序的重建也就是所谓的"外王"。南宋时代，理学家们普遍认为清理外部秩序是以"内圣"——清理内心秩序为先决条件的。虽然他们仍然追求外部秩序的重建，但他们对儒学的贡献显然更表现在"内圣"层面。余英时就认为："（南宋理学家主体）努力发展'内圣'之学，以为重返'外王'奠定坚固的精神基础。'外王'必自'内圣'始，终于成为南宋理学家的一个根深蒂固的中心信念。"见余英时：《朱熹的历史世界——宋代士大夫政治文化的研究》，第423页。

④ 萧启庆：《宋元之际的遗民与贰臣》，《元朝史新论》，第101页。

⑤ 其实，在国家政治、经济制度层面，元代南北两大区域也远未达成一致。正如李治安指出："元朝统一后，南方与北方差异依然存在，导致国家制度层面亦呈现南、北因素的并存博弈。由于元政权北制因素势力过分强大，北方制度向江南的推广植明显多于南制因素的保留及北上影响，初次博弈整合的结果，北制因素稳居上风。"见李治安：《元和明前期南北差异的博弈与整合发展》，《历史研究》2011年第5期，第59页。

有元实现了大一统,国家主义空前高涨。与国家主义联系紧密的北方治术之儒们不太看得起南方那些探讨道德性命的玄妙之士①。李孟就比较推重具有实际治术的吏材,如其曾有言曰:"吏亦有贤者,在乎变化激厉之而已。"②元代后期的苏天爵也指出:"于时公卿大臣喜尚吏能,不乐儒士"③,他所荐举的儒者任格就曾被怀疑过是否具有实际的治理才能④。尽管北方的一些士人在许衡等儒者的引导下,也认同了朱子之学,但许衡凸显出的洒扫问对、治生践履的导向在一定程度上掩盖了他"心中明德,与天地同体"⑤的思路⑥。这使得北方士人们对于朱、陆精微之处及异同之处并不熟稔⑦。因此,陆学被当成一种"罪名"安置在吴澄的身上也就不难理解了。吴澄作为南方儒士的代表,遭到北方儒士代表者李孟的排斥,程复心、陈栎等新安理学家不为李孟所重,都在情理之中。

---

① 甚至南方儒士也对自己的文化特征产生过怀疑,如程钜夫就曾批评"以标致自高,以文雅相尚,无意乎事功之实"的文儒清谈误国,而对元廷政权重事功的取向表示赞同,如其云:"国朝合众智群力壹宇内,自筦库达于宰辅,莫不以实才能、立实事功,而清谈无所用于时。"见程钜夫:《送黄济川序》,《程钜夫集》卷一四,长春:吉林文史出版社,2009 年版,第157 页。

② 宋濂:《元史》卷一七五《李孟传》,第 4088 页。

③ 苏天爵:《李遵道墓志铭》,《滋溪文稿》卷十九,第 314 页。

④ 苏天爵记载曰:"天爵时佐右曹,以君荐宰臣。或曰:'彼儒者可乎?'某曰:'正唯儒者能治狱也。'"见苏天爵:《元故朝列大夫礼部员外郎任君墓志铭记》,《滋溪文稿》卷十三,第 203 页。

⑤ 许衡:《论明明德》,《鲁斋遗书》卷三,第 320 页。

⑥ 许衡"治生"之说容易产生误解。日本学者福田殖认为许衡"治生"之说的真实意图是"忧虑'生理不足'的现实问题妨碍为学之道与'作官嗜利'的状态,故强调'治生',甚且以'治生最为先务'"。他同时也指出,王阳明与日本江户时代的儒者佐藤一斋都曾批评"治生"之说"误人"。见[日]福田殖:《经学家许衡——其思想的特质》,连清吉译,《元代经学国际研讨会论文集》,第 156 页。

⑦ 北方儒士对于陆九渊其人其学是缺乏了解的。魏崇武指出:"纵观整个元代,陆学始终没有成规模北传的现象。就目前所知,先后将陆学带到北方的南方知名学者大致只有家铉翁、吴澄、虞集、危素等数人,但都没能使陆学在北方取得太大的影响。"见魏崇武:《论家铉翁的思想特征——兼论其北上传学的学术史意义》,《西南民族大学学报》2006 年第 3 期,第 78 页。

第三节　元代北方儒学的来龙去脉

金宣宗"贞祐南渡"后,金国丧失了大片领土,其生存空间日益局促,世风及士风也随之颓唐而低迷。这一现实促进了儒士们对治道的诉求,于是一场重估儒学的思想运动应运而生了。赵秉文、杨云翼、王若虚、李纯甫等人系这一运动当中的旗手。这场运动类似于唐宋两代的古文运动,参与者普遍都表现出了对文辞的雅好。无论是唐代的古文运动,还是宋代的古文运动,其本身都有"重道兼重文"[1]的特点,金末的这场运动也并不例外。也就是说,在其文辞背后,包含着相当丰富的治道追求[2]。

赵秉文、杨云翼主盟文坛时,曾奖掖后进元好问。金亡后,故老凋零,而元好问异军突起,文章独步天下数十年,"蔚为一代宗工"。其晚年"尤以著作自任,以金源氏有天下,典章法制,几及汉唐,国亡史作,已所当任"[3]。很显然,元好问是以金源文化集大成者自居。作为金源儒风孑遗,元好问的学术也是源自制科辞赋之学,其内核还是关乎治道的。孙克宽就曾观察出这一特点,如其指出:"他(元好问)所陶铸出来门生弟子,当然以事功为急,不能从学术和儒行上有更大的表现了。"[4]

窝阔台汗七年(1235),阔出伐宋,在德安俘虏了一位南宋理学家赵复。赵复北上燕京,以其所学教授学子,据说从者有百余人。而后,

---

① 何寄澎:《北宋的古文运动》,上海:上海古籍出版社,2011 年版,第 32 页。

② 包弼德认为,无论唐代宋代,古文运动的"文"都不仅是纯粹的文体概念,而应该被理解为一个涵盖政治、学术的宏观设计,那些古文倡导者"要求建立真实反映古人之道的文,并据此改变社会"。因此,古文运动的表现形式虽是文辞,但其内核中却包含着相当丰富的治道追求。除领袖人物韩愈、欧阳修外,其他古文人物如唐柳宗元、李翱及宋王安石、三苏、曾巩无不在寻求"治道出于一"的理想境界。见[美]包弼德:《斯文:唐宋思想的转型》,第 156 页。

③ 脱脱等:《金史》卷一二六《文艺下》,北京:中华书局,1975 年版,第 2742 页。

④ 孙克宽:《元代汉文化之活动》,第 138 页。

姚枢、杨惟中谋立太极书院，选取二程、朱熹遗书八千余卷，请赵复讲授。自此，蒙元历史上真正意义上的"南学北来"得以形成，并渐呈扩张之势，正所谓"姚枢、窦默、许衡、刘因之徒，得闻程、朱之学以广其传，由是北方之学郁起"①。作为理学集大成者，朱熹代表着儒学的哲学完成，其深邃的哲学建构绝非金儒所能比拟，其对心灵的震撼也绝非北方学者所能使然。与朱子理学相比，金儒们无疑是义理之粗。自赵复北来后，南宋理学对年轻学子的吸引日复一日，这种势头足以使元好问感到担心了。

元好问的学术源自金源制科辞赋，其内核关乎治道，这与南方传来的理学可谓大异其趣。元好问虽与赵复相识，但彼此间却由于思想抵牾而暗含扞格。《元史·儒学传》记载："元好问文名擅一时，其南归也，复赠之言，以博溺心、末丧本为戒。"②所谓"博溺心、末丧本"，无疑是对元好问治术文章的指责，元好问自是不会服气。他也曾对赵复一系理学之士大加鞭笞，算是作为回复。其文云：

> 今夫缓步阔视，以儒自名，至于徐行后长者，亦易为耳，乃羞之而不为。窃无根源之言，为不近人情之事，索隐行怪，欺世盗名，曰："此曾、颜、子思子之学也。"不识曾、颜、子思子之学，固如是乎？夫动静交相养，是为弛张之道；一张一弛，游息存焉。而乃强自矫揉，以静自囚，未尝学而曰"绝学"，不知所以言而曰"忘言"。③

金亡后，元好问多流连于山东东平一带。在此期间，他参与了东平世侯严氏父子的兴学活动。严氏兴学，潞州人宋子贞出力最大。宋子贞为严实幕府详议官，甚得严实信任。宋子贞素重儒士，凡金士之流寓者，他都引见给严实。严实死后，严忠济袭爵，更敬宋子贞，授其

---

① 黄宗羲、全祖望：《宋元学案》卷九十，第 2995 页。
② 宋濂等：《元史》卷一八九《儒学传》，第 4315 页。
③ 元好问：《东平府新学记》，《元好问全集》（上）卷三二，太原：山西人民出版社，1990年版，第 730 页。

参议东平路事。宋子贞于是援引名儒，"齐鲁儒风，为之一变"①。元好问就是在这样的背景下来到东平的②。元好问在东平交游、执教，以其不可遏抑的才华征服了流寓东平的亡金儒士（姚从吾称之为"中州型"儒士③）。大家都把元好问当作一代文宗、吾道所系。如徐世隆就以元好问为金源文派之正④；李冶亦以元好问接续金源赵秉文、杨云翼⑤；麻革、陈庚、曹之谦等河汾诸老则更是以元好问为圭臬，唱为沧桑沦落之曲，所谓"不观遗山之诗，无以知河汾之学；不观河汾之诗，无以知遗山之大"⑥。杜仁杰甚至把元好问与苏轼并称，曰："敢以东坡之后，请元子继。"⑦可以说，在元好问身上，实是寄托着亡金儒士们延续金源文化的厚望。

元好问在东平有意培植后学，他以金源制科辞赋之学教授学生。元门弟子留心治道，故精于吏事；长于礼乐诗赋，可做文学侍从。是以在元初的政治格局中比较吃得开，如元好问亲选的阎复、徐琰、孟祺、李谦、张孔孙就都做了忽必烈的翰林学士或集贤学士。其他如王恽、王构、夹谷之奇、申屠致远等亲炙、私淑也都有文才能吏之称。是以虞集指出："世祖皇帝，建元启祚，政事文学之科，彬彬然为朝廷出者，东鲁之人居多焉。"⑧元好问北渡后往来于齐鲁燕赵之地，其弟子并不仅限于东平，像许楫、雷膺、白朴等就是其家乡一系。有人统计过元门弟子"十三人事迹见载于《元史》，十一人有专传。均系忽必烈开创元朝的有功之臣，活跃于政治舞台，建树颇巨"⑨。这可能是元好问在元初影响巨大的一个重要原因。

① 宋濂等：《元史》卷一五九《宋子贞传》，第 3736 页。
② 宋子贞"工辞赋"，又讲求治道，与元好问观念一致。元好问曾为其《鸠水集》作序，申述过"文章圣心之正传"的观念。是以两人甚为相得。见元好问：《鸠水集引》，《元好问全集》（下）卷三六，第 37 页。
③ 姚从吾：《金元之际元好问对于保存中原传统文化的贡献》，山西省古典文学学会、元好问研究会编：《元好问研究文集》，太原：山西人民出版社，1987 年版，第 59 页。
④ 徐世隆：《遗山集序》，《元好问全集》（下），第 414 页。
⑤ 李冶：《遗山集序》，《元好问全集》（下），第 413 页。
⑥ 房祺：《河汾诸老诗集后序》，《河汾诸老诗集》，《四部丛刊初编》缩印本。
⑦ 杜仁杰：《遗山集序》，《元好问全集》（下），第 416 页。
⑧ 虞集：《曹文贞公文集序》，《道园学古录》卷三一。
⑨ 降大任：《元遗山新论》，太原：北岳文艺出版社，1988 年版，第 144 页。

徐琰、孟祺、李谦、张孔孙、胡祗遹、魏初、王恽等元门弟子俱是元初名臣。以胡祗遹、魏初、王恽三人履历为例，可以看出他们在元政局中具备一定的分量。胡祗遹在忽必烈朝历任河东山西道提刑按察副使、荆湖北道宣慰副使、济宁路总管及山东、浙西提刑按察使等职；魏初在忽必烈朝历任国史院编修官、监察御史、陕西河东按察副使、江西按察使等职；王恽在忽必烈朝历任监察御史、福建闽海道提刑按察使、翰林学士知制诰等职。元门弟子们掌控着一定的权力，所以投身其门的年轻学子亦不在少数。这些元门弟子和元好问的同调友人汇聚在一起，乃至形成了一个洋溢着金源儒风的大阵营。

元初至元年间的天庆寺主持释普仁喜与士大夫交游酬唱，有时还"即寺雅集"。王恽就记载过一次雅集，这次雅集的参加者有商挺、王磐、徐世隆、李谦、王恽等共计19人①。后来，释普仁将此次雅集诗文并其他名公为其所做的诗文结集，共得28人，分别是：商挺、张九思、马绍、燕公楠、杨镇、张斯立、王磐、董文用、徐琰、李谦、阎复、王构、徐世隆、李槃、王恽、雷膺、周砥、宋渤、张孔孙、王博文、刘宣、夹谷之奇、刘好礼、张之翰、宋衜、胡祗遹、崔瑄、赵孟頫②。这28人当中，商挺、王磐、徐世隆系元好问友人，徐琰、李谦、阎复、王构、王恽、雷膺、周砥、宋渤、张孔孙、夹谷之奇、胡祗遹、马绍系元好问门人后学，其他人也多服膺元好问之学。而燕公楠、赵孟頫等南人只不过是这个圈子中的一二点缀而已。

由上可知，蒙古初期的儒学大致可分为两大系统，一派承接金源文化之余绪，甚至有些人本身就是金朝的士大夫。这一派儒士多与世侯（譬如东平严氏）相联系。所专精者，一是辞赋，讲究的是文章粲然，可在宫廷充当文学侍臣，掌管制诰仪轨；一是治术吏事，可在机构中为令史椽曹，负责书簿钱粮。这派儒士的代表有元好问、宋子贞、王鹗、王恽、徐琰、李谦、阎复、胡祗遹。他们的学术富于用世与救世之精神。另一派则是随赵复北来的朱子理学，为许衡、姚枢等人所承继，这一派讲究的是心性义理、内圣外王。他们与深受金源文化影响的儒士多不

① 王恽：《大元国大都创建天庆寺碑铭并序》，《秋涧先生大全文集》卷五七。
② 姚燧：《跋雪堂雅集后》，《牧庵集》卷三一。

相谐。如前所述,赵复与元好问就曾互有指责。郝经早年对南宋理学也持反感态度,其 20 岁时曾与太极书院院佐王粹讨论"道学",他指出,二程未尝称道学,道学即"尧、舜、禹、汤、文、武、周、孔之学",即"孟、荀、扬、王、韩、欧、苏、司马之学",但后来"道学之名立,祸天下后世深矣","今其书自江汉至中国,学者常常以道学自名,异日祸天下,必有甚于宋氏者"①。其剑指赵复理学之态势昭然可睹②。

　　不过,北上的理学落实在金源文化环境中,与北方儒学长期接触,使得双方都发生了一定程度的涵化。赵复传播的乃是纯粹的性理之学,但其后继者如许衡、姚枢、窦默、刘因等人都出现某种新的变化。在追求治道的大风向影响下,许衡、姚枢等人身上都无法避免用世的味道。许衡居苏门时,就曾与姚枢、窦默讲习过名物、星历、兵刑、食货、水利之学。元世祖至元初年,许衡曾上《时务五事》,极论立国规模、中书大要与农桑学校等。又撰《历代帝王嘉言善政录》,并与刘秉忠、徐世隆等定朝仪,与刘秉忠、王恂、张文谦等定官制。其经世意味一览无余。与许衡一样同为赵复后学的刘因,则明显受到过元好问的影响。如其诗云:"晚生恨不识遗山,每诵歌诗必慨然"③;"斯文元李徒,我当拜其旁"④;"空山夜哭遗山翁"⑤。邓绍基曾指出刘因诗论与元好问的一致性⑥。查洪德也认为刘因诗文有"派继中州"的特点⑦。

　　赵复曾主持太极书院,在这期间,他成功地使郝经转变了态度。郝经从反对理学改为服膺理学,譬如在《太极书院记》和《周子祠堂

　　① 郝经:《与北平王子正先生论道学书》,《郝文忠公陵川文集》卷二三,太原:山西古籍出版社,2006 年版,第 338 页。

　　② 邱轶皓指出:"郝经的看法代表了金代士人对儒学的一般理解。而同样的,他也认为'儒家之名立,其祸学者犹未甚;道学之名立,祸天下后世深矣'。这几乎就是重复李纯甫在《鸣道集说》中一再申述的观点:即'道学'严格的排他倾向最终会导致知识界的分裂。"见邱轶皓:《吾道——三教背景下的金代儒学》,《新史学》2009 年第 4 期,第 102 页。

　　③ 刘因:《跋遗山墨迹》,《静修先生文集》卷一八,《四部丛刊初编》缩印本。

　　④ 刘因:《呈保定诸公》,《静修先生文集》卷一九。

　　⑤ 刘因:《金太子允恭墨竹》,《静修先生文集》卷一四。

　　⑥ 邓绍基:《元代文学史》,第 407 页。

　　⑦ 查洪德:《北方文化背景下的刘因》,《文学遗产》2002 年第 3 期,第 79 页。

碑》两篇文章中,郝经对南宋传来的"道学"已是大力追捧,并极称朱子①。此后,更有许衡等士大夫热情地传播理学,他们的努力使金源文化的影响逐渐消退,甚至使一些崇尚天文术数的儒士都变得理学化了。如邢州紫金山"五杰"之一的张文谦本与刘秉忠同调,所谓"文谦蚤从刘秉忠,洞究术数"②是也。但到了晚年,其治学重点则发生了很大的转向,所谓"晚岁笃于义理之学,抠衣鲁斋,求是正之,有自得之趣"③。这一转向的出现,与许衡的影响密不可分。

金源儒风与赵复、许衡一系理学的涵化使得北方地区产生了一种新样式的儒学。一方面,受到金源儒风的影响,这种新样式的儒学从骨子里就崇尚治道并追求治术;另一方面,受到赵复、许衡一系理学的影响,他们又对朱子学表示认同。在元代中期,大部分的北方儒士都表现出了这样一种混合的风格。我们前面一直提到的李孟恐怕就是这种新样式儒学的代表人物。李孟祖父李昌祚,在金朝时曾任潞州税务同监,降蒙古后,为潞州招抚使。其父李唐曾被兴元行省夹谷龙古带辟为掾,后任夔府路总管府经历,其人深谙治术。李孟早年时曾与深谙治术的名公巨卿商挺、王博文、魏初等人交往。至元十四年(1277),李孟随父入蜀,在此之前,他已是"博学强记,通贯经史,善论古今治乱"④了。可见其身上固是带有金源治术之遗风,是以在早年时代就"每考论古今治乱盛衰之故,慨然有志于当世"⑤。李孟曾随爱育黎拔力八达出居怀州,如其本传记载曰:"仁宗侍昭献元圣皇后降居怀州,又如官山,孟常单骑以从,在怀州四年,诚节如一,左右化之,皆有儒雅风,由是上下益亲。"⑥许衡系怀州河内人,怀州属于怀孟路,怀孟地区深受许衡教泽化育实可想见。我们以此可推断:李孟对许衡之

① 郝经:《太极书院记》《周子祠堂碑》,《郝文忠公陵川文集》卷二六、三四,第373、470—471页。

② 宋濂等:《元史》卷一百五十七《张文谦传》,第3697页。

③ 李谦:《中书左丞张公神道碑》,《国朝文类》卷五八。

④ 宋濂等:《元史》卷一七五《李孟传》,第4084页。

⑤ 黄溍:《元故翰林学士承旨中书平章政事赠旧学同德翊戴辅治功臣太保仪同三司上柱国追封魏国公谥文忠李公行状》,《金华黄先生文集》卷二三。

⑥ 宋濂等:《元史》卷一七五《李孟传》,第4084页。

学当不陌生。许衡曾议学校科举之法,以为应"罢诗赋,重经学,定为新制"。当李孟秉政中书后,则推动了许衡方案的实施,最终使元廷敲定了"举人宜以德行为首,试艺则以经术为先,词章次之"①的取士原则。从这个角度说,李孟与许衡一系亦不无关联。

总之,李孟身上所体现出的特点正是金源儒学与赵复北上理学相互涵化的结果。当然,不管怎么涵化,治术都是北方儒者雷打不动的追求,这与南方理学家对内圣的偏好可谓颇异其趣。李孟虽以奖掖士人而著称,但却不喜援引穷究心性的学者。从这个角度上来思考,他排斥吴澄、程复心等南方理学家也就不难理解了。

第四节　南方儒士的应对

当吴澄在国子监改革方案上与李孟等人有所抵牾时,元代儒学格局中南北对峙的态势便作为背景被推到了前台。虞集记载曰:"议者遂以先生为陆学,非许氏尊信朱子之义。"②又记载曰:"议者曰:'吴幼清,陆氏之学也,非朱子之学也,不合于许氏之学,不得为国子师,是将率天下而为陆子静矣。'"③议者们抓住的"把柄"即是吴澄传习陆学,不合于朱子学和许衡之学。这一所谓的"把柄"表明"议者"实大有欲加之罪之意,同时也表明北方儒士们对南方儒学的理解是比较隔膜的。

自朱熹身后,受"格物致知"论的影响,读书博学便成为了朱子学

---

① 仁宗皇庆二年十月,中书省臣奏:"科举事,世祖、裕宗累尝命行,成宗、武宗寻亦有旨,今不以闻,恐或有沮其事者。夫取士之法,经学实修己治人之道,词赋乃摛章绘句之学,自隋、唐以来,取人专尚词赋,故士习浮华。今臣等所拟将律赋省题诗小义皆不用,专立德行明经科,以此取士,庶可得人。"这里的中书省臣即是李孟。见宋濂等:《元史》卷八一《选举志》,第2018页。

② 虞集:《故翰林学士资善大夫知制诰同修国史临川先生吴公行状》,《道园学古录》卷四四。

③ 虞集:《送李扩序》,《道园学古录》卷五。

者们主要的用力方向。从而专事经义而流为训诂之学,由是背离了朱熹"未发的持敬功夫和已发的致知功夫"①并行不悖的治学路径。吴澄就此曾感慨曰:"析经义者亦无关于身心性情,如此而博文,非复如夫子之所以教、颜子之所以学者矣,而真能穷物理、析经义者抑又几何人哉?"②面对这样的学术流弊,吴澄开始寻求化解之道,他开始把注意力逐渐集中到陆学那里。吴澄把"道问学"界定为朱子学特征,把"尊德性"归纳为陆学气象。他主张把"尊德性"与"道问学"相互融通,并"以尊德性为本",如此,便可解决"偏于言语训释之末"的流弊了。也正因为这一主张,吴澄之学被贴上了"和会朱陆"的标签,甚至屡屡被误解为陆学。当然,吴澄强调朱陆融会,并不是简单地将朱陆搅拌。吴澄虽喜欢谈"心",但还是持朱子学立场的,正如方旭东所指出的:"吴澄所认可的是'心理即物理'而不是'物理即心理',这使他与陆九渊的主观主义认识论保持了一定的距离。"③吴澄讨论"尊德性"与"道问学"的实际收获在于:通过朱陆之学的比对,深入探讨了"心"之诸说。吴澄对"以心为学"的关注,实则"为陆学进行了辩护,而其更广的意义则是为心学正名",从而标举"儒家自始至终都在关注'心'的问题"④。如其云:

> 以心而学,非特陆子为然,尧、舜、禹、汤、文、武、周、孔、颜、曾、思、孟,以逮邵、周、张、程诸子,盖莫不然。故独指陆子之学为本心学者,非知圣人之道者也。⑤

对"心"的集中研究,使得吴澄的思想学术更加具有了一种内圣的

---

① 陈来:《朱子哲学研究》,第176页。

② 吴澄:《答孙教谕说书》,《吴文正公集》卷七,第169页。

③ 方旭东:《尊德性与道问学:吴澄哲学思想研究》,北京:人民出版社,2005年版,第144页。

④ 方旭东:《为心学一辩——元代吴澄的心学观》,《哲学研究》2002年第1期,第45、48页。

⑤ 吴澄:《仙城本心楼记》,《吴文正公集》卷二六,第454页。

特点。所谓"文义既通,反求诸我……明之于心,诚之于身"①,即是把道德认知与道德践履都集中到心灵层面上来②。吴澄认为词章记诵、政事功业皆非实学,而"致内之知"才是根本学问③。这种"致内之知"的内圣性特点,与许衡小学、治生的笃实导向都颇有差别,更遑论其他北人了。这样的高妙玄思,为北方治术之儒所不解、所不喜也是显而易见的。

南宋理学家努力发展"内圣",乃是为重返"外王"做铺垫。吴澄曾指出:"为贤为圣,已分内事耳。"④"内圣"功夫做足,对"外王"也会产生一种提升作用。吴澄本来就拥有非常强烈的道统意识⑤,这种道统意识使吴澄视其他学者更为"内圣",吴澄愈"内圣",其精神世界中的"外王"意识也就愈见强烈。当至大四年吴澄被任命为国子监丞时,他就要展露心中蕴藏已久的"新民"意识了⑥。吴澄虽有强烈的弘道理想,但其学并不为当局所接受,他一次次地向大都进军,又一次次地铩羽而归。在元代南北隔膜的儒学格局中生活日久,吴澄也就渐渐透彻地认识到了"宋迁而南气日以耗"⑦的现实状况,也就洞彻了元廷政治格局的基本架构:

> 至元间,予尝游京师,获接中朝诸公卿,自贵戚世臣、军功武将外,率皆以吏发身。盖当时儒者进无它途,惟吏而已,曰官曰吏,靡有轻贱贵重之殊。今之官即昔之吏,今之吏即后之官。官

---

① 吴澄:《送陈洪范序》,《吴文正公集》卷一五,第293页。

② 吴澄《评郑夹漈通志答刘教谕》一文把这种倾向表达得更为清楚,如其云:"盖闻见虽得于外,而所闻所见之理则具于心。故外之物格,则内之知致,此儒者内外合一之学。"见吴澄:《评郑夹漈通志答刘教谕》,《吴文正公集》卷二,第88页。

③ 蒙培元:《理学的演变——从朱熹到王夫之戴震》,福州:福建人民出版社,1984年版,第206—207页。

④ 吴澄:《邓中易名说》,《吴文正公集》卷五,第143页。

⑤ 吴澄十九岁时曾作《道统图并叙》,其文云:"近古之统:周子其元,程、张其亨也,朱子其利也,孰为今日之贞乎? 未之有也。然则,可以终无所归哉!"吴澄显然是以"贞"自居,以道统自任。见宋濂等:《元史》卷一七一《吴澄传》,第4013页。

⑥ 正如虞集描述曰:"吴先生之来为监官也,见圣世修明而人材之多美也,慨然思有以作新其人。"见虞集:《送李扩序》,《道园学古录》卷五。

⑦ 吴澄:《别赵子昂序》,《吴文正公集》卷一四,第270页。

之与吏,情若兄弟,每以字呼,不以势分相临也。①

"官之与吏,情若兄弟",这种状况在宋代时是不可想象的。在宋代科举社会的大环境当中,士人成为受优遇的身份集团,这种优遇主要表现在政治、经济、刑罚、荣誉等几个方面,这使他们成为与官僚制度直接相关的阶层,而吏员却被官僚制度抛开了。这种状况对于社会价值观的塑造起到了十分重要的作用,尤其是极易形成对"吏"的轻视。入元之后,科举不行而吏进大盛,在新的社会模式中,很多南士沉浸在旧朝的迷梦当中,清操自守的同时依旧轻"吏"②。吴澄也曾是这群人当中的一员。

在多次碰壁以后,吴澄也逐渐认识到南方士人承宋俗而轻吏的"弱点"。他把元代依旧存在的"南土旧吏,人所轻贱,不齿于大夫士者也"③的倾向视作不通时变。为了"外王",为了能够融入元廷政治格局,吴澄有时还会表现出向"儒吏并重"这一现实靠近的一面④。譬如对"以儒术吏事为世用"⑤的凌时中、"以才吏而有志于儒术"⑥的崔文质、"以儒饰吏"⑦的李文质、"系出儒家、素优吏才"⑧的潘叔瑀、"业吏学而通儒书"⑨的姜斯立、"通乎儒书练习乎吏牍"⑩的卞子玉、"以儒试吏"⑪的高晋等人,他都曾予以肯定并赞美有加。对于

---

① 吴澄:《赠何仲德序》,《吴文正公集》卷一四,第267页。
② 譬如贾志扬指出:"在唐代,吏与官,流外与流内的区别虽然重要,但还是界限模糊的,这既由于许多吏员被任命为小官,也由于官员往往由吏职开始其职业生涯。宋代禁令的结果是使吏员形成为一个单独的阶级,在行政上与社会上与官员相分离。"见贾志扬:《宋代科举》,第85页。
③ 吴澄:《赠何仲德序》,《吴文正公集》卷一四,第267页。
④ 余英时认为:"理学家在'义理'问题上尽管持论极严,但在政治问题上却有其'从权'的一面。"见余英时:《朱熹的历史世界——宋代士大夫政治文化的研究》,第508—509页。
⑤ 吴澄:《凌德庸字说》,《吴文正公集》卷五,第136页。
⑥ 吴澄:《送崔知州序》,《吴文正公集》卷一六,第304页。
⑦ 吴澄:《慎独斋说》,《吴文正公集》卷四,第122页。
⑧ 吴澄:《与总管书》,《吴文正公集》卷八,第187页。
⑨ 吴澄:《平冤集录序》,《吴文正公集》卷九,第198页。
⑩ 吴澄:《送卞子玉如京师序》,《吴文正公集》卷一六,第306页。
⑪ 吴澄:《赠豫章高晋序》,《吴文正公集》卷一四,第276页。

"特为吏事设"的《吏事初基诗注》一书,他也特别为其作序,并赞颂曰:

> 凡圣贤训戒、古今礼法、公私应接、大小事务,靡不该载;经史子集、律令条例、旧闻新见、嘉言善行,靡不援引。上自帝王,次而公卿,次而府史,下逮庶士,皆有裨益,皆可遵行也。①

不仅仅是赞颂,吴澄甚至还要为这种"儒吏并重"的模式找寻出历史依据来,如其云:

> 昔汉之取士,每以先圣之术、当世之务并言,盖不通世务者不能以有所为,不明圣术者不能以有所守。二者有一之不具,不可也,故必兼能而后谓之有为、有守之士。今之用人,于儒学、吏事不偏废,亦以是欤?②
>
> 先汉之初任文吏,宰相往往由吏起。吏贵重,故吏亦自贵重。严酷者或有之,而贪浊者鲜有也。其后重者浸浸以贱,逮宋之季极矣。国朝用吏,颇类先汉。……国朝之吏,人所贵重,可至于宰相者。③

吴澄之所以如此汲汲儒吏之辩,《送崔知州序》当中的一句话当能道出个中原委:"予以腐儒,而亦有志于吏事。"④吴澄十分明白,若想在元廷政治格局中生存下来,最稳妥的方式还是要从崇尚治术、习为吏事这一基本要求做起。于是在吴澄身上便可以看到一个悖论:"和会朱陆"的思路激发了他对"以心为学"的关注,对"心"的集中研究,使得他愈发"内圣"。但在外在层面上,他又不得不着力把自己变得更

---

① 吴澄:《吏事初基诗注序》,《吴文正公集》卷一三,第250页。
② 吴澄:《送毕宗远序》,《吴文正公集》卷一八,第340页。
③ 吴澄:《赠何仲德序》,《吴文正公集》卷一四,第267页。
④ 吴澄:《送崔知州序》,《吴文正公集》卷一六,第304页。

加现实一些，以免沦陷在精神的乌托邦里而不得靠近元廷的政治格局①。当然吴澄未必真的从现实层面去实践吏事，但我们还是能够看到他心态的某种变化。

从元代中期开始，儒学格局已在悄然发生变化。正所谓"南人求名赴北都，北人徇利多南趋"②。在南方士人兴起北游京师的同时，北方士人也出现了如水南流的态势③。随着南士北上与北士南下，南北儒学相互涵化的态势又一次慢慢出现了。这种涵化对族群、地域等隔阂的冲破起到了不可低估的作用。尤其是延祐开科以后，朱子学正式立为官学，自此，"天下之学，皆朱子之书"④，一部分南方士人也因此进入到了政局当中。科举的采行虽对元代政治所起作用不大，但却是多族士人社会文化网络加速成长的重要因素，这种文化网络的确起到了促进南北儒学涵化的作用⑤。仁宗、英宗二朝的儒治，虽未能改变蒙古统治阶层内部的关系，但毕竟还是取得了一定的成果⑥。这极大地推进了南北的互动与交流。随后，经历了泰定帝开经筵、元文宗立奎章阁等几次运动之后，在朝中立足的南方儒士更加多了起来。这势必

① 其实吴澄同时代的南方儒士普遍面临着吴澄所面临的悖论。本来"内圣"是为"外王"做准备的，但入元后南方儒士的边缘化使得他们的"外王"理想受到了遏制，所以他们不得不枯坐于讲席之上，益发"内圣"起来，甚至要隐匿在精神的乌托邦里。倘若固守一个"内圣"之儒的立场也就罢了，但要想融入元廷政局，那么必须使自己通晓治术，而最可行的路径就是以儒入吏，从底层的吏员做起。曾经求学于史蒙卿之门的浙东朱子学者程端礼（1271—1345），为了让自己不至于沦陷在精神的乌托邦里，他也必须要从内倾性的哲学中拔出脚来，走儒吏综合的道路。正如其《儒吏说》所说的："儒为学者之称，吏则仕焉之名也，名二而道一也。儒其体，吏其用也。"虽然程端礼仕途并不发达，但面对南北儒学隔膜的两元格局，其思想与吴澄一样，已经发生了很大的变化。见程端礼：《儒吏说》，《畏斋集》卷六，民国二十一年（1932）鄞县张氏约园《四明丛书》刊本第 1 集。
② 萨都拉：《芒鞋》，《雁门集》卷一，上海：上海古籍出版社，1982 年版，第 12 页。
③ 譬如许有壬记载云："昔江南平，中土人南走若水趋下，家而占籍者有之，衔命仕者又倍徙焉，芬华因循，忘弃乡里。"见许有壬：《故承直郎金岭南广西道提刑按察司事葛公墓碑》，《至正集》卷五三，第 252 页。
④ 虞集：《考亭书院重建朱文公祠堂记》，《道园学古录》卷三六。
⑤ 萧启庆就认为座主、门生、同年等关系超越族群藩篱，成为多族士人社会文化网络中的重要一环。见萧启庆：《元代科举中的多族师生与同年》，《中华文史论丛》2010 年第 1 期，第 35 页。
⑥ 姚大力：《元仁宗与中元政治》，《内陆亚洲历史文化研究——韩儒林先生纪念文集》，南京：南京大学出版社，1996 年版，第 125—127 页。

会对北方的治术之儒造成相当大的影响①。大都接受了不少南方士人，南方地区同样也接受了北方士人乃至异族人与异质文化②。可以说，到了元代后期，南北儒学对峙的态势已经有了很大的改善，南方士人与北方士人可能还有一定的隔膜，但早已不似以往那样泾渭分明了。

在南北儒学逐渐涵化的情况下，"陆学"虽然不再会被当成一项"罪名"来横加指责了，但元廷格局中崇尚治术、吏事以及歧视南方士人的倾向并未得到根本的改观。元廷朝野依然崇尚治术、吏事，对于"内圣"的理学家并没有多少兴趣③；元廷朝野依然会歧视南方士人，王伯恂的遭遇就是一个经典的案例④。在这种情况下，深究道德性命之旨的南方儒士们虽似乎不再为北方儒学格局所着力排斥，但若想在

① 　如虞集、揭傒斯、黄溍、柳贯、欧阳玄、吴师道、贡师泰、危素等人都是南方士人中的翘楚，他们在大都交游、探讨、唱和，俨然已形成为一个南方儒士集团了。当然，这个南方儒士集团也并不是独立于北方儒士集团之外的，而是与许有壬、宋本、宋褧、张起岩、王守诚、李洞、苏天爵、韩镛等北方儒士互通声气。不但如此，南北汉族儒士在科举的背景下，似乎也有意向蒙古人、色目人输出儒学，欲把他们也纳入到自己的范围之内。在元代中期以后，已经出现了不少士人化的蒙古人、色目人，如赵世延、马祖常、康里崾崾、泰不华、贯云石、铁木儿塔识、余阙等皆是也。萧启庆认为："元朝中期以后，一个人数虽不庞大，却是日益扩张的蒙古、色目士人群体业已出现。这些异族士人群体并非孤立于汉族士大夫主流之外，而是与后者声气相通，紧密结纳，相互之间存有千丝万缕的关系，遂形成了中国史上前所未见的多族士人圈。"见萧启庆：《论元代蒙古色目人的汉化与士人化》，《元代的族群文化与科举》，第57页。

② 　潘清就以江南地区为例，描述了在异质文化冲击下所形成的"新的民族文化交融的局面"。见潘清：《元代江南民族重组与文化交融》，南京：凤凰出版社，2006年版，第130页。

③ 　元仁宗时期开科取士，泰定帝时期开启经筵制度，元文宗立奎章阁以召文艺之士，这些都曾被视为崇儒的标志性事件。但值得注意的是，在这些统治者的心目当中，南方儒士、文士都没有被当作是治国安邦的理想性人才，即便是在以崇尚文治而著称的元文宗心中也莫不如此，如他对虞集说："立奎章阁，置学士员，以祖宗明训、古昔治乱得失，日陈于前。卿等其悉所学，以辅朕志。若军国机务，自有省院台任之，非卿等责也。"见宋濂：《元史》卷一八一《虞集传》，第4178页。

④ 　关于南方士人在元代后期依然被歧视的事实可从郑玉《送王伯恂序》一文中窥得一斑，其文曰："至正八年春，朝廷合天下乡贡之士试于礼部。考官得新安王伯恂之卷，惊且喜曰：'此天下奇才也，宜置第一。'且庋其卷左右，以俟揭晓。未几，同列有谓：'王君南人，不宜居第一。'欲屈置第二，且虚第二名以待。考者曰：'吾侪较艺，以文第其高下，岂分南北耶！欲屈置第二，宁弃不取耳！'争论累日，终无定见。揭晓期迫，主文乃取他卷以足之，王君竟在不取。"分别见：郑玉：《送王伯恂序》，《师山先生文集》遗文卷一。

元廷政治格局中立稳脚跟,那么,最实际的选择恐怕依然是要通过"由儒入吏"的途径,而仅依靠科举与举遗逸两个方案还是过于渺茫。所以说,即便到了元代后期,南方儒士依然要面对他们的前辈吴澄所曾面对过的悖论。他们其中很多人一边用"内圣"的情怀提升着自己,一边又非常现实地追逐着治术与吏事,如吴澄一样,非常矛盾地走过了自己的一生。

小　结

江浙行省举荐新安理学家程复心,却被中书平章政事李孟所阻。大儒吴澄在国子监的改革也被李孟及其领导的北方儒士集团所推翻。李孟以奖掖后进见称,但很少见其提携南方儒士。与程复心、吴澄等重视内圣的南方儒士不同,以李孟为代表的北方儒士们对治术的追求一向不遗余力。有元实现了大一统,国家主义空前高涨。与国家主义联系紧密的北方治术之儒们不太看得起南方那些探讨道德性命的玄妙之士。李孟打压程复心、吴澄等南方儒士就发生在这一大背景当中。

赵秉文等重估儒学价值的金末儒士们其本身都具有重道兼重文的特点,也就是说,在其文辞背后,包含着相当丰富的治道追求。赵秉文门人元好问在金亡后以传承金源文化而自居。同时,他也有意和赵复一系北上的理学划清界限。元好问作为一代宗师,在东平等地影响着周围的亡金儒士,并培养了大量弟子。无论是其身边的友人还是其弟子,皆擅长治术文章之学,以至于在元初形成为一个洋溢着金源儒风的大阵营。

蒙古初期的儒学大致可分为两大系统,一派承接金源文化之余绪,另一派是随赵复北来的理学。北上的理学落实在金源文化环境中,与北方儒学长期接触,使得双方都发生了一定程度的涵化。李孟身上所体现出的特点正是金源儒学与北上理学涵化的结果。当然,不管怎么涵化,治术都是北方儒者雷打不动的追求,这与南方理学家对内圣的偏好可谓颇异其趣。李孟虽以奖掖士人而著称,但却不喜援引穷究心性的理学家。从这个角度上来说,他排斥程复心、吴澄等南方理学家也就不难理解了。

　　一直到元仁宗时期,南方理学与北方儒学的隔膜还十分明显。这种态势促使南方儒士开始调整思路。如吴澄认为若在元廷政治格局中生存,最稳妥的方式还是要从崇尚治术、习为吏事的基本要求做起。于是在吴澄身上便可以看到一个悖论:"和会朱陆"的思路激发了他对"以心为学"的关注,但在外在层面上,他又不得不着力把自己变得现实一些,以免沦陷在精神的乌托邦里而不得靠近元廷的政治格局。

第八章　南北格局视域下的
新安理学政治取向

第一节　元代前期新安理学家的政治空想

如赵翼云："有元一代,中外百官偏重国姓之制也。"[1]此言非虚,元廷政策的决策与实施基本上为蒙古、色目贵勋集团所把持,形成了一种垄断性质的阀阅格局[2]。在这样的格局当中,士人的上升空间受到了极大的挤压。但他们又总不甘寂寞,想要抓住一切机会参与到时政的讨论当中,无论在朝还是在野。王明荪就认为:"士人论政包括在朝与在野的,通常可分两项主要部分:其一为建构其政治理论,其二为对时政之意见等,此两部分多相合,亦不必分别之。"[3]在元代前期的士人当中,无论是胡祗遹、王恽、姚燧等在朝为官者,还是赵天麟、郑介

---

① 赵翼:《廿二史札记》卷三十,王树民校证本,第 690 页。
② 元代选官唯重"根脚",在朝掌握实权的大臣,多由宿卫进身。见[日]箭内亘:《元朝怯薛考》,《元朝怯薛及斡耳朵考》,陈捷、陈清泉译,上海:商务印书馆,1933 年版,第 1—57 页。
③ 王明荪:《元代的士人与政治》,第 163 页。

夫等布衣之士①，他们对吏治、铨选等内容的看法虽主要是针对时政而评议，但同时也有建构政治理论的取向。元代前期上疏论政的士人，多以北方士人为主，这与北方士人国家主义的社会基础是相符的。南方士人由于儒学南北格局这一重要原因，很难被纳入元政权格局，所以他们的论政，主要是建构其政治理论，譬如蜗居于徽州万山之间的新安理学家即是如此。

　　受到理学的影响，"求历史治乱兴衰之理"可谓元代史学的一个基本特征②。不唯北方治术之儒其史学如此，南方的理学家亦然。元代前期的新安理学家其政治观点就主要是通过史学研究表达出来的。真德秀之学自南宋末年在新安理学界就极有市场③。其以"体"、"用"沟通经史的观念逐渐发展为新安学的治史思路当也不难理解④。这一思路经由陈栎、胡一桂等人的阐发，最终确立为"以经之道断史之治"的史学理论。譬如陈栎指出："经所以载道，而道非有体无用之道也，道之体必达于事之用；史所以载事，而事非有用无体之事也，事之用必当本于道之体。"⑤经学载"道之体"，而史学则呈现"事之用"。有了经学这"道之体"，便可被揭开复杂纷纭的历史迷雾，"自可以断尽三千年君德相业"⑥。如此，即使是无法"行其道"，但至少可以做到

---

　　①　如赵天麟曾在世祖末、成宗初年上《太平金镜策》、《逃民策》等。见陈得芝辑点：《元代奏议集录》上册，杭州：浙江古籍出版社，1998年版，第267—382页。

　　②　周少川：《元代史学思想研究》，北京：社会科学文献出版社，2001年版，第3页。

　　③　南宋末年，真德秀之学对徽州的理学家们产生了很大的影响，如吕午、方岳、程元凤，无一不是其思想的信徒。在具体操作上，他们也刻意模仿着真德秀的观念。在元代前期的新安理学家那里，真德秀的影响并未因江山易鼎而受到削弱，其以"体"、"用"沟通《大学》与《尚书》的治学方式一直受到推崇。如陈栎称："真文忠公《大学衍义》一书，儒臣毗赞圣学之根本龟鉴也。"真德秀的观念就影响到了陈栎的《书集传纂疏》，在《书集传纂疏》一书中，陈栎引用真德秀有关《尚书》的解说达数十条之多，影响可见一斑。胡一桂曾著《史纂通要》一书，此书在思路上也肖似真德秀的《大学衍义》模式。譬如胡一桂云："圣经'明德'二字，实自尧发之，《大学》八条目亦始于此。"分别见陈栎：《贺邓祭酒书》，《陈定宇先生文集》卷十，第377页。胡一桂：《史纂通要》，《双湖先生文集》卷六，第587页。

　　④　朱熹主张读书先经后史，而以"经为本"。而真德秀则以"体"、"用"观念沟通《大学》与《尚书》中的史实，由此，经史关系中"体"、"用"结合的模式略见雏形。见黎靖德编：《朱子语类》卷一二二，第2950页。

　　⑤　陈栎：《经疑·经史时务策问一道》，《陈定宇先生文集》卷一三，第431页。

　　⑥　陈栎：《答胡双湖书》，《陈定宇先生文集》卷十，第378页。

"明其道"。出于这一认识,陈栎撰写了《历代通略》一书;同样,胡一桂撰《史纂通要》亦是出于考察"古今治乱兴亡之决"①的目的。

胡一桂《史纂通要》和陈栎《历代通略》都重点论述了宋代历史②。陈栎就曾明确指出他撰《历代通略》一书的目的是"为宋三百年事张本,将述周程张朱"③。两书对宋太祖、宋太宗、宋真宗、宋仁宗都进行了赞美,譬如胡一桂称颂宋太祖"正心修身之学,实有非人所能企及者"④,而陈栎则赞美宋太祖曰:"扶植斯道之端。"⑤胡一桂称颂宋仁宗"可谓至仁之主"⑥,而陈栎则赞美宋仁宗曰"天性最为仁厚"⑦。至于宋神宗,胡一桂与陈栎就共有微词了,主要是感叹宋神宗不能用周敦颐、邵雍、二程、张载诸君子,而任用学术偏蔽的王安石,他们感叹曰:"岂天未欲平治天下也欤?"⑧如果用诸君子之道,则"其跻世道于唐虞之盛矣"⑨。是以人主一心之中做如何选择是至关重要的。

南宋末年,吕午、方岳、程元凤等徽州籍政治家曾在推行真德秀内倾化的"得君行道"模式——帝王"格心"之学中发挥过很大的作用。真德秀对徽州学者的影响不止表现在经学研究上,在政治理想方面亦不可小觑。宋元鼎革以来,虽然还有不少士人留心真德秀的帝王"格心"之学⑩,但南方士人普遍沉沦于底层,无君心可格,这无疑是一个悲剧。新安理学家们大多与政治绝缘,功名事业之心为山长、经师、塾师等低微身份消解,但自宋末以来萌生在新安理学中的理想政治模式并没有消歇。在胡一桂、陈栎等理学家的心中,帝王"格心"之学依然

---

① 胡一桂:《史纂通要序》,《双湖先生文集》卷一,第557页。

② 胡一桂著有《史纂通要》和《古今通略》等史学著作。《古今通略》今已佚,无法见其规模,但据陈栎说,此书并不涉及宋代历史。见陈栎:《又答双湖书》,《陈定宇先生文集》卷十,第379—380页。

③ 陈栎:《答胡双湖书》,《陈定宇先生文集》卷十,第378—379页。

④ 胡一桂:《史纂通要纲断》,《双湖先生文集》卷十,第619页。

⑤ 陈栎:《历代通略》卷三。

⑥ 胡一桂:《史纂通要纲断》,《双湖先生文集》卷十,第621页。

⑦ 陈栎:《历代通略》卷三。

⑧ 陈栎:《历代通略》卷三。

⑨ 胡一桂:《史纂通要纲断》,《双湖先生文集》卷十,第622页。

⑩ 如祁门的李与廉,"平生最留意于《大学衍义》之书,盖有志于致君泽民之事矣"。见黄溍:《祁门李君与廉墓志铭》,《新安文献志》卷八九,第2182页。

时时浮出水面。

胡一桂的政治观与真德秀的模式无多区别,他也同样认同帝王"格心"这样内倾化的思路。熊禾在为胡一桂《史纂通要》所作的序言中就归纳说:"后世人主正心之学不讲,大臣格心之道不明,其患盖本于无相业、无师道。"①熊禾归纳的正是《史纂通要》一书的主旨。就此,胡一桂也有所言明:

> 尝读《典》、《谟》之书,尧、舜、禹授受,不过"人心"、"道心"、"精一"、"执中"数语,而后知古今治乱兴亡之决,在人主心学中矣!"道心",义理之心也,易微而难著;"人心",人欲之心也,易危而难安。②

熊禾、胡一桂论调是颇为一致的,他们都把人心、道心的消长看成是治乱兴亡的关键性因素,而且他们与真德秀一样,亦以人主格心为指归。真德秀《大学衍义》本来只是针对宋理宗而设计的方案,因此大倡人主诚心之道,可能他也并没想到此书会导致理学政治思路的内倾化,进而扩展为一种新的帝王之学③。受真德秀影响,胡一桂、陈栎、胡炳文等新安理学家普遍抱有帝王格心的政治理想自不难理解,尽管他们从来也没有幻想过能有一天见到人主。或者说,他们所谓的"人主"已不再是指称现实中的人主了,而是一种历史抽象物。即便如此,人主之心与治乱兴亡的关联也必须强调再强调:

> 为政在人,取人以身,修身以道,修道以仁,人主一心无取舍之极,则焉知其贤而用之?然则天理、人欲消长之机,正君子、小人进退之候。周子固不曰:"心纯则贤才辅,贤才辅则天下治乎。"此愚

① 熊禾:《史纂通要序》,《熊勿轩先生文集》卷一,第3页。
② 胡一桂:《史纂通要序》,《双湖先生文集》卷一,第557页。
③ 有元一代,真德秀之学影响较大,尤其是其著作曾成功地跻身于政治之中枢。譬如赵璧就曾以蒙古语为忽必烈讲述《大学衍义》,而元仁宗在太子藩邸时也曾命王约等人节译过《大学衍义》。分别见宋濂等:《元史》卷一五九《赵璧传》,第3747页;《元史》卷二四《仁宗本纪》,第536页。

所之所以决然以"人心"、"道心"为千万世治乱兴亡之决者,非虚语也。①

当然,并不是每个"人主"都会拥有纯美的天资,如胡一桂认为:"大抵天之生大圣大贤固不数,其生大奸大恶亦不常见,天下惟中材最多,是以不可无教。"②就像太甲、姬诵都属于中材,是以必须有伊尹、周公作为师保才能使社稷安定。师保之臣责任重大,贤德足以兴国,昏聩招至败亡。譬如宋徽宗"昧于知人,有贤而不能用;用矣而不当其才,徒使蔡、童之流得以肆"③,以至于最后颠沛流离,而身死异域。所以胡一桂总结说:"相道有关于君德之成败如此夫!"④真德秀《大学衍义》一再强调师保、丞相等大臣的重要性,胡一桂《史纂通要》一书对于师保、丞相的强调固是一脉相承。

陈栎、胡炳文也认为大臣负有格君心的使命,如陈栎赞颂傅说说:"傅说惟自学以启己心,全体既立,故能阐其学以沃君心,以泽天下,大用斯行。"⑤胡炳文在著述中也常常申述格心之说,并对程朱等大儒无法格君之心表示遗憾。如对于《孟子》"惟大人为能格君心之非"一句,胡炳文解释道:"必如孟子然后可谓之大人矣!程子之于经筵、朱子之于奏疏,拳拳乎正心诚意之说,真孟子之所谓大人者也!当时不能用之,惜哉!"⑥

胡一桂是一个比较自尊的理学家,他虽也有"古之田夫野叟、蒭园、牧圉苟逢机会,亦因事纳忠而讽谕人主"⑦的期望,但观其平生所为,从未汲汲然于时政,是以其政治理念完全属于一种理论的建构而已。而他的好友陈栎在完善其政治理论的同时,却也有跃跃欲试的冲动。为了有用于时,陈栎曾以花甲之年参加科举乃至于投谒公卿。虽

---

① 熊禾:《史纂通要序》,《熊勿轩先生文集》卷一,第4页。
② 胡一桂:《史纂通要纲断》,《双湖先生文集》卷六,第590页。
③ 胡一桂:《史纂通要纲断》,《双湖先生文集》卷六,第623页。
④ 胡一桂:《史纂通要纲断》,《双湖先生文集》卷六,第620页。
⑤ 陈栎:《赵子用字说》,《陈定宇先生文集》卷五,第317页。
⑥ 胡炳文:《孟子通》卷七,《四书通》。
⑦ 胡一桂:《张公艺书忍字百余篇》,《双湖先生文集》卷二,第565页。

未成功,却也曾颇为努力。陈栎的心目中藏有一个"得君行道"的政治理想,譬如他在给李孟写的信中曾说:"恭惟国公大贤间世,遭时得君,可谓继亚圣之真儒,致姬公之善治。"①在写许师敬的信中,陈栎亦云:"恭惟先正鲁斋先生,……遭时得君,倡鸣道学,上而启沃乎圣主,次而启迪乎储皇,又次而作成乎贤士夫夫,其有功于斯道大矣!"②在这两封书信中,陈栎所涉及的君主乃是元仁宗爱育黎拔力八达,仁宗早年从李孟学习儒家典籍,表现出对汉文化非同一般的爱好。当他即位后任用儒臣,施行了废至大银钞、开科取士等一系列政策,开创了"延祐儒治"的新气象,从而赢得了落寞许久的士人们的好感。陈栎称元仁宗为"圣主",认为儒臣李孟、许师敬等人能"遭时得君",恭维之中也不难看出几多艳羡的心情。

宋朝士大夫从王安石到朱熹基本上都抱有一种"得君行道"的心理,他们在强调内圣的同时从来没有忘记过外王。然而入元之后,士大夫"得君行道"的外王理想遭到了严重的打击③。面对让人无奈的现实状况,他们不得不做出调整,如宋元之际黎立武的学说恰好展现了"得君行道"理想破灭之后的心态:

> 孔子有德无位,明中庸之道以垂世立教,《乾》九二事也。然授业洙泗之间,系《易》发天地之藏,作《春秋》行王者之事,删

① 陈栎:《上秦国公书》,《陈定宇先生文集》卷十,第 374 页。
② 陈栎:《上许左丞相书》,《陈定宇先生文集》卷十,第 373 页。
③ 譬如江西大儒吴澄亦有用世之心,如其所言:"得志,泽加于民;不得志,修身见于世。穷则独善其身,达则兼善天下,此愚志也。"至元二十三年(1286),他在写给程钜夫一封信中亦云:"竭吾诚,输吾所学,有能用之,天下被其福,则君子之志愿得矣。"吴澄虽然颇有用世之心,但其仕途却一直颇为坎坷,直到泰定帝泰定元年(1324),朝廷开启经筵,吴澄与中书平章张珪、国子祭酒邓文原同为讲官,年逾古稀的他才达到了仕宦生涯的最高峰。泰定帝致和元年(1328),吴澄弟子虞集兼经筵官,任职期间,他兢兢业业,"为反覆古今名物之辨以通之,然后得以无忤,其辞之所达,万不及一,则未尝不退而窃叹焉"。虽然在儒士们看来,经筵讲席象征着师保或帝王师的出现,比较契合他们心中"得君行道"的理想模式,但经筵讲席对于一个不谙汉地事务的蒙古皇帝能起多大作用是值得怀疑的。究竟能不能真正发挥出"得君行道"的效果,吴澄、虞集等人自是十分明白。分别见吴澄:《谢张教》,《全元文》第 15 册,第 681 页;吴澄:《与程侍御书》,《吴文正公集》卷七,第 169 页;宋濂等:《元史》卷一八一《虞集传》,第 4177 页。

《诗》定《书》,明礼正乐,以垂百世法。①

在黎立武的后半生,"得君行道"的理想已经显得颇为渺茫了。为此,他重点突出了"外王"的另一条路线——教民化俗,即和孔子一样,"明中庸之道以垂世立教","删《诗》定《书》,明礼正乐,以垂百世法"。理学家的体用之学开始从同时关注政治、教化转向关注单一的教化了。新安理学家们在这一点上与江西的黎立武相仿,他们立足于地域社会,把大部分的精力投注在教民化俗的层面上。他们当然无法做到"得君行道",甚至他们认为"行道"与"明道"是两个不同的层面。作为一个理学家,能够"明其道",能够揭示治乱存亡之理即是完成了政治使命。如陈栎云:

> 周公没,圣人之道不行;孟氏死,圣人之道不明。孔孟能使道之明,而不能必道之行也,况周、程、张、朱诸儒乎?周、程、张之在熙丰元祐,朱之在乾淳庆元,未尝略得君而行政也。小人尽接迹而且久于柄用,诸儒或早谢而多终以厄穷,乌可以道之不行、国之不竞咎之?夫以孔、颜、曾、思、孟在春秋战国,不能扶姬周而还丰镐,于诸儒奚责焉?②

相对于积极用事且取得一定成绩的吴澄师徒或黄溍等金华学者而言,新安理学家们在现实的竞争中显得软弱无力。当然,程复心、黄一清、陈栎等人也都有过走出去的尝试,但最终都归于失败,这使得他们变得愈发保守,使得他们的政治理念愈发高调,使得他们愈发脱离于现实,而停留在有关上古的构想当中。如胡一桂就希望恢复到以道德为本位的圣人之治,而对于"隆礼重刑"、以权力为本位的秦汉之制基本是否定的,譬如他在《封建郡县论》一文中说:

> 圣人理天下,以万物各得其所为极至。封建也者,帝王所以

---

① 黎立武:《中庸指归》,民国九年(1920)涵芬楼影印《学海类编》本。
② 陈栎:《历代通略》卷四。

顺天理，承人心，公天下之大端大本也；郡县也者，霸世暴君之所
以纵人欲，悖天道，私一身之大孽大贼也。……封建者，政之有根
者也。故上下辩、民志定、教化行、风俗美，理之易治、乱之难亡、
扶之易兴、亡之难灭。郡县反是。①

　　宋代的一些士大夫曾经提出过恢复封建的主张，譬如张载曾说：
"井田而不封建，犹能养而不能教；封建而不井田，犹能教而不能
养。"②又如胡宏也曾提出："封建也者，帝王所以顺天理，承人心，公天
下之大端大本也；不封建也者，霸世暴主之所以纵人欲，悖大道，私一
身之大孽大贼也。"③张载、胡宏的封建论与宋代皇权高涨的背景下中
央集权日益严重、地方的权限相对弱化等状况有关，都是有现实所指
的。胡一桂封建论虽受胡宏影响很大（许多句子都基本雷同），但他们
的着眼点却未必一致。胡一桂这样的理学家基本与政治无缘，政治规
划根本无从谈起，是以其封建论未必有什么现实所指，更多只是一种
理想的表达而已。
　　除了胡一桂外，对理想的圣人之治颇为憧憬的新安理学家还有胡
炳文与陈栎，胡炳文想象的"三代"为："圣贤相传只是一中字，自尧舜
以及三代之隆，斯道如日中天，魑魅无所容迹。"④陈栎的看法与胡炳
文也无太多差异：

　　　　唐虞三代，圣人皆以道之实、时务之中，教化与焉，有体有用，
　　稽之经者然也，兹其为帝王之时乎！自汉以下，具见于史所载，时
　　务而已矣。事多不本于道，是天下有无体之用也。徒知为务以救
　　时，而时卒不可救。⑤

　　元代前期新安理学家的政治理想就是要实现"三代"那种圣贤政

---

① 胡一桂：《封建郡县论》，《双湖先生文集》卷二，第562—563页。
② 张载：《性理拾遗》，《张载集》，第375页。
③ 胡宏：《知言》，《胡宏集》，北京：中华书局，1987年版，第47页。
④ 胡炳文：《中庸通》，《四书通》。
⑤ 陈栎：《经疑·经史时务策问一道》，《陈定宇先生文集》卷一三，第431页。

治模式。在这一模式中,道德具有至高无上的说服力,纲常伦理也体现得尽善尽美。但在后世,人们却丢弃了这个圣洁的伊甸,若想要找回曾经的美好,那必须依靠明君贤臣戮力同心、励精图治。儒士在这一过程中肩负着无可推卸的责任,而"得君行道"则是实现这一政治理想的最为有效的途径。所谓"得君行道",即是由具有儒家理想的贤臣实施顶层设计,以政治手腕来清理外部秩序,实现大规模社会改造的目的。它所蕴涵的内容原本十分丰富,但是由于真德秀帝王"格心"之学的巨大影响,把它的规模缩小了很多。新安理学家们是主张"得君行道"的,所以他们十分强调股肱大臣的师保功能,也十分强调儒士在理想政治模式的建构中所应肩负的使命。他们又受真德秀影响很大,所以总是在强调为政在人,而尤在人主之心的观念,从而把"得君行道"限定在了如何使人主"格心"这一层面。当然,他们的设计只不过是纸上谈兵而已,元代的残酷现实并没有给予他们任何付诸实践的机会。不过,他们普遍认为,能够揭示治乱存亡之理就已是很大的贡献了,不一定非得亲力亲为地付诸实践。于是,他们用"明道"悄悄替换了"行道"。基于此种认识,他们才着力编纂历史学著作,为的就是"明其道",哪怕这个所谓的"道"只是接近于一种政治空想。

在元代前期的新安理学家逐渐凋零之后,新一代的新安理学家成长起来并开始确立他们的学术地位。如朱升、郑玉、赵汸、程文、汪克宽、唐桂芳诸人,他们均生于元朝、长于元朝,对于元政权都抱有很大的认同感。他们大多数都富有政治热情,他们自身强烈的"以道自任"的意识使他们对"行道"抱有了更大的期望值。元代后期的新安理学家们开始在政治层面付诸实践,又一变"明道"为"行道",遂在一定程度上告别了元代前期新安理学家虚幻不实的政治乌托邦。

第二节　元代后期新安理学家与治术吏事

吴澄同时代的南方儒士如史蒙卿、袁桷、许谦、程端礼等人其内圣性与吴澄大抵相同①。这些儒士也普遍都面临着吴澄所面临着的悖论。倘若固守一个内圣之儒的立场也就罢了，但要融入元廷政局，那么必须使自己通晓治术，而最可行的思路就是以儒入吏，从底层做起，将触角伸入到北方政治格局与儒学格局当中去。

从元代中期开始，南北儒学涵化的态势渐渐出现，但整个元朝上下崇尚治术吏事以及鄙视南士的倾向并未得到根本的改观。在这种情况下，深究道德性命之旨的南方理学家们若想入仕，最实际的选择依然是要通过"由儒入吏"的途径，而仅依靠科举与举遗逸还是过于渺茫。

元代后期的新安理学家们普遍产生了"以道自任"的意识，其用世之心也十分坚定。但面对元代政治大环境，若想在仕途上有所成就，他们就必须要考虑从内圣的心性哲学中突围出来，回到现实的政治平台上操作，否则只会陷入高思玄妙的乌托邦中不能自拔。所以说，即便到了元代后期，新安理学家们依然要面对吴澄曾面对过的悖论。

"以道自任"的意识催生出"外王"的理想是顺理成章的，是以元代后期的新安理学家对政治都十分关心，譬如郑玉就"尝从四方贤士大夫学问政焉"②。郑玉出身于一个有着吏风传统的家庭当中，其祖郑安、父郑千龄就曾分别仕宦于歙县、淳安，所以他对治术吏事并不排斥。在元代普遍重吏的政治背景下，哪怕是再卑微的吏职，郑玉也十分看重，譬如他对典史、主簿、照磨三种吏职分别评价曰：

> 典史，县幕官也。其受省檄，秩从九品下，其事则检举勾销簿书，拟断决。禄薄位卑，务繁任重，一县之得失，百里之利害，常必由之。③

> 古者县令专制一县之事，簿则分掌簿书而已。今之制，长令

---

① 有学者甚至认为他们虽然没有明确提倡"和会朱陆"，但多少也都有些兼取陆学本心论的倾向。见侯外庐：《宋明理学史》（上），第749—762页。
② 郑玉：《送鲍国良之官巢县诗序》，《师山先生文集》卷三。
③ 郑玉：《送赵典史序》，《师山先生文集》卷三。

与簿共坐一堂之上,遇有狱讼,公议完署而后决遣之。矧一县之事,自下而上,必始于簿。簿苟可否失其宜,政不平矣。[1]

国朝之制,各路设首领官三员,总领六曹,职掌案牍,谓之宾幕,与郡侯、别驾分庭抗礼,不敢待以司属。其官曰经历,曰知事,曰照磨。……故一郡之休戚,众务之得失,在于照磨一署之顷。照磨署之当,则一郡享其福;照磨署之不当,则一郡受其害矣。照磨之职,可不谓重且剧哉![2]

郑玉早年为了入仕曾致力于科举,也曾为结交名流而游谒京师。直到晚年,他还与余阙、危素、程文、陈旅等仕宦比较通达的儒士保持着紧密的联系[3]。所以说,郑玉尽管在后来抱定了高调的理想主义,但也同样曾向现实妥协过。只不过其晚年"以道自任"的意识更趋强烈,以至生成为一种为万世立纲常的浩然情结。所以他拒绝了元廷奉议大夫、翰林待制的征召,而"隐居不为苍生起,《春秋》著述诛奸雄"[4],最后竟是以身家性命实践了他的人生信仰。

相比郑玉,赵汸具有更为强烈的道统意识,其著《春秋》,自称"追求圣人之意于千数百年之上",浩然气概实是至大至刚。为了实现自己接续圣人的抱负,赵汸很早就踏上了游谒的道路,并得到虞集、黄溍、苏天爵等大儒们的认可。在其拜谒过的所有人中,赵汸对苏天爵最为景慕。苏天爵(1294—1352),字伯修,真定人。师从安熙、吴澄、虞集、齐履谦等著名学者。曾三拜监察御史,三任行省参知政事。其人深谙治术,崇尚赏罚,如其言:"守法不挠则可以寄人之死生,自昔君子之治狱,如斯而已。故罚及而人不冤,法设而民不犯。"[5]其《论台察纠劾辨明之》、《建言刑狱五事》、《乞详定斗殴杀人罪》、《禁治死损罪囚》等奏疏,可谓皆有实务。苏天爵深有谋略且知兵事,其人曾"总兵

---

① 郑玉:《送鲍国良之官巢县诗序》,《师山先生文集》卷三。
② 郑玉:《送郑照磨之南安序》,《师山先生文集》卷三。
③ 汪克宽:《师山先生郑公行状》,《环谷集》卷八。
④ 吕德昭:《题余青阳郑师山二先生手札后》,《师山先生文集》遗文附录。
⑤ 苏天爵:《书姚君墓志铭后》,《滋溪文稿》卷二八,第469页。

于饶、信,所克复者,一路六县。其方略之密,节制之严,虽老帅宿将不能过之"①。总之,苏天爵之学笃实用世,尤擅长天算律理之伎,与"空疏心性之学,有不同矣"②。在"学本先王而志存当世"③的苏天爵的身上,无疑寄托着赵汸的抱负与理想。赵汸作为一个"和会朱陆"的南方学者努力去追随北儒苏天爵,则不难看出其为用世所做出的努力。

与苏天爵一样,赵汸对治术也极为钻研。甚至对军事有独到见解,观其弥盗平患的设想,有凭有据,绝非腐儒之论:

> 为国家计,欲并两淮而南,尽江湖之间,求要害形便之地,为四五巨镇,镇各屯精兵二万,选士大夫公廉有威方略、能抚士爱民、招纳降附、可为大将者,付以一镇之权,慎简中外有文武才学者为之副,凡辟士、募兵、刑赏、律令、训练、程序、进退、节度、出攻、城守、禁防、约束,皆自朝廷,考求故事,为法以授之。郎官博士,出入觇视,以资庙谟,而事无大小,皆得专达。列镇屯军,屹然相望,脉络贯通,首尾如一。内可以尊京师之势,外可以消奸雄之心。鼠窃狗偷进退无据者,将不战而自服。其尤倔强者,四镇出兵,犄而攻之,无不破矣。其要在得人而已。郡邑之间,皆什伍其民,以相守护,毋使散越于下。一家而三男子,则简尤壮者一人为郡守之兵,以大户之税衣食之。郡皆选贤守以防御系御,各将其兵以固封圉。盖郡守必兼有军民之权,而后缓急可望,不然,虽重其失地之罪,无益也。此制一定,则列郡有备而民心不摇矣。④

至正末年,赵汸曾辅汪同起兵保卫乡井,施展过自己的治术与兵略,从而被元廷授予江南行枢密院都事的职位。在元廷大有用世之意的赵汸,在新朝却大致选择了归隐,所谓"种瓜寂寞青门外,采薇怅望西山趾"⑤,大概出于固守名节的考虑,晚年的赵汸基本上是在林泉之

① 宋濂等:《元史》卷一八三《苏天爵传》,第4226页。
② 孙克宽:《元代汉文化之活动》,第404页。
③ 赵汸:《治世龟鉴序》,《赵征君东山先生存稿》卷二。
④ 赵汸:《送郑征君应诏入翰林诗序》,《赵征君东山先生存稿》卷二。
⑤ 赵汸:《读阮嗣宗诗》,《赵征君东山先生存稿》卷一。

中消解了他所有的治世理想。

朱升虽然以经学名世，但却并非是只盯在经学一端的腐儒。他的学术视域比较宽广，如其云："墨庄主人朱升，平日事师交友，读书听语，下至里巷山野、樵渔妇女，一言一事，于人有补者，莫不谨服而博取之。"①在朱升的著述目录中可以看到《墨庄率意录》、《道德经旁注》、《医家诸书》、《刑统赋解》、《地里阴阳五行书》、《孙子旁注》等不在儒家思想范畴之内的著作。仅凭这些著述目录也可判断，经师朱升有着相当博杂的知识结构，这也显示出朱升思想中不拘于一格的另一面相。朱升在做好一个合格塾师与一个优秀经师的同时，还表现出了"卓荦观群书"的豪迈与慷慨。朱升对治术之学的研究与他的经学研究一样值得称道，他曾在后至元三年（1337）订正过北宋律学博士傅霖的《刑统赋》。在《刑统赋解序》一文中，他先是从魏文侯法经六篇谈起，经由秦之商鞅、汉之萧何、晋之贾充、唐之房玄龄，最后谈到北宋傅霖的《刑统赋》。他认为："后世注解此赋虽多，或赞或略，未免疏谬"，所以"今订定之"②。为了有用于世，卑微困厄中的朱升显然做了长期的准备工作，尤其在识律治狱这一层面，他显然下过相当大的功夫③。这当然也是其浩然气质所使然，所以一旦时局有变，朱升便吹响了"机会到时须勇进"④的号角，加入到了朱元璋的阵营之中。当然，郑玉、赵汸与朱升的弘道之心、用世之意并无特多差异，所不同者，只是在于对新旧政权的取舍与选择而已。

无论是元代前期的吴澄，还是后期的郑玉、赵汸等新安理学家，他们"和会朱陆"的思路无疑使其更趋向心灵的自视，思想变得更加内倾，但同时也极大加强了他们"以道自任"的浩然气质。"以道自任"意识促使理学家们面对现实，承担起改造外在世界的重任。但若真想用事于当时当世，则必须向崇尚治术吏事的政治格局与北方儒学生态靠拢。这势必

---

① 朱升：《墨庄率意录》，《朱枫林集》卷三，第40页。

② 朱升：《刑统赋解序》，《朱枫林集》卷三，第39页。

③ 对于儒者识律治狱的重要性，杨维桢《刑统赋释义序》一文曾有记载，如其曰："我朝混一海宇，承平百年，方以儒道理天下，士往往繇科第入官；凡谳一狱、断一刑，稽经援史，与时制相参，未有吏不通经、儒不识律者也。"见杨维桢：《刑统赋释义序》，《东维子文集》卷一。

④ 朱升：《题柏山齐祈寺和唐子华韵》，《朱枫林集》卷五，第80页。

又要求这些"和会朱陆"者面对现实,从内圣性的心性哲学中拔出脚来,而致力于向外之学。这是一个悖论,在吴澄、郑玉、赵汸等人的身上都体现出了这种悖论。虽然在元代后期,南北儒学隔膜的态势已经有了很大的改善,但在"和会朱陆"者身上所出现的悖论却没有因此而消除。

第三节　元代后期新安理学家 对纲常的强调与实践

在南宋理学士大夫那里,政治关怀从来都是他们生命历程中的核心内容,他们对政治主体的期许并不亚于对文化主体的自命。无论是朱熹、陆九渊还是陈亮、叶适,他们一直都在关注着南宋政局的变化。宋末时代的徽州理学士大夫也保有过高度的政治热情,甚至涌现出了一批有着一定名望的政治家如吕午、程元凤等。但入元以后的种种境遇使徽州士人们对现实的关注转化为了理想主义的政治空想。元代前期,胡一桂、胡炳文、陈栎等新安理学家均以"明道"甚至是恢复三代之制的乌托邦情怀来安慰自己的内心。元代后期,南方知识分子已经认同了元廷政统的合法性与合理性,他们也开始具体地参与政治层面的操作。但限于当时的政治格局和儒学格局,郑玉、朱升、赵汸、汪克宽等新安理学家在仕途上仍旧不达而蜗居乡里,人主无从得见,"得君行道"——终至无法展开,于是这些理学家的"外王"意识就从另外一个角度切入了——对纲常的强调与实践,他们把纲常伦理与政治的运行、社会的运转衔接起来,并非常虔诚地去推行。

元代后期,"纲常"成为了新安理学家们的关键词,以至于出现了一种集体强调的现象①。譬如唐桂芳就认为:"道之所寓,不越彝伦纲

---

① 这一现象的出现,估计也与朝廷的提倡相关。元朝有一些统治者比较推崇纲常,譬如元仁宗就曾说:"儒者可尚,以能维持三纲五常之道也。"见宋濂等:《元史》卷二四《仁宗本纪》,第594页。

常之间"①;汪克宽也认为:"惟先圣之道位天地、植纲常,亘万古而无斁"②;而赵汸更是把纲常引入了历史领域里进行讨论,如其云:"献公时则为宠待淫嬖,杀逐诸子,纯灭纲常"③;又云:"故孔子作《春秋》,平王以前不复论者,以其时天子能统诸侯故也;始于平王者,所以救周室之衰微,而扶植纲常也"④;又云:"一时在廷之士,谁复为纲常计者? 独彭泽令陶潜,以大臣之孙耻事二姓,其于君臣之义得矣。"⑤

新安理学发展到郑玉、赵汸等人那里,"以道自任"的气质明显凸显出来了。从"以道自任"意识发展到"扶道救世"的尝试是顺理成章的。所以郑玉、赵汸、汪克宽等人纷纷以《春秋》为研究对象,将纲常整饬世间秩序的思路汇入历史长河,并以纲常的绝对性压倒了华夷的相对性。在元代后期的新安理学家当中,对纲常最为强调且把纲常与政治挂钩从而设计为一套理论的乃是郑玉。

郑玉在《春秋》学研究上受胡安国"尊君父,讨乱贼,辟邪说,正人心"⑥思想影响很大,他与胡安国一样,也把《春秋》看成是法律之"断例",可以用来"处大事,决大疑"。郑玉《春秋经传阙疑》一书自始至终都围绕着理学所关注的天理、人欲及纲常、人伦等问题展开阐释,他甚至把《春秋》提升成了一部可以经世治国的煌煌法典。

胡安国养子胡寅著有《读史管见》,其书一承《春秋传》之宗旨,虽与史实多有抵牾,但通篇都在演说儒家义理,以至成为"以经摄史"的典范。"以经摄史"的方法非常有利于将经学中的义理注入史实之中,使史实成为学者表达思想的砖瓦。胡氏"以经摄史"的尝试颇合郑玉的胃口,除《春秋》学研究外,郑玉还有多篇史论采取这一方法。如在《狄梁公论》一文中,他就在胡寅看法的基础上提出了自己的看法:

① 唐桂芳:《文公生日祭礼序》,《唐氏三先生集》卷一八,第639页。
② 汪克宽:《重修祁门县儒学记》,《环谷集》卷五。
③ 赵汸:《春秋师说》卷中。
④ 赵汸:《春秋师说》卷上。
⑤ 赵汸:《对问江右六君子策》,《赵征君东山先生存稿》卷二。
⑥ 胡安国:《春秋传序》,《胡氏春秋传》,第2页。

"近世胡氏数其九罪,恨当时不即诛之,后日不追废之,可谓痛快的切矣! 然犹未正名其为贼也。予故发明胡氏之意,正名武曌之为贼,使纲常之分大明于天下。"①如在《李瓘论》一文中,对于李瓘举报父亲谋反这一问题,郑玉提出的看法是:"凡人处君亲之间,当大变之际,既不能两全其道,则当各尽其道而已。"②既要尽忠又要尽孝,则只有必死而已。又如《汉高祖索羹论》一文批评汉高祖以索羹为计而紊纲常之义、失轻重之权,他认为:"亲陷贼庭,危在顷刻,则舍天下以全吾亲者,亲重于天下矣。"③在评议史实时,郑玉往往以卫道士自居,在纲常伦理层面,他比胡寅要激越得多。

郑玉认为帝王的言行举止对后世有极大的示范意义,所以汉高祖索羹的行为会使后人怀必胜之心而忘君亲之难,这是不足取法的。当然,帝王们维护纲常伦理也不能拘于名分小节而导致大义失坠。譬如唐太宗的所作所为就不足取,郑玉并不深究史实,而是断言唐太宗以自己所得的天下让于其父,而导致骨肉相残、纲常大乱:"拘拘于父子名分之间,孜孜于详度论议之细。不量其父之才,必欲强以天下之重。言之而不从,则劫其过失,诋以祸福。"④郑玉认为,帝王的失误往往会导致纲常失堕,从而使社会秩序崩坏,所以不可不察。

当然,维护纲常伦理不仅仅靠帝王的身体力行,大臣们的言行举止也同样关键。郑玉认为大臣应该以"经"定天下之常,以"权"尽天下之变,关键时甚至可以不拘俗儒之常谈、匹夫之小节,所谓"为之大臣者,则权之以义"⑤。正是基于此种认识,郑玉对于历史上不能维系纲常伦理且又腐守人臣之道的大臣提出了猛烈的批评。如在《季札论》一文中,他就对守匹夫之末节而失君子之时中的季札提出批评:"先儒谓《春秋》书国以弑者,当国之大臣之罪也。吴之大臣,舍季子

①　郑玉:《狄梁公论》,《师山先生文集》卷二。
②　郑玉:《李瓘论》,《师山先生文集》卷二。
③　郑玉:《汉高祖索羹论》,《师山先生文集》卷二。
④　郑玉:《唐太宗论》,《师山先生文集》卷二。
⑤　郑玉:《张华论》,《师山先生文集》卷二。

将谁归乎!"①而在《张华论》一文中,他也把天下颠覆的罪责全部归咎于张华一人,曰:"张华苟能倡明大义,废黜贾后,正名定分,以安反侧,则太后可复,储贰不致于动摇。国本既安,天下自定,此拨乱反正之道也。顾此不为,……卒使太子幽废以死。国本一摇,天下遂乱。"②晋代的张华与唐代的狄仁杰同是身处天下变乱的时代,二人也均为股肱大臣,但郑玉对二人的评价却大相径庭。对于张华,郑玉是完全否定的;而对于狄仁杰则基本上持肯定态度。如其云:"不有梁公,心在王室,志复我唐,……唐之宗社,又岂复有二百余年之血食哉!"③尽管狄仁杰取得了不凡的功绩,但郑玉却在褒誉之余对狄仁杰又"犹有遗憾焉",他主要为狄仁杰"迁延犹豫"而感到遗憾。正是因为狄仁杰"迁延犹豫",而使厥志不终,五王菹醢。当然,这也不全是狄仁杰个人之失,在宏观角度也可归结为"当时教化不明,纲常沦废,不知武曌之为贼"的缘故,所以郑玉提出了自己的建议:"正名武曌之为贼,使纲常之分大明于天下。"④

"以经摄史"方法的运用能使郑玉游刃有余地选取史料来证明自己纲常理论的合理性⑤。纲常作为一种价值标准可以落实在有关史实的评判里,也同样可以落实在现实空间当中。从落实在史实转向落实在现实,也正是学者甩开书本走向现世的过程。从历史关注到现实关注似乎有一种天然的过渡关系,当郑玉一旦认同了现世政权的合法性,那么他依托于史实的纲常观念也就要转化为现世的价值准则了。

郑玉的祖父郑安曾在宋元之际作为徽州地方势力代表抵制了万户孛术鲁敬的屠徽之策,后被任命为知歙县事。受父亲的影响,郑玉之父郑千龄从小就对元政权表现出了很大的认同感。生在这样的一个家庭当中,郑玉对异族之君自然是颇为认同的。所谓"臣诚欣诚忭,

---

① 郑玉:《季札论》,《师山先生文集》遗文卷二。
② 郑玉:《张华论》,《师山先生文集》卷二。
③ 郑玉:《狄梁公论》,《师山先生文集》卷二。
④ 郑玉:《狄梁公论》,《师山先生文集》卷二。
⑤ 郑玉史论十分迂阔,李慈铭就曾指出过其好为高论,不切实际。见李慈铭:《越缦堂读书记》,上海:上海书店出版社,2000年版,第927页。

叩头叩头"①即为明证。对于异族宰执与大臣,他也同样认同,这在他给定住丞相与汉儿执政所写的书信中也能看得出来。郑玉还有不少的异族文人朋友,譬如党项人余阙等。在元末时代"多族文人圈业已形成"②的背景下,郑玉心目中的君臣之义已经压倒了华夷界限,纲常之同已经掩盖住了种族之异。

元顺帝至正十三年(1353),江浙行省平章三旦八向朝廷荐举郑玉。次年,朝廷遣使者赐以酒帛,欲授其翰林待制、奉议大夫之职。郑玉因老病辞而未就。但元帝的厚爱,越发激起了郑玉对这个异族政权的认同感,于是原来只悬置于史论中的人伦纲常便成为他干预现世的有力武器。在朝廷赐以酒帛之后,郑玉写下了《让官表》、《谢赐酒笺》、《上定住丞相》、《上汉儿执政书》等文章来表明心迹,在这些文章中,郑玉慷慨激昂谈论的内容无非就是"人伦"与"纲常",如"非敢不仕无义,以废人之大伦也"③,又如:"何谓本?纲常是也。何谓重?忠义是也。夫朝廷既重乎纲常,臣下必尽乎忠义。"④"人伦"、"纲常"所激起的正义感甚至促使郑玉为立文天祥庙一事上表当朝,表曰:"臣窃惟纲常乃国家之大本,忠义为人事之先猷。……赏罚既明,纲常自定。人心以之而振,世道由是而兴。"⑤

至正十二年(1352),徐寿辉蕲黄起义军之一部进入了江浙行省的徽州路,并在此地与元军展开了旷日持久的拉锯战,徽州社会秩序因而大坏。至正十七年(1357),朱元璋部将邓愈、胡大海攻入徽州,改徽州路为兴安府。郑玉率昆弟子侄逃往梓桐源。至正十八年(1358),淳安、建德等地相继为朱元璋所有。郑玉在此间逃往休宁山中,旋为邓愈所拘。郑玉抗辞激厉,遂遭到了囚禁。郑玉准备从容就死,但他认为自己并未食禄于元廷,所以他的死并非是为元廷死节,他是要以自

---

① 郑玉:《谢赐酒笺》,《师山先生文集》卷一。

② 萧启庆:《元代蒙古人的汉学》,《蒙元史新研》,台北:允晨文化实业股份有限公司,1994年版,第211页。

③ 郑玉:《上定住丞相》,《师山先生文集》卷一。

④ 郑玉:《与丞相书》,《师山先生文集》遗文卷三。

⑤ 郑玉:《为丞相乞立文天祥庙表》,《师山先生文集》遗文卷三。

己的生命来陪殉自己毕生追求的纲常理想①。在临终前,郑玉作《与逢辰、拱辰》一书,曰:"我兄弟孝友终身,卒全节义,兄死报国,弟生保家,此万世法程也。"②而《与族孙忠》一书则曰:"我之死也,所以为天下立节义,为万世明纲常。"③至正十八年八月一日,郑玉沐浴更衣,悬梁自经而死④。

限于元代儒学的南北格局,元代新安学家普遍仕宦不达,他们遂热衷于以纲常打理地域社会。他们的纲常观虽往往和政治挂钩,但在具体指向上,可能与徽州地域社会的现实生活关系更大。在宋代社会,理学的兴起与地方主义意识的抬头大体吻合。对唐代帝国模式的否定,在宋儒那里恐怕已是一个共识。宋儒们虽也会提及帝国模式中的纲常观念,但他们普遍尝试从新的角度来思考,由此酝酿出一个表面上强调纲常却暗中否认其绝对性的复杂结构。余英时就指出,宋儒

---

① 元末像郑玉一样死节的徽州士人颇有几位,如汪泽民、程文、胡默、程养全、吴讷等等。其中最知名度的是郑玉、汪泽民与程文三人。汪泽民延祐五年(1318)登进士第,以礼部尚书致仕。汪泽民致仕后居宣州,有"长枪贼"项南斑、程述来犯,城陷而死节。是以宋濂赞颂曰:"忠孝大节所以暴白于天下。揆古无让,于今无愧,可谓不负于科目者矣。"并把汪泽民与其他死节之士如余阙、李黼、泰不华等人并称。程文属于新安理学家群体中少数几个在仕途上比较成功的人物。他曾拜监察御史、授礼部员外郎。因为得到了元廷的恩惠,这使得他对元政权的认同也与纲常意识衔接在了一起。当"徽、饶、衢、信、江西,咸非国家土宇"时,程文就寓居于绍兴僧舍之中。张士诚遣使致礼,他坚卧不顾而死,以自己的行为实践了自己的信仰。汪泽民、程文均出仕元廷,身居要职,他们身体力行地维系元政权是其本分所在,这与郑玉是不同的。分别见宋濂:《元故嘉议大夫、礼部尚书致仕,赠资善大夫、江浙等处行中书省左丞、上护军,追封谯国郡公,谥文节汪先生泽民神道碑铭》,《宋濂全集》第1册,第382页;汪幼凤:《程礼部文传》,《新安文献志》卷六六,第1628页。

② 郑玉:《与逢辰、拱辰》,《师山先生文集》遗文卷三。

③ 郑玉:《与族孙忠》,《师山先生文集》遗文卷三。

④ 郑玉作为著名的新安理学家,其死节行为十分具有象征意义,其《春秋经传阙疑》与诸史论中的观念虽有至迂处,但非常可贵的是,他的学术能与其生命同构。郑玉的思想行为使得当时许多知识分子都曾为其慨叹。如唐桂芳就赞扬曰:"翰林以节死";汪叡也赞美谓之"以义显,名列史传";婺中的朱子学者王祎亦云:"先生于出处死生之际,其大节表表如此,则世之以文求先生者,岂足以尽先生乎?况求之以文者,不观其所以自见,而徒徇夫言辞之末,其尤浅知先生矣。"与郑玉齐名但却选择了不同人生道路的新安理学家朱升也在《祭郑师山先生文》(代金震祖作)一文中称赞郑玉"匪感激以捐躯兮,实从容而就义"。分别见唐桂芳:《赠陈生自新序》,《唐氏三先生集》卷二八,第636页;汪叡:《七哀辞》,《新安文献志》卷四九,第1051页;王祎:《书郑子美文集后》,《王忠文公集》卷一三,第364页;朱升:《祭郑师山先生文》,《朱枫林集》卷八,第169页。

们强调的"君臣同治"就与传统的"君为臣纲"的意识形态存在着不可跨越的鸿沟①。包弼德也认为："在理学的模式中,君主更接近人而不是神。他必须遵照士人阶层对'学'的规范修身,而人民对他的支持也取决于他是否能够成功地引导政府维护公共利益。"②郑玉深受南宋理学影响,却未必是传统"君为臣纲"这一专制主义观念的热情鼓吹者。郑玉虽亦谈"君为臣纲",但这并不是其纲常观的全部。在君亲矛盾中踟蹰的悲剧性人物常常出现在郑玉笔端,如李璀,又如赵苞。郑玉仿佛颇为热衷解决这类纲常难题,他认为："君臣者,天下之大义;母子者,一身之私亲。以私亲而忘大义固不可,因大义而杀私亲,岂人情也哉?"③所以他认为赵苞最好的选择是对寇自杀以绝其觊觎之念。郑玉的想法是很天真的,但在这种天真中却能发现他对纲常中君亲矛盾的焦灼程度。其实郑玉的纲常思想存在很多矛盾的地方,除了君亲矛盾,起码还有尊王与尊德的抵牾。郑玉思想中有明显的尊王意识,在现实世界中他也曾对君权诚惶诚恐,但这并不能说在他骨子里就是唯王命是从的。对于帝王,他有时会持批判态度,不仅批判,甚至他还一度议论道："人君者,天下之义主也。义之所在,天下共为之主矣。苟义去之,匹夫而已,岂得为天下之主乎?"④这种论调与孟子"诛一夫纣"的思想非常接近,属于原始儒家理想主义的"贤者居位"⑤政治模式的延续。从尊王与尊德的矛盾中可以看出:其实郑玉思想中的制高点并不是君王,而是纲常;纲常这一对社会秩序的诉求,显然有着高于皇权的绝对意义⑥。所以郑玉最后用生命来实践纲常的行为,也不能

---

① 余英时认为:"'君臣同治'与'君为臣纲'之间存在着一道不可跨越的鸿沟,这是宋代理学家对于传统儒家政治思想的重大修改。"见余英时:《宋明理学与政治文化》,长春:吉林出版集团有限责任公司,2008年版,第139页;

② 包弼德:《历史上的理学》,第105页。

③ 郑玉:《赵苞论》,《师山先生文集》卷二。

④ 郑玉:《张华论》,《师山先生文集》卷二。

⑤ 秦晖:《西儒会融,解构"法道互补"》,《传统十论——本土社会的制度、文化及其变革》,第174页。

⑥ 正所谓"纲常不明,人类几灭"是也。见郑玉:《与鲍仲安书》,《师山先生文集》遗文卷三。

仅仅被看作是忠于元廷政权所做出的表率行为。

在元代后期的新安理学家当中,郑玉是一个极具个案探讨价值的人物。从他的思想和行为中,可以考察出南宋以来的新安理学政治理想运行至元代后期的历史轨迹。从吕午、程元凤等人"格君之心"的实践到胡一桂、陈栎等人"明道"的思路,再到郑玉等人推动纲常伦理向现实空间落实的尝试,新安理学的政治理想走出了一条从实到虚再到实的路径。这条路径也可以解释为从最高层到下层逐步沉潜的过程。郑玉认为:"吾初欲慷慨杀身,以敦风化。既不获遂志,今将从容就死,以全节义耳。"①可以说,他心目中的"行道"理想已经与徽州理学传统中的格君心之论分道扬镳了。把注意力集中到"风化"这一非常具有社会学涵义的词上,可见郑玉意识中直接的施教对象已经开始转向民众了。传统理学中"得君行道"的期盼逐渐隐匿,而面向社会基层的关怀却是越来越加强了②。当然,从某种意义上来说,"纲常"这一关注"风化"的"外王"模式,作为一种熟人社区中微型的制度设计,依然是与政治息息相关的③。

---

① 汪克宽:《师山先生郑公行状》,《环谷集》卷八。

② 郑玉的纲常观往往和政治挂钩,所以我们可以借以研究他的政治理念。但郑玉的纲常观与其纲常实践可能与他生活的徽州社会关系更大。苏力认为:"对于个体来说,秩序不仅是外部世界的和平以及因此带来的人身和财产安全,秩序一定有主观的介入和塑造,即与外在世界包括与他人关系的确定、稳定、常规化和可预测。从这一角度看,普通人生活世界的秩序常常与学者笔下历史潮流之类的宏大历史叙事无关,它始于甚或局限于他/她直接经验的小环境,是一些琐细平庸的日常生活和人际交往。在古代农耕时代,这主要是社区内和社区间的问题,真正影响、界定他或她的往往就是周围的那几十、上百人,最多数百人,这构成了他/她的最真切的世界,同时也是其生活意义的库房。这个具体生活世界中的人际关系理顺了,有序且稳定了,他/她的生活就能便利展开,就有了意义,才可能提出具体的何为正义的问题,才有可能努力追求改善。"如果我们把元代的徽州社会理解为一个流动性比较差的熟人社区的话,那么郑玉的所强调的纲常就可以被视作是基于这一社区所设计出的微型的制度支撑。这与郑玉等人所强调的宗族建构殊途而同归。见苏力:《纲常、礼仪、称呼与秩序建构——追求对儒家的制度性理解》,《中国法学》2007年第5期,第41页。

③ 譬如苏力认为:"小共同体的稳定有序本身就是整个更大的政治社会和平安详的一部分,为传统中国这样的大国的政治治理创造了条件:大大节省了社区民众对政治权威和正式法律制度的需求,减少了治理的费用。"见苏力:《纲常、礼仪、称呼与秩序建构——追求对儒家的制度性理解》,《中国法学》2007年第5期,第47页。

第四节 有关"得君行道"的尝试

儒家"得君行道"的政治理念应该说肇端于王安石。王安石认为"得志于君,则变时而之道,若反手然"[1],遂于"平日每欲以道进退"[2]。有着"得君"际遇的王安石成为了两宋理学家们共同艳羡的对象。宋儒"得君行道"的政治理想是与宋代独特的政治生态、文化生态紧密关联的。宋代"不杀士大夫及上书言事之人"的传统使得士大夫敢于提出帝王应"与士大夫共治天下"[3]的观念。从程颐的"利见大德之君,以行其道。君亦利见大德之臣,以共成其功"[4]的理论到朱熹的"古之君臣所以事事做得成,缘是亲爱一体"[5]的思想,都可以看出宋代士大夫俨然以政治主体自许的精神境界。他们甚至想要弱化君主的功能,实行一种垂拱不动的虚君制体制。

从南宋末年徽州籍政治家格君之心的实践到元代前期新安理学憧憬三代之制的乌托邦空想,再到元代后期新安理学推动纲常伦理向现实社会落实。新安理学"行道"的政治理想走出了一条从高层到下层逐步沉潜的路径。在这条路径上,"得君"的思路虽然一度被暂时搁置起来,但是这一来自先辈的恢宏理想并没有被遗忘。随着"以道自任"气质的凸显,元代后期新安理学家内心珍藏已久的"得君行道"理想也就逐渐浮出了水面,譬如赵汸即"终若依恋元廷,冀其犹可有为"[6]。赵汸一介布衣,终身不达,是以他将"得君行道"的政治理想寄托在具有理学思想的大吏如苏天爵等人的身上。苏天爵早学于安熙,后学于虞集,其议论也有时会托出理学"得君行道"

---

[1] 王安石:《送孙正之序》,《临川先生文集》卷八四,第884页。
[2] 叶梦得:《石林燕语》卷七,北京:中华书局,1984年版,第101页。
[3] 李焘:《续资治通鉴长编》卷二二一,北京:中华书局,2004年版,第5370页。
[4] 程颐:《周易程氏传》卷一,《二程集》,第696页。
[5] 黎靖德编:《朱子语类》卷八九,第2284页。
[6] 钱穆:《读赵汸〈东山存稿〉》,《中国学术思想史论丛(六)》,第194页。

的心法,如其曾宣称:"君心之正,元化之和,礼乐之隆,风俗之厚,则惟大人君子所能致也。方今朝廷政化更新,致治之机盖不可缓。"①这一主张在赵汸看来,无疑是对"得君行道"的绝好阐发。所以,他认为苏天爵"平日论治道,必本三代,所谓明道术、正人心、育贤才、兴教化,盖拳拳焉"。如此,便能"俾其道行焉,变法律以诗书,通政刑于礼乐"②了。苏天爵作为江浙行省参知政事、大都路总管等大员,的确是有希望"得君行道"的,所以赵汸才屡屡申述"参政赵郡苏公方以文治作兴其人君"③之意。当然,赵汸的这种申述未必不是在自觉碌碌无为情况下的一种自我的提升,最终,赵汸的"得君行道"之心还是在林泉的烟蔼之中悄悄地消散了。

唐桂芳、舒顿等人花费大量精力参与科举、投谒,其用世心之强,也未尝不是来自"得君行道"之心的驱使。但是上苍最终也没给他们一试身手的机会。在元代后期徽州的士人当中,真正切入到政治层面的只有汪泽民、程文、朱升、詹同、汪叡、朱同等数人。前两者系旧政权中的人物,而后四者则为朱元璋新政权所用。在这些与政治高层有缘的士人中,既在理学上有所成就,又在元末风云变幻中显露峥嵘的乃是朱升。朱升与郑玉在元代后期的徽州学界向来齐名,正如赵汸所云:"吾乡有二先生焉。其一曰郑公子美,……其一曰朱公允升……"④,不过,这两位向来齐名的理学家面对元末时局,却做出了完全不同的人生选择。郑玉为了纲常而死节,而朱升却加入了朱元璋的新政权,并取得了一定的业绩。朱升作为一个典型的新安理学家,其思想与行为有助于我们考察元代新安理学家"行道"理想的运行轨迹。

朱升在至正年间曾任池州路学正,由于发生了壬辰兵乱才不得已隐居于石门山中,所以他亦曾是元朝旧臣。朱升最初对起义军的态度是极为反感的,而对于元廷则一直认同。其《和唐令尹喜雨谣》一诗云:"君不见,去年河陕间,到处各有守令官。尽心弭灾岂无术,坐使生

---

① 苏天爵:《中书参议府左右司题名记》,《滋溪文稿》卷二,第14页。
② 赵汸:《送江浙参政苏公赴大都路总管序》,《赵征君东山先生存稿》卷二。
③ 赵汸:《送高则诚归永嘉序》,《赵征君东山先生存稿》卷二。
④ 赵汸:《送郑士恒隐居灵山诗序》,《赵征君东山先生存稿》卷三。

齿遭艰难。忠臣忍读罪己诏,富儿勇取入粟官。……"①诗中的罪己诏当指元顺帝在后至元六年(1340)秋,因"星文示异,地道失宁,蝗旱相仍"②所下的罪己诏。从"忠臣忍读罪己诏"一句当能看出朱升对元政权曾有过的心态。而《寓钱塘题杨元诚奉使回吴中揭曼石所赠序》一诗则云:"遥知朝着虚贤席,莫为湖山枉使槎"③,又表达了愿效力朝廷而不甘隐沦的心境。

钱穆曾经深入探讨元末士人心态,他认为"宋(濂)、刘(基)之为大臣,虽渥厚之已至,而犹时时推尊胜国,既流露于文字,可知其未忘于胸怀。"④宋濂与刘基既如此留恋旧朝,那又为什么会改仕新朝呢?

在元代前期,南方士人们对元政权已经趋于认同,但这并不是说他们对元廷的认识就是一元的。在元代儒学南北分裂且凝固化的格局之下,南方士人们多是入仕无门,怨嗟之情往往有之。在元代后期,元政权统治出现地域化的倾向之后,不但在知识分子的世界里,而且包括不同地域的"公众",他们的思想因灾害、饥荒以及政府的腐败、繁重的赋税发生了很大的变化⑤。牟复礼(Frederick W.Mote)的一项研究就表明,汉族人尤其是南人们对于蒙古统治的反应是非常复杂的⑥。叶子奇曾谈道:"天下治平之时,台省要官皆北人为之,汉人南人万中

---

① 朱升:《和唐令尹喜雨谣》,《朱枫林集》卷五,第70页。

② 宋濂等:《元史》卷四十《顺帝本纪》,第857页。

③ 朱升:《寓钱塘题杨元诚奉使回吴中揭曼石所赠序》,《朱枫林集》卷五,第77页。

④ 钱穆:《读宋学士集》,《中国学术思想史论丛(六)》,第93页。

⑤ 蒙思明认为元末起义由不满社会经济结构而引发,韩山童所宣扬的"弥勒降生"的理想世界,"即当日贫民生活之极端对比,而为彼等之急切须求不能获得者也。则基于此种希望而发生之革命,自必为一不满现实社会经济之结构而企图以更易之革命,毫无种族意识存乎其间也。故韩山童之诏令,即以'穷极江南,富称塞北'为革命理由"。又如在赋税问题上,李治安也曾指出:"全国范围内中央与行省间上供与留用的比例虽然大体是7:3,但70%的上供数额绝大多数由江南三省承担。具体到这三个行省向朝廷上供的数额,肯定会高出70%很多。这就使元代中央与地方的财赋分割中,南方北方待遇高下悬殊,北方受优遇,南方受榨取,最终大大加重了江南三省民众的赋役负担。"所以越是在底层社会,民怨也就越大。分别见蒙思明:《元代社会阶级制度》,第176页;李治安:《行省制度研究》,天津:南开大学出版社,2000年版,第67页。

⑥ Frederick W.Mote, "Confucian Eremitism in the Yüan Period". in *The Confucian Persuasion*, ed. Arthur F.Wright. Stanford, Calif: Stanford University Press, 1960,pp.202-219.

无一二。其得为者,不过州县卑秩,盖亦仅有而绝无者也。"①天下治平之时,南方知识阶层尚不得用,而一旦面对危机,他们内心的被抛弃感无疑就会更加严重,从而不可避免地产生对元廷合理性的怀疑。南方士人们对于现世政权的疏离,则势必导致内心的道德革命,如党项人余阙在金华参与乡饮酒礼的做法就得到了当地众多士人的倾心赞美,并把他视为道德的楷模②。这种内心的道德革命往往会外化为志于公共服务的理念,当新政权能为士人们提供理想的实践环境时,他们就不再会盲目忠元了③。所以,宋濂、刘基留恋旧朝却又改仕新朝,其原因恰恰在此④。

朱升最初对元廷的认同与郑玉是一样的。但在后来这两位新安理学家却走出了完全不同的道路。郑玉内心道德革命转化为志于公共服务的理念轨迹十分清晰,但由于对纲常的极端株守,他没有与新政权挂起钩来。朱升的抉择与其不同,他虽然也曾认同旧朝,但内心来自新安理学传统中的"得君行道"理想与志于公共服务的理念却促使了他的转变。既然在旧政权中尘埋无用,那何不在新政权中一试青锋呢?所以当至正十七年(1357),朱元璋大军入徽。因元帅邓愈的荐举,朱元璋召朱升,朱升没有太多推脱就赴召了⑤。朱升《题柏山齐祈寺和唐子华韵》一诗的标题下有注云:"丁酉赴召时作",诗曰:

---

① 叶子奇:《草木子》卷三上,北京:中华书局,1959年版,第49页。

② John W. Dardess, "Confucianism, Local Reform, and Centralization in Late Yüan Cheki-ang, 1342–1359", in *Yüan Thought: Chinese Thought and Religion Under the Mongols*, New York: Columbia University Press, 1982, pp.327–356.

③ John W. Dardess, *Confucianism and Autocracy: Professional Elites in the Founding of the Ming Dynasty*, Berkeley: University of California Press, 1983, pp.4–10.

④ 徐子方也认为元末南方士人出仕新政权是"出于自我实现的需要。……正是这种心理需求,导致他们完成了从文人到文臣、政治家的根本性转变"。见徐子方:《从宋濂、刘基的早期诗文看其由元入明前后的心态》,《浙江社会科学》2005年第3期,第175页。

⑤ 当然社会身份对个人的选择也会产生较大的影响。章毅就比较过赵汸、朱升、唐桂芳三人的政治选择,他认为赵汸有"元代传承而来豪强家族背景",这使他"抱有忠于前朝的浓厚的遗民心态"。而朱升"因为在元朝毫无'根脚'而仕进无门,这促使他在明军入徽之初立即转向,成为新朝的开国文臣。"郑玉的祖父与赵汸祖父一样,都是元初徽州地区的执政者,我们也可以试着从这一角度去理解郑玉的殉节行为。见章毅:《元明易代之际儒士的政治选择:赵汸、朱升、唐桂芳之比较》,《中国文化研究所学报》第51期,2010年,第65页。

西风笳鼓东南来,国本应须老手裁。

洗尽甲兵过练水,早随冠冕上云台。

传宣马系门前柳,作颂人磨石上苔。

机会到时须勇进,天边莫待羽书催。①

朱元璋召朱升问以时务,据传朱升以"高筑墙"、"广积粮"、"缓称王"三策应对②,朱元璋以之为善,朱升遂入朱元璋幕。

现存的朱升《朱枫林集》系万历年间范涞所刻,原稿乃是朱升后裔献出,可能出于炫祖之目的,此文集造假痕迹比较明显。《朱枫林集》卷九有《翼运绩略》一章记述朱升功业,此篇并非"是研究朱升的珍贵史料"③,而全系伪造,实不足征。此外,《朱枫林集》中还收录有朱元璋给朱升的四篇诏诰,即《翰林院侍讲学士朱升诰》、《翰林院学士兼东阁学士朱升诰》、《免朝谒手诏》、《赐朱升诏书》。虽然有学者认为"这四篇诏诰,篇篇有假"④,但通过对比,则可发现这几篇诏诰造假的程度是不同的。在《翰林院学士兼东阁学士朱升诰》中有"文注子经、武贯韬略"⑤之语,在《免朝谒手诏》中,更有"太公韬略兴周室,方叔功名照汗青"⑥之句,极尽褒誉,宛然功盖徐、常,雄视一代。这显然是朱升后裔粉饰的结果。虽然《朱枫林集》所载吴元年丁未(1367)朱元璋授朱升翰林侍讲学士的诏诰也存在很大问题,但其亦见于程敏政《皇明文衡》、《新安文献志》与何乔远《皇明文征》以及廖道南《殿阁词林记》,其主要内容未必全部为伪,实不同于其他三篇,其文云:

---

① 朱升:《题柏山齐祈寺和唐子华韵》,《朱枫林集》卷五,第80页。

② 此三策的真实性非常有问题,但在20世纪80年代一些关于朱升的讨论中,没有人对此三策提出质疑。夏玉润:《重读朱升及〈朱枫林集〉——兼析疑点重重的"高筑墙,广积粮,缓称王"》一文的出现才彻底颠覆了朱升身上附带的神话。分别见张廷玉等:《明史》卷一三六《朱升传》,北京:中华书局,1974年版,第3929页;谈迁:《国榷》卷一,北京:中华书局,1958年版,第282页;夏玉润:《重读朱升及〈朱枫林集〉——兼析疑点重重的"高筑墙,广积粮,缓称王"》,《明史研究论丛》第8辑,北京:紫禁城出版社,2010年版。

③ 王春瑜:《论朱升》,《学术月刊》1980年第9期,第42页。

④ 夏玉润:《重读朱升及〈朱枫林集〉——兼析疑点重重的"高筑墙,广积粮,缓称王"》,《明史研究论丛》第8辑,第82页。

⑤ 《翰林院学士兼东阁学士朱升诰》,《朱枫林集》卷一,第2页。

⑥ 《免朝谒手诏》,《朱枫林集》卷一,第3页。

朕自开基以来,岁每征聘。戋戋束帛,为矜式于国中;青青子
矜,来英才于馆下。议礼作乐,郊庙所资;修己及人,国家所尚。
擢登玉署,侍讲彤闱。凤池兼掌于丝纶,麟史仍参于笔削。天地
交泰,有资赞翊之功;云汉昭回,共致文明之治。①

　　从引文看,朱升只是被看作是一位可以议礼作乐、侍讲彤闱的儒
师,所以授予翰林侍讲学士、中顺大夫、知制诰同修国史的职位②。这
可能更符合历史上真实的朱升。朱升不一定直接参与过朱元璋的军
机要务,但以占卜吉凶的方式间接参与是极有可能的。朱升精通《周
易》,想来"尔察历数,观天文","蓍言趋吉避凶,往无不克"③,"出入
帷幄,察天垂象,占筮起数,职论思出纳、命令、议礼乐、征伐之事"④,
也并非全是无稽之辞。朱升不但蓍法精准,对于刑法与兵法也颇有
研究,他早年曾订正过北宋律学博士傅霖的《刑统赋》,晚年在戎马
倥偬之际又曾旁注过《孙子兵法》,作为幕僚顾问应该说还是十分称
职的。
　　朱升出仕朱元璋前虽以塾师为生计,默默沉潜于徽州万山之间,
但他并非皓首穷经、埋首故纸之辈。朱升不遇之时,其心中也时不时
闪现着一种清理外部秩序、拯救斯民的冲动,如他所言:"立天地之心,
明圣贤之学,辅世长民,兴利除害"⑤,在这一点上,他与郑玉、赵汸是
一致的。但郑玉、赵汸却没有能够得其君而行其道,而朱升出入朱元
璋帷幄,思出纳、议礼乐,表面上看来确系宋末徽州籍政治家"得君行
道"理想的隔世回音,但其实绩却又如何呢? 朱升的努力果真取得了
"行道"的效果?
　　蒙元统治者天下皆家产的观念使得宋代以来优崇士大夫的传统

---

① 《翰林院侍讲学士朱升诰》,《朱枫林集》卷一,第1页。
② 陶安《送朱允升》一诗赞朱升曰:"王室议成新制作";而赵翼称:"定国家礼制……
时享用朱升。"分别见陶安:《送朱允升》,《陶学士先生文集》卷六,《北京图书馆古籍珍本丛
刊》第97册,第112页;赵翼:《廿二史札记》卷三六,王树民校证本,第837页。
③ 《免朝谒手诏》,《朱枫林集》卷一,第2页。
④ 程富:《程好礼集枫林文集序》,《朱枫林集》卷十,第163—164页。
⑤ 朱升:《跋静山遏籴歌》,《朱枫林集》卷三,第47页。

倏地消散了。而"内北国而外中国,内北人而外南人"①的政治布局也壅塞南方士人们的政治门槛。"元代始终重吏,以为最能实用,有期效"②,是以仕宦以儒进者为少,而以吏进者为多。儒者的边缘化,使得"得君行道"或"君臣同治"的理想变得奄奄一息。到了朱元璋新政权那里,这种状况并没有得到好转。朱元璋本是元末承明教等民间信仰起义的群雄之一,对于儒学与儒者,仅知可为我所用而已,正所谓"知慕士,而未必知礼士,驭来者如束湿,如驱羊"③。朱元璋又是中国历史上少有的雄猜之主,其刻深少恩的畸形心理可能在其成事之前就已露端倪,以占筮起数而著称的朱升不会不有所察觉,于是他"得君行道"的尝试在一开始就蒙上了一层灰色。

至正十七年(1357),朱升第一次被朱元璋征召,但没有多长时间就辞别回乡了。朱升《赋梅花初月酬汪古义诸公并序》一诗有注云:"至正丁酉岁,余由金陵还山,诸公为赋梅花初月楼诗践行,作次长歌以答之。"其诗云:

> 功名事业塞宇宙,敛之方寸谓之仁。
> 隆中窥此诸闻达,莘野抱此称天民。
> 即今谁因乃成比?故人陶侃与贺循。
> 未能陈力当引去,山中梅月姑相亲。④

从这首诗歌可以看出,朱升应召不久就萌生了退意,而且还做出了回乡的举动。不过,在朱元璋后来几次征召的催促之下,朱升不得已又重新出山了。吴元年(1367)七月,吴王朱元璋阅视宫廷乐队,并亲自击石磬,令朱升识五音。朱升"误以宫音为徵音",朱元璋遂指责曰:"近世儒者鲜知音律之学"⑤,继而一场围绕着"以乐和民"的争论

---

① 叶子奇:《草木子》卷三上,第55页。
② 王明荪:《元代的士人与政治》,第188页。
③ 钱穆:《读赵汸〈东山存稿〉》,《中国学术思想史论丛(六)》,第183页。
④ 朱升:《赋梅花初月酬汪古义诸公并序》,《朱枫林集》卷五,第68页。
⑤ 李景隆等撰、黄彰健校勘:《明太祖实录》卷二四,台北:中研院历史语言研究所,1962年版,第348页。

在君臣之间展开了。依照新安理学格君之心的政治学传统，朱升提出"君心和"才是"民和"、"天地和"的根基，但这种论调使朱元璋大为光火。朱升于是看出理想的格君心之论在朱元璋这里根本行不通，更兼以这一年，他的好友叶宗茂被朱元璋政权贬谪而死，朱升伤心不已，叹息曰："宗茂则已，余与仲谦之悲何时而已耶？"①再加上"明祖行事多仿汉高"②，"兔死狗烹"的余寒凛于朱升之颈。总之，多方面的因素使朱升并没能展开自己的"行道"计划，最终在洪武二年（1369）选择了离开，回到家乡而悄悄地老死在林泉之下。

朱升的归隐对于新安理学家们的影响是巨大的，新安理学家关于新政权的些许幻想至此开始破灭。唐桂芳曾经恭维朱元璋"主公英明神武，兼数君之长"③，赵汸亦曾称朱元璋"圣天子既混一华夏"④，但在朱升归隐之后，他们更加强烈地表露出隐逸的心态来。洪武二年（1369），明政权诏修《元史》，新安理学家赵汸与汪克宽俱在选中，他们推辞不得乃勉强赴命。在京师修撰《元史》期间，赵汸曾有多篇文章表达其心迹。譬如在写给操琬的序中，赵汸特别点出了山林之士与朝廷之士的区别，并以操琬的赠语作结："子姑迟之，吾待子于番、歙之间不远矣"⑤，其隐逸心态跃然纸上。《元史》事毕，朱元璋特旨参修人员俱留禄仕，但赵汸却力辞回乡。与赵汸一样，汪克宽也以老疾力辞不受而还。

朱升选择归隐可谓有先见之明，时隔不久，朱元璋就开始显露其残暴的一面。所谓"太祖惩元纵弛之后，刑用重典"⑥，其刑罚之重，实令人咋舌：

> 凡三《诰》所列凌迟、枭示、种诛者，无虑千百，弃市以下万数。贵溪儒士夏伯启叔侄断指不仕，苏州人才姚润、王谟被征不至，皆

---

① 朱升：《叶宗茂哀诗序》，《朱枫林集》卷四，第60页。
② 赵翼：《廿二史札记》卷三二，王树民校证本，第737页。
③ 《皇明宝训》卷三，台北：台湾学生书局，1986年版，第190页。
④ 赵汸：《华川文集序》，《赵征君东山先生存稿》卷二。
⑤ 赵汸：《送操公琬先生归番阳序》，《赵征君东山先生存稿》卷二。
⑥ 张廷玉等：《明史》卷九三《刑法志》，第2279页。

诛而籍其家。寰中士夫不为君用之科,所由设也。①

元勋陨首,大臣屠戮,明初四案受牵连者何计万数? 正所谓"以区区小故,纵无穷之诛"②,专制皇权的加强,严重挤压了士人们的生活空间,同时也扭曲着他们的人格③。在这种情况下,"得君行道"的理想已是没有任何可能展开了。

服务于朱元璋新政权的新安理学家除了朱升外还有歙人鲍颖与婺源人詹同。鲍颖与郑玉、朱升、张文在、郑潜、唐桂芳等理学家相友善,入明后为翰林修撰承直郎、同知制诰兼国史馆编修官、耀州同知。洪武四年(1371),西安府经历常达坐事,遂使陕西一道官吏包括鲍颖在内尽皆下狱身死。詹同"学识淹博,讲《易》、《春秋》最善"。詹同曾经在洪武四年任吏部尚书,六年又兼学士承旨,位不可谓不高。史书评价詹同"通道术,达时务",所谓"通道术,达时务",可能就是对专制皇权的一种妥协。在詹同那里,新安理学传统中的格君心之学已经转换成为一种伺机规劝了,逆龙鳞则早已成为了一种传说。《明史》本传记载:"帝尝与侍臣言声色之害甚于鸩毒,创业之君为子孙所承式,尤不可不谨。同因举成汤不迩声色,垂裕后昆以对。其因事纳忠如此。"④詹同在洪武七年(1374)致仕之后离世,这之后在朝中立足的徽州籍理学家分别是汪叡与朱同、范准、程伯静。汪叡比后三人年长,他曾"取友乡里,如倪仲弘、郑子美、朱允升、赵子常、吕安贞诸先达,相与讨论"⑤。洪武十七年(1384),朝廷复下征贤之诏,年迈的汪叡侍讲《尚书·西伯戡黎》篇深惬圣意,被授予左春坊左司直郎,但他在职没有多久就去世了。洪武十八年(1385),朱升的儿子礼部侍郎朱同、督

---

① 张廷玉等:《明史》卷九四《刑法志》,第 2318 页。

② 张廷玉等:《明史》卷一四一《练子宁传》,第 4022 页。

③ 朱元璋时代,廷杖开始在士大夫身上使用。正如孟森指出:"廷杖亦明代特有之酷政,太祖明知其非待大臣礼,然卒犯之,为后世作则。"见孟森:《明清史讲义》,北京:中华书局,1981 年版,第 78 页。

④ 张廷玉等:《明史》卷一三六《詹同传》,第 3928 页。

⑤ 程汝器:《明故承务郎左春坊左司直郎贞一汪先生叡行状》,《新安文献志》卷七二,第 1772 页。

府断事程伯静、工部主事范准皆因户部侍郎郭桓案下狱,朱同、程伯静因此而丧命。朱同作为朱升的儿子,其出仕时在某种程度上还抱有着"得君行道"的想法,其诗《遭诬得罪赋此以见志》可为凭证。诗云:"自知廉洁可匡君,岂料颠连更殒身。"①但他"匡君"的理想还没有展开,就莫名其妙地混丢了脑袋。至此,新安理学自宋末以来传承而下的"得君行道"理想与"格君之心"策略遂丧失殆尽了。

关长龙认为"把道学践履的全部期待都赌在'觉王'这孤注一掷上,是格物不及之过也。也是道学内倾末流化的必然产物"②。宋末时,理学士人们的"觉王"理想是有其政治生态作为其支撑的,但在元末明初,"得君行道"与"格君之心"开展的条件已不具备,所以他们的政治理想最终灰飞烟灭。徽州的理学士人们只好把纲常的推行、礼制的下渗和宗族的整合作为他们"行道"的落脚点。这一落脚点渐渐偏离了君主与政治,而民众与基层社会则越来越成为他们关注的对象。

小　结

元代前期,科举不行,新安理学家们遂与政治绝缘。但他们并未放弃政治理想,而是通过编纂历史学著作去"明其道",这个所谓的"道"就是"三代"那种圣贤政治模式。不仅如此,他们还为"道"的实现设定了方法论,如强调人主格心与儒士师保的作用等等,当然,他们的设计总归是一种政治空想而已。

元代后期的新安理学家们显然想用事于当时,也曾致力于向外之学,即向崇尚治术吏事的北方儒学格局靠拢。但限于当时的政治环境,新安理学家们在仕途上仍旧不达,而只得蜗居乡里。人主无从得见,"得君行道"终至无法展开,于是这些理学家的"外王"意识就从另外一个角度切入了:对纲常的强调与实践。他们把纲常与政治的运行、社会的运转衔接起来,并认真地去推行。从某种意义上来说,"纲常"这一关注"风化"的"外王"模式作为一种熟人社区中微型的制度

---

① 朱同:《遭诬得罪赋此以见志》,《覆瓿集》卷三,《景印文渊阁四库全书》第 1227 册。
② 关长龙:《两宋道学命运的历史考察》,上海:学林出版社,2001 年版,第 461 页。

设计,依然是与政治息息相关的。

　　元代儒学南北格局对南方士人价值观的塑造起到了明显的作用。如新安理学家们无法在旧朝"得君行道",一旦风云有变,就会有人在新政权中一试身手。但在元末明初,"得君行道"与"格君之心"开展的条件并不具备,是以其政治理想最终灰飞烟灭。君主与政治逐渐偏离了新安理学家们的视域,而民众与基层社会则越来越成为他们关注的对象。

第九章　元代新安理学的播扬与终结

第一节　元代新安理学的传播

　　自宋元鼎易，绝大多数南方士人都失去了入仕机会，成为终身不仕的乡先生。与政治的疏离，使得他们的注意力下移至基层的教育活动，其社会角色以从事教育的山长、经师、塾师为最多。为了教学之需要，编纂合适的经学教材就成了他们的首要工作。元代徽州一域的新安理学家群体其规模不小，其经学著述在数目上也十分可观。不过，限于低微的身份，新安理学家活动的地域相对狭窄，其讲学影响的范围实属有限。揭傒斯就曾比较过吴澄与陈栎的差别：

　　　　吴先生多居通都大邑，又数登用于朝，天下学者四面而归之，故其学远而彰，尊而明。陈先生居万山间，与木石为伍，不出门户动数十年，故其学必待其书之行，天下乃能知之。①

_____

① 揭傒斯：《定宇陈先生栎墓志铭》，《新安文献志》卷七一，第 1740 页。

　　新安理学家们普遍不达,正如揭傒斯所指出的,他们在后世知名只能是借助其经学著述的四外传播。元代早期的新安理学家都愿意通过各种途径将他们的著作付梓。如胡一桂《周易本义附录纂注》、胡炳文《周易本义通释》、陈栎《论孟口义》、《书集传纂疏》都为他们生前所刻。延祐开科以后,本身具有考试辅导用书色彩的新安经学派上了用场,以致出现了大量刊刻的盛况。胡一桂《诗集传附录纂疏》一书被书坊刊刻即是为科举计,譬如元泰定四年(1327)初刻本就有书坊主人题识曰:"文场取士,《诗》以朱子《集传》为主,明经也;新安胡氏编入《附录纂疏》,羽翼朱《传》也;……学《诗》之士潜心披玩,蜚英声于场屋者,当自此得之。"①

　　元代的徽州书院林立,有很多书院自己刊印书籍,如胡氏明经书院考课的奖品中有山长胡炳文自著的《周易本义通释》,此书即为胡氏明经书院自己刊印②。元代后期,徽州地区的刻书活动益发繁荣,一大批新安理学著作刊刻面世,见于记载的就有陈栎的《通鉴续编》、郑玉的《春秋经传阙疑》、朱升的《四书五经旁注》以及赵汸的《春秋属辞》、《春秋师说》、《春秋左氏传补注》等等③。

　　元代徽州刻书业虽然繁荣,但比起福建建安一带却颇有不如。元代新安理学著作的流布不仅得益于徽州一域的刻书业,更得益于建安坊间的雕版印刷。福建建安的刻书业在宋代首屈一指,向有"图书之府"的美誉④。叶德辉认为:"元时书坊所刻之书,较之宋刻尤伙"⑤,谢水顺等人则更具体地指出:"元代福建刻书业特别是坊刻仍居全国之首。"新安理学家的一些著作往往在建安地区的书坊中付诸枣梨。譬如熊禾武夷书堂曾刻胡方平《周易启蒙通释》、胡一桂《十七史纂古今通要》;刘君佐翠岩刘氏家塾曾刻胡一桂《诗集传附录纂

---

① 刘君佐:《〈诗集传附录纂疏〉刻书识语》,胡一桂:《诗集传附录纂疏》,第284页。

② 胡炳文曾写信给陈栎说:"赏惟《通释》,未有纸可印,今玉湖已买得纸矣,不数日间送去。"可见,《周易本义通释》一书由明经书院自行刊印。见胡炳文:《答定宇陈先生栎》,《云峰集》卷一,第170页。

③ 刘尚恒:《徽州刻书与藏书》,第29—32页。

④ 祝穆:《方舆胜览》卷一一,第181页。

⑤ 叶德辉:《书林清话》卷四,台北:世界书局,1961年版,第103页。

疏》、《周易本义附录纂注》、《周易发明启蒙翼传》；刘锦文日新堂曾刻俞皋《春秋集传释义大成》、汪克宽《春秋胡氏传附录纂疏》、倪士毅《四书辑释》、赵汸《春秋金钥匙》；余志安勤有堂曾刻胡炳文《四书通》、《周易本义通释》、陈栎《书集传纂疏》及张存中《四书通证》；富沙碧湾吴氏德新书堂曾刻程复心《四书章图纂释》等①。可以说，徽州与建安发达的刻书业促进了新安理学著作的传播。到了元末时代，新安理学家的著作也许谈不上有掩有宇内之势，但当也不是什么难得之货了。

元代时，新安理学的传播有赖于徽州及建安一带发达的刻书业的推动，另一方面，元末几位新安理学家的宣传与推介也是不可忽略的因素。譬如赵汸走出徽州，与苏天爵、宋濂、王祎等名公相交游，在这期间，他就经意不经意地传播着前辈们的学说。当然，仅靠几位理学家宣传、推介，其力度未必很强。新安理学著作真正具备全国范围内的认同，应与《元史》的修纂关系很大。

为了宣告元朝的终结，同时树立自我政统的合法性、合理性，朱元璋在洪武元年（1368）迫不及待地下令纂修《元史》，宋濂、王祎两位作为纂修《元史》的总裁，两开史局。前后进入史局的学者计30人，详见下表：

表 9.1　《元史》修纂人员简表

第一次入史局者（16 人）	第二次入史局者（15 人）
赵汸、汪克宽、陈基、张文海、胡翰、宋僖、陶凯、赵埙、曾鲁、傅恕、高启、徐尊生、谢徽、傅著、王锜、黄篪	赵埙、贝琼、朱世濂、王彝、张孟兼、李懋、高逊志、李汶、张宣、杜寅、王廉、俞寅、朱右、张简、殷弼

因为与总裁宋濂、王祎相识，两位新安理学家——赵汸、汪克宽被引入史局，这对新安理学声望的提升起到了至关重要的作用。陈高华曾考证出《元史》部分章节的作者，如《方技传》应出于胡翰之

---

①　谢水顺、李珽：《福建古代刻书》，福州：福建人民出版社，1997 年版，第 184—204 页。

手,《孝友传》应为高启所作等等①。至于《儒学传》,从中可明显看到宋濂的理念,如合儒林与文苑为一体、以经艺文章为不二等②。在宋濂的亲自干预下,戴表元也被纂入《儒学传》中③。除了宋濂外,《儒学传》中还可以明显感觉出赵汸与汪克宽的参与。赵汸、汪克宽为胡一桂、胡炳文、陈栎等新安理学家的后辈学人,都曾得蒙前辈亲炙④。是以将其乡贤书写在《儒学传》这幅元代学术地图上固是其使命所在。

　　胡一桂、胡炳文、陈栎三位新安理学家最终被纂入《元史·儒学传》之中。这一事实,谓其与赵汸、汪克宽的努力有关是有一定根据的。《元史》陈栎本传显然以揭傒斯所撰墓志铭为底本,但胡一桂本传、胡炳文本传却均取自徽州儒士汪幼凤所撰的《胡云峰炳文传》、《胡一桂传》⑤。汪幼凤只做过州学正一类的底层学职,学术上也无多建树,是以不甚知名。其所作小传若非赵汸、汪克宽所兜售,其他地区的学者又谁尽知之呢?

　　通过赵汸与汪克宽的努力,胡一桂、胡炳文、陈栎三位新安理学家得以和赵复、金履祥、许谦一样位列《元史·儒学传》中。《元史·儒学传》的编纂完成,标志着新安理学突破徽州万山的围困,走向了国家权力圈定的学术畛域。不仅如此,《元史·儒学传》的编纂完成,还赋予了后世学人按图索骥的可能性,元代新安理学因而在后世获得了更为持久的知名度。

---

①　陈高华:《〈元史〉纂修考》,《历史研究》1990 年第 4 期,第 123 页。
②　宋濂等:《元史》卷一八九《儒学传》,第 4313 页。
③　宋濂:《〈剡源集〉序》,《宋濂全集》第 1 册,第 467 页。
④　汪克宽曾问学于胡炳文,如汪克宽行状记载:"云峰胡先生炳文于郡庠开堂试,以激厉后进,先生屡中郡学及堂试,与庠序诸老成相颉颃矣。"赵汸在少年时也深受前辈新安理学家影响,其行状记载:"少长,遍诣郡之师儒",他自己也曾谈道:"仆之乡先生皆善著书,所以羽翼夫程朱之教者,俱有成说,仆自幼即已受读。"赵汸对陈栎、胡炳文等新安理学前辈虽有腹诽,但也常有赞誉之词出自其口。分别见吴国英:《环谷汪先生克宽行状》,《新安文献志》卷七二,第 1769 页;赵汸:《留别范季贤序》,《赵征君东山先生存稿》卷二。
⑤　汪幼凤:《胡云峰炳文传》、《胡玉斋方平传(子一桂)》,《新安文献志》卷七十、七一,第 1741—1742、1723—1725 页。

第二节　元代新安理学家群体的终结

　　赵汸、朱升、汪克宽、唐桂芳等新安理学家于明朝立国之后不久便纷纷谢世了。他们谢世后，其弟子们恰当令之时。这些弟子虽然不在少数，但却很难说形成了一个新的理学家群体。首先，他们对于学术研究的兴趣已经不是那么浓厚了，尤其是在经学领域里几乎拿不出有影响的经学著作来。其次，很少有资料可以显示他们会常常在一起探讨学术问题。通过检索《新安文献志》、《新安名族志》以及相关文集并相关方志，可以大致得到郑玉、朱升、赵汸、汪克宽等新安理学家弟子们的情形，详见下表：

表 9.2　元末朱升、赵汸、汪克宽等新安理学家弟子们的大致情形

姓名	籍贯	师承	仕宦情况	学术成就	著述
吴国英	歙县凤凰山	汪克宽		通经饬行	
任　序	休宁万安	汪克宽	代兄任原镇越及闽中	参与汪克宽学术著作的撰述	有诗文集
任　原	休宁万安	汪克宽 赵　汸	历官至显武将军、雄峰翼管军万户	参与汪克宽学术著作的撰述	有诗文集
詹　烜	婺源庐坑	赵　汸	洪武初荐授海宁学教谕		有诗集
汪德馨	休宁芳塘	倪士毅 朱升			《谷隐文集》
詹　徽	婺源	詹　同	洪武中历官左金都御史。进左都御史兼吏部尚书		

续表 9.1

姓名	籍贯	师承	仕宦情况	学术成就	著述
朱 同	休宁	朱升	洪武中举明经,为本郡教授。庚申举人才,召为吏部司封员外郎。十五年二月,以覃恩升礼部侍郎		《新安志》、《覆瓿稿》
陈自新	休宁	朱升 赵汸	洪武中有荐之者,不就		
汪荫		赵汸	以贤良召		
范准	汉口	朱升 赵汸 汪叡	洪武十一年,以明经举为本县学训导。擢陕西吴堡知县,秩满升工部主事		《庙瓮稿》、《缪稿》、《悉白稿》、《何陋轩稿》、《西游率稿》
倪尚谊	休宁倪干	倪士毅 赵汸			所著《春秋集传》未成
倪尚德	休宁倪干	倪士毅 朱升 赵汸	洪武初有司以明经举,死不愿仕		
赵顼	休宁龙源	赵汸	洪武初以明经举县学训导,升河南柘城教谕		
陈嵩	休宁	朱模	洪武初,举明经,授本府学训导,升国子学		
叶真寿	休宁星洲	叶宗茂			

姓名	籍贯	师承	仕宦情况	学术成就	著述
唐 和	歙县	唐桂芳 江彦修	国初为平章何文辉所辟,授吏目,升经历。洪武庚戌再举贤良,授知黄州,历阳湖泊官		
唐文凤	歙县	唐桂芳	永乐初仕为赣州兴国知县		《梧冈集》
江敬弘		赵 汸	洪武初以吏谪濠梁	博学能诗	《斐然集》
吴玉林	歙县富饶	赵 汸 郑 潜			《松萝吟稿》
吴 斌	休宁博村	余子韶 汪 叡 朱 升 赵 汸	以文学荐授平阳县簿		《松萝稿》
程仁发		朱 升 汪 叡	以孝廉举为本县学训导,升兰溪开化县学教谕,选为楚府伴读		
程吉辅	休宁陪郭	陈 先 赵 汸	洪武庚戌,征为宣谕,辞归	涉猎诸经史,尤好兵律星筮之学	
郑子初	歙县郑村	郑 玉			
吴伯顺	休宁石川	倪士毅			
汪致道	黟县霞阜	倪士毅	萧县令		
汪俊德	歙西沙溪	郑 玉			《覆瓿稿》
汪德懋	休宁罗墩	汪克宽 赵 汸	荐授故城县丞		

续表 9.1

姓名	籍贯	师承	仕宦情况	学术成就	著述
鲍颖	歙西棠樾	张文在 郑潜 胡孟成	洪武初荐授翰林修撰、承直郎、同知制诰兼国史院编修、同知耀州		
黄枢	休宁古林	赵汸 朱升	洪武初被征，以左躄免		《后圃存集》
郑忠	歙县	郑玉	洪武中以荐为歙学训导		
曹子纯	歙县叶有	朱升	以儒士举授汉川知县		
金居敬	休宁阳干	朱升 赵汸		校正朱升、赵汸的学术著作	《春秋五论》
程昆	休宁恒水堂	朱升 赵汸	洪武初以明经授黟县学训导，以本县知县晋之用荐，授金华浦江县，调山东寿张县。永乐三年，应求贤举，升蕲州知州		《周易集传》
汪洗	汉口	朱升 赵汸			遗稿一编

　　随着郑玉、朱升、赵汸、汪克宽等新安理学家的相继凋谢，徽州学界的经学研究遂逐渐停顿下来了。从上表可以看出，有幸得蒙朱升、赵汸等人亲炙的青年理学士人虽然不在少数，但最终在学术上无所成就者却占了绝大多数。他们基本都没有撰写出成功的经学著作来，经

学大师则是更无一例。一些人仅有诗集或文集传世,有些人甚至连诗集、文集都没有留下。可以说,显赫于元代的新安理学到了明初竟然出现了凋敝的惨状。到了解缙的时代,新安理学家群体似已退出了徽州的舞台。解缙在为吴玉林所撰写的墓志铭中曾谈道:

> 新安,齐国文公阙里也,遗风余韵,奕世犹存。自宋亡元兴,时则有若程勿斋、吴义夫、汪古逸、赵子常、郑彦昭、汪德辅、倪士毅、朱允升、郑师山、唐三峰,传至国初,以性命义理之学讲淑诸人,皆不失为文公之徒也,予尝闻而为之羡慕焉。①

而到了明代中期,新安理学曾经的繁盛更是化为了一种苍凉的记忆,譬如汪循就曾经叹惋道:

> 元季国初之间,某尝自谓某郡典章文物之盛、理学相传之真,在他郡或未之过也。定宇陈先生栎、道川倪先生士毅、凤(枫)林朱先生升、东山赵先生汸、礼侍朱先生同、平仲范先生准之在休,云峰胡先生炳文、黟南程先生文、蓉峰汪先生叡之在婺,与夫师山郑先生之在歙,环谷汪先生克宽之在祁,其选也。②

汪循对元代新安理学评价甚高,但到了明初,他就没有再往下谈去。而汪禔也曾感慨说:“吾祁自环谷既殁,斯道寥寥者百余年。”③这些都可以证明:徽州一域的新安理学在朱元璋执政后期已是颇为黯淡而不值一提了。

元代的新安理学家群体终结于明初是有其原因的。首先,发生在徽州的至正壬辰战乱削弱了新安理学研究的现实基础。至正十一年(1351),元廷以贾鲁治黄河,造成北方韩山童、刘福通红巾起事。罗田人徐寿辉也在鄂东一带投衅而起,并创立了“天完”政权。随后,徐寿

---

① 解缙:《吴处士伯冈墓志铭》,《新安文献志》卷九二下,第2295页。
② 汪循:《新安师友文集序》,《汪仁峰先生文集》卷七,第269页。
③ 汪禔:《与王生大忠书》,《檗庵集》卷上,《四库全书存目丛书》集部第146册,第342页。

辉分兵两路分别向湖南、江西方向挺进。至正十二年壬辰（1352）春四月，徐寿辉一部（蕲黄红巾）由婺源攻破徽州。九月，元军收复徽州。到了这一年冬天，蕲黄兵再次攻克徽州。三旦八、八忒麻失里、合刺忽纳等元军将领带兵与蕲黄红巾军在徽州展开了反反复复的拉锯战，造成了徽州人口的大量死亡与逃遁。

至正壬辰战乱对新安理学造成的冲击不难想见。正所谓"至正壬辰烽火四起，邑之室庐皆毁"①，"民死亡者十七八，尚未知所届"②，"邑之遗黎存者百二三"③，悲惨的现实无疑把新安理学家们逼上了绝路，他们为了保全自我居多采取了匿入深山的方式。譬如朱升"避兵奔窜"④，隐居于石门山中；郑玉则"避地南石耳山"，后又"窜灵山山中"⑤；而舒顿曾描述家人云"吾母挈诸媳诸孙及吾兄弟，凡二十余人，登崇涉险"⑥；赵汸也曾"奉母夫人避地"⑦；……新安理学家们虽然能匿入深山保全性命，但是他们的书院以及书籍却因无暇顾及而惨遭荼毒。如郑玉曾悲愤地谈道："至正壬辰，蕲黄红巾攻陷吾郡，祸及先庐，累世藏书无片纸存者。求之亲旧，悉皆煨烬，虽欲一《周易》白文读诵，亦不可得。"⑧唐桂芳也曾经遗憾地说："予家藏书万卷，壬辰淆乱，斯文滨于灭，虽邻里故旧无一存者。"⑨舒顿则更是太息云："自壬辰寇变，家藏谱画书籍与所作旧稿，荡然无遗。"⑩谢子温系朱熹及门弟子谢琏之后，他也曾向汪克宽倾诉说："余祖常游紫阳朱夫子之门，学行醇正，为时名儒。所著有《语录》、《日录》若干卷，藏于家。壬辰兵变，挈家逃难入山，遗文散逸，不复得而见矣。"⑪总之，这场持续数年之久

---

① 舒顿：《重建翠眉亭记》，《贞素斋集》卷一。
② 赵汸：《送总制王公移镇新安诗序》，《赵征君东山先生存稿》卷三。
③ 汪克宽：《重建祁门县儒学记》，《环谷集》卷五。
④ 朱同：《朱学士升传》，《新安文献志》卷七六，第 1854 页。
⑤ 汪克宽：《师山先生郑公行状》，《环谷集》卷八。
⑥ 舒顿：《祭先姑安人戴氏文》，《贞素斋集》卷三。
⑦ 詹烜：《东山赵先生汸行状》，《新安文献志》卷七二，第 1762 页。
⑧ 郑玉：《周易大传附注序》，《师山先生文集》卷三。
⑨ 唐桂芳：《送程仲庸序》，《唐氏三先生集》卷一八，第 644 页。
⑩ 舒顿：《贞素斋集序》，《贞素斋集》。
⑪ 汪克宽：《宋故迪功郎勅授龚州助教谢公墓表》，《环谷集》卷八。

的巨大灾难使得徽州"世家大族俱被剽掠劫夺"①,这对徽州一域造成的打击是多方面的,其损失难以估量。整个徽州社会一时间凋敝至及,尤其是文化层面备受摧残,正如舒頔眼中的今昔对比:"昔之彬彬衣冠故老,今无一人焉;昔之渠渠华屋甲第,今皆荆棘焉;昔之朗朗弦诵,声振林木,今何寥闃焉!感慨畴昔,恍然一梦。"②在这样的社会大动乱当中,能够保住性命便成为了第一要义,至于究心理学与否则变得相对次要了。如赵汸所说:"荐经祸乱,自井邑田野,以至于远山深谷民居之处,莫不荡为丘墟。学者逃难骇散,未安其生,又奚暇治诗书礼乐之事哉!"③即使有究心理学的青年存在,而老儒逃窜、典籍煨烬的现实也无法给予他们究心理学的条件。经学研究需要经师、需要典籍,更需要学子们的长期积淀,并非一朝一夕所能成功。总之,壬辰战乱对新安理学造成的负面影响无疑是巨大的。

其次,朱元璋朝的察举制度与里甲、乡里教化制度造成了新安理学家群体的分化与瓦解。元代的官吏录用制度倚重"根脚",南人地位又为最低,南方士人是以进身无由,这致使大量知识分子把自己的精力与才华埋进了故纸堆。元代经学的繁盛,在某种程度上是进身无阶的南方士人们无处施展抱负的结果。然而朱元璋政权却与之不同,朱元璋从一开始就注意笼络理学士人,因而着力寻访四方经学、道德之士。明政权建立之后举行过科举考试,但很快又终止了。终洪武一朝,察举之风特盛不衰,而"经术类高居各种察举科目之首"④。婺中学界、徽州学界的一些理学士人因此而被延聘、荐辟乃至被录用。在徽州,著名的新安理学家如朱升、汪克宽、赵汸、詹同、汪叡等人均曾为朱元璋政权所延聘、征辟,这种情形也为徽州其他的理学士人提供了一种参照。况且朱元璋求才,威逼利诱并举,以至于出现"有司敦迫上

---

① 唐文凤:《明故耀州同知尚裦鲍公行状》,《唐氏三先生集》卷二八,第777页。
② 舒頔:《胡氏族谱序》,《贞素斋集》卷二。
③ 赵汸:《商山书院学田记》,《赵征君东山先生存稿》卷四。
④ 林丽月:《明初的察举(1368—1398)》,《明史研究论丛》第5辑,南京:江苏古籍出版社,1991年版,第461页。

道,如捕重囚"①的情形,甚至《大诰》规定"寰中士夫不为君用"②乃系罪至抄札的违法行为。于是朱升、汪克宽、赵汸这一代新安理学家的弟子如吴国英、詹烜、汪德懋、郑忠、赵顼、程昆、曹子纯、陈嵩、唐和等人纷纷以举明经、举贤良、举文学、举人才等各种形式入仕,虽然他们大多数只能做些知县、县丞、主簿、训导、教谕等一类的下级官吏,但他们人生的着力点却因之而扭转了。上表所列33人中的绝大多数都得到了朝廷的察举录用,但这只是其中的一部分。徽州是朱元璋政权最早收服的地区之一,所以在明初,徽州一域得到朝廷察举录用的士人要视他地为多。这些士人因仕宦都离开了家乡。当郑玉、朱升、赵汸、汪克宽等理学家凋谢之后,元代时形成的新安理学家群体也就逐渐消散了。

　　元政权在乡村首开分为两部分的里社制,其中诸村主首"佐里正催督差税,禁止违法",而社长则负责劝农,惩戒"游荡好闲,不务生理,累劝不改者",还负责诫谕乡民,使之"毋陷刑宪"③。其体制"一为分乡民于社,置社长以董督之,内中一切,多类于今日所谓地方自治。其二为里正等乡役,沿唐宋旧制,掌管课税、办差等国家直接事务"④。元代村社中行使基层政权职能的里正、主首被时人称为"乡司"⑤,并不被重视,是以元代乡村的管理相对松散,在江南地区尤是如此⑥。朱元璋建立的明政权重新以乡村本位取代了元政权的城市本位,美国学者范德(Edward Farmer)认为朱元璋"的目标是一个静态道德秩序的'较小之中国',这个国度以缜密分层的父权等级建立在汉民族土地上"⑦。基

---

①　张廷玉等:《明史》卷一三九《叶伯巨传》,第3991页。

②　张廷玉等:《明史》卷九三《刑法志》,第2284页。

③　方龄贵:《通制条格校注》卷十六,北京:中华书局,2001年版,第451—452页。

④　江士杰:《里甲制度考略》,重庆:商务印书馆,1944年版,第36页。

⑤　史卫民:《元代社会生活史》,北京:中国社会科学出版社,1996年版,第225页。

⑥　柴福珍等人认为社制作为元朝基层管理组织并未在基层普遍建立,因为"北方草原不适宜于立社,长江流域及其以南的农民不勤耕,因此社制的建立与作用主要体现在黄淮流域的中原大地上"。她们同时也认为"元代所建社制的作用并未得到全面实现"。见柴福珍、石华:《元代的农村基层社会管理》,《贵州社会科学》2010年第1期,第131页。

⑦　[美]范德(Edward Farmer):《一国之家长统治:朱元璋的理想社会秩序观念》,秦方译、朱鸿林主编:《明太祖的治国理念及其实践》,香港:香港中文大学出版社,2010年版,第1页。

于这种意识,朱元璋在乡村中实行了里甲与里老等严格的管理体制。尤其是在地方上设置的里老人,其职责有如元代的社长,但其管理与控制功能则极大加强了。每年春天,里老人要主持乡饮酒礼,并宣读"遵守礼法"的誓约①。除此之外,里老人还有值旌善、申明二亭、悬教民榜以及持铎巡路、告谕乡民的职能②。里老人制虽然在表面上看似社会自治组织,但实际上是高度纳入政府掌控范围之内的③。"这种自上而下的强制性的政治伦理措施,在某种程度上也限制和束缚了人们的自由。"④是以生活在乡间的理学自发主义群体已经无法像元代时那样自由呼吸了⑤。在元代,乡村中松散的里社制给理学家们提供了自由实践的空间,但到了明初,理学家自发倡导的教化职能却已收归政府了。里老人制的设置,使得理学家群体自发方案的实施变得不再必要。这也是明初新安理学家群体逐渐消失的原因之一。

再次,明政权对经学内容的染指也在某种程度上造成了新安理学经学兴趣的消退。朱元璋在其统治期间,在服饰、礼制等层面进行了大张旗鼓的改革,其用意在于与三代制度挂钩,通过呼应儒家理想的社会模式,以塑造出新政权的合法性与正统性来⑥。当然,对经学的重

① 徐一夔:《明集礼》卷一五《祭乡厉文》,《景印文渊阁四库全书》第649—650册。

② 李景隆等撰、黄彰健校勘:《明太祖实录》卷二五五,第3677页。

③ [日]细野浩二:《里老人与众老人》,《史学杂志》第78编,第7号,1969年,第51—68页。

④ 秦海滢:《明初乡村教化初探》,《东北师范大学学报》2001年第1期,第23页。

⑤ 一些外籍学者如日本的植松正(Uematsu Tadashi)就认为:在元朝经济政策的影响下,江南士人的生活境遇还是比较优越的。尤其是江南的地主阶级,在元代受政府的干扰很少。我国学者蒙思明也曾指出:"宋亡则原有阶级大部存续","宋之社会组织得以存续"。有元一代,"汉人、南人之财富阶级,既挟其长期积累而来之经济优势,与适应此种经济生活之智能,复加以元代政治粗疏放任,未有统一之政令,官吏贪鄙,时与豪富相勾结,于是汉人、南人之地主富商,更易发展,财富之数量日增,潜在之势力日大,驯驶然有挟其优越之经济力以根本破坏种族阶级制而使之同化于固有之经济阶级制之势"。分别见 Uematsu Tadashi, *The Control of Chiang-nan in early Yüan*. Acta Asiatica, 45(1983), pp.50-65;蒙思明:《元代社会阶级制度》,第36、81、82页。

⑥ 譬如张佳指出:"明初以去蒙古化为目标的服饰复古改革,目的在于塑造明政权'承古先圣王之统'的正统地位,以期加强民众对新政权的认同;同时借助于胡汉服饰习俗的严格区分,刻画一个异于'中国'传统的'胡元'形象,以此反衬自身政权的正统性。"见张佳:《重整冠裳:洪武时期的服饰改革》,《中国文化研究所学报》,第58号,2014年1月,第114页。

构也是其策略之一。

在儒家诸经当中,《春秋》一经是最关乎正统内容的,所以对其进行重构也就成为了新政权文化建设的当务之急。洪武年间,官方就曾编纂过《春秋》学读本《春秋本末》,此书虽然由东宫文学傅藻一干人等编纂①,但这其中肯定有朱元璋的意思在里边。譬如杨士奇就曾记载云:"太祖高皇帝命儒臣因仲尼之旧汇粹之,以便览观。"②《春秋本末》其具体的重构方式就是将《春秋》的编年体变成了国别体,其中各诸侯国的排列次序就明显体现出了正统意识,正所谓:

> 先周,尊天王也;次鲁,内望国也;次齐、晋主盟中夏,故列之鲁后,而齐复后于晋,以晋于周鲁为亲,其霸视齐为长也。自齐而下,次宋、卫、蔡、陈地丑德齐,而宋以公爵列于三国之首。卫、蔡、陈之爵皆侯也,郑、曹、燕、秦皆伯也,陈、蔡独后,异姓也。若楚、若吴、若越,以僭号见抑于《春秋》,并居其后。而小国戎狄附焉。③

《春秋本末》公布后即成为官方权威在文化领域内的示范性尝试,民间的一些自发研究自然会受到影响,尤其是对徽州学界的《春秋》学研究会产生一定的抑制作用。这也可能是郑玉、汪克宽、赵汸等人谢世之后徽州再无《春秋》大师的原因之一。

洪武二年(1369),朱元璋诏天下立学,并命礼部立石,共有禁约十二条,其一曰:

> 国家明经取士,说经者以宋儒传注为宗,行文者以典实纯正为主。今后务须颁降《四书》、《五经》、《性理》、《通鉴纲目》、《大学衍义》及历代诏律典制等书,课令生徒诵习讲解。其有剽窃异

---

① 李景隆等撰、黄彰健校勘:《明太祖实录》卷一一八,第1927页。
② 杨士奇:《恭题被赐诰勅刻本与侄子弼》,《东里集》续集卷一六,《景印文渊阁四库全书》第1239册。
③ 宋濂:《〈春秋本末〉序》,《宋濂全集》第3册,第1472页。

端邪说、炫奇立异者，文虽工，弗录。①

为了思想的一统，以朱元璋为代表的统治者是非常厌恶"异端邪说"、"炫奇立异"的。到了明永乐时期，科举制正式取代了察举制，士人们又把究心科举纳入了他们的人生轨道。而官方纂修的《四书大全》、《五经大全》、《性理大全》等系列教材使得经术定于一端，经学研究遂为无用之学。士人们唯知记诵，义理思索由是愈发失去了生机，所谓"自八股行而古学弃，《大全》出而经说亡"②，良有以也。具有《春秋》学传统的徽州士人均把《春秋》作为了科举利器，如杨宁、庄观、程富、叶秦等人在永乐年间都因《春秋》而得益于场屋。至此，以往新安理学颇为人所称道的经学探索精神遂被埋葬在了时文之中，恰如时人描述徽州学界云："文风既变，……视著述若敝屣。"③

元代的新安理学家群体在仕途方面普遍不达，这种不幸恰恰是他们在经学研究上取得一定成就的重要原因。正如朱开宇所说："新安学术上的主流理学，恰也是在元代大放异彩，许多著名的学者与精英投入其中，似乎也显示了政统断绝下，寄托心志的学者用心于程朱理学的阐述上。"④而到了明初，杨宁、程富等人均有了仕进的机会，而且也在仕途上取得了不小的成功，他们实在没有必要再像他们的先辈那样，在徽州的万山之间兀兀穷年地考索经学了。

元代的理学家们在经学上比较用功，而曹端、薛瑄、胡居仁等明代前期的理学家却不甚溺于经术，他们主要以主敬涵养、笃实躬行为法。"其严毅劲节为宋元儒者所不及，但也失去了宋元儒者注重见闻之知对于德性之知的辅翼的关系，知识理性与道德理性并重并行的学风。"⑤元明之间的理学发展存在着一个明显的学术转型。元代徽州的理学家们本以经术见长，但在入明之后不久就明显地表现出了抛弃

---

① 佚名：《松下杂钞》卷下，孙毓修编：《涵芬楼秘籍》第 3 集，北京：北京图书馆出版社，2000 年版，第 368 页。
② 顾炎武著、黄汝成集释：《日知录集释》卷一八，第 1045 页。
③ 苏景元：《金仁本德玹传》，《新安文献志》卷九五下，第 2432 页。
④ 朱开宇：《科举社会、地域秩序与宗族发展——宋明间的徽州，1100—1644》，第 68 页。
⑤ 张学智：《明代哲学史》，北京：北京大学出版社，2000 年版，第 11 页。

经学研究的取向。明宣德、正统年间,徽州郡城中也出现过几个老成者如江养正、曹梦草、张西清、吴逊等等,他们皆以"秉志高尚,不苟于同俗"①而著称,但在经学研究上却无甚成就可言。可以说,徽州地区理学的发展也顺遂了从元代致知之学到明代前期涵养之学的学风转变。

包弼德认为宋元时代的地方社会中存在诸多推动理学整体方案施行的自发性群体,但是由于战乱破坏、政治清洗、兴趣转向、乡村制度等多种原因,"从1368年明朝建立到15世纪末期,理学自发主义基本上从地方社会消失"②。包弼德所谓的理学自发主义群体的消退是全国范围内的现象,不独元代的徽州地区,譬如婺州一域的金华理学群体亦是如此。钱谦益就曾指出:

> 古之学者,必有师承,颛门服习,缫经术以达于世务,画丘沟涂,各有所指授而不乱。自汉、唐以降,莫不皆然。胜国之季,浙河东有三大儒,曰黄文献溍、柳待制贯、吴山长莱,以其学授于金华宋文献公。以故金华之学,闳中肆外,独盛于国初。金华既没,胜国儒者之学,遂无传焉。③

明初新安理学家群体终结之后一直到清代皖派考据学崛起之前,在这一漫长的时段里,徽州地区基本上就再也没形成如元代新安理学那样持共同治学理念且具有独立品格的地域性学术群体。程瞳《新安学系录》在梳理新安理学发展历史时,写到了明初便戛然而止了,其眼光无疑是颇有见地的。

小 结

元代新安理学家们普遍不达,他们在后世知名只能是借助著述的

---

① 鲍宁:《可笏吴先生以恭墓志铭》,《新安文献志》卷九五下,第2439页。

② [美]包弼德:《历史上的理学》,第224页。

③ 钱谦益:《常熟县教谕武进白君遗爱记》,《牧斋初学集》卷四三,上海:上海古籍出版社,1985年版,第1120页。

四外传播。徽州及建安一带发达的刻书业在这一层面起到了关键的作用。此外,元末几位新安理学家的宣传与推介也是不可忽略的因素。因为与《元史》编修总裁宋濂、王祎相识,两位新安理学家——赵汸、汪克宽被引入史局,这对新安理学名气的提升起到了巨大作用。通过赵汸与汪克宽的努力,胡一桂、胡炳文、陈栎三位新安理学家得以位列《元史·儒学传》中。《元史·儒学传》的编纂完成,标志着新安理学突破徽州万山的围困,走向了国家权力圈定的学术畛域。不仅如此,《元史·儒学传》的编纂完成,还赋予了后世学人按图索骥的可能性,元代新安理学因而在后世获得了更为持久的知名度。

由于至正壬辰战乱对新安理学的冲击,朱元璋时代察举、里甲、里老政策对新安理学家群体的消解,明政权染指经学内容对士人经学研究兴趣的扑灭等诸多原因,当明初朱升、赵汸、汪克宽等新安老儒逐渐凋谢之后,以经学研究而著称的新安理学家群体就趋于终结了。新安理学家群体终结之后一直到清代皖派考据学崛起之前,在这一漫长的时段里,徽州地区基本上就再也没形成如元代新安理学那样持共同治学理念且具有独立品格的地域性学术群体。

第十章　元代新安理学
对明清学术的影响

第一节　元代新安经学与明初"大全"之取材

　　"靖难"之役后,明廷的社会秩序、思想秩序均陷入到很大的混乱之中,明成祖朱棣为了证明其政统的合法性与合理性,同时也为了纾解靖难之举中"遍于海宇"的"不平之气"①,因而"命儒臣编修《五经》、《四书》,集诸家传注而为《大全》,凡有发明经义者取之,悖于经旨者去之。又辑先儒成书及其论议、格言,辅翼《五经》、《四书》,有裨于斯道者,类编为帙,名曰《性理大全》"②。明永乐十五年(1417),统治者颁《五经大全》、《四书大全》、《性理大全》于天下郡学、县学。"大全"系列著作颁行后流布极广,有明一代广泛用于学校教学与科举考试中。当然,它们并没像统治者宣称的那样,成为"绍先王之统"的圣

---

　　①　孙承泽:《春明梦余录》卷十二,北京:北京古籍出版社,1992年版,第156页。

　　②　朱棣:《御制序》,杨士奇等撰、黄彰健校勘:《明太宗实录》卷一六八,台北:中研院历史语言研究所,1962年版,第1873—1874页。

典与"成熙皞之治"的利器①,而是迅速褪色为充满功利色彩的考试工具。"大全"系列著作虽谈不上有多少学术价值,但却对明代学术走向起到了一定的规定作用,甚至有学者认为造成了经学的转向,如应大猷宣称:"逮国朝永乐间,复命儒臣辑诸释义为《大全书》,由是古注疏皆废不行。"②不仅如此,其"悉去汉儒之说,而专以程朱传注为主"③,终于使有宋以来形成的程朱理学上升为国家意识形态,独尊于整个明代,其影响自是不可小觑。

有关《四书大全》与《五经大全》的编纂,自明清以来已多有检讨,一般说来以负面评价居多,批评的矛头多集中在其草率完工之层面,由是进而指责其抄录窃取之弊。经由李默、吴任臣、顾炎武、朱彝尊、陈廷敬、方苞乃至四库馆臣们的声讨笔伐,剽窃之说几成共识④。近人涉"大全"者多不出明清学者之藩篱,但有些当代学人却表现出了不满旧说的新倾向。他们开始重新检讨传统说法,对清明以来形成的"抄录窃取"说进行了一定程度的修正。譬如林庆彰探讨了《五经大

---

① 朱棣:《御制序》,《明太宗实录》卷一六八,第1874页。

② 应大猷:《周易义丛叙》,叶良佩:《周易义丛》,《续修四库全书》第7册,第2页。

③ 何良俊:《四友斋丛说》卷三,北京:中华书局,1959年版,第22页。

④ 王士禛曾记载说:"明永乐间,胡广等奉诏撰《五经大全》,皆钞录前人成书,窜易其名,《易》则董楷、董鼎、董真卿,《诗》则刘瑾,《书》则陈栎,《春秋》则汪克宽,李太宰默《续孤树裒谈》曾言之。"朱彝尊引吴任臣的说法云:"胡广诸人止就前儒之成书,一加抄录,而去其名。如《诗》则取诸刘氏,《书》则取诸陈氏,《春秋》则取诸汪氏,《四书》则取诸倪氏,《礼》则于陈氏《集说》外增益吴氏之《纂言》,《易》则天台、鄱阳二董氏,双湖、云峰二胡氏。"顾炎武则认为:"陈氏作《四书发明》、胡氏作《四书通》,而定宇之门人倪氏合二书为一,颇有删正,名曰《四书辑释》。……永乐所纂《四书大全》特小有增删,其详其简或多不如倪氏。《大学中庸或问》则全不异,而间有舛误。"陈廷敬认为:"《大全》之书,明永乐朝急就之书也。……仓卒录旧书,略加删饰以进。"方苞云:"窃惟明初《五经大全》,……成于仓卒,不过取宋、元儒者一二家纂辑之书,稍撼众说以附之。"四库馆臣曰:"至明成祖永乐中,诏儒臣胡广、杨荣等编集诸家传注之说,汇成一编,赐名《四书大全》,……盖诸臣承命纂排,不能详搜博采,而仅取已成旧帙,塞责抄誊,宜其启后人之訾议。"分别见王士禛:《居易录》卷九,《景印文渊阁四库全书》第869册;朱彝尊:《经义考》卷四九,第271页;顾炎武撰、黄汝成集释:《日知录集释》,第1041—1042页;陈廷敬:《经学家法论》,《午亭文编》卷三二,清康熙四十七年(1708)刻本;方苞:《拟定纂修三礼条例札子》,《方苞集》集外文卷二,上海:上海古籍出版社,1983年版,第564页;《〈四书大全〉提要》,胡广等:《四书大全》,《景印文渊阁四库全书》第205册。

全》的编纂体例与实际取材①；而曾贻芬通过分析也指出：“诸大全的编辑还是下了一定功夫的，简单斥之‘皆攘窃成书，以罔其上’亦不免偏颇。”②在此基础上，一批年轻学者如陈恒嵩、杨晋龙、闫春等进行了更加深入的研究，尤其是对“大全”的取材问题做出了不同以往的判断。

　　编纂《四书大全》与《五经大全》本是一项浩大的工程，但胡广等人处理起来却十分轻率，前后仅用了不到一年的时间。在如此短的时间内，编纂人员只得依靠某些“成书”作为底本来制定体例，乃至直接援引某些条目。既然“大全”如此成书，那么要对它们进行深入研究，辨析其取材来源就成为了一种必要。根据陈恒嵩、杨晋龙、闫春等人的最新研究，可列表格如下③：

表 10.1 “大全”系列著作所取材的底本

“大全”系列著作	所取材的底本	作者	作者籍贯
《四书大全》	《四书集释》	倪士毅	休宁
《书传大全》	《书蔡氏传辑录纂注》	董　鼎	德兴
	《书集传纂疏》	陈　栎	休宁
《春秋集传大全》	《春秋胡氏传附录纂疏》	汪克宽	祁门
《周易传义大全》	《周易会通》	董真卿	德兴
	《周易本义通释》	胡炳文	婺源
《诗传大全》	《诗传通释》	刘　瑾	安福
《礼记集说大全》	《礼记集说》	卫　湜	昆山

---

①　林庆彰：《〈五经大全〉之修纂及其相关问题探究》，《明代经学研究论集》，台北：文史哲出版社，1994 年版，第 33—59 页。

②　曾贻芬：《明代官修“大全”散论》，《史学史研究》1996 年第 2 期，第 52—59 页。

③　表 1 根据陈恒嵩、杨晋龙、闫春等人的研究制成。分别见陈恒嵩：《〈五经大全〉纂修研究》，台北：台湾东吴大学中国文学研究所博士论文，1998 年，第 109、143、187、215、255 页；杨晋龙：《〈诗传大全〉来源问题探究》，林庆彰、蒋秋华主编：《明代经学国际研讨会论文集》，台北：中研院中国文哲研究所筹备处，1996 年版，第 317—346 页；闫春：《〈四书大全〉的编纂与传播研究》，第 82—94 页。

休宁、祁门、婺源在元代同属江浙行中书省江东建康道的徽州路。《四书大全》、《五经大全》共计 9 部著作,由上表可见,除《诗传大全》与《礼记大全》外,其他 7 部均取材于徽州的新安经学①,甚至有的如《春秋集传大全》与新安经学著作《春秋胡氏传附录纂疏》雷同部分达八成七②。徽州路仅为江浙行中书省三十路之一,在江南三行省中不过一隅之地,但就是这一隅的经学著作却通过"大全"的修纂影响了明代的学术走向,这本身是一个非常值得注意的现象。虽然近年来对于"大全"的研究已有不少专论,但从"大全"多取材新安经学这一角度进行论述的还没有出现,这也就给我们继续探讨留下了余地。

围于万山之间的新安经学因发达的刻书业以及《元史》的纂修而知名于世,但这并不是"大全"纂修者垂青新安经学的根本原因,因为整个元代以经学研究知名的学者大有人在,如许谦、黄泽、吴澄等皆以经学名世,尤其是吴澄,在当时已号称一代儒宗,正所谓"皇元受命,天降真儒;北有许衡,南有吴澄"③。吴澄一生奋力经学,著有《易纂言》、《易纂言外翼》、《书纂言》、《仪礼逸经》、《礼记纂言》、《春秋纂言》等著作。虞集认为吴澄经学能"辩传注之得失,而达群经之会同;通儒先之户牖,以极先圣之阃奥"④,有元以来,几乎无人敢与其争锋。但如此辉煌的经学成就却不大入"大全"纂修者法眼⑤,其中原因何在呢?

有元一代,论及经学研究的见识与深度,新安经学自是无法与吴

---

① 这里有两个问题需要说明:第一,倪士毅《四书辑释》乃是合陈栎《四书发明》、胡炳文《四书通》二书为一书,正所谓"会萃二家之说,字求其训,句探其旨,鸠僝精要,考订讹舛",是以《四书大全》取材倪士毅《四书辑释》,不可忽略陈栎、胡炳文的作用。第二,德兴与婺源山水相邻,人文相近。德兴人董真卿以新安理学家胡一桂为师,其《周易会通》乃以胡一桂《周易本义附录纂疏》为底本,所不同者,在于《周易会通》"兼搜博采,不主一说",务持象数、义理二家之平"而已,是以《周易大全》取材董真卿《周易会通》,不可忽略胡一桂的作用。分别见汪克宽:《重订四书集释序》,《环谷集》卷四;永瑢等:《四库全书总目》卷四,第 26 页。

② 陈恒嵩:《〈五经大全〉纂修研究》,第 255 页。

③ 揭傒斯:《吴澄神道碑》,《揭傒斯全集》辑遗,第 454 页。

④ 虞集:《送李扩序》,《道园学古录》卷五。

⑤ 据陈恒嵩统计,《周易传义大全》共征引经说疏文 5336 条,采吴澄 242 条,不但远低于董真卿、胡炳文,就是比起张清子和丘富国来也颇有不如。《书传大全》共征引经说疏文 2402 条,采吴澄 74 条,排名十分靠后。《春秋集传大全》共征引经说疏文 11209 条,采吴澄 290 条,所占比例则更低。吴澄经学不大入"大全"纂修者法眼,由此可见一斑。见陈恒嵩:《〈五经大全〉纂修研究》,第 81—83、127—129、229—230 页。

澄经学比肩。吴澄经学的学术价值在元代绝对是佼佼独立的,但由于吴澄在天文、地理、律历、田赋、名物、算数等方面的博识,使他的"纂言"系列"得夫观察之微、制作之故"①,呈现出一种考证求实的气象。如志在"掇拾逸经以补《仪礼》之遗"②的《仪礼逸经》,就于《大戴礼记》、《小戴礼记》以及郑玄注中掇取《投壶》、《奔丧》等八篇来补正《仪礼》,其核定考究,颇见功力。吴澄经学虽然走得还是朱熹的路径,但在考证这一层面上却明显过了火,不但极其深入,而且还出现了"断以己意"的倾向。如其《春秋纂言》就"决以己意而折衷之"③,从而出现了"好臆为点窜"④的缺陷。吴澄的"纂言"系列著作虽以"纂言"为名,却不是纂辑群言之作,其艰深与"臆断"的特点决定了不太适合做教材来进行教学,也不适合做科举考试的标准用书。

与吴澄相似,金华学者们也存在侧重经史的倾向,天文、历法、地理、史事、典章制度、金石等方面的考证都是他们治学的重要内容。王柏称考古为"士之常业",所考内容包含"天文、地理、律历、制度",乃至"治乱成败、是非得失之迹"⑤。王柏弟子金履祥也极重考证,如《论孟集注考证》一书就"于事迹、典故,考订尤多"⑥。受金履祥影响,其弟子许谦也有很浓的考证精神,如其《诗集传名物钞》就对朱熹《诗集传》里所涉的地理、礼仪、典章、律吕、名物等方面的内容进行了详尽的考释;而《读四书丛说》一书则"于训诂名物,亦颇考证"⑦。吴师道曾赞颂云:"(许谦)念朱传犹有未备者,旁搜博采,……正音、释考、名物、度数,粲然毕具。"⑧金华学者这种富含考证的经学亦如吴澄经学一样,作为教材与考试参考书也颇为不妥。

---

① 危素:《临川吴文正公年谱》,第322页。

② 永瑢等:《四库全书总目》卷二十,第160页。

③ 虞集:《故翰林学士资善大夫知制诰同修国史临川先生吴公行状》,《道园学古录》卷四四。

④ 永瑢等:《四库全书总目》卷四,第22页。

⑤ 王柏:《考兰序》,《鲁斋王文宪公文集》卷四,民国十三年(1924)永康胡宗楙《续金华丛书》刊本。

⑥ 永瑢等:《四库全书总目》卷三五,第298页。

⑦ 永瑢等:《四库全书总目》卷三六,第299页。

⑧ 吴师道:《诗集传名物钞序》,《吴礼部文集》卷一五,第418页。

与唐代纂修《五经正义》一样,明初"大全"的纂修也是企图通过为科举考试提供标准的经学文本来达到统一思想、稳定政局的目的。从这一角度来说,统治者实在没必要选择吴澄、金履祥、许谦等人艰深晦涩的经学文本作为底本,更何况他们有时候还会与朱熹抵牾①,如何做得科举考试的利器呢!

新安经学不是元代经学中学术水平最高的,但为什么能赢得"大全"纂修者的青睐呢? 究其原因,就在于其著作是最适合教学与科举考试的。整个元代,新安理学家们的地位都比较卑微,他们最为普遍的职业乃是经师与塾师,是以其经学著作最为强调教学效果这一层面,尤其注重初学者观瞻之便。新安经学有不少著作就是专为训蒙而著,如陈栎的《中庸口义》、《孟子口义》、《论语训蒙口义》等皆是也。即使是不专为训蒙的著作,他们也都能做到注重教学的实际效果,尤其是通过"附录纂疏"的体例,达到广征博引的目的。这使他们的经学著作在一定程度上教科书化、参考书化了,显然对学校教学、科举考试是十分有利的。

如前所述,所谓"附录纂疏"体例,就是先把朱熹文集、语录中涉及经学的文字附录在相关经文之下,然后把诸儒之说之合于朱子者纂疏于附录之后。如此便能使后学能轻松得窥朱子与历代学者的见解与心得,所谓"纂集大成,橐括前后,锼剔众说,学者得之如大庖餍饫"②是也。元代新安经学家最为擅长此种体例,如胡一桂《周易本义附录纂注》与《诗集传附录纂疏》、胡炳文《周易本义通释》、陈栎《书集传纂疏》、汪炎昶《四书集疏》、俞皋《春秋集传释义大成》、汪克宽《春秋胡氏传附录纂疏》等都属于这种类型的著作。这种体例以朱熹经学为指

---

① 朱熹虽早就看出伪古文《尚书》的可疑之处,但可能是为了"十六字诀"能继续支撑其理论大厦,就没过度指摘伪古文《尚书》,只是在《语录》中表现出一些疑虑罢了。但吴澄《书纂言》却专门主今文而斥古文,如其所言:"断断然不敢信此二十五篇之为古书,则是非之心不可得而昧也。"全祖望认为:"专注今文,则自草庐始。"而其《易纂言》"所恢复之古本及其解释体例,实乃以占筮《易》为主而兼取汉、晋、宋之象数、义理《易》学。"又如金履祥《尚书表注》一书,"大抵擷摭旧说,折衷己意,与蔡沈《集传》颇有异同"。分别见吴澄:《书纂言·目录》,清康熙十九年(1680)《通志堂经解》本;全祖望:《读吴草庐书纂言》,《鲒埼亭集外编》卷二七,《全祖望集汇校集注》,第1273页;詹海云:《吴澄的〈易〉学》,《元代经学国际研讨会论文集》,第249页;永瑢:《四库全书总目》卷一一,第96页。

② 揭佑民:《朱子诗传纂集大成序》,《诗集传附录纂疏》,第275—276页。

归,同时又纂辑群儒之言为参考,天然就具备科举考试辅导资料的功能,为"大全"借鉴自是不难理解①。难怪钱大昕谈及胡一桂《诗集传附录纂疏》的著作体例时曾说:"明永乐中修《五经大全》,其体例皆昉于此。"②

在著述原则上,"附录纂疏"并不以考证为能事,提倡的是"易晓"、"明白为后学言之"③,"灼然稳当明白"而"不必过于求奇"。如陈栎云:"但存他说以互相发明,或发其余意之未尽者足矣,不必过求异也。……只存其稳当者,稍涉奇异、不契公论则弃去之。"④在这种原则下,"附录纂疏"体著作越发地体现为一种中正平和的教材或知识普及型著作。教材类型的著作为初学者所设计,其观点一般要求中正平稳,不求新奇,其学术深度因而比较有限,但这正是"大全"编纂者们的追求。至于求深求新的精神是否会在附录纂疏中断送,且不管了,适合充当全国教学、考试的指定用书才是第一要义。因此,颇为适合教学、考试的新安经学自然也就成为"大全"取材的首选了。

"大全"的编纂,有如唐代编纂《五经正义》一样,是动用国家权力对经学文本进行的一次大规模的整顿。通过整顿,经学文本与教育制度及官吏选拔制度紧密结合了起来,其意义已溢出思想史的范畴。诸"大全"作为官方指定的权威读本,不但把知识、思想与信仰的世界转变成了考试的角力场,而且也极大了影响了有明一代的经学走向,正

---

①　杨晋龙曾讨论过《诗传大全》选择《诗传通释》作为底本的原因,这有助于我们理解"大全"为什么会选择新安经学著作。他指出:"这种以朱《传》为主,而博采融会诸说以羽翼朱《传》的方式,不但可以使读者接触更多相似的观点,也可以指引读者继续拓展读书的眼界,盖引用书籍和人物共百多位,且将其观点放在适当的文词下,既可以协助读者对该字句更深入的了解,同时无形中也告知读者有哪些学者的研究成果,对了解《诗经》,尤其是朱子《诗集传》有所帮助,这就如同今日坊间出版的升学参考书,罗列一大堆相关资料一样,对读者开阔知识画面,确实有莫大的帮助。这也就是胡广等人奉命编纂《诗传大全》之际,所以选择《诗传通释》作为底本的原因。"杨晋龙:《〈诗传大全〉与〈诗传通释〉关系再探——试析元代〈诗经〉学之延续》,《元代经学国际研讨会论文集》,第508页。

②　钱大昕:《跋胡氏诗传附录纂疏》,《潜研堂集》卷二七,上海:上海古籍出版社,1989年版,第457页。

③　陈栎:《与胡双湖书》,《陈定宇先生文集》卷十,第378页。

④　陈栎:《又答双湖书》,《陈定宇先生文集》卷十,第379页。

如四库馆臣们评价云："盖由汉至宋之经术,于是始尽变矣。特录存之,以著有明一代士大夫学问根柢具在于斯,亦足以资考镜焉。"①

由于皇权的支撑,颇具官方色彩的诸"大全"无疑对经学的自由探讨产生了一种钳制作用。在严苛的政治氛围中,一宗"大全"自然是最为稳妥的选择。于是聪明之士遂仅咨"大全"而埋首程文,程文兴然后学术废,正如马宗霍云："明自永乐后,以《大全》取士,四方秀艾,困于帖括,以讲章为经学,以类书为策府。其上者复高谈性命,蹈于空疏,儒林之名,遂为空疏藏拙之地。"②学术上定于一端,使得士人们再"无精思体验之自得,一切务以诡随为事。其视先儒之言,皆万世不刊之定论,不惟遵守之笃,且随声附和,改换面目"③,以至于导致"儒林与道学分,而古人传注、笺解、义疏之学转相讲述者,无复遗种。此亦古今经术升降绝续之大端也。经学之熄也,降而为经义;道学之偷也,流而为俗学"④。今人饶宗颐、林庆彰等虽对明代经学有所辩护,但尚不能改变明代经学流于空疏这一学界共识。当然了,从实质上说,明代经学流于空疏其原因主要在于皇权高压抽空了自由探讨的空气⑤,但"大全"文本的确在一定程度上起到了推波助澜的作用。

元代新安经学著作的特色在于"附录纂疏"的体例。所谓的"纂疏"即是取诸儒有关文字,只要有价值且不与朱熹之说相悖,即可纂之于"附录"之后,以"纂疏"二字标记之。譬如有关《周南》里的《麟之趾》一篇,胡一桂就纂疏曰:

> 陆氏曰："麟,色黄,圆蹄;不群居,不侣行;不经陷阱,不罹网

① 永瑢等:《四库全书总目》卷三六,第302页。
② 马宗霍:《中国经学史》,第134页。
③ 王廷相:《答许廷纶》,《王氏家藏集》卷二七,《王廷相集》,北京:中华书局,1989年版,第487—488页。
④ 钱谦益:《新刻十三经注疏序》,《牧斋初学集》卷二八,第851页。
⑤ 当然也有学者认为明代经学空疏的原因是研究重心发生了转移,如夏咸淳所言:"嘉靖以来,一些出类拔萃的学者把研究的重点放到经学之外的学科,对与'百姓日用'有关的学问用力尤勤,于是出现了一批大科学家,而不是大经师。"这批科学家的代表有徐光启、朱载堉、李时珍、宋应星、徐霞客。见夏咸淳:《晚明士风与文学》,北京:中国社会科学出版社,1994年版,第164页。

罗。王者至仁乃出,余见《集传》。"严氏曰:"公子指周南国君之子。"叠山谢氏曰:"麟之趾、之定、之角,美其仁,颂咏其一身之间,可贵也。一章曰趾,二章曰定,三章曰角,自下而至于上也。"①

这里的陆氏、严氏、叠山谢氏分别是指陆德明、严粲与谢枋得,释文分别出自陆德明《经典释文》、严粲《诗缉》与谢枋得《诗传注疏》。胡一桂纂疏《诗集传》可以说做到了博采众长,其征引文献材料十分丰富,所征引的学者达46人之多,从大、小毛公到郑玄到孔颖达,再到欧阳修、程颐、吕祖谦,只要能对朱熹《诗集传》有所帮助,基本都能做到为我所用,并不排斥古注疏。

元代新安经学著作的"纂疏"当中保留了不少古注疏,这一特点也遗传到"大全"当中,如林庆彰指出:

> 《五经大全》是以元人的经说为底本,元人的经说则是对宋人经说的疏释;宋人经说采撷的汉、唐古义也不少。……陈氏(栎)的《纂疏》,又是《书传大全》的底本,则《书传大全》中存有不少汉、唐时的古义,自是不争的事实。②

据陈恒嵩统计,《五经大全》共引古注疏共计 3408 条,占总数的12.4%③。其具体情况,可见下表:

表 10.2　《五经大全》中的古注疏统计

《五经大全》系列著作	所采汉唐古注疏
《周易传义大全》	417 条
《书传大全》	262 条

---

① 胡一桂:《诗集传附录纂疏》卷一,第318页。
② 林庆彰:《〈五经大全〉之修纂及其相关问题探究》,《明代经学研究论集》,第51—52页。
③ 陈恒嵩:《〈五经大全〉纂修研究》,第261页。

续表 10.2

《五经大全》系列著作	所采汉唐古注疏
《诗传大全》	1094 条
《礼记集说大全》	0 条
《春秋集传大全》	2005 条

明代中叶,学术界展现出了一种新的气象——以"好奇炫博"①为特点的明代考据学悄悄萌生了。从杨慎开始,一大批学者开始从事于音韵、训诂、名物、典章制度等方面的考证,且取得了一定的成就,杨慎、陈耀文、焦竑、周婴、陈第、胡应麟、方以智等皆是其中的代表人物。余英时认为明代考据学的萌生其本质是程朱和陆王两派的义理之争折入文献考证的结果②。很显然,所谓"折入文献考证",在一定程度上就是重新回归古注疏。如杨慎云:

> 六经自火于秦,传注于汉,疏释于唐,议论于宋,日起而日变,学者亦当知其先后。近世学者往往舍传注疏释,便读宋儒之议论,盖不知议论之学自传注疏释出,特更作正大高明之论尔。传注疏释之于经,十得其六七,宋儒用力之勤,铲伪以真,补其三四,而备之也。③

郑晓也指出:

> 宋儒有功于吾道甚多,但开口便说汉儒驳杂,又讥讪训诂,恐未足以服汉儒之心。宋儒所资于汉儒者十七八,只今诸经传注尽有不及汉儒者。宋儒议汉儒太过,近世又信宋儒太过。要之,古

---

① 林庆彰:《明代考据学研究》,台北:学生书局,1983 年版,第 33 页。

② 余英时:《论戴震与章学诚:清代中期学术思想史研究》,北京:三联书店,2000 年版,第 18 页。

③ 杨慎:《刘静修论学》,《升庵全集》卷七十五,上海:商务印书馆,1937 年版,第 990 页。

注疏终不可废也。①

“古注疏终不可废”乃是在特定的历史语境中生发出的反思论调，在经学发展史上具有重要意义。在一个崇尚“经书速完”②的时代，带有一定的功利目的去阅读诸“大全”是读不出什么学术味道的，但如果有心者用心去研究这诸“大全”中的古注疏，并以之和宋儒之说进行比较，那么学术的火花也未尝不会迸发。若更进一步完全扩展至古注疏的境地里，考究汉唐，融会今古，那无疑会打破程朱理学凝固化的格局，走出一条别样的治学路径。

第二节　上承下启:朱陆“早异晚同”论

明政权一统之后，徽州社会很快恢复了稳定，经济繁荣的景象逐步呈现，这为科举社会的恢复提供了必备的物质条件。金紫之途的巨大诱惑使得徽州士人纷纷放弃了对经典的研习，完全以“大全”为标的，走上了科举考试这一极具功利性的征途。学术定于一端，致使明初的徽州已很少有卓识的新安理学家存在了，元代后期新安理学所拓展出的诸多学术新取向均遭到了不同程度的遏制。不过郑玉、赵汸等人倡导的“和会朱陆”思路并未被全部拔除，在明代前期艰难的生存环境中，它一直默默地保持着自己微弱的鼻息，直到弘治年间星光一闪，出现了程敏政的朱陆“早异晚同”论。

程敏政(1444—1499)，字克勤，徽州休宁人。明成化二年(1466)进士，官至左谕德、少詹事兼翰林院侍讲学士、礼总右侍郎等。程敏政学识渊博，有“学问该博称程敏政③之称。程敏政著述也极为丰富，其中多达100卷的《新安文献志》辑录了徽州历史上大量的文献资料，郑玉、

---

①　朱彝尊:《经义考》卷二百九十七，第1527页。
②　詹景凤:《詹氏性理小辨》卷三十，明万历(1573—1620)间刊本。
③　张廷玉等:《明史》卷二八六《程敏政传》，第7343页。

赵汸等人有关"和会朱陆"的文章亦都被选在其中,所以程敏政对于前辈们的学术路数是相当熟悉的,应该说《新安文献志》中所辑录的赵汸《对问江右六君子策》一文,实开程敏政朱陆"早异晚同"论调之先河。

赵汸承认朱陆之间存在"道问学"与"尊德性"的差别,但他又认为当两人到了晚年的时候,分别进行了反思调整,弥合了他们之间的分歧,从而走向了"相合",正所谓"使其合并于暮岁,则其微言精义必有契焉"①。程敏政的朱陆"早异晚同"论就是顺着赵汸这一思路向前推进的。赵汸"早异晚同"之说比较浮泛,疏于论证。而程敏政则针对朱陆"早异"与"晚同",以丰富的材料进行了缜密的论证。可以说,到了程敏政那里,发轫于赵汸的朱陆"早异晚同"论才真正打造完成了。

赵汸曾提出过朱陆"早年"的某些差异,如关于"无极太极"的看法就"不能相一"②。朱熹认为"无极而太极","无极"无形而"太极"有理;而陆九渊则认为"太极"无形有理,"其为万化根本固自素定"③,所以加上"无极"二字固是画蛇添足。有关"无极太极之辩的实质,是易简与支离之争"④,对于这场辩论,赵汸只指出了朱陆相异,而没有展开详细论述,程敏政却把朱陆有关"无极太极"的分歧进行了一定程度的弥合,最后将其引入"晚同"的论题当中:

> 陆子他日不复论无极,而朱子注《太极图说》,首曰:"上天之载,无声无臭,而实造化之枢纽,品汇之根柢,故曰'无极而太极'。"实陆子语意。岂非二先生晚年有合而然与?⑤

程敏政在其《道一编》中集中阐述了朱陆"早异晚同"论,《道一编》第一、二、三卷摘录的都是朱陆有关"早异"的言论,如关于鹅湖之会三诗,程敏政就评议说:

---

① 赵汸:《对问江右六君子策》,《赵征君东山先生存稿》卷二。
② 赵汸:《对问江右六君子策》,《赵征君东山先生存稿》卷二。
③ 陆九渊:《与朱元晦(一)》,《陆九渊集》卷二,第23页。
④ 顾春:《朱陆无极太极之辩新论》,《中国文化研究》2002年夏之卷,第64页。
⑤ 程敏政:《书朱陆二先生所论无极书后》,《篁墩程先生文集》卷三八。

　　盖二陆早年于尊德性为重,故其诗有支离之说,疑朱子为训诂;朱子早年于道问学为重,故其诗有无言之说,疑二陆为禅会。两家门人遂以成隙,至造言以相訾,分朋以求胜。①

　　《道一编》第四卷则辑录了朱说 15 条、陆说 10 条,在程敏政的眼中,这些皆是朱陆"晚同"的佐证。据此,他正式提出了朱陆"不能不异于早年,而卒同于晚岁"②的命题。并把朱陆"早异"阶段与"晚同"阶段的分界点设定为"南康之会"。

　　程敏政所辑朱说 15 条,多是朱熹对支离问题的检讨,其中第一条便是朱熹 54 岁时所写的《答项平父》,此信也曾是赵汸《对问江右六君子策》一文阐释朱陆"早异晚同"的有力论据。程敏政就此信评论云:

　　　　按此书则知朱子所以集诸儒之大成者。如此世之褊心自用、务强辩以下人者,于是可以惕然而惧、幡然而省矣。然陆子亦有书论"为学有讲明、有践履",全与朱子合。③

　　赵汸论述朱陆"晚同"颇为简略,这也给程敏政继续拓展留下了空间。通过考证,他找出朱熹深自悔悟其学术支离的书信共计 7 封,分别是《答陆子静书》、《答吕子约书》(三封)、《答何叔京书》、《答吴伯丰书》、《与周叔谨书》。譬如《答陆子静》一信云:"迩来日用功夫颇觉有力,无复向来支离之病。"④又如《答吕子约》一信云:"乡来诚是太涉支离,盖无本以自立,则事事皆病耳。"⑤再如《答周叔谨》一信云:"熹近日亦觉向来说话有太支离处,反身以求,正坐自己用功亦未切耳,因此减去文字功夫,觉得闲中气象甚适。"⑥

　　在朱说 15 条中,程敏政力证朱熹"深悔痛艾于支离",所以在其晚

---

① 程敏政:《书朱陆二先生鹅湖唱和诗后》,《篁墩程先生文集》卷三八。
② 程敏政:《道一编目录后记》,《篁墩程先生文集》卷一六。
③ 程敏政:《书朱子答项平父书》,《篁墩程先生文集》卷三八。
④ 朱熹:《答陆子静》,《晦庵先生朱文公文集》卷三六,《朱子全书》第 21 册,第 1564 页。
⑤ 朱熹:《答吕子约》,《晦庵先生朱文公文集》卷四八,《朱子全书》第 22 册,第 2208 页。
⑥ 朱熹:《答周叔谨》,《晦庵先生朱文公文集》卷五四,《朱子全书》第 23 册,第 2551 页。

年,开始涵养心灵,着意向"尊德性"方面靠拢;而在陆说 10 条中,程敏
政也同样力证陆九渊开始以"道问学"来弥补自己的不足,当然最有力
的论据也来自赵汸所举出的"追惟曩昔,粗心浮气,徒致参辰,岂足酬
议?"①此外,程敏政还找了不少例证,譬如他引用陆九渊的书信来说
明其后来对博学讲明、格物致知的倚重:"为学有讲明、有践履。《大
学》致知格物,《中庸》博学、审问、谨思、明辩,《孟子》始条理者智之
事,此讲明也。"②又如朱熹在南康之会后曾邀请陆九渊在白鹿洞书院
讲学,陆九渊主讲《论语》中的"君子喻于义,小人喻于利",朱熹听完
后称赞陆氏的讲座"发明敷畅","恳到明白"③,程敏政以此发挥曰:
"盖发明恳到者,道问学之效。"④可见,程敏政从不放过任何一个可以
证明朱熹走向"尊德性"、陆九渊走向"道问学"的机会。按照他的理
解,既然朱熹与陆九渊在晚年都各自走向对方,那么两位大宗师的学
术肯定是合于岁暮了:

> (朱熹)又为文以奠复斋(陆九韶),有"道合志同,降心从善"
> 之语。后五月而东莱讣至,象山奠之,有"追惟曩昔,粗心浮气,徒
> 致参辰"之语。盖二先生之道,至是而有殊途同归之渐云。⑤

程敏政朱陆"早异晚同"论与赵汸的《对问江右六君子策》渊源极
深,甚至可以说,《对问江右六君子策》一文为程敏政确立了论点、提
纲,并提供了某些最重要的论据。程敏政在理论上并无多少创新之
处,但他却以丰满的论证使这一理论走向了成熟。

程敏政为了支撑朱陆"早异晚同"论,填充了大量用以证明的材
料,但这其中牵强曲解处亦颇有之。陈寒鸣通过细致分析指出,程敏
政用来证明"朱子晚年深自悔其支离之失"的七书,其中也有非出于晚

---

① 赵汸:《对问江右六君子策》,《赵征君东山先生存稿》卷二。
② 陆九渊:《与赵咏道书(二)》,《陆九渊集》卷一二,第 160 页。
③ 朱熹:《跋金溪陆主簿白鹿洞书堂讲义后》,《晦庵先生朱文公文集》卷八一,《朱子
全书》第 24 册,第 3853 页。
④ 程敏政:《书朱子白鹿洞书堂讲义跋》,《篁墩程先生文集》卷三八。
⑤ 程敏政:《书朱子祭陆子寿、陆子祭吕伯恭文》,《篁墩程先生文集》卷三八。

年者;而朱陆勇于检讨自己,实际上是提倡一种虚怀若谷的精神,以之断言"晚同"则有"举证不确、立论太果之弊"①。又钱穆指出:"凡是陆非朱者,必喜为朱陆中异晚同之论"②,实为一语中的之说。

但不管怎样,程敏政的朱陆"早异晚同"论却在当时牵动了一时之思潮,如陈建记载云:

> 篁墩高才博学,名重一时,后学无不宗信也。于是修《徽州志》者称篁墩文学而以能考合朱陆,为称首矣。按闽台者称《道一编》有功于朱陆,为之翻刻,以广传矣。近来各省试录,每有策问朱陆者,皆全据《道一编》以答矣。近日缙绅有著《学则》、著《讲学录》、序《中庸管窥》,无非尊朱同陆,群然一辞矣。③

程敏政朱陆"早异晚同"论之所以能产生如此大的影响,也是与当时的学术大语境有所关联的。程敏政在评论朱子学史时就曾描述说:

> 其在宋末元盛之时,学者《六经》、《四书》纂订编缀,曰集义,曰附录,曰纂疏,曰集成,曰讲义,曰通考,曰发明,曰纪闻,曰管窥,曰辑释,曰章图,曰音考,曰口义,曰通旨,棼起猬兴,不可数计。六经注脚,抑又倍之。④

程敏政描述的是宋元时代朱子学出现的僵化态势,到了明代前期,这种态势更加明显起来。士人但以功利之心在"大全"中寻章摘句,而对于儒家大道的追求却被弃置一边。当然,在这种僵化的表层之下,也自有一股暗潮在涌动着,那便是呼唤陆学重新回归。

明初的学界,朱子学占据绝对优势,但陆学也并没有因此灭绝,

---

①　陈寒鸣:《程敏政的朱、陆"早同晚异"论及其历史意义》,《哲学研究》1999年第7期,第67页。

②　钱穆:《朱子新学案》第3册,台北:联经出版事业有限公司,1998年版,第423页。

③　陈建:《学蔀通辨》卷下,《四库全书存目丛书》子部第11册,第30—31页。

④　程敏政:《答汪金宪书》,《篁墩程先生文集》卷五五。

杨自惩于永乐八年(1410)曾描述云:"吾乡盛陆学,朱学宗者希"①,全祖望也总结说过:"当明之初,宗朱者盖十八,宗陆者盖十二。"②虽然,朱子学以绝对的优势笼罩了学界,陆学被挤进几个旮旯里残喘,但是这种格局也在悄无声息地发生着变化,尤其到了陈献章那里,"心、理的结构关系发生了变化"③,如其云:"舍彼之繁,求吾之约,惟在静坐。久之,然后见吾此心之体隐然呈露,常若有物。"④可见,"心灵"的意味已被悄悄放大了。"心灵"被凸显,预示着陆学的某些原则将要被社会重新认可。若想使朱子学干涸的心灵重焕生机,那只能依靠陆学的雨露来浇灌了,除此之外,似乎更无他法。程敏政作为元代新安理学的直接继承人,要在枯槁的朱子学界引入陆学,最容易得到也容易驾驭的学术资源自是来自郑玉、赵汸的"和会朱陆"论调。

朱子学僵化,使得儒生只知寻章摘句,这种情形势必导致心灵的干涸,以至无法体悟千古传承的儒家大道。正如程敏政指出:

> 中世以来,学者动以象山借口,置尊德性不论,而汲汲于道问学,亦不知古之人所谓问学之道者何也? 或事之文艺而流于杂,或专训诂而入于陋,曰我之"道问学"如此,孰知紫阳文公之所谓问学者哉?⑤

可见,程敏政朱陆"早异晚同"论的背后还有沉甸甸的内容,即对儒家大道不一而无法传承的焦虑,又如其所言:

> 夫朱子之道问学,固以尊德性为本,岂若后之讲析编缀者毕力于陈言? 陆子之尊德性,固以道问学为辅,岂若后之忘言绝物

---

① 杨自惩:《西塾韵语》,《梅读稿》卷一,民国二十六年(1937)鄞县张氏约园《四明丛书》刊本第8集。
② 全祖望:《陆桴亭先生传》,《鲒埼亭集内编》卷二八,《全祖望集汇校集注》,第512页。
③ 祝平次:《朱子学与明初理学的发展》,台北:学生书局,1994年版,第115页。
④ 陈献章:《复赵提学金宪》,《陈献章集》卷二,北京:中华书局,1987年版,第145页。
⑤ 程敏政:《送汪承之序》,《篁墩程先生文集》卷二九。

者悉心于块坐走？诚惧夫心性之学将复晦，且尼于世，而学者狃于道之不一也。①

　　程敏政要做的工作，就是使朱陆合一，医治朱子学的流弊，同时使儒家大道并于一端，而不再孳生烦扰。在对理学"统一性的信仰"上，他与郑玉、赵汸等前辈新安理学家固是一脉相承②。

　　程敏政朱陆"早异晚同"论上承郑玉、赵汸，而向下亦开启了王阳明《朱子晚年定论》中的某些思路，如陈建认为：

　　　　程篁墩因之乃著《道一编》，分朱陆异同为三节，始焉如冰炭之相反，中焉则疑信之相半，终焉若辅车之相依。朱陆早异晚同之说于是乎成矣。王阳明因之遂有《朱子晚年定论》之录，专取朱子议论与象山合者，与《道一编》辅车之卷正相唱和矣。③

　　虽然王阳明《朱子晚年定论》所录朱熹书信 35 条大部分见于《道一编》，但是王阳明并不热衷"朱陆异同"的辨析，而是力证朱熹晚年已大悟以往学说之非而纠正之，如其序言云：

　　　　复取朱子之书而检求之，然后知其晚岁固已大悟旧说之非，痛悔极艾，至以为自诳诳人之罪，不可胜赎。……然且慨夫世之学者徒守朱子中年未定之说，而不复知求其晚岁既悟之论。④

―――――――――――

① 程敏政：《道一编目录后记》，《篁墩程先生文集》卷一六。
② 狄百瑞(Wm. De Bary)就指出，理学的目标就是寻找一贯之道。在狄百瑞说法的基础上，包弼德进一步指出，理学家专注于对"统一性"的信仰，其中包括"宇宙是一个有机的系统，上古的社会秩序是整合的，学说是具普遍及恒常意义的"。分别见 Wm. De Bary, *Neo-Confucian Orthodoxy and the Learning of the Mind-and-Heart*, New York：Columbia University，1989，p.216；包弼德：《历史上的理学》，第 189 页。
③ 陈建：《学蔀通辨提纲》，《学蔀通辨》，第 14 页。
④ 王守仁：《朱子晚年定论序》，《王阳明全集》卷三，上海：上海古籍出版社，1992 年版，第 128 页。

王阳明自己也曾几次强调"莫论朱、陆是非也"①,他并不太愿意过多计较朱陆异同,因为"是时朱子之学方盛行,说与朱子相违,不易为人所信"②,所以他编撰了《朱子晚年定论》,借此以警醒世人。在具体操作上,王阳明偷梁换柱,把朱熹主体与本体间的裂痕悄悄抹去,在他精心粹选之下,朱熹哲学仿佛呈现出一种主体要与本体重叠的朦胧假象。王阳明虽然不谈"朱陆异同",但《朱子晚年定论》采取的策略明显是"牵朱入陆"。因为与陆九渊的思路类似,王阳明可能也会感到一种"影响的焦虑",所以不谈"朱陆异同"也是可以理解的。如果按照这一思路继续推导,那么可以说,在王阳明那里与其叫"牵朱入陆",却倒不如叫"牵朱入我"。

在《朱子晚年定论》的序言之中,王阳明也明显流露出了一种"以道自任"的况味③,譬如其写道:"谪官龙场,居夷处困,动心忍性之余,恍若有悟,体验探求,再更寒暑,证诸《五经》、《四子》,沛然若决江河而放诸海也。然后叹圣人之道坦如大路。"④王阳明是中国思想史上别开生面的人物,其雄视一代的气魄可谓之"狂者胸次"⑤,无论是郑玉、赵汸还是程敏政都无法与之相比,但王阳明这种"以道自任"的气质却是与郑玉、赵汸、程敏政一脉相承。当然,"以道自任"的发生也都跟现实世界中朱子学僵化而儒家大统几尽不传相关联。尤其是到明中叶时代,这种情况已经严重到了不可收拾的局面,王阳明曾悲愤地说:"自程、朱诸大儒没而师友之道遂亡,《六经》分裂于训诂,支离芜蔓于辞章举业之习,圣学几于息矣。"⑥在他那个时代,"很多人对笼罩

---

① 王守仁:《启问道通书》,《王阳明全集》卷二,第60页。

② 吕思勉:《理学纲要》,北京:东方出版社,1996年版,第170页。

③ 王阳明也是一位"行道者"无疑,但余英时认为王阳明不是宋儒那样的"得君行道"者,他指出:"王阳明在明代理学史上的划时代贡献,便在于他用'觉民'取代了'得君',示学者另一条'行道'的途径。"不管是怎样的"行道者",其身上自是带有浩瀚的"以道自任"气象无疑。见余英时:《宋明理学与政治文化》,第200页。

④ 王守仁:《朱子晚年定论序》,《王阳明全集》卷二,第127页。

⑤ 蔡仁厚:《王阳明哲学》,台北:三民书局,1983年版,第201页。

⑥ 王守仁:《别三子序(丁卯)》,《王阳明全集》卷七,第226页。

在社会生活之上的官方政治意识形态和始终控制士人知识与思想的科举制度已经相当反感,尽管大多数士人还是年复一年地按照官方认可的教条在背诵,按照官方颁布的教材在考试,但是,士人中间已经有了相当多的另类取向"①。这样的社会现实给王阳明心学提供了一个良好的生长环境,使得他不再斤斤计较于朱陆异同,而是把"牵朱入我"的路线、"心即理"的模式、"以道自任"的气质贯彻到底,从而极大地超越了赵汸、程敏政等人,而横绝一代。

很多人研究王阳明的时候首先看到的是来自陆九渊的影响,还有一些人看到了陈献章与王阳明之间的递进关系②,但很少有人论述新安理学对其所加诸的影响。王阳明《朱子晚年定论》受到过程敏政《道一编》的影响,而《道一编》又与赵汸《对问江右六君子策》一脉相承,由此可见元代新安理学对于明代学术的重要意义。尤其是"朱陆异同"成为了整个明代中后期颇为时髦的一个哲学话题③,同时也成为王阳明心学异军突起时所依傍过的一个重要资源,甚至它一直影响到清代李绂的《朱子晚年全论》、郑之侨《鹅湖讲学会编》、陆陇其《三鱼堂剩言》、张烈《王学质疑》以及章学诚《文史通义》中对于"朱陆异同"问题的讨论。如李绂所言:"朱子与陆子之学,早年异同参半;中年异者少,同者多;至晚年则符节之相合也。"④单从这一句简单的判断中,也可以看出赵汸、程敏政的朱陆"早异晚同"论调在后世曾是多么深入人心。

---

　　① 葛兆光:《中国思想史——七世纪至十九世纪中国的知识、思想与信仰》,上海:复旦大学出版社,2000年版,第408页。

　　② 如王畿云:"我朝理学开端是白沙,至先师而大明。"黄宗羲也说:"有明之学,至白沙始入精微。其吃紧功夫,全在涵养。喜怒未发而非空,万感交集而不动,至阳明而后大。两先生之学,最为相近。"黄宗羲:《明儒学案》卷十二、五,北京:中华书局,1985年版,第260、78页。

　　③ 如嘉靖年间的尹台就曾经指出当时的学界"朱陆异同,辨者纷纶不一"。又如崇祯时人黄道周云:"今人纷纷为朱陆异同。"分别见尹台:《与罗念庵》,《洞麓堂集》卷六,《景印文渊阁四库全书》第1277册;黄道周:《榕坛问业》卷一,《景印文渊阁四库全书》第717册。

　　④ 李绂:《朱子晚年全论序》,《朱子晚年全论》,北京:中华书局,2000年版,第1—2页。

第三节　赵汸范式与明清《春秋》学

在元代前期新安理学与后期新安理学之间,治经倾向很明显地出现了一个从《四书》学、《易》学到《春秋》学的兴趣偏转。元代后期新安理学家郑玉、汪克宽、赵汸等人皆以《春秋》方面的著述名世,他们的弟子们如任原、任序、金居敬、倪尚谊、汪德懋等人也都保持着对《春秋》的兴趣。在这些新安理学家的带动下,元末徽州学界对于《春秋》的探讨一时蔚然成风。

在元代徽州的《春秋》学者中,赵汸尤其卓然大家,其著作现存有《春秋师说》、《春秋集传》、《春秋属辞》、《春秋左氏传补注》、《春秋金锁匙》五书。赵汸治《春秋》遵循着他所提出的两大主张,一是事据《左传》以求"鲁史书法",一是以"属辞比事"之法归纳圣人"笔削之义"。这两个主张对于明清时代的《春秋》学研究都曾产生过很大的影响。

元代科举规定《春秋》一科以"三传"及胡安国《春秋传》为依据,而明代科举则以"大全"系列著作为标准用书,其中《春秋大全》几乎全部袭蹈汪克宽以羽翼胡安国《春秋传》为指归的著作《春秋胡氏传附录纂疏》。从这一角度来说,元、明两个时代都是尊胡安国《春秋传》的。胡安国《春秋传》以《春秋》为"传心之要典"①,可以用来处世决疑。在这种观念支配下,《春秋传》过于注重思想建构,彰显出一种"逞臆说经"的倾向。而对于以记事为主的《左传》,胡安国是颇为鄙夷的,他认为研究《左传》不过是"虚费光阴,耽玩文采"②罢了。与之不同,在赵汸那里,《左传》却拥有绝对优先的意味,如其所言:"其本原脉络,则尽在《左传》。"③

① 胡安国:《春秋传序》,《胡氏春秋传》,第1页。
② 脱脱等:《宋史》卷四百三十五《儒林五》,第12913页。
③ 赵汸:《春秋左氏传补注序》,《春秋左氏传补注》,清康熙十九年(1680)《通志堂经解》本。

　　赵汸的《春秋》学研究遵循着乃师黄泽确立的路数，虽宣称兼取"三传"，但侧重点还是事据《左传》以求"鲁史书法"，所以说，赵汸《春秋》学的可贵之处就在于能在《春秋传》盛行的时代做到"完全不为胡传所拘"，继续"沿着朱子的思路对《春秋》经传进行探讨"①。赵汸《春秋》学对于《左传》的重新倚重，在一定程度上开创了明代《春秋》研究"从经到史"的走向。

　　正是因为赵汸《春秋》学不为胡安国《春秋传》所拘，表现出一种严谨治学的精神，所以明代很多《春秋》学者尤其是对《春秋传》腹诽已久的"非主流"学者们都接受了赵汸的启迪。如王樵《春秋辑传》、姜宝《春秋事义全考》等著作都对赵汸著作有所瞩目，有的学者甚至把赵汸的看法作为他们治《春秋》的依据。如熊过所著《春秋明志录》征引赵汸之语达 100 多条，而卓尔康所著《春秋辩义》征引赵汸之语更是多达 200 多条。成化年间的王汶则赞美赵汸云："国初新安赵子常氏，精于《春秋》之学者。尝为《补注》，又为《属词》，潜溪宋太史称其直探圣人之心于千载之上。"②著名学者杨慎亦对赵汸评价极高："昔赵汸《左传补注》，辨周正改月之证，引据既博，分析又明，可为不刊之论，定千古不决之疑。"③明代很多学者都对赵汸倚重《左传》的思路表现出了特别关注，如马森谓："赵汸氏谓《春秋》一经出于史官，先禀命鲁君而后得成其事，似非臆说。今详'三传'独《左氏》颇具本末事实。"④在这种思路的影响下，已经有不少学者开始对《左传》重新施以青眼，如李维桢就认为："非览《左氏》事，则不知孔子义。"⑤汪道昆亦认为："说《春秋》莫良于《左氏》，夫非圣人之徒与！其时纷争，其人倬诡，其辞葆大，其事奇衺，比事属辞，灿然不倍于道！"⑥而徐柭云："《左氏》传叙

---

①　赵伯雄：《春秋学史》，第 571—572 页。

②　王汶：《题春秋经传辨疑后》，童品：《春秋经传辨疑》，《景印文渊阁四库全书》第 167 册。

③　杨慎：《跋赵东山春王正月辨跋》，黄宗羲编：《明文海》卷二一七，上海：上海古籍出版社，1987 年版，第 2189 页。

④　马森：《春秋伸义序》，黄宗羲编：《明文海》卷二二六，第 2321 页。

⑤　李维桢：《春秋左传合鲭序》，《大泌山房集》卷七，《四库全书存目丛书》集部第 150 册，第 444 页。

⑥　汪道昆：《春秋左传节文引》，《太函集》卷二三，第 489 页。

更为阐悉,其权衡精微则《易》之变也,辞命谏说则《书》之事也,是非予夺则《诗》之情也,兴典常而本忠恕则礼乐之中和也。"①……

赵汸虽然倡导"事据《左传》",但他也认为《左传》存在着不少偏颇,所以著《春秋左传补注》一书,其目的就是为了补正《左传》之失。明代一些《春秋》学者依据这一思路兴起过一个补正《左传》之失的小高潮,如冯时可撰《左氏释》"精核者多,固赵汸《补注》之亚也"②。此外,陆粲的《左传附注》、傅逊的《春秋左传注解辨误》等著作亦是持如是取向。

赵汸宣称"学《春秋》以考据《左传》国史事实为主"③。这一观点在客观上也引发了明代《春秋》学者探索《左传》中鲁史旧文的兴趣。如高拱就认为:"其间也二百四十余年,王朝、列国、诸臣其名其字安得必可考知?或亦只据鲁史旧文书之耳。"④一代心学宗师王阳明也宣称:"至于《春秋》,虽称孔子作之,其实皆鲁史旧文。"⑤另一位心学宗师湛若水也认为《春秋》本是依据鲁史旧文笔削而得来,如其所言:

> 非谓笔削尽由于鲁史也,谓鲁史中有关于是非者,仲尼则笔之于册,今《春秋》是也。无甚关于是非者,仲尼则削之而不存于册。然其所笔,皆鲁史旧文,仲尼未尝改其文但取其义耳。所谓无加损者,不加损鲁史之文也,其余则削去而不笔之于书者多矣。今观《左传》有而经则无者,可知矣。⑥

既然《春秋》本之鲁史旧文,因此强立义例只能导致臆说聚讼,治丝益棼,所以"惟当考之于事,求之于心,事得而后圣人之心、《春秋》

---

① 徐栻:《春秋国华序》,严讷:《春秋国华》,《四库全书存目丛书》经部第 119 册,第 230 页。
② 永瑢等:《四库全书总目》卷二八,第 232 页。
③ 赵汸:《春秋师说》卷下。
④ 高拱:《春秋正旨》,《北京图书馆古籍珍本丛刊》第 2 册,第 755 页。
⑤ 王阳明:《传习录上》,《王阳明全集》卷一,第 8 页。
⑥ 湛若水:《附答门人高简春秋正传辩疑》,《春秋正传》,《景印文渊阁四库全书》第 167 册。

之义皆可得"①。明清之际的顾炎武也颇重《左传》,所著《左传杜解补正》以精深的考证功夫补正《左传》之失,这与赵汸著《春秋左传补注》的意图大有类似之处。不仅如此,顾炎武还采用金石器物如《晋姜鼎铭》等丰富的出土资料,用以考证《春秋》中的某些内容"必鲁史本文"②。顾炎武同时代及之后的一些《春秋》学者越发凸显了征实的取向,"事据《左传》"甚至逐渐形成为学界流行的趋势,如朱鹤龄则认为"东山赵子常特申不书之旨,辑为《补注》,多与经义相证发。余珍秘有年,复广演而博通之"③。万斯大认为"《公》、《穀》、《左氏》,互相同异",而"《左氏》详核,宜奉为主"④。

明代《春秋》学者对《左传》中鲁史旧文的关注,在一定程度上促成了明代《春秋》学从经学到史学的转化。甚至张德建都断言:"明代学术风尚由经学向史学的转换是通过《春秋》学发生的,而具体的发生则主要依据《左传》。"⑤

明代《春秋》学从经学到史学的转化在一定程度上标志着汉学的萌动。明中叶以后学术界出现了考证学的萌芽,这种萌芽"从思想史的角度看,它是明代儒学在反智识主义发展到最高峰时向开始向智识主义转变的一种表示"⑥。杨慎、黄洪宪、陈耀文、焦竑、胡应麟、陈第等学者皆表现出了由以阐释为特征的经学向以考据为特征的史学转化的特点,这一转化过程是否如张德建所认为的"通过《春秋》学发生"还有待商榷,但对《左传》的关注在这一转化过程中所起到的关键作用却不容忽视。从这个角度上来说,赵汸《春秋》学"事据《左传》"与探求鲁史旧文的思路对于明代学术从经学到史学的转化就有了极大的示范意义。

---

① 永瑢等:《四库全书总目》卷二八,第230页。

② 顾炎武撰、黄汝成集释:《日知录集释》卷四,第189—190页。

③ 朱鹤龄:《读左日钞序》,《愚庵小集》卷七,上海:上海古籍出版社,1979年版,第320页。

④ 郑梁:《跛翁传》,《寒村五丁集》卷二,《寒村诗文选》,《四库全书存目丛书》集部第256册,第303页。

⑤ 张德建:《春秋学与明代学术的历史变迁》,《武汉大学学报》2008年第3期,第307页。

⑥ 余英时:《从宋明儒学的发展论清代思想史——宋明儒学中智识主义的传统》,《历史与思想》,第109页。

　　"事据《左传》"与探求鲁史旧文当然是赵汸《春秋》学特色所在，但这种归纳史例的方法却非赵汸《春秋》学之最终指归，赵汸《春秋》学的最终指归在于探求圣人的笔削之旨，其具体方法不是探究所谓的"微言大义"，而是所谓的"属辞比事"之法，即通过连缀《春秋》中的用辞，排比其记事，从而能归纳出圣人的"笔削之义"。赵汸对自己发明的这一方法颇为自信，甚至将其视为研究《春秋》的"不二法门"，如其所言："今汸所纂述，却只是属辞比事法，其间异同详略，触类贯通，自成义例，与先儒所纂所释者殊不同。"①在《春秋属辞》一书中，赵汸通过连缀文辞、排比史事，"离析部居，分别义例，立为八体以布列之"②。总结出"存策书之大体"、"假笔削以行权"等八种义例，而"存策书之大体"位列第一。"策书"乃系鲁史《春秋》在《春秋经》中保存下来的部分文字，也可以说是孔子笔削《春秋》时所运用的原始材料。若想知道《春秋》寓意何在？最有效的办法毋宁是洞悉其制作过程；若想洞悉其制作过程，对原材料的甄别无疑又是一个最为可行的途径。赵汸之所以要甄别原材料，就是要将其与成品相对照，从而得出圣人的笔削之义。赵汸于"存策书之大体"用功最勤，"几乎将《春秋》所有的史事记叙，全部用到了他的存策书之大体的论说中"③。当然，赵汸也特别强调了"假笔削以行权"、"因日月以明类"、"辞从主人"等另外几个方面。无论是"存策书之大体"、"假笔削以行权"，还是"因日月以明类"、"辞从主人"，赵汸在这种类似形式主义的文本分析中追求的乃是孔子的"笔削之义"。从主观上来说，赵汸是沿着朱熹等理学家所设定的"格物致知"路径继续探索、继续开拓；从客观上来讲，赵汸的研究则把传统的"微言大义"、"一字褒贬"之论尽数清除。赵汸虽不赞成"褒贬"、"王鲁"、"黜周"这样的《公羊》学命题，但他的《春秋》学与传统《公羊》学形而上探究却颇有相似之处，的确可以启发后世学者推衍出《公羊》学的治学模式来。

　　赵汸"属辞比事"之法在明代《春秋》学界并没得到多少特殊的追

---

① 赵汸：《与朱枫林先生允升学正书》，《赵征君东山先生存稿》卷三。
② 宋濂：《春秋集传序》，《宋濂全集》第 3 册，第 1892 页。
③ 黄开国：《赵汸的〈春秋〉学》，《中国哲学史》2004 年第 2 期，第 88 页。

捧,但在清代却颇为《春秋》学者所激赏。如万斯大的《春秋》研究就得益于赵汸《春秋》学,万斯大中年时曾经纂集《春秋》诸家之说,得《春秋辑传》二百四十二卷,但不幸毁之于火。根据其子万经的记载,万斯大编纂这部《春秋辑传》所参考的材料中就有赵汸的《春秋集传》、《春秋属辞》与《春秋师说》①。赵汸《春秋》学不仅其"事据《左传》"的思路在万斯大的《春秋》学研究中有所体现,而且"属辞比事"之法也极大地影响了万斯大。林庆彰曾经就《学春秋随笔》一书归结了万斯大研究《春秋》的三种方法:以经解经、以传证经、属辞比事。他同时指出:"'属辞比事'应该是指连缀《春秋》的文字,排比《春秋》的事迹,以探讨孔子的义例。"②很明显,这是直接承袭于赵汸的方法。毛奇龄著有《春秋属辞比事记》四卷,全书内容共分为二十二门(今存七门),如"元年"、"盟会"、"即位"等,他认为通过"属辞比事"之法"据礼以定笔削"③,如此便能把握圣人褒贬之意旨,其方法亦得于赵汸,正所谓"分门隶事,如沈棐、赵汸之体,条理颇为明晰,考据亦多精核"④。

万斯大与毛奇龄等清初学者虽然受到赵汸"属辞比事"的影响,但他们并未表现出对赵汸的格外推崇。真正对赵汸思路表现出格外推崇乃是从常州学派开始。譬如此派的开山人物庄存与就对赵汸倾慕有加,如其所言:"存与读赵先生汸《春秋属辞》而善之,辄不自量,为檃括其条,正列其义,更名曰《正辞》,备遗忘也。以尊圣尚贤信古而不乱,或庶几焉。"⑤所谓"檃括其条,正列其义"即是重新剪裁赵汸《春秋属辞》所列条目,而凸显出"笔削之义"的学术思路。庄存与的学术宗旨显然有别于赵汸,陈其泰就曾通过对隐公元年有关"即位"的不同解释,指出了庄存与和赵汸不同的学术倾向:赵汸认为书"即位"或不书"即位"只是根据鲁史旧文而来,并无特殊意旨。而庄存与的解释却包

---

① 万经:《学春秋随笔序》,《学春秋随笔》,《续修四库全书》第139册,第237页。
② 林庆彰:《万斯大的春秋学》,《清史研究》1994年第2期,第97页。
③ 毛奇龄:《春秋毛氏传》卷一,《景印文渊阁四库全书》第176册。
④ 永瑢等:《四库全书总目》卷七十,第238页。
⑤ 庄存与:《春秋正辞叙目》,《春秋正辞》,第2页。

含国君应遵从天理、父命,庄严治国等深层次的含义①。可见,庄存与在《春秋》特殊含义的归纳上要深于赵汸许多,也主观许多,并在某种程度上走向了董仲舒、何休等学者所代表的汉代今文经学,正所谓"转而寻求西汉今文的遗绪,尊之以大义,援之以经世"②是也。

虽然庄存与的《春秋正辞》在义旨归纳上功夫做尽,但有学者却指出:"《公羊》学之为《公羊》学,其特色并不在大义,而在微言。"庄存与虽然自称是以《公羊》为宗,但一来"不重微言专重大义",二来"兼取《榖梁》《左传》",是以其《春秋正辞》尚算不得标准的《公羊》学著作③。正因为如此,我们才会越发看到庄存与《春秋》学与赵汸《春秋》学之间的血脉联系:庄存与"唯重大义、不重微言"的倾向与赵汸否定"一字褒贬"而归纳"笔削之旨"的思路存在着一定的契合之处,而"兼取《榖梁》《左传》"的思路也与赵汸的主张大体吻合。

庄存与弟子孔广森亦从赵汸那里得到了很多启发,阮元就看到了这一点,所谓"凡汉晋以来治《春秋》者不下数百家,靡不综览,……唯赵汸最为近正"④。孔广森对于赵汸《春秋》学的赞美要更甚于他的老师庄存与,如其云:

> 孔子之修《春秋》也,至于上下内外之无别、天道人事之反常,史之所书,或文同事异、事同文异者,则皆假日月以明其变、决其疑。……将使学者属辞比事以求之,其等衰势分甚严,善恶浅深奇变极乱,皆以日月见之,如示诸掌。善哉! 自唐迄今,知此者惟汸一人哉!⑤

孔广森的《春秋》学也并不算标准的《公羊》学著作,因为他也不唯何休原则是尊:首先,孔广森如庄存与一样尤重大义,而忽略何休

---

① 陈其泰:《清代公羊学》,北京:东方出版社,1997 年版,第 63 页。
② 王家俭:《晚清公羊学的演变与政治改革运动》,《清史研究论数》,台北:文史哲出版社,1994 年版,第 135—174 页。
③ 黄开国:《庄存与〈春秋〉学新论》,《哲学研究》2005 年第 4 期,第 38 页。
④ 阮元:《春秋公羊经传通义序》,《春秋公羊经传通义》,第 2 页。
⑤ 孔广森:《春秋公羊经传通义叙》,《春秋公羊经传通义》卷一二,第 182—183 页。

《公羊》学向来所重视的微言；其次，孔广森《春秋》也兼采"三传"，所谓"公羊、穀梁、左丘明并出于周秦之交，源于七十子之党，学者固不得畸尚而偏诋也"①。再次，孔广森对何休《公羊》学所设定的"三科九旨"也持否定态度，不但如此，他还自立新的"三科九旨"：

> 《春秋》之为书也，上本天道，中用王法，而下理人情。……天道者，一曰时，二曰月，三曰日；王法者，一曰讥，二曰贬，三曰绝；人情者，一曰尊，二曰亲，三曰贤。此"三科九旨"，既布而壹裁。②

很明显，孔广森自立的"三科九旨"就是借用赵汸"属辞比事"之法来推究《公羊》学之义旨的。可以说，孔广森《春秋》学虽然以"《公羊》学"为名，但实则与何休《公羊》原则存在着一定的相悖之处。刘逢禄就曾经批评孔广森与何休多有不合：

> 乃其"三科九旨"不用汉儒之旧传，而别立时、月、日为天道科，讥、贬、绝为王法科，尊、亲、贤为人情科。如是则《公羊》与《穀梁》奚异？奚大义之与有？③

正所谓"何君《解诂》行世，公羊之学赖以不坠"④。汉世以后，何休的《公羊》原则就已经成为《公羊》学的根本精神了。孔广森的《春秋》学与庄存与的《春秋》学都接受了赵汸的某些范式，而背离了何休的某些原则，因此都不能算作是标准的《公羊》学著作。虽则如此，他们的《春秋》学研究还是因赵汸启发逐渐走上了通往《公羊》学的路径。刘逢禄之后，常州学派的《公羊》之学就真正确立起来了，后再经过龚自珍、魏源的进一步鼓吹，终于在晚清时代蔚然大备，发挥出了巨大的影响。

① 孔广森：《春秋公羊经传通义叙》，《春秋公羊经传通义》卷一二，第180—181页。
② 孔广森：《春秋公羊经传通义叙》，《春秋公羊经传通义》卷一二，第180页。
③ 刘逢禄：《春秋论下》，《刘礼部集》卷三，《续修四库全书》第1501册，第57页。
④ 段熙仲：《春秋公羊学讲疏》，南京：南京师范大学出版社，2002年版，第13页。

308 / 元代徽州理学家群体与新安理学的传承发展

赵汸《春秋》学对于清代《春秋》学的影响主要表现在以"属辞比事"推究"笔削之义"的方法上,这一方法对清代《春秋》学从史学到经学的转变产生了极大的促进作用,这恰与它在明代时起到的促进《春秋》学从经学到史学的转变相反。同是一个人,同是几部著作,在不同朝代的学术史上起到了不同的扭转作用,这一现象确实值得研究者深思。

第四节 "求真是":新安理学与皖派 考据学间的学术脉络

虽然理学运动不能仅仅归结为经学研究这一单方面的内容,但不可否认的是,经学研究属于理学运动中颇为重要的内容。元朝立国时长远逊于明朝,但元代徽州学界所产生的经学著作无论是数量还是质量都要超越明代徽州学界许多。经学兴盛,理学家之间常常相互探讨经义,如此一来,不但容易增强群体意识,而且理学家们较为统一的治学理念也会随之形成。明代理学家虽也治经,但所谓"明代经学的伟大地方,不在表面的道问学层次"①,他们似乎更愿意躬身践履。经学研究常常带动群体的互动,而躬身践履则在一定程度上有赖于个体的坚守,当徽州学界的经学研究兴趣由于种种原因衰退之后,元代新安理学那样的理学家群体也就随之淡出了历史舞台。

整个明代,徽州地区当然有躬身践履的理学家存在,也有一些勤于著述的理学士人存在,虽然也有些理学士人团结起来共同反抗过心学的入侵,但却再也没有能形成元代新安理学那样显著的理学家群体。如果没有持共同理念的理学家群体的出现,那么"新安理学"这一意味着地域特色的文化符号,其在明代的提法总归是比较牵强的。

明代徽州地区的理学并没有体现出独立的特色来,是以徽州学界

---

① 饶宗颐:《明代经学的发展路向及其渊源》,《明代经学国际研讨会论文集》,第22页。

也就失去了抵御其他文化侵入的机制。明代中后期心学在徽州地区畅通无阻的传播就非常明显地印证了这一点。心学登上历史舞台是符合学术发展理路的，首先是朱子学的僵化和其自身难以圆融的主客割裂在一定程度上导致了心学的凸显。而且王阳明"先王制礼，皆因人情而为之节文"①的观点又十分契合明世宗以生父为皇考的主张，是以"大礼议"这场论争也产生了促使王阳明之学"正式登上政治舞台，参与着嘉靖以后学术与政治的互动"②的效应。心学在明代中后期的传播称得上是一个奇迹，王阳明等人终身奉之的讲学活动，使得心学思潮扩散到了百姓日用的世界里。陈来认为："阳明学话语的建立、扩展及在明中后期对整个社会文化的笼罩，正是通过推行会讲、讲会的形式得以实现的。"③这种讲学活动在徽州也曾繁盛一时，其最初肇端于湛若水在徽州的紫阳、福山、斗山三大书院的讲学。按《紫阳书院志》记载：

> 嘉靖丁酉，甘泉湛先生主教于斗山，庚戌，东廓邹先生联会于三院；厥后，心斋王、绪山钱、龙溪王、师泉刘诸先生递主齐盟，或主教于歙斗山，或缔盟于休天泉、还古，或振铎婺福山、虹东，以及祁东山、黟中天诸书院。④

徽州的讲学，湛若水实首发其轫，而王门高第邹守益、钱德洪、刘邦采、王艮、王畿、罗汝芳等又承其绪，他们的努力使徽州的讲学活动达到了一个高潮。李琳琦认为，在"湛若水及王门高第的推动下，明中后期徽州讲会纷行，并形成了网络化和制度化的特点。讲会形式有院会（书院讲会）、坊乡之会（乡村及宗族讲会）、邑会（一县讲会）、郡会

---

① 王阳明：《寄邹谦之（丙戌）》，《王阳明全集》卷六，第202页。

② 邓志峰：《王学与晚明师道的复兴运动》，北京：社会科学文献出版社，2004年版，第81、82页。

③ 陈来：《明嘉靖时期王学知识人的会讲活动》，《中国学术》第4辑，北京：商务印书馆，2000年版，第1页。

④ 汪佑：《紫阳书院会讲序》，施璜编，吴瞻泰、吴瞻淇补：《紫阳书院志》卷一八，第567页。

（六邑大会）、四郡大会等，客观上形成了网络化的讲会体系。讲会还订有制度作为保证"①。这其中，或以湛为师、或负笈王门的徽州籍学者如洪垣、方纯仁、方瓘、谢显、谢芊、程文德、潘士藻、汪道昆、程大宾、程默等人发挥了很大的作用，在他们的响应与支持下，心学讲会在徽州开展得如火如荼，心学思潮席卷了整个徽州。

心学在徽州的大规模传播是有其深层原因的。从明代经济发展的层面来说，心学的出现正是宋元以来商品经济发展所引发的社会思潮变更，王阳明"以他特持的良知'心学'普遍地推广到士、农、工、商四'业'上面"②，就可以"打破朱熹理学伦理在农工商贾之间所造成的隔阂"。作为"孕育着民生主义的近代胚芽"③，心学在徽州勃兴的态势与同时期徽商的崛起也是存在一定关联的。再者，王阳明思想学说中的某些内容也存在于新安理学的传统中，两者的共同之处自是不可忽略。从郑玉、赵汸"和会朱陆"到程敏政倡朱陆"早异晚同"，再到王阳明著《朱子晚年定论》，时光流逝了一百余年。上述人物分属三个时代，且并不在同一地域，但却能很明显地看出他们思想的顺承关系。最重要的一点是，以朱子学为其宗旨的新安理学家群体的消逝，使得徽州学界失去了最为活跃的抗体，就在心学即将侵入徽州的前夜，汪禔就感慨说："吾祁自环谷既殁，斯道寥寥者百余年"④，汪循也曾叹惋道：

> 元季国初之间，某尝自谓某郡典章文物之盛、理学相传之真，在他郡或未之过也。定宇陈先生栎、道川倪先生士毅、凤（枫）林朱先生升、东山赵先生汸、礼侍朱先生同、平仲范先生准之在休，云峰胡先生炳文、黟南程先生文、蓉峰汪先生叡之在婺，与夫师山

---

① 李琳琦：《明中后期心学在徽州的流布及其原因分析》，《学术月刊》2004 年第 5 期，第 70 页。

② 余英时：《中国近世宗教伦理与商人精神》，台北：联经出版事业公司，1987 年版，第 105 页。

③ ［日］沟口雄三：《中国前近代思想的演变》，索介然、龚颖译，北京：中华书局，1997 年版，第 43 页。

④ 汪禔：《与王生大忠书》，《檗庵集》卷上，第 342 页。

郑先生之在歙,环谷汪先生克宽之在祁,其选也。①

到了明代中叶,"元季国初"时期的"典章文物之盛、理学相传之真"早已经褪色为一种苍凉的记忆了。可以用来抵御心学骇浪的堤坝已经荡然无存,心学遂长驱直入,其锋固是难撄。

不过,心学在徽州的迅速传播也激发了徽州士人对曾经辉煌的新安理学的怀恋,这在一定程度上导致了朱子学的复燃。在明代中后期,程曈、范涞、吴汝遴、江旭奇、汪应蛟、程汝继、余懋衡、毕懋良、方学渐等徽籍士人就分别以呼声与行为表达了对心学的不满。如范涞就对王阳明从祀十分反感,为了反对心学,他明显强化了对朱子学与新安理学的研究,《朱子语录纂述》、《休宁理学先贤传》因是而著;他还怀着"仰止先达"的心情刊刻了新安理学家朱升的《朱枫林集》。吴汝遴捍卫朱子之学也颇为积极,但见有谈论王学者,则"亦必争之、强辨之,力不悉不休"②。江旭奇"皈依紫阳",著有《朱翼》"以羽翼名教,阐发真诠"③。而汪应蛟和余懋衡分别创建了正经堂和富教堂作为讲习朱子学的场所,尤其是余懋衡"为学推本紫阳,精研天人性命之故而以身验之"④。方学渐号本庵,"本庵者,学宗朱子者也"⑤。……上述学者都是持了朱子学立场的,这一点毋需置疑。

宋、元、明三个时代的朱子学都曾因流弊无法涤除而走进过死胡同之中,这一点在新安理学的发展中也不曾例外。作为徽州籍学人,上述诸人对于元代前期新安理学宗朱原则下出现的"附录纂疏"泛滥的景况应该有所了解,是以他们在倡导朱子学的过程中就刻意避免了这一路径,而接受了元代后期新安理学家朱升、赵汸等人归结出的"求真是"的思路。

"求真是"这一思路在明代徽州学者那里一直被铭记着,如朱同认

---

① 汪循:《新安师友文集序》,《汪仁峰先生文集》卷七,第 269 页。
② 施璜:《还古书院志》卷七,《中国历代书院志》第 8 册,第 597 页。
③ 许成智:《朱翼序》,《朱翼》,《四库全书存目丛书》子部第 206 册,第 8 页。
④ 徐开任:《明名臣言行录》卷八三,《续修四库全书》第 521 册,第 623 页。
⑤ 陈二典:《紫阳书院会讲序》,《紫阳书院志》卷一八,《中国历代书院志》第 9 册,第 638 页。

为"真是之归"乃是其父"得乎穷理之妙"者①；程敏政则认为"至于尊德性、道问学为两途，或沦于空虚，或溺于训诂，卒无以得真是之归"②。正德、嘉靖年间，徽州学者程曈著有《闲辟录》、《阳明〈传习录〉考》、《〈朱子晚年定论〉考》、《新安学系录》，其初衷就集中在了辟心学、维护朱子学上。程曈崇信朱子学，所谓"葰山先生当王学盛行之日，独得程朱正传"③，程曈接续了朱升、赵汸"求真是"的取向，在"禅陆盛行"之际，他能"崇正道、辟邪说"，"于六经性理之要，莫不研精覃思，以求真是之归"④。当心学末流狂禅风气所导致的浮华空疏日益严重时，"求真是"就越发被当成了可以治病救人的良药，这在明代后期的徽州学界表现得非常明显。

"求真是"之说最早可以溯源至朱熹，朱熹所谓的"求真是"应该理解为一种覃思推校的致知之道，是义理与考据的结合，而明理乃是其重点。朱升、赵汸所谓的"求真是"、"求实理"是深得朱熹精髓的。朱子学与陆学均以义理取胜，其争论的焦点也是义理之争，但当义理之争势均力敌的时候，"求真是"这一思路中的另一个层面"考据"便要凸显出来了。余英时曾高屋建瓴地指出："清代的考证学应该远溯至明代晚期的程、朱和陆、王两派的义理之争。由义理之争折入文献考证，即逐渐引导出清代全面整理儒家经典的运动。"⑤

在明代中后期的徽州，一些从王学入手的学者就出现了征实的迹象⑥。像金声就在宣扬"且夫君子之学，务求其是，无往不学则无往不然"，又云："君子争于实而不争于名，考古'实'字亦通作'寔'，此求是之义耳。"⑦由此可见，朱子学者们由"求真是"而转至考据是顺理成章的。

---

① 朱同：《赠地理汪焕章序》，《覆瓿集》卷四。
② 程敏政：《淳安县儒学重修记》，《篁墩程先生文集》卷一六。
③ 吴曰慎：《新安学系录序》，《新安学系录》，第5页。
④ 何应松：道光《休宁县志》，南京：江苏古籍出版社，1998年版，第247页。
⑤ 余英时：《论戴震与章学诚：清代中期学术思想史研究》，第18页。
⑥ 亢学军与侯建军以罗钦顺、焦竑等王学人物为例指出："自明中叶以降，考证之风渐露端倪，在心学内部也出现了征实的趋向。"见亢学军、侯建军：《明代考据学复兴与晚明学风的转变》，《河北学刊》2005年第5期，第130页。
⑦ 金声：《送邑令君（丙子）》，《金正希先生文集辑略》卷六，第574页。

与程瞳同一时代的汪禔也是一位崇朱的理学士人，由于崇朱，由于要追求"真得于心"①，他开始"于古今藏书，无不考究"，并用心"考订朱文公、丘琼山冠婚丧祭仪节"②。在汪禔以后，徽州学界崇尚考证的学者陆续出现，如方弘静就以"子"学著作来印证五经，著有《千一录》一书，其序云："《千一录》，录经解也，而'子'附焉。'子'有辅经者，有畔经者，于是乎有评矣。评'子'所以明经也。"③而程汝继《周易宗义》虽然为了"尊时制"而"以文公先生《本义》为宗"④，但却加入了诸多汉、魏、晋注疏，呈现出一种汉学的萌动。程棐父则热衷于史学辑佚、会通训诂，其人"考本固实"、"好古甚力"，曾在佚书中网罗遗事，作《休阳史》十四篇⑤。而所著《史诠》一书，更是无眩无凿，"足以当史氏"⑥。汪应蛟《汪子中诠》虽以性理阐释为旨，但其中也充斥着颇多的考证内容，如对《春秋》中"春王正月"、《诗经》中"七月流火"的考证就涉及商周时令的问题："商周未尝改月改时可详考矣。"⑦明代后期徽州学界考据学者以吴士奇最称特出，其著有《绿滋馆考信编》二卷、《绿滋馆征信编》五卷，其考据范围囊括了人物、战事、官制、礼仪、典籍、科目、地理等诸多方面。吴士奇还著有《史裁》一书，其著述目的在于"窃效一割之用，以备博古通今者取裁"⑧。吴士奇之所以奋力于考据之学，是因为受其家学影响甚深，其《先大父请状》一文记载其家学传统云："学非章句，亦非空寂，宪章文武，此真儒之实用也。"⑨在这一说法中无疑暗含着"求真是"的意味，只是在实际操作中，吴士奇之学完全折入了考证。金瑶的《周礼述注》与《周礼二氏改官改文考》、姚应仁《檀弓原》、程明哲的《考工记纂注》、吴元满的《六书正义》、詹景

① 汪禔：《与胡生天叙书》，《櫱庵集》卷上，第 340 页。
② 王讽：《櫱庵先生行状》，《櫱庵集》，第 336 页。
③ 方弘静：《千一录序二》，《素园存稿》卷十，《四库全书存目丛书》集部第 121 册，第 183 页。
④ 程汝继：《刻〈周易宗义〉凡例》，《周易宗义》，《续修四库全书》第 14 册，第 7 页。
⑤ 吴子玉：《〈休阳史〉序》，《大鄣山人集》卷七，第 357 页。
⑥ 吴子玉：《史诠序》，《大鄣山人集》卷八，第 349 页。
⑦ 汪应蛟：《汪子中诠》卷三，《四库全书存目丛书》子部第 13 册，第 469 页。
⑧ 吴士奇：《史裁叙》，《绿滋馆稿》卷一，《四库全书存目丛书》集部第 173 册，第 646 页。
⑨ 吴士奇：《先大父请状》，《绿滋馆稿》卷五，第 684 页。

风的《字苑》、汪砢玉《古今醝略》等也在礼学、小学、制度等方面积淀
了不少内容。可见明代后期的徽州学者在考据学层面已经做出了多
种探索，章太炎所谓徽州"求学深邃，言直核而无温藉，不便文士"①的
朴质学风自当从此时肇端。

考据学自然是挽救心学空疏学风的有力武器，在徽州，溺于心学
又欲自拔者自是抓住这一救命稻草不放，更重要的是，持朱子学立场
的人物又往往把"求真是"理念折为实际操作中的考据之学。于是考
据学在明代后期的徽州就逐步发展起来了。

清代考据学的兴盛当然系诸多因素所促成，一般认为康乾时期雄
厚的物质基础为考据学提供了必要条件，而清政权钳制士人思想的政
治高压也促使学术向实证主义靠拢。艾尔曼认为经济、政治等因素固
然重要，但学术自身的发展机制亦不可忽略，他就将自己的研究纳入
"哲学的框架"②里来审视学术发展的脉络，从而得出"戴震考证学研
究的科学取向是徽州学术传统的产物"③这一结论。梁启超的研究虽
然强调皖派考据学的产生有来自顾炎武和颜李学派的影响，但也没有
忽略黄生这样的徽地自产者，其人"治文字学，专从发音上研究训诂，
是为皖南学第一派"④。这样的自产者，其学术渊源可以追溯到明代
中后期徽州考据学的苏生，譬如深受明人吴元满《六书正义》影响的清
初人黄生就著有《字诂》、《义府》等著作，许承尧以为其能"肩随亭林，
而为有清一代朴学之先登者矣"⑤。林庆彰认为明代中后期出现的汉
学运动，实"开往后四百年考据学风"⑥。以这一视角进行考察的话，
明代中后期徽州学界出现的考据学倾向应该与皖派考据学具有一种
前后的连贯性。

---

① 章太炎：《章太炎学术史论集》，北京：中国社会科学出版社，1997年版，第328页。
② ［美］艾尔曼：《从理学到朴学——中华帝国晚期思想与社会变化面面观》，赵刚译，南京：江苏人民出版社，1995年版，第2页。
③ ［美］艾尔曼：《经学、政治和宗族——中华帝国晚期常州今文学派研究》，第7页。
④ 梁启超：《近代学风之地理的分布》，《饮冰室合集·文集》之四十一，北京：中华书局，1989年版，第68页。
⑤ 许承尧：《歙事闲谭》卷二，合肥：黄山书社，2001年版，第114页。
⑥ 林庆彰：《明代考据学研究》，第49页。

　　明代后期徽州学界出现的试图摆脱心学而回归朱子学的风尚在清初凝为飙风，在其荡涤之下，清初的徽州学界又重新回归了朱子学阵地。杨泗祥、汪佑、汪知默、汪德元、胡渊、施璜、吴曰慎等清初学者于朱熹矩镬固守不疑，这种传统对于江永、戴震等考据学家也都产生过一定影响，以至钱穆有"盖徽歙乃朱子故里，流风未歇，学者固多守朱子圭臬也"①之叹。清初的徽州学者对于明代学术脉络的承继，表现在不仅于朱子学立场上站稳了脚，同时也把"求真是"的思路和考据学接收了下来。如汪佑就著有《五子近思录》、《明儒统考》，其《五子近思录》增补语录 548 条，号称"大成全观"，显示出较强的考证辑录能力。朱启昆就认为"汪星溪先生之学，平正笃实"②，考据学气象已经有所体现。吴曰慎治《易》"非独邃于《易》，亦精于史也"③，其著作《周易本义爻征》可使"读经者知以经会史，而读史者亦知以史证经"④。在吴曰慎的带动下，程二交和吴咨臣都"尝欲因经会史"⑤，体现出向考据学靠拢的姿态。再如施璜弟子潘继善撰有《圣学辑要》、《经史笔记》、《音律节律考》等著作，其考据家的意味就更加明显了，如《经史笔记》一书就"皆偶拈经史之文，为之论说"⑥。

　　潘继善与江永有过直接的接触，其著作《圣学辑要》就有江永所作的序言⑦。江永系皖派考据学的开创者，他不仅与朱子学者们接触，而且自己也"尤服膺朱子之学"⑧；而皖派考据学另一先驱汪绂也以朱子学者自居，其"治经则博综疏义，穷理则剖析精微，而皆折衷于朱子"⑨。刘师培就看到了江永、汪绂这两个考据学的先导人物与清初徽州朱子学者之间的联系，所谓"先是，徽歙之地，有汪绂、江永，上承

① 钱穆：《中国近三百年学术史》，北京：商务印书馆，1997 年版，第 340 页。
② 朱启昆：《五子近思录跋》，汪佑续编：《五子近思录》，清康熙三十二年（1693）刻本。
③ 路德：《周易本义爻征序》，吴曰慎《周易本义爻征》，《续修四库全书》第 17 册，第 525 页。
④ 吴昌：《周易本义爻征序》，《周易本义爻征》，第 527 页。
⑤ 吴曰慎：《周易本义爻征序》，《周易本义爻征》，第 526 页。
⑥ 永瑢等：《四库全书总目》卷一二九，第 1112 页。
⑦ 永瑢等：《四库全书总目》卷九八，第 832 页。
⑧ 马步蟾纂修：道光《徽州府志》（二）卷一一之三，第 299 页。
⑨ 马步蟾纂修：道光《徽州府志》（二）卷一一之三，第 300 页。

施璜、吴曰慎之绪,精研理学,兼尚躬行"①。为什么在清初考据学者大多尊朱子之学呢? 陈时龙对此有过解释,如其云:"在考据学尚未占据着学术界显赫地位的时候,考据学者是以朱子学为巢穴的。"②

皖派考据学的中坚人物自然非戴震莫属,戴震治学以考据学为切入点,但考据学并不是其最终指归。戴震曾把自己学术特点归结为"由字以通其词,由词以通其道"③,为学不但要淹博,而且还要富于精审与识断,其最终指归是"由考据上推义理"④。正所谓"精诣深造,以求至是之归"⑤是也;"由声音文字以求训诂,由训诂以求义理,寔事求是,不偏主一家"⑥是也。戴震正是以"求是"这一理念与"求古"的吴派考据学划开了界限。正如王鸣盛总结说:"吾交天下士,得通经者二人,吴郡惠定宇,歙州戴东原也。间与东原从容语:'子之学于定宇何如?'东原曰:'不同,定宇求古,吾求是。'"⑦于是"求是"之说在后世学人眼中就成为了皖派考据学的标志,如梁启超就把皖派与吴派的区别锁定为"吴派以惠定宇为中心,以信古为标帜","皖派以戴东原为中心,以求是为标帜"⑧。与戴震齐名的另一皖派考据学代表人物程瑶田也表现出了"得其真解,不屑屑依傍传注"⑨的倾向。而凌廷堪则认为:"夫实事在前,吾所谓是者,人不能强辞而非之。"⑩无论是戴震的"求是",还是程瑶田的"得真解",抑或是凌廷堪的"实事求是",皖派考据学所追求的从考据求实上升为义理推校以求其"真是"的思路

① 刘师培:《近儒学术统系论》,钱锺书编:《刘师培辛亥前文选》,北京:三联书店,1998 年版,第 158 页。

② 陈时龙:《16、17 世纪徽州府的讲会活动》,《明代中晚期讲学运动(1522—1626)》,上海:复旦大学出版社,2007 年版,第 351 页。

③ 戴震:《与是仲明论学书》,《戴震文集》卷九,北京:中华书局,1980 年版,第 140 页。

④ 漆永祥:《乾嘉考据学研究》,北京:中国社会科学出版社,1998 年版,第 183 页。

⑤ 卢文弨:《戴氏遗书序》,《抱经堂文集》卷六,上海:商务印书馆,1935 年版,第 76 页。

⑥ 钱大昕:《戴先生震传》,《潜研堂集》卷三九,第 710 页。

⑦ 王鸣盛:《古经解钩沉序》,《西庄始存稿》卷二四,《续修四库全书》第 1434 册,第 315—316 页。

⑧ 梁启超:《中国近三百年学术史》,北京:东方出版社,2004 年版,第 23 页。

⑨ 支伟成:《清代朴学大师列传》,上海:上海泰东图书局,1925 年版,第 153 页。

⑩ 凌廷堪:《戴东原先生事略状》,《校礼堂文集》卷三五,北京:中华书局,1998 年版,第 317 页。

与元末时朱升、赵汸等人倡导的"求真是"、"求实理"之说何其相似乃尔！两者之间的渊源联系的确值得仔细推敲。

清初徽州学界对于明代徽州朱子学与考据学的同时接收，为皖派考据学的出现打下了一定的基础。虽然明代中期以后朱子学的回归与汉学的萌动在全国范围内都有所体现，徽州学界并不特殊，但这两个层面的出现对于我们思考长时段内徽州学术的演进实是意义重大。从元代新安理学到清代的皖派考据学，这两个著名的地域性学术群体之间到底有着怎样的发展脉络呢？实是值得深思。明代中后期徽州学界的朱子学者们再次凸显元代新安理学中"求真是"的理念，这种理念折入考据进而促进了考据学在徽州的苏生。"求真是"的理念与考据学的抬升可以提供一个思考的视角，有助于我们理解徽州学术的传承发展。

小　结

元代新安理学对明清学术的发展有着一定的影响。首先，《四书大全》、《五经大全》9 部著作中有 7 部取材于元代新安经学。"大全"在后世影响巨大，元代新安经学著作作为其构成质料，其作用不应该被忽视。

其次，明代徽州学者程敏政鼓吹朱陆"早异晚同"论，此论调明显承袭元代后期新安理学家郑玉、赵汸的"和会朱陆"之说，并下启王阳明的《朱子晚年定论》，甚至是影响了李绂、郑之侨、章学诚等清代学者。

其三，赵汸《春秋》学对《左传》中鲁史旧文的关注，在一定程度上引领了明代《春秋》学从经到史的转变；而其以"属辞比事"推究"笔削之义"的方法也在一定程度上启发了清代《春秋》学者重新奔向了《公羊》学，这对清代《春秋》学从史到经的转变产生了一定的促进作用。

其四，元代新安理学家群体在明初的终结使徽州学界失去了最为活跃的抗体，心学遂在明代中后期长驱直入徽州。心学在徽州的大肆传播刺激了朱子学者对元代新安理学的回溯，从元代新安理学发展出的"求真是"的理念被重新提起，而"求真是"理念又激发了考据学的苏生。明代中后期徽州学界兴起的考据倾向一直延续到清初徽州朱子学者那里，并对皖派考据学"求是"主张的形成产生了一定的影响。

结　语

一

　　《五经正义》颁行后,唐代儒学逐渐形成了板滞的局面。从韩愈开始的尊孟溯道意识与从啖助、赵匡、陆质开始的"舍传求经"思潮可谓这板滞局面中的两点突破。这两点突破到了宋初由于经学传注的僵化与佛、道的刺激得到了进一步的发展,王安石的出现则将这两点突破提升到了前所未有的高度,力倡"性命道德"的新学得以出现。而在二程那里,更加强调"内圣外王"的理学也随之确立起来了。

　　无论是王安石,还是二程、张载,他们都属于政治型的学者,对社会结构的改造,更愿意寄希望于政府主导的顶层设计。当王安石重回《周礼》的乌托邦模式占据权力中枢后,那些不在其位的思想家们如司马光、程颐等人就开始把触角伸向社会的基层单位了。到了南宋时期,理学家的观念中普遍孕育着一种挑战政府干预的倾向,他们越来越把注意力放置在地方社群建设的层面上。随着商品经济的发展,经济地域化特征逐渐在江南地区显现。科举社会的形成,也在地方上造就了大量的士人。理学的传承与发展就坐实在这样的一个社会结构中。因此,南宋时代江南地区理学的传播,适合以"地域社会论"视角进行观察研究。

徽州"一府六县"的格局经唐、宋、元、明、清千余年而未更张,万山环抱、盆地居中的地形结构也造就了徽州的封闭性与内聚性。上述状况对于倡导地域研究的学者来说无疑是一个绝好的范例。徽州虽然处于万山之间,但却有发达的水路与四域相通,这些水路把徽州与整个江南地区联系了起来。可以说,徽州社会实际上是一个既地域又整体的生活系统。

宋廷南渡以后,徽州文风大畅。科举社会、大量士人的存在、地方本位意识的增强以及家族的经营,这些因素使得南宋徽州的地域社会特征凸显了出来。士人们在地方上越来越扮演起重要的角色,理学也开始在这个地域社会浓墨重彩地登上了舞台。在南宋时代的徽州,担当理学传播使命的地方士人们已无望于顶层设计,所以他们把主要的精力放置在以理学塑造基层社会这一层面,经学研究则成为了他们维系个人与家族声望的有效手段。

入元之后,南方士人进一步与政治绝缘,其地方主义色彩益发显著。徽州的新安理学家们在这方面就相当具有典范意义。以胡一桂、胡炳文、陈栎为代表的元代前期新安理学家,他们通过学术上的探讨而互动频繁,逐渐形成较为一致的学术理念。他们的经学研究影响着周围的理学士人,进而形成为一个地域性的理学家群体。这个理学家群体凝聚在徽州一域,彼此交流,彼此探讨。他们以经学研究为基点,以传承朱子之学为神圣使命。由于仕宦无门,新安理学家无法上升,只得以地方士人的身份参与乡邦事务:他们一方面积极营建社会关系网络,积极维护自身的地方声望,一方面又热衷推行朱子礼制下移与宗族建构的互动。

为了求得进身之阶,元代后期的徽州士人普遍踏上了科举考试与游谒投赠的征途。但他们的实绩却乏善可陈:不仅在科举上成就不大,在游谒投赠的层面也颇为寂寥。无奈之下,他们只好回归乡里,以教学著书了却余生。于是在元代前期新安理学家群体逐渐淡出后,徽州一域又渐渐以朱升、郑玉、赵汸为核心形成为一个更大的新安理学家群体。两代新安理学家之间存在着师承关系,也存在一定学术理念的前后沿袭。新一代新安理学家受到前辈们的影响,同时对其不足也知之甚深。因此,到了元代后期,新安理学内部出现自我反省与自我调整应该是顺理成章的。

郑玉与赵汸都出身于与元政权颇有关联的世家,而朱升则出身于一个名不见经传的普通家庭。不管是世家,还是普通家庭,他们基本上都没有悠久的家学传承。在这一点上,他们的确有别于胡一桂、胡炳文、陈栎等上一代新安理学家。值得注意的还有一点,就是胡一桂、胡炳文、陈栎等元代前期新安理学家都没有杰出的后裔可以踵武其学,这使得他们的家学传统渐趋式微。元代后期的新安理学家虽与前辈们存在学术上的承继关系,但这毕竟不似家学那么稳固。朱升、郑玉与赵汸在元代后期依然作为乡贤圣立足于徽州地域社会,但由于家学传统的缺失,他们身上出现学术变化也就在所难免了。

有元两代新安理学家之间虽然出现了某些学术上的调整,但在营建社会关系网络、维护自身地方声望、推行朱子礼制下移与宗族建构等方面却是颇为一致。譬如在礼制下移与宗族建构方面,元代前期与后期的新安理学家在引领墓祭、创建墓祠、修撰族谱、促进民间专祠向宗祠转变的过程中都起到了关键的作用。可以说,作为基层社会的精英分子,新安理学家们在地域秩序的营建中、在基层文明的扩张中,都发挥了明显的中介作用。正如包弼德认为,宋元时代地方的理学家群体一直致力于推行一套整体方案,"相对于由国家推行的制度,这套方案是地方士人的自发性事业"①。

历史上的理学不仅仅是一场思想运动,同时也是一场深刻的社会运动。这场运动从 12 世纪一直延续至 17 世纪。元代的江南地区实可谓理学自发主义发生发展的典范,其中各个地区的理学家们都起到了主导的作用。随着明初乡村制度的趋紧,这种自发主义一度受到遏制。但在乡村制度松弛后,理学的自发主义在 16 世纪又掀起了新的高潮。其主导力量亦是活跃在基层社会的理学士人群体。从 12 世纪到 17 世纪,在几个世纪的发展中,理学家的角色发生了较大的转变,总体上是由跻身政治高层进行操作的政治家转变为深入基层社群进

---

① [美]包弼德:《历史上的理学》,第 223 页。

行建设的地方士人。理学家们越来越靠近社会基层,其注意力也从君王政治一步步地转到了民众的世界。研究元代新安理学家群体及其学术,不但可以用来考察理学家们普遍要展开的整体方案,同时也可以十分清晰地展现出宋元时代理学家角色调整的轨迹。

二

从北宋时期开启的理学可以理解为儒学的新发展,南宋时代的朱熹也一般被视为理学的集大成者。朱熹身后,由于政治因素及朱门弟子们的努力,朱子学逐渐成为远胜于陆学、婺学、功利学派的显学。这种势头到了元代有了进一步的加强,并伴随着朱子学的官学化达到了鼎盛。入明以后,由于统治者的提倡,尤其是《四书大全》、《五经大全》、《性理大全》系列著作的修撰,朱子学终于借助权力的支持上升为了国家的意识形态。士人们为了追求金紫之途,一唯"大全"是从,经学研究走向黯淡遂成定局。在朱熹去世后一直到明中叶心学波澜再起之前,理学的思想与学术总体上呈现为一种逐渐萎缩的态势。在整个元代,经学研究虽然呈现出繁荣的表象,但无论是北方学界还是南方学界,经学研究的创新性都在急速衰退,朱子学体系几成僵滞之态势。

元代前期新安理学以"宗朱"为宗旨、以"附录纂疏"为形式的经学研究就体现了元代朱子学创新性的某种缺失。通过研究胡一桂、胡炳文、陈栎等人的著作,可以概括出一些共同的特征:他们进行经学研究的目的乃是为了羽翼朱熹经说,形式方面基本上都是采用"附录纂疏"来纂辑群言,所以可将其归纳为一种"附录纂疏"式的著作。从事于"附录纂疏"的元代前期新安理学家往往扮演着朱子学卫道士的角色,虽然他们有能力对朱熹经说的某些条款做出适当的修正,但却十分注意把握一个"度"字,防止纠偏过多从而影响朱熹经说的权威性。尽管他们也会提出一些纠正朱熹不当之处的意见,但这却改变不了他们浓厚的宗朱色彩。"一以朱子为归"或许形容得有些绝对,但总体而言,还是能概括其总体特征的。

元代后期新安理学"和会朱陆"、求"真是"和"实理"的新取向则显示出欲从僵化的朱子学中脱身的迹象。这也说明元代的地域性朱子学传承体系也曾产生过自我调整、自我突破的机制。朱升、郑玉、赵汸等一部分元代后期新安理学家都不盲目唯朱熹之注是从，而唯"真是"是从。在朱升"求真是"、赵汸"一切以实理求之"的治经方法中，既有非常严格、规范的考据功夫，又有综合考据向上推校的致思之道，他们这种义理探询的学术路径与前辈新安理学家羽翼朱子的"附录纂疏"已是颇有不同了。在他们那里出现的"和会朱陆"的观念，其本质就是一种"引陆入朱"。元代后期的新安理学家要想解决朱子学流弊，除引陆外似乎尚无他法。也就是说，两代新安理学家之间存在着一种带有调整性质的转向，也正是由于这种转向的出现，才使得偏于言语训释之末的新安理学在一定程度上摆脱了困境。

元代后期新安理学虽然出现了诸如"和会朱陆"、求"真是"和"实理"的新取向，但这却不足以改变元代朱子学创新性缺失的危局。元代理学在哲学构架上创见不多已是学界共识，即使是被称为元代南北二儒的许衡与吴澄，也很难说有多少全新的见解，更遑论徽州的新安诸儒了。不过，从理学发展脉络的角度来说，"和会朱陆"、求"真是"和"实理"等新取向却也有着非同寻常的意义。"和会朱陆"的思路使宋末朱子学与明中叶王学之间有了中间环节；而求"真是"和"实理"的思路则可以把学术连续性一直延展到清代皖派考据学的兴起。元代新安理学虽然仅仅是一个特定时代特定地域内产生的朱子学传承体系，但研究它的意义就在于以小见大，以其自身特色来补充宋明间理学传承发展的脉络。元代新安理学的历史恰好展示了朱子学熟烂的轨迹，同时也可以展示知识与思想世界里新因素萌生的过程。萌生在新安理学里的新因素一在明中叶汇入了王学的风起云涌中，一在清初激发了考据学壮阔波澜态势的呈现。

三

江浙行省举荐新安理学家程复心，却被中书平章政事李孟所阻。大儒吴澄在国子监的改革也被李孟及其领导的北方儒士集团所推翻。李孟以奖掖后进见称，但很少见其提携南方儒士。与程复心、吴澄等重视内圣的南方儒士不同,以李孟为代表的北方儒士们对治术的追求一向不遗余力。有元实现了大一统,国家主义空前高涨。与国家主义联系紧密的北方治术之儒们不太看得起南方那些探讨道德性命的玄妙之士。李孟打压程复心、吴澄等南方儒士就发生在这一大背景当中。

蒙古初期的儒学大致可分为两大系统,一派承接金源文化之余绪,另一派是随赵复北来的理学。北上的理学落实在金源文化环境中,与北方儒学长期接触,使得双方都发生了一定程度的涵化。李孟身上所体现出的特点正是金源儒学与北上理学涵化的结果。当然,不管怎么涵化,治术都是北方儒者雷打不动的追求,这与南方理学家对内圣的偏好可谓颇异其趣。李孟虽以奖掖士人而著称,但却不喜援引究心心性的理学家。从这个角度上来说,他排斥程复心、吴澄等南方理学家也就不难理解了。

有元虽然实现了大一统,但南北儒学的隔阂态势却不是短时期能够解决的。南方的理学家多为深究道德性命之旨的玄妙之士,而政局中得势的多属于与国家主义联系紧密的北方治术之儒。忽必烈时代,南方理学与北方儒学的对峙之势已然形成,到元仁宗时期,南方理学与北方儒学的隔膜依然十分明显。这种态势促使南方儒士开始调整思路。如吴澄认为若在元廷政治格局中生存,最稳妥的方式还是要从崇尚治术、习为吏事的基本要求做起。于是在吴澄身上便可以看到一个悖论:"和会朱陆"的思路激发了他对"以心为学"的关注,但在外在层面上,他又不得不着力把自己变得现实一些,以免沦陷在精神的乌托邦里而不得靠近元廷的政治格局。

元代前期,科举不行,新安理学家们遂与政治绝缘。但他们并未放弃政治理想,而是通过编纂历史学著作去"明其道",这个所谓的"道"就是"三代"那种圣贤政治模式。不仅如此,他们还为"道"的实现设定了方法论,如强调人主格心与儒士师保的作用等等,当然,他们的设计总归一种政治空想而已。

元代后期的新安理学家们显然想用事于当时,也曾致力于向外之学,即向崇尚治术吏事的北方儒学格局靠拢。但限于当时的政治环境,新安理学家们在仕途上仍旧不达,而只得蜗居乡里。人主无从得见,"得君行道"终至无法展开,于是这些理学家的"外王"意识就从另外一个角度切入了:对纲常的强调与实践。他们把纲常与政治的运行、社会的运转衔接起来,并认真地去推行。从某种意义上来说,"纲常"这一关注"风化"的"外王"模式作为一种熟人社区中微型的制度设计,依然是与政治息息相关的。

元代儒学南北格局对南方士人价值观的塑造起到了明显的作用。如新安理学家们无法在旧朝"得君行道",一旦风云有变,就会有人在新政权中一试身手。但在元末明初,"得君行道"与"格君之心"开展的条件并不具备,是以其政治理想最终灰飞烟灭。君主与政治逐渐偏离了新安理学家们的视域,而民众与基层社会则越来越成为他们关注的对象。

参考文献

一、古籍

（唐）李吉甫：《元和郡县图志》，北京：中华书局，1983年版。

（唐）杨　晔：《膳夫经手录》，《续修四库全书》第1115册，上海：上海古籍出版社，1995年版。

（宋）张　载：《张载集》，北京：中华书局，1978年版。

（宋）王安石：《临川先生文集》，北京：中华书局，1959年版。

（宋）程　颢、程　颐：《二程集》，北京：中华书局，1981年版。

（宋）胡安国：《胡氏春秋传》，杭州：浙江古籍出版社，2010年版。

（宋）叶梦得：《石林燕语》，北京：中华书局，1984年版。

（宋）汪　藻：《浮溪集》，《四部丛刊初编》缩印本，上海：商务印书馆，1936年版。

（宋）胡　宏：《胡宏集》，北京：中华书局，1987年版。

（宋）李　焘：《续资治通鉴长编》，北京：中华书局，2004年版。

（宋）洪　适：《盘洲文集》，《四部丛刊初编》缩印本。

（宋）程大昌：《易原》，《景印文渊阁四库全书》第12册，台北：台湾商务印书馆，1986年版。

（宋）程大昌：《考古编·续考古编》，北京：中华书局，2008年版。

(宋)程大昌:《演繁露续集》,《景印文渊阁四库全书》第 852 册。

(宋)吴　傲:《竹洲集》,《景印文渊阁四库全书》第 1142 册。

(宋)朱　熹:《诗集传》,北京:中华书局,1958 年版。

(宋)朱　熹:《朱子全书》,上海:上海古籍出版社、合肥:安徽教育出版社,2002 年版。

(宋)赵不悔修、罗愿纂:《新安志》,《宋元方志丛刊》第 8 册,北京:中华书局,1990 年版。

(宋)陆九渊:《陆九渊集》,北京:中华书局,1980 年版。

(宋)王　炎:《双溪类稿》,《景印文渊阁四库全书》第 1155 册。

(宋)陈　亮:《陈亮集》,北京:中华书局,1987 年版。

(宋)程端蒙:《程蒙斋性理字训》,《四库全书存目丛书》子部第 4 册,济南:齐鲁书社,1996 年版。

(宋)叶　适:《习学记言序目》,北京:中华书局,1977 年版。

(宋)黄　榦:《勉斋先生黄文肃公文集》,《北京图书馆古籍珍本丛刊》第 90 册,北京:北京图书馆出版社,1999 年版。

(宋)陈　淳:《北溪大全集》,《景印文渊阁四库全书》第 1168 册。

(宋)陈　淳:《北溪字义》,北京:中华书局,1983 年版。

(宋)祝　穆:《方舆胜览》,北京:中华书局,2003 年版。

(宋)祝　穆:《古今事文类聚》,《景印文渊阁四库全书》第 925—929 册。

(宋)程　珌:《洺水集》,《景印文渊阁四库全书》第 1171 册。

(宋)蔡　沈:《书经集传》,上海:上海古籍出版社,1987 年版。

(宋)真德秀:《大学衍义》,上海:华东师范大学出版社,2010 年版。

(宋)袁　甫:《蒙斋集》,上海:商务印书馆,1936 年版。

(宋)王　柏:《鲁斋王文宪公文集》,民国十三年(1924)永康胡宗楙《续金华丛书》刊本。

(宋)方　岳:《秋崖集》,《景印文渊阁四库全书》第 1182 册。

(宋)黄　震:《黄氏日抄》,《景印文渊阁四库全书》第 707—708 册。

(宋)赵顺孙:《大学纂疏、中庸纂疏》,黄坤整理,上海:华东师范大学出版社,1992 年版。

（宋）黎靖德编:《朱子语类》,北京:中华书局,1994 年版。

（宋）许月卿:《先天集》,《续修四库全书》第 1320 册。

（宋）舒岳祥:《阆风集》,民国七年(1918)吴兴刘氏嘉业堂刊本。

（宋）谢枋得:《叠山集》,《四部丛刊续编》本,上海:商务印书馆,1934
年版。

（宋）方　回:《桐江续集》,《景印文渊阁四库全书》第 1193 册。

（宋）周　密:《癸辛杂识》,北京:中华书局,1988 年版。

（宋）刘辰翁选注,虞集、赵汸批注:《须溪批点选注杜工部诗》,明正德
四年(1509)云根书屋刻本。

（宋）吴自牧:《梦粱录》,济南:山东友谊出版社,2001 年版。

（宋）郑思肖:《心史》,《北京图书馆古籍珍本丛刊》第 90 册。

（宋）林景熙:《霁山集》,上海:商务印书馆,1935 年版。

（宋）胡方平:《易学启蒙通释》,清康熙十九年(1680)《通志堂经
解》本。

（宋）黎立武:《中庸指归》,民国九年(1920)涵芬楼影印《学海类
编》本。

（宋）黎立武:《大学发微》,民国九年(1920)涵芬楼影印《学海类
编》本。

（宋）黎立武:《大学本旨》,民国九年(1920)涵芬楼影印《学海类
编》本。

（金）元好问:《元好问全集》,太原:山西人民出版社,1990 年版。

（元）许　衡:《鲁斋遗书》,《北京图书馆古籍珍本丛刊》第 91 册。

（元）郝　经:《郝文忠公陵川文集》,太原:山西古籍出版社,2006
年版。

（元）胡祗遹:《胡祗遹集》,长春:吉林文史出版社,2008 年版。

（元）王　恽:《秋涧先生大全文集》,《四部丛刊初编》缩印本。

（元）姚　燧:《牧庵集》,《四部丛刊初编》缩印本。

（元）刘敏中:《中庵先生刘文简公文集》,《北京图书馆古籍珍本丛刊》
第 92 册。

（元）戴表元:《剡源戴先生文集》,《四部丛刊初编》缩印本。

(元)熊　禾:《熊勿轩先生文集》,上海:商务印书馆,1936 年版。

(元)胡一桂:《双湖先生文集》,《续修四库全书》第 1322 册。

(元)胡一桂:《诗集传附录纂疏》,《续修四库全书》第 57 册。

(元)胡一桂:《周易本义附录纂注》,清康熙十九年(1680)《通志堂经解》本。

(元)胡一桂:《周易发明启蒙翼传》,清康熙十九年(1680)《通志堂经解》本。

(元)程钜夫:《程钜夫集》,长春:吉林文史出版社,2009 年版。

(元)吴　澄:《吴文正公集》,《元人文集珍本丛刊》第 3 册,台北:新文丰出版公司,1985 年版。

(元)吴　澄:《书纂言》,清康熙十九年(1680)《通志堂经解》本。

(元)胡次焱:《梅岩文集》,《景印文渊阁四库全书》第 1188 册。

(元)胡炳文:《云峰集》,《元人文集珍本丛刊》第 4 册。

(元)胡炳文:《四书通》,清康熙十九年(1680)《通志堂经解》本。

(元)胡炳文:《周易本义通释》,清康熙十九年(1680)《通志堂经解》本。

(元)陈　栎:《陈定宇先生文集》,《元人文集珍本丛刊》第 4 册。

(元)陈　栎:《书集传纂疏》,清康熙十九年(1680)《通志堂经解》本。

(元)陈　栎:《历代通略》,《景印文渊阁四库全书》第 688 册。

(元)陈　栎:《勤有堂随录》,长沙:商务印书馆,1939 年版。

(元)俞　皋:《春秋集传释义大成》,清康熙十九年(1680)《通志堂经解》本。

(元)刘应李原编、詹友谅改编:《大元混一方舆胜览》,成都:四川大学出版社,2003 年版。

(元)房　祺:《河汾诸老诗集》,《四部丛刊初编》缩印本。

(元)黄　泽:《易学滥觞》,《景印文渊阁四库全书》第 24 册。

(元)袁　桷:《清容居士集》,上海:商务印书馆,1936 年版。

(元)张养浩:《张养浩集》,长春:吉林文史出版社,2008 年版。

(元)权　衡:《庚申外史》,上海:商务印书馆,1936 年版。

(元)汪松寿:《汪氏渊源录》,明正德十三年(1518)重修刻本。

（元）程端礼：《畏斋集》，民国二十一年（1932）鄞县张氏约园《四明丛书》刊本第 1 集。

（元）虞　集：《道园学古录》，《四部丛刊初编》缩印本。

（元）虞　集：《道园遗稿》，《北京图书馆古籍珍本丛刊》第 94 册。

（元）萨都拉：《雁门集》上海：上海古籍出版社，1982 年版。

（元）揭傒斯：《揭傒斯全集》，上海：上海古籍出版社，1985 年版。

（元）黄　溍：《金华黄先生文集》，《四部丛刊初编》缩印本。

（元）欧阳玄：《圭斋文集》，《四部丛刊初编》缩印本。

（元）吴师道：《吴礼部文集》，《北京图书馆古籍珍本丛刊》第 93 册。

（元）许有壬：《至正集》，《元人文集珍本丛刊》第 7 册。

（元）苏天爵：《国朝文类》，《四部丛刊初编》缩印本。

（元）苏天爵：《滋溪文稿》，北京：中华书局，1997 年版。

（元）危　素：《临川吴文正公年谱》，《北京图书馆藏珍本年谱丛刊》第 36 册。

（元）杨维桢：《东维子文集》，《四部丛刊初编》缩印本。

（元）余　阙：《青阳先生文集》，《四部丛刊续编》本。

（元）郑　玉：《春秋经传阙疑》，清乾隆十五年（1711）郑肇新刻本。

（元）郑　玉：《师山先生文集》，明刻本。

（元）朱　升：《周易旁注》，《续修四库全书》第 4 册。

（元）朱　升：《朱枫林集》，合肥：黄山书社，1992 年版。

（元）汪克宽：《春秋胡氏传附录纂疏》，元至正八年（1348）刘叔简日新堂刻本。

（元）汪克宽：《环谷集》，《汪氏三先生集》，清康熙十八年（1679）汪懋麟，汪宗豫等辑刻本。

（元）倪士毅：《四书集释》，《四库全书存目丛书》经部第 155—156 册。

（元）舒　頔：《贞素斋集》，清道光十八年（1838）刻本。

（元）脱脱等：《宋史》，北京：中华书局，1985 年版。

（元）脱脱等：《金史》，北京：中华书局，1975 年版。

（元）戴　良：《九灵山房集》，《四部丛刊初编》缩印本。

（元）贝　琼：《清江贝先生文集》，《四部丛刊初编》缩印本。

（元）叶子奇：《草木子》，北京：中华书局，1959 年版。

（元）赵　汸：《赵征君东山先生存稿》，清康熙二十年（1681）赵吉士刻本。

（元）赵　汸：《春秋集传》，清康熙十九年（1680）《通志堂经解》本。

（元）赵　汸：《春秋师说》，清康熙十九年（1680）《通志堂经解》本。

（元）赵　汸：《春秋金锁匙》，清嘉庆十一年（1806）琴川张氏照旷阁刻本。

（元）赵　汸：《春秋属辞》，清康熙十九年（1680）《通志堂经解》本。

（元）赵　汸：《春秋左氏传补注》，清康熙十九年（1680）《通志堂经解》本。

（元）赵　汸：《赵子常选杜律五言注》，清康熙年间（1662—1722）查弘道刻本。

（元）董真卿：《周易会通》，《景印文渊阁四库全书》第 26 册。

（元）鲁　贞：《桐山老农集》，《景印文渊阁四库全书》第 1219 册。

（元）宋　禧：《庸庵集》，《景印文渊阁四库全书》第 1222 册。

（元）李　祁：《云阳集》，《景印文渊阁四库全书》第 1219 册。

（元）《通制条格》，方龄贵校注本，北京：中华书局，2001 年版。

（元）《庙学典礼（外二种）》，王颋点校本，杭州：浙江古籍出版社，1992 年版。

（元）《元典章》，北京：中国书店，1990 年版。

（明）宋　濂等：《元史》，北京：中华书局，1976 年版。

（明）宋　濂：《宋濂全集》，杭州：浙江古籍出版社，1999 年版。

（明）陶　安：《陶学士先生文集》，《北京图书馆古籍珍本丛刊》第 97 册。

（明）王　祎：《王忠文公集》，上海：商务印书馆，1936 年版。

（明）徐一夔：《明集礼》，《景印文渊阁四库全书》第 649—650 册。

（明）朱　同：《覆瓿集》，《景印文渊阁四库全书》第 1227 册。

（明）方孝孺：《逊志斋集》，宁波：宁波出版社，2007 年版。

（明）《皇明宝训》，台北：学生书局，1986 年版。

（明）李景隆等撰、黄彰健校勘：《明太祖实录》，台北：中研院历史语言研究所,1962年版。

(明)杨士奇等撰、黄彰健校勘:《明太宗实录》,台北:中研院历史语言研究所,1962年版。

(明)杨士奇:《东里集》续集,《景印文渊阁四库全书》第1239册。

(明)刘　夏:《刘尚宾文续集》,《续修四库全书》第1326册。

(明)胡广等:《新刊性理大全》,嘉靖三十九年(1560)进贤堂重刊本。

(明)胡广等:《四书大全》,《景印文渊阁四库全书》第205册。

(明)杨自惩:《梅读稿》,民国二十六年(1937)鄞县张氏约园《四明丛书》刊本第8集。

(明)陈献章:《陈献章集》,北京:中华书局,1987年版。

(明)汪奎等:《重修汪氏家乘》,北京:线装书局,2002年版。

(明)程敏政等编:《唐氏三先生集》,《北京图书馆古籍珍本丛刊》第115册。

(明)程敏政:《新安文献志》,合肥:黄山书社,2004年版。

(明)程敏政:《篁墩程先生文集》,明正德二年(1507)刻本。

(明)程敏政编纂:《新安程氏统宗世谱》,明成化十八年(1482)刻本。

(明)戴　铣:《朱子实纪》,《续修四库全书》第550册。

(明)童　品:《春秋经传辨疑》,《景印文渊阁四库全书》第167册。

(明)湛若水:《春秋正传》,《景印文渊阁四库全书》第167册。

(明)程　瞳:《新安学系录》,合肥:黄山书社,2006年版。

(明)彭　泽、汪舜民等:弘治《徽州府志》,《天一阁藏明代方志选刊》本,上海:上海书店,1982年版。

(明)汪舜民:《静轩文集》,《续修四库全书》第1331册。

(明)汪尚宁等:嘉靖《徽州府志》,《北京图书馆古籍珍本丛刊》第29册。

(明)杨　慎:《升庵全集》,上海:商务印书馆,1937年版。

(明)孙　绪:《沙溪集》,《景印文渊阁四库全书》第1264册。

(明)王守仁:《王阳明全集》,上海:上海古籍出版社,1992年版。

(明)王廷相:《王廷相集》,北京:中华书局,1989年版。

(明)汪　循:《汪仁峰先生文集》,《四库全书存目丛书》集部第47册。

（明）陈　建：《学蔀通辨》，《四书全书存目丛书》子部第 11 册。

（明）叶良佩：《周易义丛》，《续修四库全书》第 7 册。

（明）何良俊：《四友斋丛说》，《续修四库全书》第 521 册。

（明）尹　台：《洞麓堂集》，《景印文渊阁四库全书》第 1277 册。

（明）严　讷：《春秋国华》，《四库全书存目丛书》经部第 119 册。

（明）吴子玉：《大鄣山人集》，《四库全书存目丛书》集部第 141 册。

（明）高　拱：《春秋正旨》，《北京图书馆古籍珍本丛刊》第 2 册。

（明）方弘静：《素园存稿》，《四库全书存目丛书》集部第 121 册。

（明）汪道昆：《太函集》，合肥：黄山书社，2004 年版。

（明）凌迪知：《万姓统谱》卷六五，成都：巴蜀书社，1995 年版。

（明）詹景凤：《詹氏性理小辨》，明万历（1573—1620）间刊本。

（明）李维桢：《大泌山房集》，《四库全书存目丛书》集部第 150 册。

（明）戴廷明、程尚宽等：《新安名族志》，合肥：黄山书社，2004 年版。

（明）汪尚琳纂修：《新安汪氏重修八公谱》，明嘉靖十四年（1535）
　　刻本。

（明）程景珍纂修：《休宁率口程氏续编本宗谱》，明隆庆四年（1570）
　　刻本。

（明）吴士奇：《绿滋馆稿》，《四库全书存目丛书》集部第 173 册。

（明）汪应蛟：《汪子中诠》，《四库全书存目丛书》子部第 13 册。

（明）金　声：《金正希先生文集辑略》，《四库禁毁书丛刊》集部第 50
　　册，北京：北京出版社，2000 年版。

（明）钱谦益：《牧斋初学集》，上海：上海古籍出版社，1985 年版。

（明）黄道周：《榕坛问业》，《景印文渊阁四库全书》第 717 册。

（明）孙承泽：《春明梦余录》，北京：北京古籍出版社，1992 年版。

（明）谈　迁：《国榷》，北京：中华书局，1958 年版。

（明）汪士芳纂修：《汪氏重修统宗谱》卷四一，明崇祯八年（1635）
　　刻本。

（明）汪　禔：《檗庵集》，《四库全书存目丛书》集部第 146 册。

（明）程汝继：《周易宗义》，《续修四库全书》第 14 册。

（明）江旭奇：《朱翼》，《四库全书存目丛书》子部第 206 册。

（明）吴　浩:《商山吴氏重修族谱》,明崇祯十六年(1643)刻本。

（明）朱鹤龄:《愚庵小集》,上海:上海古籍出版社,1979 年版。

（明）黄宗羲、全祖望:《宋元学案》,北京:中华书局,1986 年版。

（明）黄宗羲编:《明文海》,上海:上海古籍出版社,1987 年版。

（明）黄宗羲:《明儒学案》,北京:中华书局,1985 年版。

（明）顾炎武:《天下郡国利病书》,《续修四库全书》第 596 册。

（明）顾炎武撰、黄汝成集释:《日知录集释》,上海:上海古籍出版社,
　　2006 年版。

（明）王夫之:《读四书大全说》,北京:中华书局,1975 年版。

（明）佚　名:《松下杂钞》,孙毓修编:《涵芬楼秘籍》第 3 集,北京:北
　　京图书馆出版社,2000 年版。

（清）胡承诺:《读书说》,上海:商务印书馆,1936 年版。

（清）丁廷楗修、赵吉士纂:康熙《徽州府志》,台北:成文出版社有限公
　　司,1975 年版。

（清）毛奇龄:《春秋毛氏传》,《景印文渊阁四库全书》第 176 册。

（清）赵吉士:《寄园寄所寄》,合肥:黄山书社,2008 年版。

（清）陈嘉基:《定宇先生年表》,《北京图书馆藏珍本年谱丛刊》第
　　36 册。

（清）朱彝尊:《经义考》,北京:中华书局,1998 年版。

（清）徐开任:《明名臣言行录》,《续修四库全书》第 521 册。

（清）张佩芳修、刘大櫆纂:乾隆《歙县志》,台北:成文出版社有限公
　　司,1975 年版。

（清）万斯大:《学春秋随笔》,《续修四库全书》第 139 册。

（清）王士禛:《居易录》,《景印文渊阁四库全书》第 869 册。

（清）郑　梁:《寒村诗文选》,《四库全书存目丛书》集部第 256 册。

（清）陈廷敬:《午亭文编》,清康熙四十七年(1708)刻本。

（清）李光地:《榕村语录》,北京:中华书局,1995 年版。

（清）程有高等修:《新安程氏世忠原录琼公支谱》,清康熙年间
　　(1662—1722)刻本。

（清）吴曰慎:《周易本义爻征》,《续修四库全书》第 17 册。

（清）汪　佑编：《五子近思录》，清康熙三十二年（1693）刻本。

（清）方　苞：《方苞集》，上海：上海古籍出版社，1983 年版。

（清）王懋竑：《朱子年谱》，上海：商务印书馆，1937 年版。

（清）张廷玉等：《明史》，北京：中华书局，1974 年版。

（清）李　绂：《朱子晚年全论》，北京：中华书局，2000 年版。

（清）赵宏恩监修、黄之隽编纂：《江南通志》，《景印文渊阁四库全书》
　　第 508 册。

（清）全祖望：《全祖望集汇校集注》，上海：上海古籍出版社，2000
　　年版。

（清）卢文弨：《抱经堂文集》，上海：商务印书馆，1935 年版。

（清）庄存与：《春秋正辞》，《续修四库全书》第 141 册。

（清）王鸣盛：《西庄始存稿》，《续修四库全书》第 1434 册。

（清）戴　震：《戴震文集》，北京：中华书局，1980 年版。

（清）李清馥：《闽中理学渊源考》，《景印文渊阁四库全书》第 460 册。

（清）赵　翼：《廿二史札记》，王树民校证本，北京：中华书局，1984
　　年版。

（清）钱大昕：《潜研堂集》，上海：上海古籍出版社，1989 年版。

（清）董诰等编：《全唐文》，北京：中华书局，1983 年版。

（清）永　瑢等：《四库全书总目》，北京：中华书局，1965 年版。

（清）孔广森：《春秋公羊经传通义》，《续修四库全书》第 129 册。

（清）凌廷堪：《校礼堂文集》，北京：中华书局，1998 年版。

（清）阮　元：《两浙金石志》，清光绪十六年（1890）浙江书局刻本。

（清）刘逢禄：《刘礼部集》，《续修四库全书》第 1501 册。

（清）马步蟾纂修：道光《徽州府志》，南京：江苏古籍出版社，1998
　　年版。

（清）何应松：道光《休宁县志》，南京：江苏古籍出版社，1998 年版。

（清）夏　炘：《述朱质疑》，清咸丰二年（1852）景紫山房刻本。

（清）李慈铭《越缦堂读书记》，上海：上海书店出版社，2000 年版。

（清）柯劭忞：《新元史》，上海：开明书店，1935 年版。

（清）叶德辉：《书林清话》，台北：世界书局，1961 年版。

二、今人论著

（一）著 作

蔡方鹿:《中华道统思想发展史》,成都:四川人民出版社,2003 年版。

蔡方鹿:《朱熹经学与中国经学》,北京:人民出版社,2004 年版。

蔡仁厚:《王阳明哲学》,台北:三民书局,1983 年版。

常建华:《宗族志》,上海:上海人民出版社,1998 年版。

常建华:《社会生活的历史学:中国社会史研究新探》,北京:北京师范
　　大学出版社,2004 年版。

常建华:《明代宗族研究》,上海:上海人民出版社,2005 年版。

陈得芝辑点:《元代奏议集录》上册,杭州:浙江古籍出版社,1998
　　年版。

陈捷先、札奇斯钦编:《姚从吾先生全集》,台北:正中书局,1981 年版。

陈　来:《朱子哲学研究》,上海:华东师范大学出版社,2000 年版。

陈其泰:《清代公羊学》,北京:东方出版社,1997 年版。

陈荣捷:《朱学论集》,台北:学生书局,1982 年版。

陈荣捷:《朱子门人》,台北:学生书局,1982 年版。

陈时龙:《明代中晚期讲学运动(1522—1626)》,上海:复旦大学出版
　　社,2007 年版。

陈世松等:《宋元战争史》,成都:四川省社会科学院出版社,1988
　　年版。

陈寅恪:《金明馆丛稿初编》,北京:三联书店,2001 年版。

陈植锷:《北宋文化史述论》,北京:中国社会科学出版社,1992 年版。

邓广铭、程应镠主编:《宋史研究论文集》,上海:上海古籍出版社,1982
　　年版。

邓洪波:《中国书院史》,台北:台湾大学出版中心,2005 年版。

邓绍基:《元代文学史》,北京:人民文学出版社,1991 年版。

邓志峰:《王学与晚明师道的复兴运动》,北京:社会科学文献出版社,
　　2004 年版。

段熙仲:《春秋公羊学讲疏》,南京:南京师范大学出版社,2002 年版。

方旭东：《尊德性与道问学：吴澄哲学思想研究》，北京：人民出版社，2005 年版。

方旭东：《吴澄评传》，南京：南京大学出版社，2005 年版。

冯尔康等：《中国宗族史》，上海：上海人民出版社，2009 年版。

高令印、陈其芳：《福建朱子学》，福州：福建人民出版社，1986 年版。

葛兆光：《中国思想史——七世纪至十九世纪中国的知识、思想与信仰》，上海：复旦大学出版社，2000 年版。

关长龙：《两宋道学命运的历史考察》，上海：学林出版社，2001 年版。

何　俊：《南宋儒学建构》，上海：上海人民出版社，2004 年版。

何寄澎：《北宋的古文运动》，上海：上海古籍出版社，2011 年版。

何遂东主编：《德兴县志》，北京：光明日报出版社，1990 年版。

何佑森：《儒学与思想——何佑森先生学术论文集》，台北：台湾大学出版中心，2009 年版。

何忠礼：《科举与宋代社会》，北京：商务印书馆，2006 年版。

侯外庐等：《宋明理学史》，北京：人民出版社，1984 年版。

黄宽重：《宋史丛论》，台北：新文丰出版公司，1993 年版。

黄宽重：《宋代的家族与社会》，台北：东大图书股份有限公司，2006 年版。

黄清连：《元代户计制度研究》，台北：台湾大学出版中心，1977 年版。

降大任：《元遗山新论》，太原：北岳文艺出版社，1988 年版。

江士杰：《里甲制度考略》，重庆：商务印书馆，1944 年版。

姜一涵：《元代奎章阁及奎章人物》，台北：联经出版事业公司，1981 年版。

景海峰：《中国哲学的现代诠释》，北京：人民出版社，2004 年版。

李国钧主编：《中国书院史》，长沙：湖南教育出版社，1994 年版。

李修生主编：《全元文》，南京：凤凰出版社，2004 年版。

李治安：《行省制度研究》，天津：南开大学出版社，2000 年版。

李治安：《元代政治制度研究》，北京：人民出版社，2003 年版。

梁庚尧：《宋代社会经济史论集》，台北：允晨实业股份有限公司，1997 年版。

梁启超:《饮冰室合集》,北京:中华书局,1989年版。

梁启超:《中国近三百年学术史》,北京:东方出版社,2004年版。

廖名春、康学伟、梁韦弦:《周易研究史》,长沙:湖南出版社,1991年版。

林庆彰主编:《中国文化新论学术篇·浩瀚的学海》,台北:联经出版事业公司,1981年版。

林庆彰:《明代考据学研究》,台北:学生书局,1983年版。

林庆彰:《明代经学研究论集》,台北:文史哲出版社,1994年版。

林庆彰、蒋秋华主编:《明代经学国际研讨会论文集》,台北:中研院中国文哲研究所筹备处,1996年版。

林忠军:《象数易学发展史》:济南:齐鲁书社,1998年版。

刘起釪:《尚书学史》,北京:中华书局,1989年版。

刘尚恒:《徽州刻书与藏书》,扬州:广陵书社,2003年版。

刘毓庆:《历代诗经著述考》,北京:中华书局,2002年版。

柳诒徵:《中国文化史》(中),台北:正中书局,1949年版。

雒竹筠遗稿、李新编补:《元史艺文志辑本》,北京:北京燕山出版社,1999年版。

吕思勉:《理学纲要》,北京:东方出版社,1996年版。

马宗霍:《中国经学史》,上海:商务印书馆,1937年版。

蒙培元:《理学的演变——从朱熹到王夫之戴震》,福州:福建人民出版社,1984年版。

蒙思明:《元代社会阶级制度》,上海:上海人民出版社,2006年版。

孟　森:《明清史讲义》,北京:中华书局,1981年版。

孟淑慧:《朱熹及其门人的教化理念与实践》,台北:台湾大学出版委员会,2003年版。

牟宗三:《生命的学问》,台北:三民书局,1970年版。

潘　清:《元代江南民族重组与文化交融》,南京:凤凰出版社,2006年版。

皮锡瑞:《经学通论》,北京:中华书局,1954年版。

皮锡瑞:《经学历史》,北京:中华书局,1959年版。

漆永祥:《乾嘉考据学研究》,北京:中国社会科学出版社,1998 年版。

钱　穆:《中国学术思想史论丛(六)》,台北:东大图书有限公司,1976
　　年版。

钱　穆:《中国近三百年学术史》,北京:商务印书馆,1997 年版。

钱　穆:《朱子新学案》,台北:联经出版事业有限公司,1998 年版。

钱锺书编:《刘师培辛亥前文选》,北京:三联书店,1998 年版。

秦　晖:《传统十论——本土社会的制度、文化及其变革》,上海:复旦
　　大学出版社,2003 年版。

全汉昇:《中国经济史论丛》,香港:崇文书店,1972 年版。

山西省古典文学学会、元好问研究会编:《元好问研究文集》,太原:山
　　西人民出版社,1987 年版。

史卫民:《元代社会生活史》,北京:中国社会科学出版社,1996 年版。

史甄陶:《家学、经学和朱子学——以元代徽州学者胡一桂、胡炳文和
　　陈栎为中心》,上海:华东师范大学出版社,2013 年版。

束景南:《朱子大传》,北京:商务印书馆,2003 年版。

孙国栋:《唐宋史论丛》,上海:上海古籍出版社,2010 年版。

孙克宽:《元代汉文化之活动》,台北:台湾中华书局,1968 年版。

唐力行:《徽州宗族社会》,合肥:安徽人民出版社,2005 年版。

王明荪:《元代的士人与政治》,台北:台湾学生书局,1992 年版。

王善军:《宋代宗族和宗族制度研究》,石家庄:河北教育出版社,2000
　　年版。

王素美:《吴澄的理学思想与文学》,北京:人民出版社,2005 年版。

吴松弟:《北方移民与南宋社会变迁》,台北:文津出版社,1993 年版。

夏咸淳:《晚明士风与文学》,北京:中国社会科学出版社,1994 年版。

萧启庆:《元代史新探》,台北:新文丰出版公司,1983 年版。

萧启庆:《蒙元史新研》,台北:允晨文化实业股份有限公司,1994
　　年版。

萧启庆:《元朝史新论》,台北:允晨文化实业股份有限公司,1999
　　年版。

萧启庆:《元代的族群文化与科举》,台北:联经出版事业有限公司,

2008 年版。

谢水顺、李　珽:《福建古代刻书》,福州:福建人民出版社,1997 年版。

邢永川:《中国家族谱纵横谈》,南宁:广西教育出版社,1993 年版。

许承尧:《歙事闲谭》,合肥:黄山书社,2001 年版。

许　凡:《元代吏制研究》,北京:劳动人事出版社,1987 年版。

徐远和:《理学与元代社会》,北京:人民出版社,1992 年版。

徐　梓:《元代书院研究》,北京:社会科学文献出版社,2000 年版。

严耀中:《江南佛教史》,上海:上海人民出版社,2000 年版。

杨家骆主编:《宋史艺文志广编》,台北:世界书局股份有限公司,2010
　　年版。

杨晋龙主编:《元代经学国际研讨会论文集》,台北:中研院中国文哲研
　　究所筹备处,2000 年版。

杨念群:《儒学地域化的近代形态——三大知识群体互动的比较研
　　究》,北京:三联书店,1997 年版。

杨志刚:《中国礼仪制度研究》,上海:华东师范大学出版社,2001
　　年版。

余英时:《历史与思想》,台北:联经出版事业公司,1976 年版。

余英时:《中国近世宗教伦理与商人精神》,台北:联经出版事业公司,
　　1987 年版。

余英时:《论戴震与章学诚:清代中期学术思想史研究》,北京:三联书
　　店,2000 年版。

余英时:《朱熹的历史世界——宋代士大夫政治文化的研究》,北京:三
　　联书店,2004 年版。

余英时:《宋明理学与政治文化》,长春:吉林出版集团有限责任公司,
　　2008 年。

袁　翼:《元吴草庐评述》,台北:文史哲出版社,1978 年版。

札奇斯钦:《蒙古黄金史译注》,台北:联经出版事业公司,1979 年版。

张海鹏、王廷元:《明清徽商资料选编》,合肥:黄山书社,1985 年版。

张宏生:《江湖诗派研究》,北京:中华书局,1995 年版。

张金铣:《元代地方行政制度研究》,合肥:安徽大学出版社,2001

年版。

张学智:《明代哲学史》,北京:北京大学出版社,2000 年版。

章太炎:《章太炎学术史论集》,北京:中国社会科学出版社,1997
年版。

章　毅:《理学、士绅和宗族——宋明时期徽州的文化与社会》,香港:
香港中文大学出版社,2013 年版。

赵伯雄:《春秋学史》,济南:山东教育出版社,2004 年版。

赵华富:《徽州宗族社会研究》,合肥:安徽大学出版社,2004 年版。

赵　琪:《金元之际的儒士与汉文化》,北京:人民出版社,2004 年版。

赵所生、薛正兴主编:《中国历代书院志》,南京:江苏教育出版社,1995
年版。

郑振满:《明清福建家族组织与社会变迁》,长沙:湖南教育出版社,
1992 年版。

支伟成:《清代朴学大师列传》,上海:上海泰东图书局,1925 年版。

中国社会科学院历史研究所徽州文契整理组编:《明清徽州社会经济
资料丛编》第 2 辑,北京:中国社会科学出版社,1990 年版。

周春健:《元代四书学研究》,上海:华东师范大学出版社,2008 年版。

周少川:《元代史学思想研究》,北京:社会科学文献出版社,2001
年版。

周晓光:《新安理学》,合肥:安徽人民出版社,2005 年版。

周晓光:《徽州传统学术文化地理研究》,合肥:安徽人民出版社,2006
年版。

周予同:《群经概论》,上海:商务印书馆,1933 年版。

周予同:《周予同经学史论著选集》(增订本),上海:上海人民出版社,
1983 年版。

朱伯昆:《易学哲学史》第三卷,北京:华夏出版社,1995 年版。

朱鸿林:《中国近世儒学实质的思辨与习学》,北京:北京大学出版社,
2005 年版。

朱开宇:《科举社会、地域秩序与宗族发展——宋明间的徽州,1100—
1644》,台北:台湾大学出版委员会,2004 年版。

朱维铮：《中国经学史十讲》，上海：复旦大学出版社，2002年版。

祝平次：《朱子学与明初理学的发展》，台北：学生书局，1994年版。

（二）论　文

柴福珍、石　华：《元代的农村基层社会管理》，《贵州社会科学》2010
　　年第1期。

常建华：《明代徽州宗祠的特点》，《南开学报》2003年第5期。

陈得芝：《论宋元之际江南士人的思想和政治动向》，《南京大学学报》
　　1997年第2期。

陈得芝：《耶律楚材、刘秉忠、李孟合论——蒙元时代制度转变关头的
　　三位政治家》，《元史论丛》第9辑，北京：中国广播电视出版社，
　　2004年版。

陈高华：《〈元史〉纂修考》，《历史研究》1990年第4期。

陈广宏：《王慎中与闽学传统》，《文学遗产》2009年第4期。

陈寒鸣：《程敏政的朱、陆"早同晚异"论及其历史意义》，《哲学研究》
　　1999年第7期。

陈恒嵩：《〈五经大全〉纂修人考述》，林庆彰主编：《经学研究论丛》第3
　　辑，桃园：圣环图书股份有限公司，1995年。

陈恒嵩：《〈五经大全〉纂修研究》，台北：台湾东吴大学中国文学研究
　　所博士论文，1998年。

陈　来：《朱子〈家礼〉真伪考议》，《北京大学学报》1989年第3期。

陈　来：《明嘉靖时期王学知识人的会讲活动》，《中国学术》第4辑，
　　北京：商务印书馆，2000年版。

陈　瑞：《朱熹〈家礼〉与明清徽州宗族以礼治族的实践》，《史学月刊》
　　2007年第3期。

陈　瑞：《元代徽州宗族祖茔规约二则释读》，《史学史研究》2009年第
　　1期。

陈　瑞：《元代徽州的宗族建设》，《安徽师范大学学报》2009年第2期。

陈雯怡：《"吾婺文献之懿"——元代一个乡里传统的建构及其意义》，
　　《新史学》第20卷，第2期，2009年。

舩田善之:《色目人与元代制度、社会——重新探讨蒙古、色目、汉人、南人划分的位置》,《元史论丛》,第9辑。

丁昆健:《从仕宦途径看元代的养士之风》,萧启庆主编:《蒙元的历史与文化:蒙元史学术研讨会论文集》,台北:学生书局,2001年版。

方旭东:《为心学一辩——元代吴澄的心学观》,《哲学研究》2002年第1期。

傅光森:《元朝中叶中央权力结构与政治生态》,台湾中兴大学历史系博士论文,2008年。

葛焕礼:《论啖助、赵匡和陆淳〈春秋〉学的学术转型意义》,《文史哲》2005年第5期。

葛兆光:《道统、谱系与历史——关于中国思想史脉络的来源与确立》,《文史哲》2006年第3期。

顾 春:《朱陆无极太极之辩新论》,《中国文化研究》2002年夏之卷。

顾永新:《从〈四书辑释〉的编刻看〈四书〉学学术史》,《北京大学学报》2006年第2期。

郭振香:《易学史上"性情"与"情伪"的多义化诠释》,《周易研究》2006年第6期。

郭振香:《论程大昌的易学思想》,《中国哲学史》2008年第4期。

郭振香:《论胡炳文对朱熹〈周易本义〉的推明与发挥》、《安徽大学学报》2010年第2期。

韩志远:《元代著名学者郑玉考》,《文史》第45辑,北京:中华书局,1998年版。

何 俊:《叶适论道学与道统》,《中山大学学报》2009年第1期。

何淑宜:《士人与儒礼:元明时期祖先祭礼之研究》,台湾师范大学博士论文,2007年。

胡如雷:《唐宋之际中国社会的巨大变革》,《史学月刊》1960年第7期。

淮建利:《元初北方儒士历史价值新论——从儒士在元初征战中的作用谈起》,《江汉论坛》2006年第2期。

黄开国:《赵汸的〈春秋〉学》,《中国哲学史》2004年第2期。

黄开国:《庄存与〈春秋〉学新论》,《哲学研究》2005 年第 4 期。

黄宽重:《家族兴衰与社会网络:以宋代的四明高氏家族为例》,宋代墓志史料的文本分析与实证运用国际学术研讨会,东吴大学,2003 年。

近藤一成:《宋代科举社会的形成——以明州庆元府为例》,《厦门大学学报》2005 年 6 期。

亢学军、侯建军:《明代考据学复兴与晚明学风的转变》,《河北学刊》2005 年第 5 期。

科大卫:《国家与礼仪——宋至清中叶珠江三角洲地方社会的国家认同》,《中山大学学报》1999 年第 5 期。

科大卫、刘志伟:《宗族与地方社会的国家认同——明清华南地区宗族发展的意识形态基础》,《历史研究》2000 年第 3 期。

劳延煊:《元初南方知识分子——诗中所反映出的片面》,《中国史学论文选集》第 4 辑,台北:台湾幼狮文化事业公司,1981 年版。

李琳琦:《明中后期心学在徽州的流布及其原因分析》,《学术月刊》2004 年第 5 期。

李秋丽:《胡一桂易学思想研究》,山东大学博士论文,2006 年。

李秋丽:《胡一桂易学观研究》,《周易研究》2008 年第 4 期。

李　霞:《论新安理学的形成、演变及其阶段性特征》,《中国哲学史》2003 年第 1 期。

李禹阶:《朱熹的家族礼仪论与乡村控制思想》,《重庆师范大学学报》2004 年第 4 期。

李治安:《元和明前期南北差异的博弈与整合发展》,《历史研究》2011 年第 5 期。

李卓颖:《地方性与跨地方性:从"子游传统"之论述与实践看苏州在地文化与理学之竞合》,《中研院历史语言研究所集刊》第 82 本第 2 分,2011 年。

林　济:《"专祠"与宗祠——明中期前后徽州宗祠的发展》,《中国社会历史评论》,第 10 卷,天津:天津古籍出版社,2009 年版。

林丽月:《明初的察举(1368—1398)》,《明史研究论丛》第 5 辑,南京:

江苏古籍出版社,1991 年版。

林庆彰:《万斯大的春秋学》,《清史研究》1994 年第 2 期。

刘成群:《胡一桂诗集传附录纂疏初探》,《中国文哲研究通讯》第 32 卷,第 2 期,2013 年。

刘桂林:《郑玉教育思想新探》,《孔孟月刊》,第 31 卷,第 9 期, 1993 年。

刘祥光:《中国近世地方教育的发展——徽州文人、塾师与初级教育(1100—1800)》,《中研院近代史研究所集刊》第 28 期,1997 年。

刘效梅:《一本极其珍贵的文献——评抄本〈新安理学先觉会言〉》,《大学图书情报学刊》2009 年第 5 期。

刘元珠:《蒙古儒吏关系:延祐开科与抑吏》,《庆祝王钟翰先生八十寿辰学术讨论会论文集》,沈阳:辽宁大学出版社,1993 年版。

柳立言:《何谓"唐宋变革"?》,《中华文史论丛》2006 年第 1 期。

柳立言:《科举、人际关系网络与家族兴衰:以宋代明州为例》,《中国社会历史评论》第 11 卷,2010 年。

牟　坚:《朱子对"克己复礼"的诠释与辨析——论朱子对"以理易礼"说的批评》,《中国哲学史》2009 年第 1 期。

漆　侠:《唐宋之际社会经济关系的变革及其对文化思想领域所产生的影响》,《中国经济史研究》2000 年第 1 期。

秦海滢:《明初乡村教化初探》,《东北师范大学学报》2001 年第 1 期。

邱轶皓:《吾道——三教背景下的金代儒学》,《新史学》2009 年第 4 期。

朴元熇:《明清时代徽州真应庙之统宗祠转化与宗族组织(提要)——以歙县柳山方氏为中心》,赵毅、林凤萍主编:《第七届明史国际学术讨论会论文集》,长春,1999 年。

申万里:《元代庆元路儒学考述》,《元史论丛》第 8 辑,南昌:江西教育出版社,2001 年版。

申万里:《元初江南儒士的处境及社会角色的转变》,《史学月刊》2003 年第 9 期。

申万里:《元代江南隐士考述》,《元史论丛》第 10 辑,北京:中国广播电视出版社,2005 年版。

申万里:《元代江南儒士游京师考述》,《史学月刊》2008 年第 10 期。

史甄陶:《从〈感兴诗通〉论胡炳文对朱学的继承与发展》,《汉学研究》
26 卷,第 3 期,2008 年。

束景南、王晓华:《四书升格运动与宋代四书学的兴起——汉学向宋学
转型的经典诠释历程》,《历史研究》2007 年第 5 期。

宋三平:《试论宋代墓祭》,《江西社会科学》1989 年第 6 期。

苏　力:《纲常、礼仪、称呼与秩序建构——追求对儒家的制度性理
解》,《中国法学》2007 年第 5 期。

唐力行:《超越地域的疆界:有关区域和区域研究的若干思考》,《史
林》2008 年第 6 期。

唐宇元:《元代的朱陆合流与元代的理学》,《文史哲》1982 年第 3 期。

涂茂奇:《赵汸对〈春秋三传〉所持之态度》,《东吴中文研究集刊》1998
年第 5 期。

王春瑜:《论朱升》,《学术月刊》1980 年第 9 期。

王家俭:《晚清公羊学的演变与政治改革运动》,《清史研究论薮》,台
北:文史哲出版社,1994 年版。

王建军:《走进李孟》,《元史及民族史研究集刊》第 14 辑,海口:南方
出版社,2001 年版。

王建军:《元代国子监研究》,暨南大学历史系博士论文,2002 年。

王旭光:《〈朱升事迹编年〉补遗》,《文献》1998 年第 3 期。

魏崇武:《金代理学发展初探》,《历史研究》2000 年第 3 期。

魏崇武:《论家铉翁的思想特征——兼论其北上传学的学术史意义》,
《西南民族大学学报》2006 年第 3 期。

吴兆丰:《元儒赵汸的游学、思想特色及其治学历程》,《中国文化研究
所学报》第 51 期,2010 年。

夏玉润:《重读朱升及〈朱枫林集〉——兼析疑点重重的"高筑墙,广积
粮,缓称王"》,《明史研究论丛》第 8 辑,北京:紫禁城出版社,
2010 年版。

夏玉润:《一个真实的朱升》,《紫禁城》2011 年第 11 期。

许华峰:《从陈栎〈定宇集〉论其与董鼎〈书传辑录纂注〉的关系》,《中国文哲研究通讯》第 8 卷,第 2 期,1998 年 6 月。

许华峰:《〈四库全书总目〉对宋、元之际"〈尚书〉学"的评述》,《"中央大学"人文学报》第 22 期,2000 年 12 月。

徐子方:《从宋濂、刘基的早期诗文看其由元入明前后的心态》,《浙江社会科学》2005 年第 3 期。

萧启庆:《元代科举中的多族师生与同年》,《中华文史论丛》2010 年第 1 期。

萧启庆:《元代科举特色新论》,《中研院历史语言研究所集刊》第 81 本,第 1 分,2010 年。

谢　辉:《简论朱子易学在元代发展的基本面貌》,《周易研究》2010 年第 6 期。

阎步克:《儒·师·教——中国早期知识分子与"政统""道统"关系的来源》,《战略与管理》1994 年第 2 期。

闫　春:《〈四书大全〉的编纂与传播研究》,华东师范大学博士论文,2009 年。

姚大力:《元朝科举制度的行废及其社会背景》,《元史及北方民族史研究集刊》第 6 期,1982 年。

姚大力:《元仁宗与中元政治》,《内陆亚洲历史文化研究——韩儒林先生纪念文集》,南京:南京大学出版社,1996 年版。

叶　军:《日本"中国明清史研究"新特点:地域社会论与年鉴学派》,《社会科学》2002 年第 1 期。

袁中翠:《元代郑玉思想研究》,台湾政治大学中文系硕士论文,2007 年。

张德建:《春秋学与明代学术的历史变迁》,《武汉大学学报》2008 年第 3 期。

张　佳:《重整冠裳:洪武时期的服饰改革》,《中国文化研究所学报》,第 58 号,2014 年 1 月。

张加才:《〈北溪字义〉与理学范畴体系的诠释和建构》,《厦门大学学报》2004 年第 3 期。

张秋娥:《〈类编标注文公先生经济文衡〉编者释解》,《图书情报工作》2010年第13期。

张汝伦:《朱子的释义学》,洪汉鼎、傅永军:《中国诠释学》第3辑,济南:山东人民出版社,2006年版。

张显清:《论明代官绅优免冒滥之弊》,《中国经济史研究》1994年第4期。

章 毅:《元明之际徽州地方信仰的宗族转向:以婺源大畈知本堂为例》,《中国文化研究所学报》第47期,2007年。

章 毅:《理学社会化与元代徽州宗族观念的兴起》,《中国社会历史评论》第9卷,2008年。

章 毅:《宋明时代徽州的程灵洗崇拜》,《安徽史学》2009年第4期。

章 毅:《元明易代之际儒士的政治选择:赵汸、朱升、唐桂芳之比较》,《中国文化研究所学报》第51期,2010年。

查洪德:《北方文化背景下的刘因》,《文学遗产》2002年第3期。

赵华富:《元代的新安理学家》,《学术界》1999年第3期。

赵华富:《宋元时期徽州族谱研究》,《元史论丛》第7辑,南昌:江西教育出版社1999年版。

赵华富:《元代新安学者弘扬朱子学的文化活动》,《安徽大学学报》2000年第6期。

郑力民:《〈新安大族志〉考辩——兼谈〈实录新安世家〉》一文,《安徽史学》1993年第3期。

郑任钊:《朱鸿林:明代思想史的空间与进路》,《中国社会科学院院报》2007年5月15日,第002版。

周春健:《元代新安学派的四书学》,《中国哲学史》2007年第2期。

周晓光:《新安理学源流考》,《中国文化研究》1997年夏之卷。

周晓光:《论新安理学家赵汸的〈春秋〉学说》,周绍泉主编:《98国际徽学学术讨论会论文集》,合肥:安徽大学出版社,2000年版。

周晓光:《论元末明初新安理学家赵汸》,《孔子研究》2000年第2期。

周晓光:《南宋徽州人文环境变迁与新安理学的形成》,《江淮论坛》2003年第6期。

周　鑫:《〈朱子家礼〉研究回顾与展》,《中国社会历史评论》第 12 卷,
　　2011 年。

朱开宇:《家族与科举:宋元明休宁程氏的发展,1100—1644》,《台湾大
　　学文史哲学报》第 58 期,2003 年。

三、外国文献

(一)译　文

[德]傅海波(Herbert Franke)等:《剑桥中国辽西夏金元史》,史卫民等
　　译,北京:中国社会科学出版社,1998 年版。

[法]布罗代尔(Fernand Braudel):《法兰西的特性——空间和历史》,
　　顾良、张泽乾译,北京:商务印书馆,1994 年版。

[法]布罗代尔:《论历史》,刘北成、周立红译,北京:北京大学出版社,
　　2008 年版。

[荷兰]宋汉理(Harriet T.Zurndorfer):《〈新安大族志〉与中国士绅阶层
　　的发展(800—1600 年)》,叶显恩译,《中国社会经济史研究》
　　1982 年第 3 期。

[美]艾尔曼(Benjamin A. Elman):《从理学到朴学 ——中华帝国晚期
　　思想与社会变化面面观》,赵刚译,南京:江苏人民出版社,1995
　　年版。

[美]艾尔曼:《经学、政治和宗族——中华帝国晚期常州今文学派研
　　究》,赵刚译,南京:江苏人民出版社,2005 年版。

[美]包弼德(Petcr K.Bol):《唐宋转型的反思:以思想的变化为主》,刘
　　宁译,《中国学术》第 3 辑,商务印书馆 2000 年版。

[美]包弼德:《斯文:唐宋思想的转型》,刘宁译,南京:江苏人民出版
　　社,2001 年版。

[美]包弼德:《历史上的理学》,王昌伟译,杭州:浙江大学出版社,
　　2010 年版。

[美]范德(Edward Farmer):《一国之家长统治:朱元璋的理想社会秩
　　序观念》,秦方译、朱鸿林主编:《明太祖的治国理念及其实践》,
　　香港:香港中文大学出版社,2010 年版。

［美］贾志扬（John W.Chaffee）:《宋代科举》,台北:东大图书股份有限公司,1995 年版。

［美］何炳棣:《明初以降人口及其相关问题:1368—1953》,葛剑雄译,北京:三联书店,2000 年版。

［美］莫里斯·罗沙比（Morris Rossabi）:《忽必烈和他的世界帝国》,赵清治译,重庆:重庆出版集团,2008 年版。

［美］施坚雅（G.William Skinner）:《中华帝国晚期的城市》,叶光庭等译,北京:中华书局,2000 年版。

［日］福田殖:《吴澄小论》,连清吉译,《中国文哲研究通讯》,第 8 卷,第 2 期,1998 年。

［日］宫崎市定:《宋代以后的土地所有制形态》,《宫崎市定论文选集》上卷,中国科学院历史研究所翻译组编译,北京:商务印书馆,1963 年版。

［日］宫崎市定:《东洋的近世》,黄约瑟译、刘俊文主编:《日本学者研究中国史论著选译》第一卷,中华书局 1992 年版。

［日］沟口雄三:《中国前近代思想的演变》,索介然、龚颖译,北京:中华书局,1997 年版。

［日］箭内亘:《元朝怯薛考》,《元朝怯薛及斡耳朵考》,陈捷、陈清泉译,上海:商务印书馆,1933 年版。

［日］井上彻:《再论宋代以降的宗族特点——关于仁井田升的同族"共同体"理论》,郭万平译,平田茂树、远藤隆俊、冈元司编:《宋代社会的空间与交流》,开封:河南大学出版社,2008 年版。

［日］牧野巽:《明代同族的社祭记录之一例——关于〈休宁茗洲吴氏家记·社会记〉》,刘森辑译:《徽州社会经济史研究译文集》。

［日］内藤湖南:《概括的唐宋时代观》,黄约瑟译,刘俊文主编:《日本学者研究中国史论著选译》。

［日］山田贤:《中国明清时代"地域社会论"研究的现状与课题》,太城佑子译,《暨南史学》第 2 号,1999 年。

［日］森田明:《清代水利社会史研究》,郑梁生译,台北:"国立编译馆",1996 年版。

[日]斯波义信:《宋代徽州的地域开发》,刘淼辑译:《徽州社会经济史研究译文集》。

[日]斯波义信:《长江下游城市化和市场的发展》,洪偶译,复旦大学中国历史地理研究所编:《历史地理研究》第 2 辑,上海:复旦大学出版社,1990 年版。

[日]斯波义信:《宋代江南经济史研究》,方健、何忠礼译,南京:江苏人民出版社,2001 年版。

[日]吾妻重二:《朱熹〈家礼〉实证研究》,吴震等译,上海:华东师范大学出版社,2012 年版。

[日]中岛乐章:《从累世同居到宗族形成——宋代徽州的区域开发与同族结合》,陆越译,平田茂树、远藤隆俊、冈元司编:《宋代社会的空间与交流》。

（二）外　文

[日]岸本美绪:《明清交替与江南社会——17 世纪中国的秩序问题》,东京:东京大学出版会,1999 年版。

[日]滨久雄:《赵沨的春秋学》,《都立五日市高校研究纪要》,第 13 号,1981 年。

[日]宫纪子:《程复心〈四书章图〉出版始末考——大元国家统治下的江南文人保举》,《内陆亚洲语言研究》第 16 号,2001 年。

[日]梅原郁:《宋代形势与官户》,《东方学报》第 60 册,1988 年。

[日]牧野巽:《牧野巽著作集》第三卷,东京:御茶水书房,1980 年版。

[日]森田宪司:《元代知识分子与地域社会》,东京:汲古书院,2004 年版。

[日]森正夫、野口铁郎、滨岛敦俊、岸本美绪、佐竹靖彦:《明清时代史的基本问题》,东京:汲古书院,1997 年版。

[日]森正夫:《森正夫明清史论集》,东京:汲古书院,2006 年版。

[日]市来津由彦:《陈淳论序说——从"朱子学"形成的视角出发——》,《东洋古典学研究》第 15 集,2003 年。

[日]细野浩二:《里老人与众老人》,《史学杂志》第 78 编,第 7 号,1969 年。

［日］佐野学:《清朝社会史》第2部第2辑,东京:文求堂,1947年版。

［日］佐野公治:《四书学史研究》,东京:创文社,1988年版。

David Faure, *Emperor and Ancestor: State and Lineage in South China*, Stanford: Stanford University Press, 2007.

David Gedalecia, "Wu Ch'eng's Approach to Internal Self-cultivation and External Knowledge Seeking", in *Yüan Thought: Chinese Thought and Religion Under the Mongols*, New York: Columbia University Press, 1982.

Frederick W. Mote, "Confucian Eremitism in the Yüan Period", in *The Confucian Persuasion*, ed. Arthur F. Wright. Stanford, Calif: Stanford University Press, 1960.

Harriet T. Zurndorfer, *Change and Continuity in Chinese Local History: The Development of Hui-chou Prefecture 800 – 1800*, Leiden: E. J. Brill, 1989.

Herbert Franke, *From Tribal Chieftain to Universal Emperor and God: The Legitimation of the Yüan Dynasty, China Under Mongol Rule*, Brookfield, VT: Ashgate Publishing, 1994.

Jennifer W. Jay, *A Change in Dynasties: Loyalism in Thirteenth-century China*. Bellingham: Western Washington University, 1991.

John W. Dardess, "Confucianism, Local Reform, and Centralization in Late Yüan Chekiang, 1342 – 1359", in *Yüan Thought: Chinese Thought and Religion Under the Mongols*, New York: Columbia University Press, 1982.

John W. Dardess, *Confucianism and Autocracy : Professional Elites in the Founding of the Ming Dynasty*, Berkeley: University of California Press, 1983.

Morris Rossabi, *China Among Equals: The Middle Kingdom and Its Neighbors, 10th–14th Centuries*, University of California Press, 1983.

Patricia Buckley Ebrey, *The Early Stages in the Development of Descent Group Organization, Kinship Organization in Late Imperial China*

1000-1940, Berkeley: University of California Press, 1984.

Pei-yi Wu, "Education of Children in the Sung", in Wm. Theodore de Bary and John Chaffee, eds., *Neo-Confucian: the Formative Age*, Berkeley: University of California Press, 1989.

Perter K.Bol, "The Rise and Fall of the Fu-Rong Salt-Yard Elite: Merchant Dominance in Late Qing China", in *Chinese Local Elites and Patterns of Dominance*, edited by Joseph W. Esherick and Mary Backus Rankin, Berkeley: University of California Press, 1990.

Robert Hymes, *Statesmen and Gentlemen: The Elite of Fu-chou, Chiang-hsi, in Northern and Southern Sung*, Cambridge; New York: Cambridge University Press, 1986.

Robert M.Hartwell, *Demographic, Political, and Social Transformations of China, 750-1550, Harvard Journal of Asiatic Studies*, Vol. 42, No. 2. (Dec., 1982).

Uematsu Tadashi, *The Control of Chiang-nan in Early Yüan. Acta Asiatica*, 45(1983).

Wm. De Bary, *Neo-Confucian Orthodoxy and the Learning of the Mind-and-Heart*, New York: Columbia University, 1989.

后　记

当是在大学时代,我读到了葛兆光先生的《中国思想史》,甫读数页,便觉目醉神飞,当时想要能负笈于葛先生之门该有多好!数年之后,这一想法终于变成了现实,那部《中国思想史》也被我读得惨不忍睹。葛先生向以严格著称,是以在其门下不敢丝毫懈怠。不过,老师严格要求,对学生的成长还是裨益极多的。担负着一定的精神压力,我由葛先生的著作拓展至法国的年鉴学派和日本的地域社会论者,眼界渐渐开阔。葛先生在百忙之中也不忘对我悉心指导,对于本项研究,他就常常提醒我"需要把元代学术与元代历史结合起来","需要考虑(一)异族朝代、(二)区域特征、(三)宋代明代之间的学术脉络"。现在翻阅书稿,也能发现研究方法并不脱离葛先生最初给设定的轨迹。

我在清华读博士的期间,葛先生已到复旦筹建文史研究院,当面指导的机会自然少了许多。为此,他还专门让我们赶到上海听课并面谈。从这些细节当中,也能看到他对待学生认真负责的态度。或许是感觉两地相隔实在不便吧,两年之后,葛先生让我转到了秦晖先生门下。在当时,我已经细致读完了葛先生的绝大部分著作,对他的理念及思路比较熟稔。但对于秦先生的研究,却所知不多。虽然秦先生也治中国思想史,却不定于一端,他的研究在不同领域全面开花,总体上还是以经济史、社会史取胜。那时候我已经没办法及时转型,只得一边做着思想史层面的研究,一边一本又一本地读秦先生的著作,从《田园诗与狂想曲》到《传统十论》，一直到现在都不曾停歇。在读书期间，我也有了不少的收获，现在对新自由主义及新制度经济学有一知半解也全靠秦先生的引领。单就本项研究而言，起码第六章《新安理学与元代徽州的宗族建构》就在秦先生那里获得了不少启发，如对传统乡村中"吏民"社会的认识，又如对士绅阶层的认识，就是在秦先生的论述中刷新了以往固有的陈旧观念。

秦先生待人宽缓不苛，每次见我都是笑眯眯地叫着我的名字，让人感觉十分放松。可以说，秦先生与葛先生的风格谓之截然相反亦无不可，但他们对学生的培养却是殊途同归。我在他们那里都得到了极为可贵的理念与方法，如今想来内心都是充满了感激之情。我以中人之资，却能得蒙两位卓有建树的老师指点，每念及此，也总能生发出幸福兼之幸运的感受。

年近不惑，越发体验到生活之艰难与世事之不易。看待世间一切，不自觉地就少了一些狭隘，多了几分感激。夜里睡不着的时候，常常会想起诸多给予我恩惠和有缘相遇的人，想起他们对我的各种好处，尤其是这么多年来教过自己的每一位老师。且不说精神的慰藉，单是没有老师的引导，有志于从事学术的研究者恐怕就难窥治学门径。所以在这里，我要郑重地感谢我所有的老师，谢谢你们的指引与启迪。尤其是南开大学的李治安先生，李先生以当今元史学界之执牛耳者，却能对无名后辈予以扶持和提携。虽然未曾谋面，但每次与先生通电话都有煦如春风的温暖。谢谢李先生给我写下的序言，其中的谆谆教导一定是鞭策我前进的动力。

本项研究获得了国家社科基金青年项目的支持，倘无此项基金，本项研究的很多事项将无法开展。在当今学术专著普遍难以出版的大环境下，本项研究成果能够在享有百年盛誉的中华书局出版，这使我深感荣幸！同时也对中华书局鼓励青年研究者的行为深感敬佩！尤其是高天编辑，她认真负责，考虑细致，为本项研究的出版事宜倾注了很多心血。在书稿即将付梓之际，让我对各方面给予我帮助的单位与个人表示衷心的感谢！有你们的支持与鼓励，我才会在元代儒学研究的道路上大踏步行进，勇往直前！